KB073998

김충열 교수의 중용대학강의

강의총서 4
김충열 교수의 중용대학강의

지은이   김충열
펴낸이   오정혜
펴낸곳   예문서원

편 집   김병훈, 송경아
인 쇄   상지사
제 책   상지사

초판 1쇄   2007년 4월 12일

주   소   서울시 동대문구 용두2동 764-1 송현빌딩 302호
출판등록   1993. 1. 7 제6-0130호
전화번호   925-5913~4 · 929-2284 / 팩시밀리   929-2285
Homepage   http://www.yemoon.com
E-mail   yemoonsw@unitel.co.kr

ISBN 978-89-7646-223-7   93150
YEMOONSEOWON 764-1 Yongdu 2-Dong, Dongdaemun-Gu Seoul KOREA 130-824
Tel) 02-925-5914, 02-929-2284 Fax) 02-929-2285

값 23,000원

강의총서 4

김충열 교수의 중용대학강의

김충열 지음

예문서원

■■■『중용』과 『대학』을 강의하며 ■■■

"멈추지 않고 길을 가는 사람에게는 늘 다다르는 곳이 있고 쉬지 않고 일하는 사람에게는 늘 이루어지는 것이 있다"(行者常至, 爲者常成)는 교훈이 있다. 정년퇴임을 한 지 벌써 10년이 되었지만 나는 앞의 교훈대로 평생직업이었던 강의를 멈추지 않았다. 그리고 이제는 그런 강의들이 되풀이되지 않고 내 일생에서 마무리된다는 생각에서 녹취하여 그것을 책으로 내기로 결심하였다. 이미 나온『노장철학강의』,『노자강의』가 그렇게 해서 이루어진 것이다.

강의를 녹음한다는 것도 그 내용을 고스란히 공개한다는 것이어서 무척이나 부담스러웠지만, 그것을 다시 문자화해서 책으로 낸다는 것은 더욱 부담스러웠고 심지어 두렵기까지 했다. 그래서 녹음된 내용을 문자화하는 중에 문득문득 그만두자는 생각이 떠올라 혼란스러웠다. 그것은 평생 동안 공부했다는 것이 겨우 이 정도밖에 안 되나 하는 자괴감 때문이었다. 그래도 학자가 책을 쓴다면 무엇인가 새롭게 얻은 것이 있어 그 분야의 학문에 기여하고 후학들에게 넘겨주는 것이 있어야 하는데, 그저 평범한 내용이 되고 보니 공연히 종이나 낭비하고 독자의 귀중한 시간을 뺏는 것이 아닌가 해서 더욱 용기가 나지 않았다. 그러면서도 이 일을 중단하지 못하고 계속 쓰게 된 것은 이 세상에 왔다 가면서 무언가 흔적을 남기고 싶다는, 속되다고나 할까, 아니면 상정常情이라고나 할까, 여하튼 그러한 욕망 때문이었다. 그것이 부끄러움을 무릅쓰고 무모한 용기를 내어 일을 계속하게 만들었다.

그런데 본래 무엇을 잘 쓰겠다, 내 나름 진일보한 새로운 것을 보여 주겠다 하는 생각부터가 잘못된 것이었음을 뒤늦게나마 깨닫게 되었다. 고전의 경우 그것은 이미 수천만 명의 선배 학자들이 읽고 연구하고 해석하고 연의演義해 놓은, 어떻게 보면 기정사실화되고 규격화된 학문이 아닌가? 그러므로 그것을 배우고 이해하는 것만으로도 학자의 기본은 갖추었다 할 것인데, 애써 기상천외하고 평지돌출적인 학설을 내놓으려 한다는 것 자체가 그렇게 좋은 학자의 태도라고는 생각되지 않는다. 고전을 고전 그대로 선배 학자한테 받아서 간직했다가 후배 학자들에게 온전히 넘겨주는 것만으로도 이른바 계왕개래繼往開來의 임무를 다했다고 자위할 수 있지 않을까? 이렇게 생각하니 마음이 한결 가벼워진다.

나는 1931년 3월생이다. 나의 세대는 대부분 시골서당에서 구식교육으로 한학을 배우다가 일제 경찰이 서당을 강제폐쇄하는 바람에 당시 신식교육기관인 소학교(뒤에 국민학교로 개칭)에 들어가게 되었는데, 나의 경우에는 한학을 계속 배우다가 늦게 소학교에 편입했다. 2학년 2학기에 편입시험을 쳤는데, 일본글을 몰라서 보기 좋게 떨어졌다. 그래서 개량서당이라고 하는 학원에서 한 학기 동안 일본글을 익히고 나서야 겨우 편입시험을 치고 3학년에 입학할 수 있었다. 그런데 그때 나는 벌써 사서를 모두 읽은 한학 실력을 갖추고 있어서 학교 선생님들로부터 특별대우를 받았다.

당시 19세기 말에서 20세기 초에 태어난 세대들을 보면 가정이 부유하거나 재주가 있는 학생은 일반적으로 사서삼경 같은 기본적인 유학경전을 마스터하고 신학문으로 전환했기 때문에 의학, 공학, 상학 등 어떤 영역의 학문을 하든지 모두 상당한 수준의 한학적 소양을 갖추고 있었다. 말하자면 이 19~20세기의 교체기에 학문을 한 학자들은 구학문과 신학문을 연결하는 교량 역할을 한 셈이다. 20세기의 전반부를 동서 학문의 교체라고 본다면, 이들은 신구학문 혹은 동서 문화를 접속시켜 새로운 학문의 세계를 연 제1세대라고 할 수 있다.

다음의 우리 세대는 그들을 이은 신구학문교체기의 제2세대라고 하겠다. 이때는 이미 구식 한학 위주의 학문이 단절되면서 동양의 전통문화는 박래품舶來品에 밀려 낡고 뒤떨어진 것으로 인식되었으며, 그것에서 벗어나는 것을 신지식인, 문명인, 개명인인 것으로 자인했고 또 그렇게 인정받았다. 그러니까 우리 세대 이후로는 동양 고전인 한학에 대한 계승이 거의 끊어지다시피 된 셈이다. 그래서 학생들은 일본글이나 우리글로 번역된 책을 통해 한문고전 또는 서양 고전을 이해하는 번역시대의 학문을 하였다.

우리나라는 한문고전을 우리글로 번역해서 널리 대중화해서 읽히는 전통이 없었다. 이른바 언해본諺解本이 있었으나 그것은 단지 토를 단(懸吐) 것에 불과했다. 이러한 한문 위주의 학풍에 새바람을 불어넣어 준 것이 일본어의 동서 고전에 대한 번역이다. 솔직히 말해서 이러한 번역서는 일본이 선구요 그 업적이 지대하다. 중요한 동서 고전이나 서양 학문서 중에 번역되지 않은 책은 없다고 할 정도로 번역문화의 새 지평을 열었으니, 이 번역물들은 곧 동·서양의 학술문화 교류에, 특히 동양이 서양을 배우는 데 결정적인 공구가 되어 주었다.

그러나 1945년 해방이 되면서 일본어문은 교육에서 배제되기에 이른다. 일본어는 물론 한자까지도 교육에서 배제되고 이번에는 우리글로 동서 고전 및 시대의 주요 학술서를 번역하게 되자, 이제 한자를 통한 고전 해독은 극소수의 학자를 제외하고는 거의 불가능하게 되었다. 그리고 20세기 초부터 불어닥친 서세동점의 태풍은 더욱 거세져서 한때는 "동양학도 학문이냐?" 하는 비아냥거림 섞인 차별과 멸시가 대학 강당에까지도 만연했다. 그런데 이러한 동양학 말살, 동양문화 무용론 등에 대한 반성은 의외로 서양 쪽에서부터 시작되어, 서양 물질문명의 위기를 예단하고 그것을 극복할 길이 동양사상, 동양문화에 있다는 전망에서 동양을 배우고자 하는 움직임이 일어났다. 그러니까 동양사상, 동양문화의 가치와 의의가 재평가되기 시작한 것은 동양 학자 스스로의 각성에 의해서가 아니라 서양 학자들로부터의 자극에 의해서였던 것이다.

　이러한 학풍의 전환을 타고 대학에서도 동양학이 중시되면서, 그것을 강의하는 교수들로부터 시작하여 한문을 배우고 고전을 읽는 붐이 일어나게 된다. 1950년대 후반에 들어서면서 일어난 이 한문고전읽기는 그 필요성을 절감한 전공교수들이 나이와 지위를 초월하여 학생의 자세로 되돌아가서 피나는 노력으로 고전을 다시 익히는 모범을 보였다. 뒷날 민족문화추진회의 초석이 되신 신호열, 조규철 등 구시대의 한학자들은 이때 우리 동양학계에 씨를 뿌려 주셨고, 그 후 임창순 선생께서 개설하신 '태동고전연구소泰東古典硏究所'는 신진학자들을 양성하는 동양학의 요람이 되었다. 특히 이 태동고전연구소는 우리나라 근대 학술사에서 동양 고전을 현대 학문으로 매개하는 커다란 교량이 되었다고 특기特記하지 않을 수 없다. 거기서 배양된 신진학자들은 지금 각 대학에서 동양학을 교수하는 기둥이 되었고, 그들에 의해 길러진 석·박사들이 이제는 동양학의 거대한 판도를 형성하여 박후博厚한 초석을 넘어서서 곳곳에 참천參天하는 대하大廈를 구축하고 있는 것이다. 이것이 20세기 후반을 지나면서 불어온 동양학, 동양고전의 재활이다. 20세기 전반을 휩쓸었던 서세동점의 학풍은 이제 동풍서도東風西倒의 역풍으로 반전한 셈이다.

　나는 서당에서 한학을 익힌 뒤 신학문을 배운 마지막 세대로서 한학의 기본 실력을 갖춘 다음 대학에서 신식 학문을 훈련받고 다시 대학 강단에서 동양학을 강의(1960~1945)하였으니, 나 역시 신구학문의 접속 혹은 동서 문화의 체인體認을 실행하여 새로운 세대에게 동양학을 전수한 현역이었음을 자부할 만하다고 생각한다. 물론 우리 세대는 역시 구시대의 여서餘緖로서, 구시대의 학풍을 끊지 못한 채 여전히 의식과 관념의 바탕을 고전에 두고 있는 보수적인 학자임을 부정할 수 없다. 그것은 내가 가르친 학생들이 좋은 환경과 과학적 방법, 무궁무진하게 섭렵할 수 있는 자료와 정보를 이용해서 새로운 학문의 지평을 열고, 이제는 신구니 동서니 하는 차별에서 벗어나 전방위적으로 자유분방하게 자기 학설을 추구하고 개척해 나가는 것을 볼 때 더욱 그러하다. 그러나 비록 구시대의 학자라고는 해도 나는 20세기 동서의 문화 및 학문을 체험하고 접목시킴으로써 하나의 역사적 시간 단위(20세기라는 동서 문명이 접속 교류하는 시간대)를 단절시키지 않고 꾸준히 그 사이를 채워왔다는 과도기적 학자로서의 역할에 만족하면서 스스로의 위상을 정립하고자 한다.

어떤 학자도 시간의 한계를 뛰어넘을 수 없다. 그는 유한생명이기 때문이다. 그리고 성인이나 고전의 창작자 또는 집대성자가 아닌 이상 그 누구도 역사문화의 전통에서 벗어나 백지 위에 창작하듯 자기의 학문만을 할 수는 없다. 시대적 소산이라는 주위 여건을 외면한 채 환상의 세계를 자유롭게 비상해 갈 수는 없기 때문이다. 그러나 한 학자가 궁구하고 음미하고 전개하는 학문은 설사 먼 옛날의 고전이거나 이미 시공상의 시효를 지난 묵은 것이라 하더라도 그의 생각 속에 들어와 행동하며 세상에 호소하고 후생을 가르치는 한에 있어서 다시 살아나 생명을 갖게 되는 것이다. 그래서 학문을 한다는 것은 진부해지거나 이미 죽어 버린 옛사람들의 생각과 학설을 되살리는 길이기도 하다. 그러다가 만일 계왕개래하는 전수자도 없이 그 학자가 죽게 되면, 그 학문은 역시 고전으로 돌아가 역사의 뒤안길로 인멸하고 만다. 그러나 그렇다고 그 학문이 아주 영원히 죽는 것은 아니다. 그것이 문자를 통해 세상에 존재하는 한 언제라도 어떤 학자에 의해 발견되고 새로운 생명이 불어넣어져서 되살아날 수 있기 때문이다. 이런 의미에서, 비록 학자는 시간의 한계 속에 묻히지만 그의 학문은 시공의 한계를 벗어날 수 있는 것이다.

이제 나의 학문은 나의 유한한 생명과 더불어 시간의 한계 속에 묻혀져 가고 있다. 한발 한발 걸어온 20세기 전·후반에서 21세기 초에 이르는 시간거리는 어느 한계점에서 멈추어질 것이고, 그것은 새로이 일어나는 학풍에 밀려 이 시대에 맞지 않는 진부하고 보수적인 것으로 금고禁錮되고 말 것이기 때문이다. 그러나 나는 이 책이 20세기라는 동서 문명의 만남과 동서 학문사상의 교류가 행해지던 시기에 있었던 하나의 학문적 특성을 지닌 역사물로서의 가치는 있을 것이라고 믿는다. 실제로 이 책의 내용은 20세기 후반이라는 시간 속에서 대학의 강단에서 지금의 신진학자들에게 강의한 것 그대로기 때문이다. 따라서 이 책을 읽는 사람은 그 학술적 내용(가치)과는 별개로 '아, 그 시대에는 이런 정도의 학문이 대학 강단에서 전수되었구나' 하고 회상할 수 있을 것이므로, 이 책이 아주 무의미하지만은 않을 것이라고 자위해 본다.

나의 생애에서 『중용』, 『대학』과의 인연은 70여 년을 거슬러 올라간다. 내 나이 다섯일 때부터 인연을 맺은 셈인데, 여기서 나의 학문 역정을 회상하는 뜻에서 『중용』, 『대학』과의 연분을 술회해 보기로 하겠다.

어렸을 때 우리 집은 하나의 조그만 학교였다. 아버지는 명륜록明倫錄에 오를 만큼 유명한 학자셨고 12대 종가인지라, 우리 형제들은 독선생님을 모시고 학문을 배웠다. 막내였던 나는 사모님의 젖을 먹고 자랄 정도로 선생님과 기거를 같이했는데, 이미 네 살 때 천자문을 떼고 동몽에 필요한 책은 거의 다 읽었을 정도로 총명했다. 그런데 불행하게도 두창頭瘡을 앓았다. 근 1년 동안 앓고 나니 머리는 온통 부스럼으로 덮였고, 다 나은 뒤에도 종기가 심했던 곳은 머리가 나지 않아 헌데자국이 여러 군데 생겼다. 일제 때에는 머리를 빡빡 깎아야 했기 때문에 헌데자국이 그대로 드러나서 사람들이 '시라미노 운도조'(이의 운동장)라고 놀려대기도 했다. 뒷날 나는 오대산 월정사의 방한암 스님을 찾아 출가를 결심한 일이 있는데, 스님이 계를 주지 않고 하산시킨 이유 중의 하나도 아마 이 머리에 얼룩처럼 남은 헌데자국 때문이 아닌가 싶다.

　두창을 앓을 때 심한 두통으로 고생하는 것을 보고 선생님께서 「중용 서문」을 외우면 두통이 가라앉는다고 하셨다. 그래서 열심히 주희의 「중 용서문」을 외웠더니 신기하게도 두통이 멎었다. 얼마나 기쁘던지, 그 길로 『중용』을 배웠다. 그때가 다섯 살이었으니 무엇을 알았겠는가? 그저 선 생님이 가르쳐주시는 대로 무조건 새기고 외운 것이다. 이때 형은 『대학』 을 읽고 있었는데, 『대학』은 형을 따라 읽었을 뿐 따로 배우지는 않았다. 『대학』과 『중용』은 분량이 얼마 되지 않아 외우는 것도 그다지 어렵지 않았다. 그러나 뜻을 모르니 답답할 수밖에. 그래서 선생님께 묻기도 했지 만, 선생님은 "원래 덤부사리 대학이라 해서 『대학』은 갈피를 잡기 어렵 고, 차돌 중용이라 해서 『중용』은 무슨 맛인지 음미하기 힘들다" 하시며 이 다음에 자라거든 스스로 터득하라고 말씀하셨다. 『대학』은 칡넝쿨, 으 름넝쿨 등이 뒤엉키듯 엉켜 있어서 실마리를 찾기 어렵고, 『중용』은 차돌 같이 딱딱하기만 해서 아무리 우려내도 그저 차돌 맛 그대로라는 뜻이다. 그래서 나는 그저 읽고 외우기만 할 뿐 더 이상 깊은 뜻을 터득하려고 들지 않았다. 느긋하게 뒷날을 기약한 것이다.

　1956년, 만학이었지만 대만으로 유학을 떠나 철학을 공부하기 시작했 다. 대학에서 동·서양의 학문을 겸비한 교수들의 강의를 들으니 새로운 학 문의 세계가 열려 왔다. 그리고 이른바 신유가라고 일컬어지는 대학자들 의 저술과 논문을 읽으면서 비로소 어려서 외웠던 고전들의 미언대의를 잡을 수 있었다. 공부를 하면 할수록 많은 의문을 스스로 풀어 나갈 수 있는 것이다. 여기서 구식 학문방법이 지닌 나름의 좋은 점을 말한다면, 학문하는 데 있어 집중력과 지구력을 기를 수 있다는 점이다. 집중력은 그 많은 고전의 주요 대목을 외울 수 있게 하였고, 지구력은 당대학자들의 많은 저술을 섭렵하고 소화하게 해 주었다. 좋은 문장을 많이 외우면 저술에 큰 도움이 되고, 여러 학자의 논설을 집약하면 자기 나름의 이론을 전개하는 데 자신을 갖게 한다.

대학에서의 공부는 재미가 있을 뿐만 아니라 원대한 학문적 설계도 할 수 있게 해 주었다. 좀 어쭙잖다는 생각도 들었지만, 대학 2학년 때에는 『대학』에 나오는 친민親民과 신민新民의 해석에 관한 단상을 써서 『대륙잡지大陸雜誌』라는 무게 있는 학술지에 발표하기도 했고, 1962년에는 석사학위를 받고 중국철학회中國哲學會에 가입하면서 가입논문으로 『중용』에 관해 쓰기도 했다. 오랜 세월 품어 왔던 『중용』, 『대학』의 학술사상적 체계에 대한 파악이 이때 이루어진 것이다. 특히 『중용』은 내가 가장 애용하는 고전으로 이에 대해서는 독특한 일가견을 가지게 되었다.

당시 중국학계는 청말부터 거세게 불던 의고풍疑古風이 아직도 가라앉지 않고 있던 때라 옛 문헌과 제자諸子에 대한 파악이 혼란스러웠다. 그러나 나는 구학문을 한 서당 출신이어서 그랬는지, 신고信古나 호고好古라고 할까, 의고학파의 학설을 불신하고 여전히 전통적인 믿음을 잃지 않고 있었다. 그래서 『중용』, 『대학』의 저자와 저작연대에 대해 정주설程朱說을 고집하였다. 풍우란이 『중국철학사』에서 『중용』을 진한지제秦漢之際의 작품으로 내려 잡은 데 대해 의구심을 품었고, 특히 『대학』을 역시 진한지제의 작품으로 보고 그 내원을 순자(풍우란, 모종삼)나 맹자(서복관)로 보는 데 대해서도 긍정할 수 없었다. 그러나 많은 학자가 진한지제설에 동조하고 있었기 때문에 감히 이견을 제기하지 못했다. 그래서 내가 발표한 『중용』 관계 논문에는 저작연대와 저작자에 대한 고증 작업이 빠져 있다. 그 후 나는 유가철학 연구에서 벗어나 노장철학에 심취했고, 이내 중국 철학사의 맥락에서 자연스레 중국 대승불교 쪽으로 옮겨가서 화엄華嚴과 선禪에 상당히 많은 시간(약 7년)과 정력을 쏟았다. 그러고 나서 다시 원시유가로 돌아오니 유교 고전을 보는 안목과 사상이 달라져 있었다. 삼교를 회통하는 이론체계를 세워가게 된 것이다.

　나의 삼교회통적 중국 철학체계는 1960~1970년대에 대학 철학과에서 동양철학의 학점비율을 끌어올리지 않아 겨우 한 명꼴로 교수를 채용할 때 혼자서 동양철학의 전방위를 커버하는 데 도움이 되었다. 그때는 동양철학 전공자도 많지 않기도 했거니와 우리나라의 학풍은 일찍부터 전문 분야로 파고들기 때문에 광범위한 강의 영역을 담당하자면 자연 강의가 부실할 수밖에 없었으므로, 나의 강의는 그런대로 인기가 있었던 것 같다. 그러나 여전히 자신이 없어 저술에 들어가지 못한 채 강의 내용만을 계속 수정·보완하는 데 충실했다. 그러나 언제까지 책을 쓰지 않고 강의만 할 수는 없었기에 정년을 앞두고는 그동안 강의하지 않았던 분야를 보강하는 마무리 작업을 했다. 돌이켜보건대 나는 대학에서 주로 노장, 대승불교, 중국 철학사, 동양사상 등은 많이 강의했지만 정작 중국 고전의 본산인 유교철학은 거의 강의한 적이 없었다. 정년퇴임하던 해 마지막으로 한 강의가 〈원시유교철학 : 사서四書를 중심으로〉였다. 『논어』와 『맹자』에 대해서는 이미 여러 면에서 잘 알려져 있으므로 강의에서는 『주역』과 『중용』, 『대학』에 중점을 두었다. 이 책의 내용은 바로 그때 강의를 대본으로 한 것이다.

　그런데 정년퇴직할 때까지만 해도 고증 문제에 자신이 없었기 때문에 여전히 출판을 망설였던 것이 사실이다. 이때 나는 『중국철학사 I』을 낸 뒤 다음 권이 언제 나오느냐는 독자들의 문의에 그 출판을 준비하고 있었는데, 뜻밖에 1993년 12월 형문시荊門市 곽점郭店의 초나라 무덤에서 대량의 고대 문헌 죽간이 발굴되었다. 당시 발굴에서는 그동안 논란이 되어 온 『노자』의 저작연대와 노자라는 인물에 대해 밝혀 줄 수 있는 원시자료가 나왔고,(나의 『노자강의』는 이 자료를 근거로 쓰였음) 대량의 자사자子思子에 관한 자료가 출토되어 공자와 맹자 사이의 근 150년 동안의 학술사상의 맥락이 이어지게 되었다. 이 정보를 접한 것이 1996년 이후니까, 만일 내가 이 자료를 보지 못한 채『중국철학사Ⅱ』를 썼더라면『중국철학사Ⅰ』
과 마찬가지로 여전히 공자와 맹자 사이의 공백을 채우지 못했을 것이다.

출토된 자료 중 원시유가에 속하는 부분은 거의 모두가 공자의 손자
자사와 그 문인들이 쓴 자료였다. 그러므로 공자에서 증자, 증자에서 자사,
자사의 문인에서 맹자로 전수되었다는 전통적인 수수설은 그 근거가 확보
되었고, 특히『중용』은 주희가 서문에서 밝힌 것처럼 자사의 작이며『대
학』도 자사의 문인들이『중용』에 이어서 쓴 것이라는 설이 유력해졌다.
내가『중용』과『대학』에 대한 이 강의를 쓸 수 있었던 것도 그런 새로운
자료가 나왔기 때문이다. 2002년 연세대학교 국학연구원에서 1년간 강의
할 때 채택한 과제가 바로 공자에서 맹자까지 150년 동안의 공백을 메우는
작업이었던 것이다. 당시 연구원 측의 특별한 배려로 강의 내용을 전부 녹
음해서 그 중『중용』,『대학』강의 부분만을 문자화하였고, 그것을 다시
선문대학교 철학과에서 강의함으로써 오늘의 이 책이 나오게 된 것이다.

다음은 이 책의 특징에 대해 말하고자 한다. 앞에서 나의『중용』,『대
학』에의 입문 동기와 공부 과정, 강의 등에 대해 대충 이야기했기 때문에
이 책의 특징이 어떠한지는 대략 짐작이 갈 것으로 믿는다.

이 책은 1993년 출토된 곽점초묘죽간에 대해 일차적으로 조사한 중국
학자들의 연구발표 결과를 토대로 그 위상을 설정했다. 즉,『중용』의 저자
를 자사자로 단정하고,(물론 내용상으로 볼 때 착간이나 편집 시 뒤바뀐 것이 있기
는 하지만)『대학』은 새로운 학설에 따라 자사의 제자들(이를 자사학파라고 이
름 붙였다)에 의해『중용』에 이어서 쓰인 것이라고 본다. 따라서『중용』,
『대학』두 책의 저작연대는 대략 기원전 450에서 400년 전후가 될 것이
다. 이는 근대 신유가들의 주장 즉 전국 말 순자학파나『여씨춘추』를 쓴
학자들 혹은 전국 말의 정치와 학술 사상을 비판하던 진신들에 의해 쓰였
다는 주장들을 일소하고『중용』은 자사자의 작이라는 전통적인 학설로

되돌아간 것이다. 『대학』의 경우는 증자와 그의 문인들의 저술이라는 내용을 구체화하고 초묘죽간을 연구한 중국 측 학자들의 새로운 학설을 받아들여서 자사학파의 저작으로 본다. 일반적으로 자사는 증자의 제자로 되어 있으므로, 증자의 설을 문인이 기술했다고 하면 자사 역시 그 범위에 들어가게 되고 또 증자의 후학들이라고 한다면 자연 자사의 문인까지도 포함될 수 있기 때문이다.

이렇게 되면 송대 성리학자들이 설정한 이른바 원시유가의 대표 경전인 사서의 저작순차(연대)를 분명하게 가릴 수 있게 되는데, 곧 『논어』, 『중용』, 『대학』, 『맹자』의 순이다. 그간 공자에서 맹자까지의 약 150년간의 시간 공백이 공자의 손자 자사라는 인물과 그의 학파를 통해 메워질 수 있게 되는 것이다. 이 책을 써낸 의도와 목적도 바로 이 원시유학사의 공백을 메우고 그간 『중용』, 『대학』을 멀리 진한지제의 작품으로 이탈시켰던 것을 바로잡기 위한 것이었다. 아마도 이것이 이 책의 주요 특징 중의 하나가 되리라 생각된다. 예전에 나의 강의를 들은 바 있는 독자가 이 책을 읽는다면 강의 내용에 변화가 있음을 발견할 수 있을 것이다. 먼저 『중용』의 내용에 대해 살펴보기로 한다.

무엇보다 『중용』은 책이름이 상징하는 것처럼 중용中庸, 중화中和, 시중時中이라는 개념을 책의 중심으로 잡고 이해하기 쉽다. 그러나 나는 예전의 강의에서 이른바 『중용』 수삼구首三句라 일컬어지는 "천명지위성天命之謂性, 솔성지위도率性之謂道, 수도지위교脩道之謂敎"의 내용을 더 중시해서 이에 대한 나름의 설명에 더 많은 시간을 들였다. 물론 중용, 중화, 시중의 문제에 대해서도 장문의 글을 써서 발표한 일이 있으니까 당연히 『중용』에 무게를 안 둔 것은 아니었다. 그리고 '성誠'을 주희가 말한 진실무망眞實無妄과 같은 실체적 정의 외에 "지성무식至誠無息, 성능진성誠能盡性, 찬화천지贊化天地"라는 본문에 의탁해서 성誠의 역동적 공능功能면을 더욱 강조하였다. 말하자면 성誠을 도덕적 본체로 정의하면서 그 본체가 대용大用으로 활발하게 전개되는 면을 강조했던 것이다. 그런데 지금 그때의 강의를 반성해 보면, 시간에 쫓겨서 그랬는지 뒤에 나오는 '성인지도聖人之道' 즉 성誠의 역동적인 대용을 실천하는 주체인 성인聖人이라는 존재와 그의 우주적 생명정신을 미처 강의하지 못한 것이 아쉽다. 설령 이 '성인지도'를 강의했다 하더라도 지금 이 책에서처럼 그렇게 깊이 있게 말하지는 못했을 것이며, 특히 '오직 천하의 지극한 성誠'인 성인을 '문왕지통덕文王之統德'을 이어받아 인문정신의 대표적 화신으로 나타난 공자로 귀착시키지는 못했을 것이다. 따라서 이 책의 또 하나의 특징을 든다면 '성인지도'를 비중 있게 다루면서 그 성인을 공자라는 실체에 집중시켰다는 점을 들 수 있다.

주희는 「중용장구서」의 첫머리에서 "중용은 왜 쓰였는가? 자사가 공자의 도가 올바르게 전해지지 못할까 근심해서 쓴 것이다"라고 말하였다. 나는 여기에 다음과 같은 내용을 덧붙인다. 자사는 증자가 중심이 되어 저술했다는 『논어』만으로는 공자의 참정신 즉 그 천지우주관과 강의한 생명정신을 후세에 전하는 데는 미흡하다고 생각하였다. 그래서 특별히 그는 천명지성天命之性으로부터 천지생명을 생생불이生生不已하는 역동의 근원인 '성誠'(天之道)과, 그 우주정신을 이어받아 이 세상을 생의生意가 충만한 도덕왕국 즉 인문세계로 창진하는, 역시 천도天道의 성誠을 본받은 인도人道의 성誠 즉 '성지誠之'를 내세웠다. "천명지위성天命之謂性"의 성性은 그 지성至誠(至誠은 '誠之 즉 人之道'가 '誠 즉 天地道'와 일치함을 말함)에 의해서만 진성盡性(率性, 그러니까 "率性之謂道"의 道는 誠之하는 人之道인 것이다)할 수 있고, 인간을 위시해서 천하만물이 각기 그 성을 다할(各盡其性) 때 비로소 인도人道는 "천지의 화육을 돕고 천지의 공능과 함께할"(參天地化育, 與天地參) 수 있다고 본 것이다.

이상이 바로 자사가 (『논어』에서 발현되지 않은) 그의 할아버지 공자의 위대한 성자聖者의 기상과 정신을 『중용』에서 특기特記, 표양表揚한 면이다. 즉 우주의 생명정신을 직감直感하여 인간세에 구현하는 주체로서 성인지도聖人之道를 설정한 사람이 바로 자기 할아버지 공자라고 호소하고 있는 것이다. 『중용』 30장에서는 공자 철학사상의 연원과 범주가 곧 천지우주며 그 철학의 과제와 대상은 천지자연에서 만물일체에 두루 통섭된다는 것을 역설한 다음, 이어서 31장에서는 "오직 천하의 '지극한 성인'이라야 천지와 짝할 수 있다"(唯天下至聖……故曰配天)라고 부연하고 있다. 『중용』의 저작 동기와 요지를 가히 짐작할 수 있다. 이 지성至誠의 화신인 '지성至聖'이 공자라는 것, 그리고 그가 설계한 활발발하면서도 강의원대한 포부가 바로 공자의 고고하고 독실한 현상이자 방향제시였다는 것이다. 이 책의 가장 중요한 특징이라 하겠다.

다음 『대학』 강의의 특징을 꼽아 보겠다.

종래의 연구물은 대부분 『대학』이 주희의 「장구서」에서 지적한 것처럼 장차 나라를 경영하고 백성을 다스릴 귀족계급출신 학생들을 가르치는 고등학부인 대학에서 특수 인재를 길러 내는 교육차원의 교과서였다는 특수성을 고려하지 않고, 『대학』의 도덕적 수양론을 유교 도덕윤리의 일반론적 차원에서 다루고 있다. 그러나 나는 『대학』 첫머리의 '대학지도大學之道'라는 개념 규정에 따라 이것을 유가의 정치철학사상 내지 제도와 규모의 차원에서 해석하였다. 그리고 『대학』이 『중용』을 이어 쓴 것이라는 학설에 따라 내용을 『중용』과 연결시켜 이해하는 방법을 택했다.

우선 첫머리에 나오는 삼강령三綱領을 『중용』 수삼구首三句와 대비해서 구명하였는데, 특히 '지어지선止於至善'의 지선至善을 종래학자들은 최고선이라는 도덕실체적 개념으로 파악하는 데 반해 나는 명명덕明明德에서 친민親民·신민新民으로 전개해서 성취된 도덕왕국의 경지, 즉 실체가 대용大用으로 구현된 경지로 보았다. '지선'은 사람이 살고 싶어하는 이상적인 삶의 터전 혹은 도덕이상을 실천한 결과로 얻어지는 실제세계(경지)지, 아직 대용大用이 발하지 않은 도덕실체(이상) 그대로는 아니라고 본 것이다. 우리나라의 이이 같은 이도 '지선'을 도덕실체 개념으로 보면서 성혼의 사칠설四七說을 비판한 바 있는데, 『대학』이 유가의 정치이상을 논한 책임을 감안한다면 이른바 '평천하'의 경지가 바로 '지선至善'이라고 보는 것이 옳지 않을까 한다.

그리고 이 책에서는 친민親民을 신민新民으로 보아야 한다는 주회의 주장과 고본 그대로 친민으로 보아야 한다는 왕수인의 주장을 모두 받아들였다. 위정자가 백성들을 교화하고 인도하는 것은 기본적으로 친민이어야 하지만, 아직 백성들이 개명하지 못한 상황에서는 백성을 교도하고 이끌어 가는 권위주의적 정치행위도 필요하기 때문에 신민도 포함시켜야 한다고 본 것이다.

다음은 팔조목八條目의 문제인데, 나는 이를 『중용』의 정치원론인 '구경九經', '오달도五達道', '삼달덕三達德'의 개념을 정치 실천 과정의 체계 속에 흡수 정리한 것으로 보고, 특히 '치국평천하治國平天下'장에서 제기한 혈구지도絜矩之道는 『중용』의 '충서忠恕'와 '군자지도사君子之道四'를 발전시킨 이론이라고 보아 『중용』과 연결시켰다. 뒤에 『맹자』에서도 이 혈구지도의 내용이 나오고 있어 어떤 이는 『중용』의 이 대목이 『맹자』의 내용을 옮긴 것이라고도 하는데, 나는 『중용』의 내용이 『대학』 혈구지도의 원형이며 『대학』의 혈구지도가 다시 『맹자』에 영향을 주었다고 생각한다. 이러한 주장에 대해 아직 절대적 확신을 갖는 것은 아니지만, 일단 『중용』과 『대학』을 공자와 맹자 사이의 가교적 위상으로 본다면 그렇게 선후를 정하는 것이 타당하지 않겠는가 되씹어 본다.

팔조목 중에 있는 격물치지格物致知는 송유들에 의해 유교 인식론의 원론으로 다루어짐으로써 '대학지도'라는 특수 범주를 벗어나 일반론화되었다. 그런데 이렇게 일반론화한 격물치지설을 가지고 팔조목이라는 특수 범주를 설명하려다 보니 논리적 일탈을 가져와서 정치론이 도덕론으로 변해 버리게 되었다. 그래서 신유가인 모종삼, 서복관은 이를 바로잡아 격물格物의 '물物'을 의意, 심心, 신身, 가家, 국國, 천하天下라는 실제 대상으로 규정하고 또 치지致知의 '지知'를 성誠, 정正, 수修, 제齊, 치治, 평平의 행위로 규정하였다. 이는 일탈되고 흐트러진 일반론을 '대학지도' 속으로 다시 끌어들여 정위定位시킨 것으로 보이는데, 이럴 경우 격물치지를 팔조목에 포함시킬 수 없다는 주장이 나올 수 있다. 이런 주장을 강력히 들고 나온 이가 서복관이다. 팔조목이 아니라 칠조목이 되어야 한다는 것이다. 이 책에서는 비록 전통에 따라 팔조목설을 따르고 있으나 나는 서복관의 설을 받아들이는 편이다. 이 밖에 중요한 문제 하나는, 만일 격물치지가 대학지도라는 특수 범주에 국한되어 쓰인 것이라면 주희의 보망장補亡章은 『대학』 안에서는 불필요한 것이 된다. 따라서 이런 면에서는 왕수인이 그 부당성을 지적한 것도 타당성이 있다고 판단된다. 그러나 그것을 성리학의 일반적 인식론으로 본다면 일대명문이라 하지 않을 수 없으므로 없애지 않고 온전히 번역해 두었다.

마지막으로, 『대학』에서 제기된 도덕심성의 문제는 유가의 도덕일반론을 벗어나지 않는 것이어서 굳이 따로 논하지 않았으나 경제 문제 특히 『대학』의 재화론은 유가정치이론에 있어서 참신하고 꼭 있어야 할 이론이기에 중요하게 다루었다. 사실 인간의 생존에 있어서 도덕수양 못지않게 재화의 생산도 중요한 관건이 아닐 수 없다. 그러나 유감스럽게도 『대학』의 재화론은 재화와 도덕을 같은 차원에서 논하지 않고, 재화의 중요성을 인정하는 듯하다가도 오히려 도덕을 타락시키거나 정치를 망치는 경계의 대상으로 취급하여 재천덕귀론財賤德貴論으로 귀결되고 만다. 도덕을 본으로, 물질을 말로 자리매김한 것까지는 좋으나, 그것을 귀와 천으로 나눈 것은 유가 재화론의 발전을 막아 버린 중대한 과오라고 하지 않을 수 없다. 도덕수양을 왜 하는가? 공자가 수도修道를 근본으로 한 이유가 무엇인가? 재화의 올바른 생산과 분배를 통해 후생厚生을 도모하기 위해서 '정덕正德'이 필요했던 것이 아닌가? 그렇다면 재화가 정치를 망치는 것은 도덕수행에 문제가 있는 것이지 재화 자체의 탓일 수는 없다. 바로 이러한 점 때문에 『대학』의 결론에서 이利와 의義라는 명제가 제기되었다고 생각한다.

부당하게 자리매김 당한 『대학』의 재화론은 『맹자』에 이르러 대폭 수정, 발전된다. 맹자는 재화가 바로 인정仁政의 시始요, 항산恒産이 있어야 항심恒心이 있으며, 제산制産을 잘해야 백성들이 기한飢寒을 면하여 여민동락與民同樂의 정치가 가능하다고 했다. 나아가 맹자는 덕치를 근본으로 하되 법치의 중요성도 배제하지 않는다. 그는 "정치를 한다는 것은 선善만으로도 부족하고 법法만으로도 부족하다"(徒善不足以爲政, 徒法不能以自行)라고 하여 덕치와 법치의 병용을 주장한다. 맹자의 경제론은 당시 농경사회의 경제이론으로는 어느 제자諸子의 학설보다도 빼어나고 실질적이다. 이렇게 된 데는 물론 묵자의 비판도 주효했겠지만, 유가사상의 맥락에서 볼 때 바로 『대학』강목의 원론을 비판적으로 계승 발전시켰다고 보는 편이 더욱 타당할 것이다.

맹자는 정치제도에 있어서 민귀군경民貴君輕을 내세우는 한편, 덕과 법을 병중並重하면서 특히 재화의 생산生産과 제산制産이 인정仁政의 기반임을 강조하였지만, 이와 같은 발전된 그의 사회철학적인 면들은 그 후 더 이상 발전해 나가지 못했다. 이것은 현세간주의와 인본문화를 이상으로 하는 유가철학에 있어서는 중대한 결함이 된다. 나는 이 점을 『대학』강의의 결론에서 제기했다. 아마도 나의 『대학』강의의 또 하나의 중요한 특징을 들라면 바로 이 맹자의 사회사상을 부각시킴으로써 『대학』재화론의 약점을 보완하려는 여운을 남겼다는 점일 것이다.

책을 다 쓰고 나니 어깨는 한결 가벼워졌으나 무엇인가 허전함이 느껴졌다. 나의 생애에서 『중용』, 『대학』에 관한 강의는 이것으로 끝이 나고 하나의 진적陳迹으로 속장束藏될 것이기 때문이다. 허전함을 달래고 요새는 어떤 책들이 나왔는지도 알고 싶어 교보문고를 찾았다. 의외로 책들이 많다는 데 놀랐고, 정작 학술서적은 상대적으로 빈약, 아니 전무하다는 데 다시 놀랐다. 내가 대학에서 공부하고 강의하던 시절에는 우리 철학계의 경우 개론서, 입문서, 역사서, 인물이나 문제 중심의 전문이론서 등이 서점을 메웠다. 그러나 지금은 다르다. 학풍이 완전히 바뀌었고 철학을 바라보는 사람들의 인식과 취향이 전혀 달라진 것이다.

지금의 철학책들은 우선 제목이 길다. 맨 마지막에 '철학'이라고는 되어 있었으나 그 앞에 수식된 말들이 장황했다. 거의가 대중독자들을 상대로 하는 것이어서 그런지, 학술적이기보다는 독자의 취미와 독해능력에 맞추어 상당히 세속화되어 있었다. 심지어 '웃기는 철학'이라는 이름의 책도 있었다. 그런 책들이 베스트셀러라는 진열대에 올라 있어 또 한번 놀랐다. 내 책은 어디 있나 하고 찾아보았으나 눈에 띠지 않아 무척 서글펐는데, 다시 둘러보니 '철학'이라 적힌 진열대 아래 한구석에 꽂혀 있었다. 판매원에게 물어보니 그런 책은 일반 독자에게는 읽히지 않고 이따금 관심 있는 독자들만 찾을 뿐이라고 했다. 가슴이 덜컥 내려앉았다. 지금 막 탈고한 이 책도 결국은 저렇게 찬밥신세가 될 것이라 생각하니, 나 자신에게 부끄럽고 책에게 미안했다. 여기서 나는 선언한다. 나의 책은 "강단철학의 책이지, 대중철학의 책은 아니다"라고.

강단철학의 책은 그 분야를 전공하는 사람을 위해 쓴 것이지, 일반대중의 구미에 맞추어 쓴 것이 아니다. 그러므로 내 책의 최대 약점은 일반인이 읽기에는 어렵고 딱딱하다는 점이다. 그래서 주위로부터 좀 쉽게 쓰라는 주문도 받지만, 워낙 문장력이 없어서인지 글을 쉽게 쓰지 못하고 또 다듬기도 싫어한다. 그저 강단에서 떠들면 그만이고, 어렵건 쉽건 옳건 틀렸건 개의치 않고 지나쳐 버린다. 그리고 다음 강의 때면 또 그렇게 임의대로 강의할 뿐이다. 그래서 내 강의는 중복해서 들어도 늘 새롭다고 한다. 아마도 이것이 책을 쓰지 못한 이유일 것이다. 그런데 이제는 강의할 기회도 없어지게 되니까, 이것으로 마무리를 지어야만 한다는 생각에서 억지로 책을 쓰게 된 것이다. 그러니 솔직히 말해 누가 읽어 주기를 기대하지도 않고, 더욱이 많은 독자가 생겼으면 하는 사치스러운 생각은 아예 하지도 않는다. 그저 책을 출판해 주는 것만도 여간 고맙고 다행스럽지 않다. 한 번 쓴 글은 다시 읽어보지 않는 일회성 성격 탓에 엉망인 원고를 대폭 수정해서 그나마 무슨 말을 한 것인지 알아볼 수 있게 해 준 분들에게 특별히 고마움을 표시한다.

서문을 쓴다면서 너무 횡설수설한 것 같다. 이제 이 책의 마지막을 고하는 글로, 그간 내가 『중용』과 『대학』과의 인연을 회상하면서 느낀 마음을 시정詩情에 담아 볼까 한다.

學庸與我有殊緣,	대학과 중용, 나와는 특수한 인연이 있었다.
童稚卽諷朱序篇.	어린 나이에 벌써 주자의 서문을 외웠네.
庸石沸湯無色味,	중용은 차돌이라, 아무리 삶아도 빛도 맛도 없고,
學荊剪除愈累纏.	대학은 덤불이라, 자르고 헤쳐도 더욱 얽히기만 하네.
克明綱目能治國,	삼강팔조 그것을 극명해야 치국평천하가 가능하고,
率盡性誠贊參天.	지성至誠으로 진성盡性한 뒤라야 천지의 화육을 돕네.
講稿上梓書反架,	이제 원고를 넘기고 책들을 서가에 꽂으니,
畏而俊後笑愚先!	문득 두려워라, 행여나 후생들이 이 못난 선배 비웃을까!

2006년 1월 1일 평창동 谷神居에서 中天 金忠烈 序

차례

제1부 서론

1. 원시유가 사상사의 재건

1) 원시유가사상 문헌자료의 빈곤 아닌 빈곤

　원시유가를 새로 연 사람은 공자다. 공자(BC 551~479)는 삼대(하·은·주)의 사상과 문화를 집대성하여 중국 학술의 연원인 고전을 정리 편찬할 정도로 박학하고 정미한 철학자요, 그 학문을 후생들에게 교육 전수하여 배운 이가 3천, 일가를 이룬 이가 70여 명이나 되는 대교육가다. 그가 남긴 학문적 업적에서는 물론 그가 도학을 널리 펴고 그 실마리를 오래 전해지게 하는 데 있어서도 그는 누구보다도 대성한 성인으로 받들어진다. 이러다 보니 공자의 철학사상을 연구하는 데 필요한 문헌자료가 빈곤하다는 것은 얼른 납득이 가지 않는다. 하지만 지금 우리가 읽을 수 있는 원시 유학사는 공자를 비롯해서 맹자, 순자에게서만 드러나고 있을 뿐이다. 공자 사후 맹자에 이르는 약 150년간의 학맥과 학술사상의 전개가 거의 공백으로 남아 있으며 맹자 이후 순자에 이르는 약 150년 역시 아직 징검다리마저 놓이지 않은 강으로 남아 있다.

물론 공자 자신이 이미 산정删定해 놓은 『시』, 『서』, 『예』, 『악』 같은 경전(고전)이 있고 공자 자신이 쓴 『춘추』와 그가 만년에 마지막 정열을 집중해서 옛 자료를 정리하고, 점서로서의 내용과 이해를 철학적 연구 영역으로, 인문정신과 천인합덕의 생존의 길인 천도와 인도를 연결해서 우주인생을 경영하는 생존철학으로 전환하여 제고시킨 『역전易傳』이 끊이지 않고 전해지고 있으니 빈곤하다고만은 할 수 없다. 그리고 공자의 제자들과 또 그 제자의 제자들에 의해 『논어』와 같은 어록으로 편집된 문헌이 아주 없는 것은 아니다. 특히 공자의 손자 자사와 자사의 제자들이 편찬했다는 문헌들이 상당히 있는 것으로 전해지는데다 기록으로도 남아 있어 자료의 빈곤이란 도무지 이해가 가지 않는다. 그렇다면 왜 원시유가사상의 문헌자료가 사용되지 못한다 하고, 왜 많았던 제자와 제자의 제자들로 이어지는 학문적 인맥이 계보 속에 들어가지 못한다 하는 것인가?

공자가 산정한 고전과 저술, 구전으로 전수되고 제자들이 집록한 어록 그리고 자사를 비롯한 후인들의 발전된 사상을 담은 글들이 맹자에게 전해졌다고 하니 결코 단절이라고는 할 수 없다. 이것 가운데 후세에 어록으로 전해지는 것만 들추어 보아도 그 자료는 다른 학파에 비해서 단연 풍부하고 알찬데도 왜 그런 자료들을 덮어 놓고 얘기하지 않는 것인가? 우선 그 자료들의 목록만이라도 간단히 열거하여 보자. 『시』・『서』・『예』・『악』・『춘추』・『역경』, 『예기』 가운데 「예론」・「악기」, 『논어』・『효경』・『공자가어』・『공총자』 그리고 자사와 그 문인의 자료인 「중용」, 「대학」, 「치의」, 「방기」, 「표기」, 『맹자』, 『순자』, 『사기』 「공자세가」, 『사기』 「공자제자열전」 같이 지금이라도 당장 볼 수 있는 자료들이 일일이 헤아릴 수 없을 정도로 많다. 그런데 왜 이런 자료들이 원시유가 사상사를 써 내려가는 데 활용되지 못하고 있는 것인가? 그 대답은 간단하다. 청말민초(19세기 말~20세기 초) 중국 학술계를 강타한 이른바 의고풍疑古風에 꺾이고 할퀴어져서다.

의고풍은 중국 철학사를 저술하는 데 결정적인 영향을 주었다. 중국에서 중국 철학사를 가장 먼저 정리해서 저술한 이는 호적胡適이다. 그는 철저하게 의고풍을 신봉하여 중국 역사의 고전이라고 할 수 있는 『상서』를 터럭만큼도 가치가 없는 전설이라고 배격하여 삼대의 문화와 사상을 접어놓고 중국 철학사의 실마리를 노자에서 풀어 갔다. 그 뒤 비교적 온전하고 많이 읽혔다는 풍우란의 중국 철학사마저도 공자부터 써 내려가, 이른바 공자가 집대성했다는 삼대 사상은 금고형을 당하고 말았다. 모든 고대의 문헌자료는 일단 서한시대에 이르러 진시황때 금서 소지를 금하는 법인 협서율挾書律로 인해 분서되어 없어진 고문헌을 다시 수집하고 복원, 정리하여 이른바 '고사古史의 중건重建'을 이루었다. 이때 성현의 이름을 내세운 위서僞書가 많이 생기고 또 고문헌에 손을 대어 삭제하거나 새로 꾸며서 넣으면서 자료의 혼잡을 가져와 뒷날 그 진위를 가리고 편장의 첨삭을 찾아내는 이른바 교감학校勘學이 등장하는 부작용이 일어났다.

의고풍은 북송 학자 구양수에서부터 일단 모든 고전자료를 점검하는 학풍이 생겼다. 실제로 이는 확실하게 그 효과를 거둠으로써 고전자료의 진위와 첨삭 문제가 발견되어 그 바람이 거세졌다. 근대에 이르러서는 고사변학파까지 생겨 이제는 어목魚目에 섞여 있는 보주를 가리려다가 옥석玉石을 함께 불태우는 광란으로까지 번져 일단 고사자료古史資料 가운데 일률적으로 진실성을 의심 받는 자료는 없애버리는 현상까지 일어났다. 물론 의고풍으로 중국의 고사자료를 심판함으로써 사상적인 해방과 전환, 나아가 학문방법과 자료정리에 대한 정확도가 높아진 것은 사실이다. 이때 나온 장심징張心澂의 『위서통고僞書通考』를 보면 고적古籍은 거의가 위서 아닌 것이 없으니 학자들은 부득이 고사에 대해서는 배격 아니면 유보의 태세를 취할 수밖에 없었으며 학문사상 연구 이전에 자료 검토 문제로 논쟁하는 데 많은 시간과 먹물을 소비해야 했다. 그리고 파괴의 태풍이 지나가면 다시 삶의 터를 재건하는 것처럼 다시 고대 문헌의 진실을 밝히는 고고학적 연구가 시대의 현학처럼 떠올랐다. 이것이 이른바 갑골학甲骨學의 출현이다.

고사 중건 작업의 시초를 연 사람은 청화대학에 있던 왕국유王國維다. 그는 갑골문을 연구 「은복사중소견선공선왕고殷卜辭中所見先公先王考」를 써서 고사古史 중에서 의고파에 의해 버려졌던 내용들을 되살리기 시작했다. 사람들이 믿지 못하는 지상紙上(地上) 자료를 지하에서 발굴한 자료로써 실증해 낸 것이다. 이를 '이중증거법二重證據法'이라 한다. 그 후 1928년에는 동작빈董作賓 교수가 은허殷墟를 최초로 발굴하고 대량의 갑골문을 연구하여, 은나라의 달력을 복원 그 실재와 문화의 유형을 규명하였다. 이에 따라 은나라의 신사信史가 천년을 올라갔고 지상紙上에서 말한 하夏나라의 존재도 확신하게 되었다. 그러나 지하 자료가 발굴되지 않은 경전과 자서子書들은 여전히 논쟁의 대상에서 벗어나지 못했고 따라서 그런 자료는 정식 논문이나 학술서에 쓰이지 못했다. 이러한 흐름에 가장 많은 피해를 본 것이 원시유가사상이다. 원시유가사상을 설명하기 위한 인물과 서적에는 공자, 맹자, 순자, 『논어』 정도일 뿐, 공자 제자들이 인용하며 서술한 공자의 어록이나 자사학파가 썼다는 단편들은 여전히 불신에서 벗어나지 못했다. 그러므로 필자는 이를 '원시유가사상 문헌자료의 빈곤 아닌 빈곤'이라고 한 것이다.

2) 지하 자료의 출토와 지상 자료의 부활

1973년 중국 호남성 장사시 마왕퇴 한나라 때 무덤에서 명주 비단에 쓴 문헌자료가 나와 학술계를 흥분시켰다. 거기에서 나온 중요 문헌 가운데 하나인『노자』갑·을본은 현존 통행본과 비교해서「도경」과「덕경」의 앞뒤 순서가 바뀐 것이 큰 특징일 뿐 내용상 전체 학설과 통행본의 연속관계를 부정할 만한 획기적인 것은 없었다. 오히려 도가 문헌자료보다는 원시유가 자료가 나왔다는 것이 더 큰 관심을 끌게 했다. 이제까지『역전易傳』은 한대에 만들어진 것으로 원시유가 특히 공자의 역리易理(易義)사상이 아니라고 부정만 해 왔는데 마왕퇴한묘에서 출토된 이른바 백서帛書『주역周易』을 보면 이것은 연대가 훨씬 올라가 전국시대 중·후기에 공자의 후학들이 공자의 말을 전하면서 지은 것임을 확인할 수 있다.(북경 인민 대학의 張立文 교수는 1992년 백서『주역』에 註를 달아 번역하였다) 이 밖에도 유가 문헌으로서는「오행五行」이 나왔는데, 이 자료가 나옴으로써 순자荀子가「비십이자非十二子」에서 자사와 맹자를 비판한 '오행五行'이 바로 인仁, 의義, 예禮, 지智, 성聖이었다는 것이 밝혀져 순자가 지적한 오행의 내용에 대한 의문이 풀렸고 자연스레 자사·맹자의 사상을 이해하는 데도 큰 도움이 되었다. 이「오행五行」을 1993년 옛 초나라 형문시 곽점에서 8백여 매나 되는 죽간 가운데 나온「오행」과(이를 백서「오행」/ 초간「오행」이라 구분함) 대조해 본 결과 전국시대 중·후기에 나온 백서본에 비해 죽간본은 전국시대 초기 것으로 백서「오행」이 초간「오행」을 부연한 것이라 해서 학자들은 초간「오행」을 '경經'으로 백서「오행」을 '설說'로 해서 전후를 연결하기 시작했다. 어쨌든 마왕퇴에서의 백서『주역』과 백서「오행」의 출토는 원시유가 사상 특히 공자와 공자문도인 자사, 자사학파의 사상을 연구하는 데 긍정적이고 새로운 경지를 여는 실마리가 되었다.

장사시 마왕퇴의 백서 문헌이 발견된 지 20년 만인 1993년 10월 이번에는 호북성 형문시 곽점 초나라 무덤에서 죽간에다 쓴 많은 수의 문헌이 쏟아져 나왔다. 이 초나라 죽간 자료의 특징은 비단이 아닌 대나무쪽에 썼다는 것 외에도 그 자료들이 도가 자료인『노자』갑·을·병본과「태일생

수太一生水」 두 가지를 제외하고는 모두 원시유가의 문헌자료라는 것이다. (이외에 당시 학자가 도가와 유가를 절충해서 쓴 것으로 보이는 「語叢」 4편이 있다) 여기서 나온 유가 자료를 나열해 보면 「치의緇衣」, 「노목공문자사魯穆公問子思」, 「궁달이시窮達以時」, 「오행五行」, 「당우지도唐虞之道」, 「충신지도忠信之道」, 「성지문지成之聞之」, 「존덕의尊德義」, 「성자명출性自命出」, 「육덕六德」 10편이다. 특히 오늘날 통용되는 『예기禮記』에 들어 있는 「치의」의 경우 그간 학자들 사이에서 자사의 작이라고 추측해 왔었는데 여기서 옛 자료가 나오니 더욱더 원시유가 자료의 진실성이 되살아나게 된 것이다.

이 외에 그 동안 옛문헌이 지하에서 발굴되면서 도굴꾼이 발굴한 죽간들이 홍콩 등지에 나돌고 있는 것을 상해박물관上海博物館에서 수집해 사들여(여기에는 민간학자가 매입해서 기증한 것도 있다) 정리되는 대로 자료 발표를 하고 있는데 상해박물관에 수장된 전국시대 초나라 죽간은 모두 1천2백여 매, 3만5천여 자에 달한다고 한다. 그 가운데 공개된 일부 자료로 학자들이 쓴 논문을 모아 『상박관장전국초죽서연구上博館藏戰國楚竹書硏究』이라는 한 권의 책을 냈다. 2002년 3월에 출판된 이 책은 주로 '공자의 시론詩論'에 대해 연구하여 공자 사후 제자들이 『논어』 외에도 다른 여러 영역의 공자사상 학설을 논어식으로 엮은 문헌이 있다는 것이 증명되어 앞으로 공자를 연구하는 데 폭넓고 형이상과 형이하의 심오한 철학이론을 규명해 낼 수 있게 되었다. 여기에는 앞에서 언급한 「치의」에 대한 연구논문도 실려 있어 이제까지 공자 사후 맹자에 이르는 사적史的인 공백을 메우고 있다. 「치의」·「오행」을 통해 자사의 존재와 그 학파의 활약상이 부활되어 드러남으로써 역사적 공백을 메울 수 있게 되었으니 그야말로 기적이 아닐 수 없다.

여기서 잠깐 당시 강의의 내용에는 없었지만 필자가 『노자강의』를 쓰게 된 이유를 말해 보려 한다. 1973년 일간신문을 통해 마왕퇴 백서노자의 출현을 알았을 때는 중국과 우리나라는 외교관계가 없고 준적대국 관계처럼 출입이 불가능했다. 게다가 중국은 지하에서 새로운 자료가 발굴되면 비밀리에 내부에서 정리하여 연구하고 나서야 그 정보와 이미 연구된 글을 외부에 알리는 철저한 보안제도가 있어 약 10년이란 시간이 지나서야 우리 같은 학자가 자료를 입수할 수 있었다. 그렇게 겨우 백서『노자』를 읽고 쓴 책이『노장철학강의』다. 이 책이 나온 때인 1995년은 이미 중국에서는 초나라 무덤에서 초간『노자』가 나와 백서『노자』와는 시대가 다르고 저자가 다른 노자로 밝혀져 중국학계가 흥분하고 노자가 둘이라는 게 밝혀지고 있었다. 그런데 필자는 이를 전혀 모르고 책을 썼던 것이다. 필자가 이러한 학술정보를 접하게 된 것은 1998년 그러니까 1995년『노장철학강의』중에서 노자에 관한 많은 부분을 잘못 쓴 뒤였다. 특히 노자에 대한 인물고人物考는 완전히 빗나간 것이어서 그 동안 나의 강의를 듣고 나의 책을 읽은 제자와 독자에게는 면목이 없었다. 그래서 부랴부랴 나의 잘못된 학설을 다시 잡아 제자와 독자들에게 알리기 위해 쓴 것이 2004년에 나온『노자강의』다. 그래도 필자는 살아서 지하에서 출토된 새로운 옛날 자료를 볼 수 있었고 그것을 연구하여 자신의 잘못된 견해와 판단을 수정 보완하는 책을 낼 수 있었으니 운이 좋고 행복한 학자가 아닌가?

1993년 10월 곽점초묘에서 발굴된 죽서竹書의 매장연대는 기원전 300년경이라고 추정한다. 죽서竹書가 만들어진 때가 아무래도 이보다 앞설 것이고 발굴된 죽서가 원본이 아니라 이미 그때 널리 통용되던 것이라면 연대는 훨씬 더 올라가 기원전 400년경까지 올려 잡을 수 있을 것이다. 기원전 300년이면 맹자가 죽을 무렵이고, 기원전 400년이면 맹자가 태어나기 전 자사子思(BC 483~BC 402)가 생을 마감할 무렵이다. 공자의 비교적 이름 있는 제자 자하子夏(BC 507~BC 402?), 자유子游(BC 506~BC 445?), 자장子張(BC 503~BC 450?), 증자曾子(BC 505~BC 434) 등은 모두 공자가 죽은 기원전

479년 이후 기원전 5세기 중엽에서 말엽까지 활동했으므로 초묘죽서의 유가 부분은 공자 사후 공자의 직계 제자나 그 제자의 제자의 작품일 가능성이 높다. 더군다나 자사의 경우 후세에 전하는 저술이 많고 그와 상관 있는 자료가 초묘에서 출토된 것으로 보아 초묘의 유가 자료가 자사와 자사의 문인들의 작품일 가능성은 더욱 높다. 여기서 우리는 원시유가 자료를 검토하는 데『논어』를 하나의 기준으로 삼을 필요가 있다. 그것은 분명 공자의 언행을 직접 보고 들었거나 다시 전해 들은 것을 기록한 대표적인 어록이기 때문이다. 증자가 죽은 것이 기원전 436년이니까 논어의 편집은 어림잡아 기원전 450에서 430년 간에 이루어졌을 것이다.『논어』가 72제자들이 모두 모여서 집록한 것이 아니라 증자曾子, 유자有子, 민자건閔子騫 등 비교적 덕행파에 속하는 제자들이 중심이 되었기 때문에 오늘날 우리가『논어』를 읽으면서 느끼는 바대로 형이상학적인 성명性命과 천도天道를 논한 것은 거의 없다. 주로 공자가 하학상달下學上達 과정에서 하학 과정 즉 일용사물이나 도덕수행같이 사변적이기보다는 실재 행위세계의 일상을 말한 것이 많기 때문에 공자가 지천명知天命이라고 일컫는 50세 이후의 학문 세계 즉 형이상학적인 문제에 대한 생각은『논어』와는 다른 분야의 제자들의 작품에 의존해야 한다. 그런데 이번에 초묘죽간의 유가 자료는 하학에서 상달한 경지를 말한 형이상학 자료가 많으며 특히 자사에 관계되는 자료는 그 성격이 뚜렷하고 짙다.

이로써 그간 지상에 전해오던 원시유가 자료는 사실로 인정되어 부활되었고, 새로 발굴된 지하 자료에 의해 자사의 저술이 인정됨으로써 이제까지 공자의 상달上達 부분, 형이상학 영역의 학설도 실제가 들어났음으로 공자와 공자 이후 맹자에 이르는 유가계보와 학술 계승 발전의 과정은 안개를 벗고 광명 천지에 그 본모습을 감상할 수 있게 되었다.

3) 묻혀 있던 중국 문화와 학술을 찾아내는 복원 내지 재건한 과정

이미 말했다시피 공자는 하·은·주 삼대의 역사와 문화 자료를 수집, 정리하여 교과敎科로 삼고『시詩』,『서書』를 산정하고『예禮』,『악樂』을 학습하고『춘추春秋』,『역전易傳』등을 저술한 중국 문화의 집대성자다.『논어』를 보면 공자는 자신이 삼대 문화를 집대성하는 것은 하늘이 준 사명이며 그 능력을 부여받았다고 한다. 그는 스스로 자기는 옛것을 좋아하고 옛것을 찾아다니며 발굴 수집하는 데 게으르지 아니했고 전설로 들은 것은 반드시 그것의 실증을 찾는 데 주력하나 만일 그 증거를 찾아내지 못하면 의문은 의문으로 남길 뿐 기록하지 않는다 했다. 그리고 옛것을 교과서로 만들고 나아가 고전으로 엮을 때도 결코 사실대로만 기록할 뿐 자기의 주관적인 생각을 마구 첨가하지 않았다고 중국 고대 문화 집대성의 동기와 사명감 그리고 정리 편찬의 방법과 입장태도까지를 밝히고 있다. 그러나『논어』에 나오는 공자가 집대성했다는 문화의 내용은 역사, 예제禮制, 정서, 삶의 방법 등 역시 형이하학적인 것이었다. 뒤에 그의 손자 자사가 쓴『중용』에는 공자가 선민들이 남긴 유적이나 자료에만 의존하지 않고 오히려 자연의 변화생성 사시풍토 등 천지자연의 여건을 파악하고 거기에서 인간 생존의 길을 모색했다는 기록을 특기하고 있다.

『중용』의 한 구절에서 보이는 공자는 중국 문화를 요순부터 써 내려가면서 요순의 인격을 인문정신의 출발로 삼고(祖述堯舜) 주나라 문왕과 무왕의 덕을 인류 도덕정신의 모델로 내세우며 그를 본받은 교육의 길을 열었다(憲章文武). 또한 위로는 하늘의 시간변화를 율력律曆으로 지식화하고 아래로는 땅의 산천초목과 기후변화를 파악해서 삶의 방법으로 삼았다. 예컨대 하늘과 땅은 만물을 싣고 덮지 않은 것이 없으며 춘하추동 돌아가는 궤도대로 질서 정연하게 대체해 진행된다는 것이다. 해와 달은 밤과 낮으로 교체하고 만물은 함께 자라면서도 서로 해치지 않으며 하늘·땅의 도(길)는 아울러 진행하면서도 서로 어긋나지 않는다는 우주생성론을 피력하고 있다.(『중용』 제30장)

앞에서 말한 『논어』의 술이부작述而不作이 옛것을 고치지 않고 그대로 좇는 모습이라면 이어서 설명한 중용의 조술헌장祖述憲章은 인문정신의 창조라고 할 수 있다. 『논어』에 나오는 공자가 중국 고대의 역사적이고 문학적인 모습을 그려냈다면, 『중용』에서 설명한 공자는 천인합덕天人合德의 길을 모색한 성자聖者요 철학자적인 모습으로 나타난다. 비유하자면 『논어』에서 보이는 공자는 여러 발원지에서 시작된 물이 흐름을 타고 합류合流해 내려오는 과정을 사실 그대로 묘사한 것과 같으며, 『중용』에서 표출된 공자는 여러 발원지에서 모여든 물을 하나의 큰 연해淵海에 담아 회통과 조화를 이룬 다음 그 연淵을 원원으로 해서 다시 유맥流脈을 만들어 가는 것을 인문적 역사문화의 길로 이끌어 간 것이다. 이 연원淵源이 바로 공자가 집대성했다는 중국 고전, 『시』, 『서』, 『예』, 『악』, 『춘추』, 『역』이다.

이렇게 볼 때 공자가 집대성했다는 집集은 여러 발원을 하나의 광장으로 모여들게 한 집集이요, 대大는 모든 물이 하나의 바다(연못)를 이룬 일대一大며 성成은 그것을 고전古典으로 엮었다는 인문화한 성成이다. 고전古典이란 무엇인가? 먼저 옛날 사람들이 수천 년 동안 살아오면서 삶을 맡기고 의존했던 자연의 구조와 변화를 파악하고, 그 파악한 자연변화를 또 연구해서 얻은 지식으로 인간생명의 정서·정신·의지·목적과 같이 주관적이면서 동시에 자연적인 심성이 자기 속에 있음을 자각한다. 그리고 거기서 일어나는 원천적 감성이 우주인생을 관조하여 성찰하고 인식할 수 있는 총명예지로 화하고, 원초적 정감에서 생명을 칭송하는 영가무도詠歌舞蹈의 인문적 표현이 나오면, 그것을 다시 문자나 음율에 담아 책으로 엮어 고전을 짓는다. 이렇게 고전은 인류의 감성이 지식적 표현 또는 자연적으로 그렇게 율동하도록 자유자재로 다루어지고 다듬어진 순수 자연스러운 것이므로 여기에는 어떤 제3자의 끼어들기나 후세에 일어나는 인위적인 간섭·꾸밈이 없다. 그래서 고전은 인류 문명·문화의 최초 발원지며, 그 내용은 순수하여 잡스럽지 않고 보편타당성을 띠는 연원淵源 자체다. 그렇다면 중국 문화에서 볼 때 공자가 집대성한 고전은 이후 중국 학술문화의 연원이 된다. 따라서 이후의 제자백가 즉 구류십가九流十家(혹은 六家)로 대표되는 여러 학파는 모두 공자를 조종祖宗으로 삼아야 마땅하며, 연원淵源으로부터 자기 물길을 열어서 하나의 학파를 이루었다고 스스로 인정해야 할 것이다.

공자학은 '옛것을 믿고 좋아하고'(信而好古), '서술하되 새로 짓지 않으며'(述而不作), '옛것을 재빠르게 구하나'(敏而求之), '배울 때는 일정한 스승을 두지 않는'(學無常師) 특징이 있다. 옛것에 대한 의미를 『장자』 「천하」의 말을 빌려 설명하면, '옛사람의 온전함'(古人之全), '천지의 순수함'(天地之純), '옛사람의 대체'(古人之大體)로 확인할 수 있다. 천하가 혼란스러워지면 성현의 길이 어둠에 묻히고 도덕의 가치가 통일되지 못하고 흩어진다. 게다가 학문을 한다는 사람들은 모두 자기가 보는 좁은 영역의 것만이 천하에서 제일 좋은 진리라는 아집과 편집에 사로잡혀 결국은 백 사람이면 백 사람마다 각기 다른 학문의 길로 달려가 이른바 백가쟁명百家爭鳴의 판국이 벌어진다. 마침내는 서로 헐뜯고 비판하고 배척하여 전국시대라는 혼란기를 더욱 어렵게 만들었다. 이에 이러한 분열과 대립 쟁탈을 지양하고 사상의 통일과 국가 통치권력의 통일을 가져오는 방법으로 법가의 부국강병이라는 힘이 선택되어 그 끝을 매듭지었다. 그러자 이번에는 진법秦法만이 유일한 사상이요, 이를 지키고 실행하는 관리만이 스승이라는 강제적인 통일의 길로 나아가더니, 그 외의 이른바 제자백가의 학學은 없어져야 할 대상이 되어 분서갱유라는 무서운 문화회멸文化灰滅의 큰 재난을 당하고 말았다. 말하자면 공자가 집대성한 중국 문화는 제자백가에 의해 갈가리 흩어져 버리고, 제자백가의 학은 다시 진시황에 의해 소진되고 만 것이다. 공자 이전의 중국 문화가 인멸湮滅 직전에 놓였던 것은 자연 변화를 인간이 미리 챙기지 못한 데서 온 것이므로 이를 재건한다거나 복원한다 할 수 없으며 복고復古(復舊)라는 말을 하지만 이보다는 오히려 집대성이라는 말이 어울릴 듯싶다. 마찬가지로 중국 역사상 진시황에 의해 회멸된 문화를 재건하는 것도 역시 집대성이라 해야 할 것이다. 이 작업은 한나라 때 '천하에 흩어진 책을 모은다'(求遺書于天下)라고 한 유향 · 유흠 부자의 고서정리, 분류 · 목록화 작업을 그 시초로 보아야 한다.

그러나 한대의 재건 작업은 다행히 진시황의 분서갱유가 행해진 지 그리 머지않은 시간(대체적으로 30년 전후) 안에 이루어졌으므로 혹은 살아 있는 사람의 기억을 되살리고, 혹은 숨겨 두었거나 혹은 산실된 책이 남아 있어 어렵사리 많은 문헌자료를 건져 정리할 수 있었다. 그러나 문제는 이 과정에서 위서僞書가 적지 않게 지어졌다는 것이다. 또한 기존의 금문경今文經과 유향 · 유흠으로 대표되는 고문경古文經이 서로 다른 면이 있어 "네 것이 옳으냐, 내 것이 옳으냐" 하는 논쟁이 새로운 학문으로 나타났다. 하지만 이 당시부터는 책 목록을 역사기록에 남겨 세상에 존재가 확인된 책을 파악하고 기억하는 데 도움을 주었다. 그 효시가 바로『한서』「예문지」다. 이는 중국 역사기록의 하나의 원칙과 통례가 되어 각 시대 역사서에는 반드시 그 시대에 존재하는 책목록을 기록, 자연히 서책을 보전하고 잃어버린 책을 재발견하는 작업에 각별한 주의와 노력을 기울였다. 그래서 한대 이후로는 비록 위서라 생각되는 서적도 함께 전해졌는데다가 많은 전란을 겪으면서도 분서갱유나 건물 같은 문화재를 마구 불태우는 일을 삼가는 풍토가 생겨 문서기록들이 오래 보전될 수 있었다. 그래서 많은 책과 기록이 북송까지 거의 손상 없이 보전되어 왔는데 북송 학자 구양수에서 비롯된 의고풍疑古風이 불기 시작하여 옛날 서책은 또다시 산실 위기를 맞게 되었다.

이러한 의고풍은 청말에 이르자 고사변파古史辨派라는 학파까지 생겨 기존의 의고학파보다도 조직적이며 학구적으로 논쟁을 벌여 옛 문헌자료를 심리했다. 이 때문에 한 번 의고 판결을 받으면 그 자료는 폐기처분과 같은 금고형을 받게 되어 이로 인한 학문적 위축과 문헌적 피해는 오히려 진시황의 분서갱유보다도 더 무서운 위력을 발휘했다. 진시황의 분서갱유의 경우 강압적인 물리력으로 자료를 없애는 것이기 때문에 거기에는 진위나 증삭, 자료로서의 가치 여부는 상관없이 그 자료가 휩쓸리지 않고 살아남을 경우 그 자체의 가치는 누구의 간섭도 없이 그대로 유지되었다. 하지만 고사변파가 내린 의고 판결로 외면된 자료는 내용 자체가 불신을 받는 것이어서 그대로 남아 있으면서도 제구실을 못했다. 이 판결은 강력하고 정확한 증거와 논리 없이는 누구도 항변할 수 없었기 때문에 더욱 가혹한 처분이었다. 한편으로는 자료 자체를 태우거나 없애지 않고 그냥 두었으므로, 어떤 책은 후인의 기록으로 판명되어 재평가되기도 하고 어떤 책은 지하 자료가 발굴되어 그 존재가 입증되고 추측적으로나마 인정되면 마치 죽었다 살아 돌아온 것처럼 환호를 받았다. 앞에서도 말했듯이 은허에서의 갑골문 출토는 결정적으로 의고풍을 잠재우는 작용을 하였다.

그러나 여전히 공자 이후 그의 제자 후학들의 많은 자료는 불신에 쌓여 있었고 이를 되살릴 수 있는 지하 자료조차 나오지 않고 있었다. 앞에서도 말했지만 공자에서 맹자까지의 역사가 공백으로 남아 있는 것은 결코 자료의 빈곤이 아니라 자료의 불신 때문이었다. 그 불신을 일소시켜줄 수 있는 지하 자료가 나오지 않았기 때문에 빈곤 아닌 빈곤에 빠졌던 것이다. 1993년 초묘에서 많은 수가 출토된 유가의 죽간 자료는 바로 공자 이후 맹자 이전까지 활동한 공문孔門 제자들의 작품이라는 점에서 자료의 풍부를 더함은 물론 묻혀 있던 자료도 따라서 소생하게 되었으니 이야말로 일대 사인연一大事因緣이 아닐 수 없다. 그 중에서도 더욱 특기할 만한 일은 그 자료 가운데 대부분이 자사 및 그 학파의 작품이라는 것이다. 이로 인해 자사와 맹자와의 학문적 혈연이 다시 이어질 수 있게 되어 이 시대학자들이 원시유가사상을 다시 써야 하는 즐거운 비명을 절로 지르는 일은 당연한 일이다.

4) 자사와 자사학파의 부활

형문시 박물관에서 영인한 『곽점초묘죽간郭店楚墓竹簡』 서문에서는 다음과 같은 내용을 볼 수 있다. "「치의緇衣」의 내용은 오늘의 『예기』 「치의」와 대체적으로 같으나 양자간의 장의 구분과 순서에는 차이가 많이 난다. 글자도 차이가 있는데다 교감해 본 결과 현행본에 약간의 착오가 있었다. 「오행五行」은 일찍이 마왕퇴한묘 백서에서도 나왔는데 죽간본의 문자와 몇 군데 상이한 곳이 있었다. 이전의 학자가 논증하기를 「치의」의 작자는 자사라고 하였고, 마왕퇴백서를 정리해 내고 보니 「오행五行」은 분명 사맹학파思孟學派에 속하는 것으로 판정되었다. 이번에 발굴된 「치의」와 「오행」 두 편의 작품도 같은 무덤에서 나온 것으로 보아 이는 당시 사맹학파思孟學派의 학설이 초나라 지역에 널리 전해지고 있었음을 짐작하게 한다. 「노목공문자사魯穆公問子思」와 「궁달이시窮達以時」는 같은 형태의 죽간에 쓰여 있는데 앞의 것은 이제까지 세상에 알려진 일이 없었고 뒤의 것은 내용의 대부분이 『한시외전漢詩外傳』 권7과 『설원說苑』 「잡언雜言」 등에 보인다. 「성자명출性自命出」, 「성지문지成之聞之」, 「육덕六德」은 죽간형태도 같고 글자도 비슷하다. 「당우지도唐虞之道」와 「충신지도忠信之道」도 기본적으로 죽간형태가 같다. 「어총語叢」 각 편은 모두 길이가 짧은 죽간에 쓰여 있는데 내용은 모두 비슷한 격언식 문구로 되어 있고, 그 체제는 『설원設苑』 「담총談叢」, 『회남자淮南子』 「설림說林」과 같다."

앞에서 제기한 10편의 글은 모두 유가에 속하는 자료며 그 중에서도 자사와 자사학파의 자료라는 것이 대체로 합의된 견해다. 이를 가장 잘 증명하는 것이 「노목공문자사魯穆公問子思」라는 글이다.

노목공이 자사에게 물었다. "어떤 사람을 충신이라 하는가?" 자사가 대답했다. "늘 그 임금의 잘못을 지적해 주는 사람이 충신입니다." 노목공이 불쾌하게 여겨 예를 갖춘 뒤 나갔다. 성손특이 알현했다. 노목공이 말했다. "이전에 내가 어떤 사람이 충신이냐고 자사에게 물었더니 자사가 대답하기를 항상 임금의 잘못을 지적해 주는 사람이 충신이라고 했는데 그때 짐은 미혹해서 받아들이지 않았다." 성손특이 말했다. "참으로 옳은 말입니다. 무릇 임금의 잘못을 지적하다가 죽은 신하가 있고부터 그 임금의 허물을 지적하는 사람이 없어졌습니다.…… 자사가 아니고서는 임금의 허물을 지적하는 사람이 충신이라고 감히 말할 수 없을 것입니다."

이 문답으로 자사의 강직함과 죽음을 두려워하지 않는 기상을 짐작할 수 있다. 『한서』 「예문지」에는 『자사자子思子』 23편이 있다 하며 반고가 주注하기를 "자사의 이름은 급伋이요, 공자의 손자며, 노목공의 스승이었다"라고 하였다. 이로 미루어 당시의 기록들이 엉터리가 아니었음을 알 수 있다.

그렇다면 이전에 주장되었던 『자사자子思子』에 관한 기록도 유효해지는 것이 아닌가? 『자사자子思子』는 『한서』 「예문지」에는 23편이 있다고 하고 『수서隋書』 「경적고」에는 7권이라고 달리 기록되어 있다. 신구 『당지

唐志』에서도 그렇게 기록하고 있다.『한서』「예문지」에 대한 고증에 따르면 북송 때까지『자사자』가 널리 전해져 왔다고 한다.『수서』「음악지」에는 양나라 때 심약沈約의 말을 인용 "「중용中庸」,「표기表記」,「방기坊記」,「치의」는 모두『자사자』에서 발취해 왔다"고 하였다.「치의」가 초묘楚墓에서 나왔다면 그 외의 3편도 자사가 지은 것으로 추정할 수 있다. 따라서 사마천이『사기』「공자세가」에서 "자사가 「중용」을 지었다"라고 한 말이나 정현鄭玄이『삼례목록三禮目錄』에서『예기』의 「중용」은 자사가 지었다고 한 말 모두 맞는 말이 된다. 특히 이렇게 「중용」을 내세우고 있는 것을 보면『자사자』의 여러 편 가운데 「중용」이 자사의 대표작인 것이 틀림없다.『공총자孔叢子』「거위居衛」에서는 더욱 구체적으로 자사가 송에서 겪은 난리를 벗어난 후 「중용」 49편을 지었다고 한다. 이제 초묘에서 「치의」와 「오행」이 나온 이상 위에서 열거된『자사자』의 여러 편은 자사의 작품이라고 인정된다. 이제 남은 문제는 「치의」,「오행」과 함께 나온 나머지 8편인데 이것도 일단은『자사자』에 속하거나 아니더라도 적어도 자사의 제자 이른바 사맹학파의 작품으로 귀속시켜 놓고 자사의 사상을 연구하는 것이 옳을 듯하다.

앞으로 상해박물관이 수장하고 있는 전국죽서戰國竹書에 대한 연구가 계속 발표되는 동안 또 어떤 새로운 자료가 더 나올지 모르겠지만 지금까지만으로도 전통적으로 연구 지적되어 오던『자사자』에 속하는 여러 편의 글과 이번 초묘에서 나온 죽간 자료는 공자와 맹자 사이의 유학사를 메우고 특히 사맹학파로 불리는 자사와 자사학파를 연구하는 데 있어서 자료의 빈곤이라는 말을 하지 못할 것이다. 하버드대학의 두유명杜維明 교수가 "이제는 필연적으로 전체 중국 철학사와 중국 학술사를 새롭게 다시 써야 할 판이다"라고 한 것처럼 유학을 연구하는 학자라면 모두가 이 새로 나온 자료를 연구해야 원시유가사상을 말할 수 있으며 나아가 송명 성리학

을 연구할 때도 『자사자』의 연구는 일정한 기조가 된다는 것을 명심해야
할 것이다.

2. 초묘죽간을 통해 본 자사 및 자사학파의 사상개관

　　『공총자孔叢子』「공의公儀」에 다음과 같은 글이 있다. "옛날 노목공이 자사에게 묻기를 '선생이 책에서 공자님의 말씀으로 기록한 것을 어떤 이는 공자님의 말씀이 아니라 선생의 말이라고 하는데 어떤 것이 맞는 것인가?' 자사가 대답하기를 '기록한 할아버지의 말씀은 어떤 것은 친히 들은 것도 있고 어떤 것은 남에게서 들은 것도 있습니다. 그러나 비록 그 말이 정확하지는 않더라도 그 뜻에 있어서는 정확성을 잃지 않았을 것입니다'" 하였다고 한다. 이는 바로 『자사자子思子』가 대부분 공자의 말을 인용하여 서술하는 형식을 취하고 있지만 거기에는 실제 공자의 말 말고도 자사가 형식을 빌어 자기 설을 표출한 것도 있음을 알게 한다. 그러므로 자사의 학설을 연구한다는 것은 동시에 공자의 사상을 새롭고 폭넓게 연구하여 부연하는 것으로 볼 수도 있다. 이런 의미에서 보면 초묘에서 나온 유가 자료를 일단 자사 및 자사학파의 작품으로 보는 것도 큰 잘못은 없을 듯하다. 다음은 출토된 유가 자료를 각 편별로 열거해서 그것이 담고 있는 의미를 소개하기로 하겠다.

1) 「오행」

본래 마왕퇴에서 나온 백서(「오행」)에는 편명이 없어서 그 내용에 따라 어떤 학자는 「오행五行」 어떤 학자는 「덕행德行」으로 하자며 서로 다른 설을 내세웠다. 나중에 초묘죽간(「오행」)에 '오행五行'이라는 편명이 있어서 백서(「오행」)도 '오행五行'으로 부르고 더불어 백서는 「오행五行」의 설說, 초간은 「오행五行」의 경經으로 나누게 되었다. 백서 「오행」과 초간 「오행」의 성서成書 연대는 서로 차이가 나는데, 백서 「오행」은 다른 자료들과 함께 전국 중기 이후에 지어진 것으로 판단되고 초간 「오행」은 적어도 맹자 이전 전국 초기 자사가 활동하던 때의 작품으로 미루어 판단된다. 순자가 사맹학파를 비판하면서 "옛 학설을 근거로 해서 자기 설을 만든다"(案往舊造說)고 한 말을 되짚어 보면 초간 「오행五行」은 자사의 사상일 뿐 아니라 그 설의 시작은 자사 이전 즉 공자나 그 제자들의 시대인 춘추 말 전국 초로 그 형성시대를 더 올려 잡을 수도 있다. 여기서는 사맹학파의 오행五行을 말하려 하기 때문에 초간 「오행」을 위주로 내용을 정리하기로 한다.

종래 학자들은 순자가 사맹학파를 비판할 때 쓴 '오행五行'이 도대체 어떤 내용의 '오행五行'인지 꼬집어 내기가 어려웠다. 상식적으로 볼 때 역사상 '오행五行'이란 말은 『상서』 「감서」와 「홍범」에 나오는데 여기서는 수화목금토水火木金土를 오행五行이라 한다. 주로 일용사물日用事物로 쓰는 물질적인 것으로 생각하기 때문에 사맹학파가 말한 오행五行이 그런 것이라고 볼 수는 없었다. 또 순자와 같은 시대의 추연鄒衍이 주장한 오상五常, 오덕五德의 오행五行과도 같을 수가 없다고 판단되자 사실상 이 부분은 논의에서 제외되어 왔다.

그런데 초간오행이 출토되자 순자가 사맹학파를 비판한 주요 내용의

'오행五行'이 공자 이후 유가의 전통적인 인간 도덕행위규범에 속하는 '덕행德行'의 내용을 깊이 있게 다룬 개념이었음이 드러났다. 그러면 초간 「오행」의 내용은 어떤 것인가? 그 첫머리에 정의하기를 "인仁이 마음에 깊이 쌓인 상태에서 나오는 행위를 '덕지행德之行'이라 하고 인仁을 마음에 깊이 쌓아 두지 않은 상태에서(말하자면 조건반사식으로 생각 없이) 나오는 행위를 그저 '행行'이라 한다"고 하였다. 이어지는 의義·예禮·지智·성聖의 덕목에 대한 설명도 같은 형식으로 이루어져 있다. 여기서 오덕五德 중에 성聖이라는 덕목이 들어가는 것이 생소하므로 한번 짚고 넘어가자. 뒷날 맹자에 이르면 인의예지 사덕四德이 굳어지고 성聖은 포함되지 않는다. 초간 「오행」에서도 사행四行에서는 빠지고 오행에서만 들어가는 게 성聖이다. 분명 여기서 성聖은 우리가 상식적으로 받아들이는 성인聖人의 성聖은 아니다. 길게 말할 자리가 아니므로 결론만 말한다. 사행四行, 사덕四德 중에 결국 마지막 무게는 지智에 실린다. 행위의 판단이 지智에 있기 때문이다. 초간 「오행」에서는 지智와 거의 같은 의미로 쓰는 성聖이 더해져서 불필요한 덕목이 가해진 것같이 보인다. 당시에 지智와 성聖은 같은 범주의 덕목이지만 서로 기능을 달리한다고 쓰고 있다. 말하자면 지智는 "견이지지見而知之"의 지知고 성聖은 "문이지지聞而知之"의 지知로 구분하는 것이다.(聖은 귀와 입이 합해진 글자로 소리 聲과도 통용된다. 다른 사람의 말을 전해 들어서 아는 知로 본 것이다) 하지만 오늘날 우리는 지智덕목만으로도 충분한데 구태여 성聖이라는 덕목을 군더더기같이 더할 필요는 없다고 생각한다. 그래서 그랬는지 백서 「오행」에는 성聖자가 빠져 있다. 맹자에 이르면 사단四端만 나오다가 뒷날 오상五常이니 오덕五德이니 오행五行이니 하는 용어가 생기니까 거기에 채워 넣을 개념으로 "신信"이 들어가게 된다.

사맹학파의 '오행五行'이 인仁·의義·예禮·지智·성聖이라는 다섯 가지 덕목으로 밝혀진 것은 마치 천고千古의 수수께끼를 푼 것처럼 개운하다. 다음은 첫머리에서 보이는 '덕지행德之行'과 '행行'의 상호 발전관계와 거기서 더 나아가 도덕적 천인관계天人關係에 대해 살펴보자. '덕지행德之行'의 다섯이 화일和─한 것을 '덕德'이라고 한다.(이 德은 五行으로 분화해 나오기 이전의 순수한 德으로 그것은 하늘이 사람에게 부여한 것이라 해서 天德이라 한다. 그것을 사람이 받았다고 해서 사람 쪽에서는 德을 得이라고도 한다. '五行의 和─'이라는 의미는 행위로 나온 뒤의 和合이 아니라 행위 이전으로 돌아가 하나로 합쳤을 때의 德을 말한다. 그래서 필자는 和同이나 和合이라는 말이 아닌 和─이라는 말을 쓴 것이다) 덕은 천도다. 그리고 사행四行을 화합和合해서 모두 갖춘 행위를 선善이라 하는데, 이 선善이 바로 인도人道다. 여기서 인도와 천도天道라는 상위 개념이 나온 것에 주목할 필요가 있다. 덕지행德之行은 인, 의, 예, 지, 성이 마음 안에 갖추어져서 나온다고 했는데, 그렇다면 마음 안에 갖추어지는 덕德은 어디서 오는가? 그것은 태어나면서 하늘로부터 부여받은 것이라 한다. 그러므로 인간이 덕행德行을 논할 때는 그 궁극적인 근원을 천도로 설정하여 끌고 내려오지 않으며, 이미 우리 마음 안에 갖추어져 있는 것을 깊이 쌓아 두었다가 드러내었을 때 덕지행德之行이 되는 것이다. 이것이 선善이며 인도가 지양하는 바다. 말하자면 천도天道에게 받은 덕성德性을 잘 간직하다 발현해서 천도 쪽으로 수행해 가는 것이 인도이므로 여기서 천인합덕天人合德 즉 인도와 천도의 합도合道가 가능해지는 것이다.

그러면 인도는 그대로 천도 쪽으로 회귀回歸하는 것인가? 아니다. 일반 종교의 경우 그런 길잡이 역학을 하겠지만 유가는 현실주의요, 인본주의다. 인도가 이미 천도와 서로 주고받는 관계에 놓여 있는 것이라면 인도의 선善은 그 자체로 천도의 구현일 수도 있다. 그래서 인도의 수행修行은 천도를 지향하지만 수행으로 인도즉천도人道卽天道라는 천인합덕天人合德을 이루면 이제 인도는 천하를 경영해서 도덕왕국道德王國을 건설하는 것이 된다. 이것이 인문정신의 출현이며, 여기서부터 원시유가의 기조가 출발한다. 초간 「오행」에서는 다음과 같이 말한다.

(인문정신을 발휘하여 인간세계를) 질서 지우고 조화롭게 하는 사람이 성인聖人
이다. 이를 금성옥진金聲玉振이라 한다. 금성金聲은 천지인天地人 삼재三才의 도
道를 설계하는 것이요, 옥진玉振은 그 설계에 따라 시행하고 건설하는 것이다.
금성에서 시작하는 조리條理는 지智의 일이고 옥진에서 끝맺는 조리는 성聖의
일이다.

예악禮樂은 성聖과 지智에서 나오고 오행의 덕이 화합和合하게 한다. 화합하면
즐겁고, 즐거우면 천덕天德이 구현된다. 천덕이 구현되면 천하국가天下國家가 일
어나 바로 선다. 이러한 사실은 문왕이 가진 덕의 순수함으로 알 수 있다. "문
왕께서 하늘의 덕德을 갖추고 그것으로써 세상을 밝히셨다"라고 하는 것은 이
를 두고 말함이다.

　「오행五行」의 이러한 사상은 아직 다듬어지지 않은 질박한 글이지만
『주역』「문언전文言傳」의 "무릇 대인이란 천지와 더불어 그 덕과 화합하는
사람이다"(夫大人者, 與天地合其德)라는 사상과 『중용』의 "천명을 일러 성이라
한다"(天命之謂性)라는 사상 그리고 『맹자』의 "마음을 다하여 성을 알면 천
명을 얻는다"(盡心知性而知天)라는 사상과 밀접하게 연결되어 있으므로 공자
와 맹자 사이를 연결하는 자사학파의 중심 학설로 보인다.

2) 「치의」

　「치의」는 상해박물관이 소장하고 있는 전국 초 죽서에도 실려 있으니,
지금 『예기』에 있는 「치의」와 합쳐서 모두 3종류의 「치의」가 있는 셈이

다. 전국죽서 「치의」를 초간 「치의」와 대조한 보고서를 보면 그 내용이 대동소이하다고 하니 특별히 참고하지 않아도 될 것 같다. 『예기』본 「치의」는 분명 초간본에 비해 후세에 첨가한 부분이 보이므로 순수하게 옛날 원본으로 볼 수 없다. 따라서 원시유가 자사학파의 사상을 연구하는 데는 초간 「치의」를 그대로 읽는 것이 가장 옳을 듯하다. 「치의」는 『자사자』 안의 작품 가운데 상당히 널리 전해진 사상으로 알려져 있다. 함께 출토된 「존덕의尊德義」에서도 「치의」의 말을 인용하고 있을 정도다. '치의緇衣'란 글자 그대로 풀이하면 '검정색 옷'이다. 다시 말하면 흑의黑衣다. 흰색 옷은 이것저것 이 색깔 저 색깔로 색을 바꿀 수가 있지만 흑색黑色 옷은 변색할 수가 없다. 아마도 '치의'라고 편명을 지은 것은 그러한 변함없는 항상성恒常性을 상징하려 한 것 같다. 즉 옷은 사람의 몸을 수식하기도 하므로 개인의 변함없는 마음과 인간관계에서 변함없는 깊이, 그런 것을 의미하는 듯하다. 과연 「치의」의 글 중에는 "백성에게 한결같이 후하게 대하면 백성은 두 마음을 품지 않는다"(示民一厚, 民情不貳), "백성을 거느리는 자, 그 의복을 고치지 않고 조용히 항심상도恒心常道를 보여 주면 백성은 항심恒心을 가지고 항산恒産에 힘쓴다"(長民者衣服不改, 從容有常則民德一), "송나라 사람이 말하기를 사람이 항상된 마음이 없으면 점괘도 그에게 답을 하지 않는다"(宋人有言曰, 人而亡恒, 不可以卜筮也)라는 교훈구가 있다. 이것을 보면 '치의'는 분명 통치자나 백성 모두 마음을 항상되게 해야 하는데 특히 위에 있는 사람이 모범을 보여야 아랫사람도 따른다는 상징적이고 교훈적인 의미를 갖는 편명임이 틀림없다.

호북성박물관 연구원인 유신방劉信芳 선생은 자신이 쓴 「곽점간치의해고郭店簡緇衣解詁」에서 "죽간 「치의」는 1~4장에서 좋아하고 미워하는 도리를 토론하고, 5~9장에서 상하관계의 도리를 말하며, 10~13장에서 교육과 형벌의 도리를 말하고, 14~19장에서 언행言行의 도리를 말한다. 그리고 20~22장에서 교우交友의 도리를 말하고, 23장에서 종합적인 결론을 지으며 특히 '항恒'자를 논하는 것으로 끝을 맺었다"라고 한다.[1] 「치의」의 마지막 장에는 "「태명」에 이르기를 '임금이 제삿술을 신하들에게 줄 때 악덕한 신하에게는 주지 않는다. 그 이유는 악덕한 사람에게 주면 백성들이 그 사람을 바른 사람이라 여겨 그를 따라 배울 것이기 때문이다. 그리고 일을 모두 그렇게 하면 신을 제사하는 데 불경不敬이 되고 일을 번거롭게 하니 어지러워 귀신 섬김이 어려워진다.' 『주역』에 이르기를[2] '그 마음가짐을 항상恒常되게 하지 않으면 아랫사람들에게 곤욕을 치른다. 그 덕德을 항상되게 하고 정고貞固하게 하면 부인에게는 길하나 남자(夫子)에게는 흉하다."(兌命曰 爵無及惡德, 民立而正, 事純. 而祭祀, 是爲不敬, 事煩則亂, 事神則難. 易曰 不恒其德, 或承之羞. 恒其德偵, 婦人吉, 夫子凶) 한마디로 「치의」가 우리에게 주는 교훈은 인간관계에 있어서 변함없이 좋은 관계를 유지하고 아름다운 삶의 분위기를 조성하는 데 있다. 심오한 철학哲學을 말하지 않고, 원시유가가 구축한 인간 도덕규범의 기조와 정신을 음미하게 하는 좋은 자료가 되는 내용이다.

이제 그 주요한 격언식 문구를 몇 가지 뽑아서 소개하겠다. 모두 "공자가 말씀하셨다"(子曰)로 시작하므로 이는 생략한다.

① 어짐을 좋아하기를 「치의緇衣」에서처럼 하고 악함을 미워하기를 「항백巷伯」에서처럼 하면 백성들은 힘써 따르고 잘못을 범하지 않는다.

② 백성은 임금으로 마음을 삼고 임금은 백성으로 몸을 삼는다. 마음이 항상되고 조용하면 몸이 편안해진다.

③ 윗사람이 인仁을 좋아하면 아랫사람은 앞 다투어 인仁을 행한다. 그러므로 백성을 다스리는 자는 뜻을 드러내서 백성을 밝게 깨우쳐 주어

---

1) 『예기』본 「치의」는 총 24장으로 초간 「치의」보다 한 장이 더 많다.
2) 「恒卦」 '九三' 爻辭와 '六五' 爻辭에서 살펴볼 수 있다.

야 한다. 그러면 백성은 행동으로 윗사람을 기쁘게 할 것이다.

④ 아랫사람이 윗사람을 섬기는 것은 명령에 복종하기보다는 그가 앞장서서 행동하는 모습에 따르는 것이다. 윗사람이 무엇을 좋아하면 아랫사람은 중용을 잃고 더욱 심해진다. 그럼으로 윗사람은 좋아하고 싫어함을 신중히 해야 한다.

⑤ 백성을 덕德으로 가르치고 예禮로써 질서를 잡으면 백성들은 예의와 염치를 알아서 자기를 자율적으로 지키고 제어한다.

⑥ 정치가 행해지지 않는 것은 교육이 이루어지지 않아서다, 형벌을 가해도 부끄러워할 줄 모르고 벼슬을 높여 주어도 부지런하지 않으니 형벌과 포상은 신중히 공평무사하게 시행되어야 한다.

⑦ 군자는 말로는 행할 수 있으나 행동으로 행할 수 없는 것을 말하지 않는다.

⑧ 군자는 말에는 실체가 있어야 하고 행동에는 격식이 있어야 한다. 이렇게 하면 살려 준다고 뜻을 뺏기지 않고 죽인다고 해서 정신을 뺏을 수는 없다.

이처럼 「치의」는 일종의 교훈집·격언집 같은 교과서적 의미를 보여준다. 가히 『논어』를 이어주는 삶의 지혜서라 할 만하다.

3) 「성자명출」

초묘 죽간 자료 가운데 가장 철학적인 내용과 원시유가사상을 새롭게 인식하는 데 중요한 의미를 주는 것이 「성자명출性自命出」이다. 이제까지 알려진 바로는 성명性命과 천도天道 문제는 공자가 말하지 않았거나 말을 했지만 제자들이 이해하지 못했다고 여겼다. 유가철학의 인성론人性論에서 가장 중요한 개념인 '성性'에 관해서도 공자가 말한 성性은 송명리학의 개념에서 보면 천지지성天地之性이 아니라 기질지성氣質之性에 가까운 것이었다. 즉 "생, 이를 일러 성이라 한다"(生之謂性)에서의 성처럼 아직 후천적인 수행修行으로 인해 자연스럽게 배어들지 않은 것으로 사람이 배우고 수행하는 정도에 따라 차이를 보이는 개발되지 않은 성격의 성을 말했을 뿐이다. 그러므로 도덕 형이상학 영역에서 제기되는 주요 개념들 이를테면 명命, 성性, 심心, 정情, 기氣 같은 문제는 공자에서 한참 먼 송대에 이르러서야 본격적으로 논의되었다. 필자는 오래 전부터 이러한 견해와는 다른 생각을 가지고 있었다. 『논어』의 "성은 서로 가까우나 습관은 서로 멀다"(性相近, 習相遠)라든가, "공자가 천도와 더불어 성을 말한 것은 들을 수 없다"(夫子之言性與天道, 不可得而聞也)라는 문장을 중심으로 공자 학설을 논하는 것은 공자의 나이 50살 이전 아직 하학下學 과정에 있던 때의 사상이라고 생각한다. 공자가 "쉰 살에 천명을 알았다"(五十而知天命)라고 한 상달上達 경지에 접어들면 공자가 말하는 천명天命과 덕성德性은 자사가 지었다는 『중용』 첫머리에 나오는 "천명을 일러 성이라 한다"(天命之謂性)의 전주前奏였다고 생각하기 때문이다. 결국 지천명知天命 이전의 공자 성명론性命論에서 천도天道와 인성人性은 횡적 이원관계二元關係에 머물러 있었지만, 이것이 지천명 이후가 되면 천도와 성명이 종적 상하관계에 놓인 천인일원적天人一元的 관계로 변했다고 여긴다.

공자가 만년에 감통感通한 부분인 종적으로 명을 내리고 받는 천도와 인성의 관계는 『논어』를 집록한 제자들이 아닌 또 다른 제자들에 의해 전수되었고, 이는 특히 자사에 이르러 형이상학적形而上學的 이론으로 발전하여 맹자를 거쳐 송대에 이르러 유가철학의 중심 과제로 떠오른 것이다. 초묘 「죽간」으로 밝혀진 자사학파의 작품은 바로 이러한 의구심을 말끔히 씻고 맹자 이전에 이미 상당한 수준의 학설을 갖춘 천도와 성명性命, 심心,

성性, 정情 등의 문제가 다루어지고 있었다는 것을 확인시켜 주었다. 그리고 심心, 성性, 정情에 대한 가치 판단에 있어서 성리학이 가지고 있는 리선기후理先氣後나 성선정악性善情惡같이 기氣와 정情을 대체적으로 낮게 보는 대세적大勢的 분위기와는 달리 '정情'의 위상이 오히려 심心과 성性보다 중시되고 있음을 발견할 수 있다. 아마도 이는 원시 유학에서 예禮와 악樂을 아울러 중시하거나 오히려 악樂을 예禮보다 근원적인 것으로 여기며 악교樂教를 성정性情 교육의 기본으로 삼은 데서 온 것이 아닌가 한다. 『논어』에서 공자가 말한 "시에서 흥기하고 예에서 서며 악에서 이룬다"(興於詩, 立於禮, 成於樂)는 이성보다는 정감이 인간생명을 숭고하고 생동감 있으며 쾌락하게 해 줄 수 있다는 선언이다. 이제 「성자명출」이 가지고 있는 철학적 특징을 몇 가지 구절을 통해서 정리해 보자. 첫째, "성은 명에서부터 나오고 명은 하늘이 내린다"(性自命出, 命自天降)라는 명제다. 이 명제는 여태껏 우리가 이해했던 공자의 "성은 서로 가깝고 습관은 서로 멀다"(性相近 習相遠)로 대표되는 성론性論을 도덕 형이상학의 차원으로 제고하여 성性의 내원을 천명으로 다루어 이후 성性이 도덕가치의 보편과 근원으로 자리매김하는 실마리로 삼는다. 이어서 둘째, "도道는 정情에서 비롯하고 정情은 성性에서 나온다"(道始于情, 情生于性)라는 명제는 인간의 길은 생명정감生命情感의 흐름에 따라 열려 가고 그 생명정감은 바로 천명을 받은 성性에서 나왔다는 선언이다. 단적으로 말해서 정情이 성性에서 나온 것이라면 그 정情은 순정純情, 미정美情, 선정善情, 진정眞情이 되어 성리학에서 경계하고 낮게 평가되어질 대상이 아니라 오히려 적극적으로 밖으로 드러내고 승화시켜야 할 '정情'이 되는 것이다. 이것이 원시 유교의 독특한 정론情論이다. 셋째는 「성자명출」 마지막 구절 "몸(생명)은 작위를 하기 위해 (예를 들면 문화예술의 창조) 심心을 주재主宰한다"(身以爲主心)라는 명제인데 놀랍게도 이는 성리학특히 주희가 말하는 "심이란 사람의 몸에서 사람의 몸을 주재한다"(心者,

人之所以主于身者也)라는 주장과 상반되어 의아심마저 생긴다. 우리는 상식적으로 이성이 감성을 지배하고 통제하는 것으로 인식한다. 특히 도덕적 행위에 있어서는 더욱 그러하다. 그런데 여기서는 몸이 오히려 마음을 주재한다고 하니 정감을 이성의 위에, 나아가 근원에 위치시킨 것이 아닌가? 이는 원시유학과 신유학 간의 가장 큰 차이를 보이는 문제가 아닐 수 없다.

먼저 간문簡文의 주요 문장을 소개하고 간단한 논의로 들어가 보기로 하자. 모든 문장은 첫머리가 중요하니 첫 단락의 문장을 보도록 하자.

무릇 사람에게는 누구나 성性(생명)이 있고 거기에는 심心이 작용한다. 심心이 작용하지 않으면 그 심心이 지향하는 지志도 정定(靜)해진다. 고요했던 심은 바깥에서 사물의 자극을 받아야 움직이는데 그 바깥사물과의 관계에서도 나에게 이롭고 기쁘다고 판단되어야 행동한다. 그 행동은 학습을 쌓은 뒤에야 능숙해진다. 희喜, 노怒, 애哀, 비悲는 기氣(情)다. 정情은 성性에 안착해 있다가 바깥사물에 이끌려 밖으로 발동해 나간다. 성性은 명命에서 나오고 명命은 천天에서 내려온다. 도道(人道)는 정情에서 비롯되고 정情은 성性에서 나온다. 도道는 처음에는 정情(본능 같은 本然의 性)에 가까웠지만 학습과 성찰을 쌓아 갈수록 의義(이성을 갖춘 人文化된 性)에 가까워진다. 나와 바깥사물이 만나면 생명에 지혜가 생기고 그것이 마음속으로 들어와 다시 나의 감성과 지성의 틀이 된다. 좋아하고 미워하는 마음이 성性에서 나오는데 성性이 그렇게 좋아하고 미워하게 만드는 것은 바깥사물이다. 나와 내가 아닌 것과의 관계 교섭에서 혹은 선善(잘 어울림)하고 혹은 불선不善한 결과가 벌어지게 마련인데 이는 세勢(상황)가 그렇게 만든 것이다. 무릇 성性은 심정心情을 발동시키는 주체지만 그를 움직이고 작용하게 하는 것은 바깥사물이다. 이는 마치 금석金石은 소리가 나는 물체지만 그것을 때리지 않으면 소리가 안나는 것과 같다.…… 이렇게 성性 속에 있는 심心은 외물이 자극하지 않으면 밖으로 발동하지 않는다. 이때 밖으로 발동한 심心은 내재되어 있는 성性과 바깥의 사물 사이에서 계교상량計較商量한다.(心의 官能은 생각하는 것이다)

다음은 전체 문장 안에서 심心, 성性, 정情에 관계되는 구절을 뽑아 이 어본 것이다.

사해四海의 안에 모든 생명(性)은 '성상근性相近'에서처럼 동일하다. 그러나 이 는 후천적으로 심을 사용하는(學習) 방향과 정도에 따라 달라진다. 교육이 그렇 게 하게 한다. 무릇 성性이 움직여 밖으로 나오면 무엇인가와 만나게 되는데 (여 기에서 善, 不善이 생긴다. 이를 善이 되게 하기 위해) 다시 성性을 움직여 존양存養하 고 성찰하여 지혜(이성)를 기른다. 무릇 성性을 움직이는 자는 물物이다. 안에 있는 성性과 밖에 있는 물物이 만나서 기쁘면 어울리고 어울리다 보면 문제가 생긴다. 문제를 여러 번 겪다 보면 의義(宜, 內外和合의 도리)를 터득하게 된다. 성性(心)을 발하여 움직이게 하는 것은 세勢(상황)요, 성性(性情)을 기르는 것(氣質 을 변화시키는 것)은 학습學習이다. 이렇게 해서 성性을 선善으로 이끌어 가는 것 이 도道(사람의 길)다. 비록 이 같은 일에 능하더라도 심心이 집중되지 않으면 허사다. 심을 구하는 게 자기 집중에 있으니 집중하지 않으면 심心을 얻지 못 하는 것이다. 무릇 인정人情에는 기뻐하고 즐기는 바(진정함, 순수성이 드러남)가 있으니 진정으로 하면 비록 지나쳐도 악惡하지 않으나 진정이 아니라면 비록 특별하더라도 가치가 없다. 진정이라야 사람을 감동시키고 믿음을 줄 수 있기 때문이다. 무릇 군자는 뜻을 세움에 집중되고 흔들리지 않는 심心을 가져야 하고, 말함에 분명하고 조리가 있어 믿음을 갖게 해야 하며, 손님을 접대함에 예를 갖추고 화해하고 단정한 모습을 해야 한다. 제사 지냄에도 예를 갖추고 엄숙하게 감격하며 공경해야 하고 장사지냄에 살아 계실 때의 정분을 생각하 며 슬픔을 다해야 한다. 이런 것들은 모두 나의 생명의 그릇인 몸으로 표현되는 것이므로 (몸은) 항상 마음이 흐트러지지 않도록 챙기는(主宰) 것을 잊지 말아 야 한다.

이러한 문장을 음미해 볼 때 비록 아직은 문장이 질박하여 개념 정리 나 이론 설명이 자세하지는 않지만 『논어』나 「치의」 같은 어록 중심의 격 언구 같은 글에 비하면 문장성격이 또 다른 논의식 문장의 틀을 갖추고 있어 이때 벌써 유가철학은 일용사물이나 실용윤리 차원을 벗어나 차원 높은 인문정신의 자각 쪽으로 가고 있었음을 알 수 있다. 간추려 말하면 이 문장으로 우리는 이미 그 당시 몇 가지 개념으로 모아진 천天, 명命, 성性, 심心, 정情, 기氣, 도道 등 성명性命철학이라고 할까, 아님 심성정론心性情論이라고 부를 수 있는 철학적 대주제 아래에서 각기 정의를 내리는 것이 가능하다. 또한 이러한 개념들이 가지고 있는 본질과 작용 그리고 다른 중심개념들과의 연관성—다른 기능들과의 상호 작용 특히 그러한 개념(실체)들의 내원과 발생(출현) 등에 관해서 이왕에 보지 못하던 사유세계가 상당히 심오한 경지까지 열려 갔음을 알게 한다. 먼저 도덕적 사유세계에서 모든 이론의 중심이 되고 실제로 파생(由出)의 본체本體가 되는 '성性'의 문제가 궁금했는데 필자가 「성자명출」에서 느낀 바로는 성론性論은 아직도 『논어』에서 말한 "성은 서로 가깝고 습관은 서로 멀다"(性相近 習相遠)는 명제에서 벗어나지 않는다. 하지만 명命이니 천天이니 하는 개념을 상위 개념에 두면서 성性의 내원과 성격을 규정짓고 있어 자연의 범주 내에서 이해하던 '성性'을 인문정신의 자각으로 감통感通한 천명天命에서 모든 근원을 찾고자 한 것은 하학상달下學上達이라는 철학사상의 발전 과정에서 가히 획기적이라 할 수 있다. 이 성론性論은 뒷날 성性의 본질을 가치론 차원에서 다루면서 나온 성선性善, 성악性惡 양면의 대립이 아직 생기지 않은 상태라 원류를 찾아 올라가는 데 개방적이고 원형이 보존되어 있는 듯해 오히려 친근감을 준다.

'성性'을 아직 어딘가에 도착하지 않은 본래의 상태로 보고 그것이 혹은 선善으로 혹은 악惡으로 흘러갈 수 있다는 성선불선미정론性善不善未定論에 머물러 있다. 이 때문에 그 성性을 선善으로 이끄는 길은 뒷날 송명리학의 이론에서 주장하는 성즉리性則理 즉 성性을 본래 천부적인 완전한 선으로 보면서 성에 따르는 것을 거듭 권하는 것과는 달리 양성養性, 솔성率性

즉 후천적인 교육수행과 학습에 의탁하고 있어 공자의 '습상원習相遠'과 직결되어 있다. 그래서 성악性惡을 출발점으로 하나 "본성을 변화시켜 인위를 일으킨다"(化性而起僞)는 것을 주장하는 순자처럼 목적은 성선性善에 이르는 길을 개척하는 데 중점을 두고 있음을 알 수 있다. 그리고 앞에서도 언급한 바 있지만 성리학에서 낮게 평가되던 '정情'을 "예는 정에서 나오고"(禮出於情), "악은 성에서 생겨난다"(樂生〔作〕於性)라는 말에서 보이듯, 인간행위(인문적)의 원천을 성性(理)보다는 정情(氣)에다 두어 유정주의唯情主義·중정주의重情主義라는 말이 나올 정도로 '정情'의 위상을 중심에 정립하고 있다는 것이 특기할 일이다. 또한 원시유가의 교육이 이성적 교육(좀 나쁘게 말하면 인간의 비인간화)보다는 생명본연의 감성적 교육을 중시하여 생동적이고 자유분방한 인간을 본으로 삼고 있는 것 또한 주목해야 할 일이다. 이렇게 생명본연의 바탕을 무너뜨리거나 고치지 않고 그대로 키우고 발현하는 것을 중시하기 때문에 바깥의 어떤 목적에 의해 좋게 말하면 다듬어진 심心·정情 나쁘게 말하면 거짓 꾸며진 심心·정情을 배격하고 진심眞心·순정純情의 '신실信實'을 중시하고 강조한다. 이것 또한 공자의 "말을 잘하고 얼굴빛을 곱게 하는 이 가운데 어진(仁) 이가 드물다"(巧言令色, 鮮矣仁)는 사상을 그대로 발전시키고 있는 것으로 보여 사상의 흐름이 일관성을 되찾게 하는 실마리가 된다.

4) 「육덕」

유가철학은 현실의 철학이요, 모든 인간의 이상理想은 현실에서 이루어지며, 인문세계 건설의 주역主役은 인간이다. 그래서 유교는 현실주의와 인본주의를 철학의 근본 기조로 삼고 있다. 따라서 대체로 현실과 인간 자신을 부정하고 인간 밖의 절대자에 귀의하여 그가 역사役事하고 있는 극락이나 천국에 들어가는 것을 염원하고 또한 궁극적인 목표로 삼는 내세종교來世宗教, 의타종교依他宗教와는 궤도를 달리한다. 어떤 종교의 경우 전지전능한 신에 절대적으로 의존하므로 나와 신의 종적 관계 외에 나와 다른 존재들과의 횡적인 관계는 그리 중요하게 여기지 않는다.(즉 현세에 미련을 두고 무엇을 건설, 영위함을 오히려 부질없는 것으로 여김) 하지만 유교의 경우 모든 것을 맡기고 요구하고 의존할 만한 신이나 절대자를 두지 않음으로써 자기 자신의 힘에 의존하고 또 현실이 아닌 이미 만들어져 있는 이상세계가 있다고 믿지도 않는다.

이 때문에 유교는 오직 이 세상만이 유일하게 주어진 생존광장이요 이상을 펼 수 있는 공간으로 여긴다. 더불어 이상세계를 건설하는 데는 인간이 중심이기는 하나 천지간에 있는 모든 존재의 각기 다른 기능을 궁구해서 조직지어 구조해야 하므로 천지天地는 물론 만유萬有와의 관계도 끊을 수 없다. 이것을 천天·지地·인人 삼재지도三才之道라 한다. 그 실현방법 및 과정의 기본은 공자가 말한 "도에 뜻을 두고 덕을 굳게 지키며 인에 의지하고 예에 노닌다"(志於道, 據於德, 依於仁, 遊於藝)에서 볼 수 있다. 여기에서의 '도道'는 『대학』에서 말한 '지선至善'의 경지요, 덕德은 하늘이 인간에게 이 세상을 설계, 건설하고 경영, 향유할 수 있는 능력으로 부여해 준 가능성을 말하며, 인仁은 나와 남이 사랑하고 각기 가지고 있는 덕성德性을 합쳐 나아가 애물愛物, 애천愛天하는 심정心情의 뿌리자 온상이다. 거기서부터 인간 마음의 행로가 드러나 소통된다. 이러한 인간의 힘은 천지만유天地萬有의 모든 힘을 동원해서 우주 전체의 생명들이 함께 누릴 수 있는 세계, 즉 '예藝'의 세계를 만들고 또 끊임없이 승화시켜서(日新, 日日新又日新) 생을 하염없이 영위해 갈 수 있게 한다.

유가가 바라는 세계를 열어 가고 건설하는 데 꼭 필요한 조건은 인류

人倫조직, 즉 인간관계의 질서규범과 이것을 전체적 차원의 조직으로 구조화시킨 사회조직·정치조직이다. 초묘죽간에서 나온 「육덕六德」은 바로 이러한 인륜人倫조직, 사회조직, 정치조직의 근간을 이루는 여섯 가지 인간의 위상과 상호관계 그리고 천하경영에 참여해서 담당해야 할 직분職分(能) 등을 말하고 있어 가히 유가정치 윤리학의 기조라고도 말할 수 있다. 초묘죽간의 자료 가운데 유가와 관련된 글들은 모두 하나같이 공자와 공자 제자들의 언론과 연관되는 것으로 새로이 돌출되어 나온 것이 아니듯이 '육덕六德'도 공자는 물론 공자 이전의 서주 초기까지 소급해 올라가서 실마리를 찾을 수 있을 정도로 오래된 사상이다. 또 육덕이 후대에 연결되어 발전한 기록이 많으나 그 골격은 사맹학파 이전과 이후가 그다지 바뀌지 않았다는 것도 주목할 만한 일이다. 아마도 이는 순수이론에 해당하는 것이 아니라 실재 인간관계 안에서 존재하기 때문이 아닌가 싶다. 그러면 먼저 공자와 공자 이전의 '육덕六德'은 어떤 것이었는지 알아보자. 『주례』「지관地官」, '대사도大司徒'에 "향삼물로써 만민을 가르친다.…… 첫째가 육덕으로 지, 인, 성, 의, 중, 화다"(以鄕三物敎萬民……一曰 六德知〔智〕仁聖義忠和)라는 말이 있어 육덕이 당시 교육의 주요 덕목이었음을 알 수 있다. 『논어』에 공자가 육언六言, 육폐六蔽를 말한 것이 있는데 이때의 육언六言이 바로 육덕六德이다. 육덕인 인仁, 지知, 신信, 직直, 용勇, 강剛은 폐단이 생길 수 있는 덕德으로 호학好學을 통해서만이 그 폐단을 막을 수 있다고 하였다.

무엇을 육덕이라고 하는가? 성聖, 지智, 인仁, 의義, 충忠, 신信이다. 여기서 성聖과 지智는 한 짝이 되고 인仁과 의義, 충忠과 신信 또한 한 짝이 된다. 예악과 형법을 제정해서 백성을 교화하는 데는 성·지가 아니면 안 되고 부자父子가 친애하고 군신이 화합하고 사린四隣을 하나로 모으는 데는 인·의가 아니면 불가능하다. 백성을 모으고 땅을 개간해서 풍족하게 먹고살게 하는 데는 충·신이 아니면 성공하기 어렵다.

사람의 관계에는 육위六位가 있다. 육위는 부부夫婦, 부자父子, 군신君臣이니 이 것은 인륜人倫의 기본이다.

(육위는 각기 육직을 갖는다) 사람을 거느리는 자, 사람에 따르는 자, 사람을 부리는 자, 사람에게 부림을 받는 자, 사람을 가르치는 자, 사람에게서 배우는 자가 있으니 이것이 육직六職이다.

이미 육위가 정해지면 그 위치에 걸맞게 육직을 맡기고 육직에 나누어 임하게 되면 육덕六德이 실현된다.

가르친 제자 가운데 재능이 출중한 자는 대관大官에, 그만 못한 자는 소관小官 에 임명하고 봉록을 준다. 생사여탈권을 가진 사람은 임금이다. 그는 의義로써 많은 사람을 다스린다. 의義는 군덕君德이다. 나의 친자식이 아니더라도 친자 식처럼 기른다. 그래서 말하기를 "남의 어려움을 도와주는 것이 선행善行이요, 그 몸이 수고롭다고 일하기를 꺼리지 말며 만일 목숨과 바꿀 일이 생겨도 죽음 을 두려워하지 않는다." 신하는 어찌 해야 하는가? 충성으로 임금을 섬긴다. 충忠은 바로 신덕臣德이다. 할 수 있는 것을 알고, 할 수 없는 것을 알며, 행해 야 하는 것을 알고, 행해서는 안 되는 것을 아는 이가 장부丈夫(남편)다. 장부는 지智로써 사람들을 거느린다. 지智는 부덕夫德이다. 한 남편과 짝하면 평생 정 조를 바꾸지 않으므로 남편이 죽어도 재가하지 않는 것이 부婦(아내)다. 믿음(진 실)으로 남편을 섬긴다. 신信은 부덕婦德이다. 태어난 생명을 기르고 가르쳐 사 람이 되게 하는 자를 부父라 한다. 성聖은 부덕父德이다. 자식이 훌륭하게 자라 서 윗사람을 섬기는 것을 의義라 한다. 부모를 봉양함은 효孝라 하고 미루어 남의 부모를 내 부모처럼 섬기는 것을 인仁이라 한다. 인仁은 자덕子德이다. 그 러므로 남편은 남편답게, 아내는 아내답게, 아버지는 아버지답게, 자식은 자식 답게, 임금은 임금답게, 신하는 신하답게 각자의 위치에서 할 도리(職)를 다하 면 어지러움이 일어나지 않는다.

인仁은 안이요, 의義는 밖이다. 예악禮樂은 함께 어우러지는 것이다. 안으로 부

父·자子·부夫의 윤리를 세우고 밖으로는 군君·신臣·부부婦의 윤리질서를 세운다. 상을 당했을 때 상장喪葬을 하는 것은 부상父喪이다. 군상君喪도 마찬가지다. 참최斬衰를 입는 것은 형제의 상이다. 처상妻喪도 그러하다. 한 팔을 드러내는 것은 종족宗族의 상喪이다. 친구의 상도 이에 따른다. 아비를 위해 임금을 버릴 수는 있어도 임금을 위해 아비를 버릴 수는 없다. 형제를 위해 아내를 버릴 수는 있어도 아내를 위해 형제를 버릴 수는 없다. 종족을 위해 친구를 버릴 수는 있어도 친구를 위해 종족을 버릴 수는 없다. 집안에서는 인仁으로 다스리고 의義를 거두고 집밖에서는 의義로 처신하고 인仁은 수렴한다.

이상이 「육덕」의 중요 문장이다. 뒤로 갈수록 나중에 생겨난 삼강三綱과 오륜五倫 같은 윤리 문제가 나오는데 이때는 사회국가 윤리보다 가정의 혈연을 중심으로 하는 윤리가 근본을 이루고 있어 서로가 의무를 지는 횡적인 윤리가 건재해 있었음을 알 수 있다. 이 윤상倫常의 문제는 공자 때보다 구체적이고 합리적으로 발전한 것 같다. 훗날 맹자에 이르면 "백성은 귀하고 임금은 가볍다"(民貴君輕) 같은 방벌사상放伐思想이 등장하는데 그 기틀은 육덕六德에서 다져진 것 같다.

5) 「존덕의」와 그 외

유가의 정치철학의 기조는 덕치德治다. 이는 서주 초 정치흥망성패의 역사를 성찰하면서 얻은 귀중한 깨달음이며, 공자 이전부터 중국 정치사에 흐르던 일관된 사상으로 공자에 이르러 더욱 강조된 사상이기도 하다. 위로 천도天道, 천명天命, 천덕天德에 근원을 두면서 그것을 부여받은 인간의 도덕적 지각知覺과 성실한 솔성수도率性修道로 선위 받은 대인군자大人君子가 조직망 안에서 교화하고 선도하는 자체를 정치라고 보게 된 것이다.

이러한 덕치의 성격은 윗사람에서 아랫사람으로 통하는 어떻게 보면 일방적인 것이므로 다스림에 의한 결과는 아래에 있는 백성에게 달린 것이 아니라 대인군자大人君子 즉 통치자인 임금의 도덕인격이 어떠한가에 달려 있다고 보아야 한다. 그래서 유가의 정치사상은 모든 성패 책임을 먼저 통치계급에게 묻는다. 「존덕의尊德義」는 앞에서 소개한 「육덕」과 더불어 우선 통치자를 자성시킨 다음에 정치사회의 부조리와 혼란을 교화(교육)의 실패, 제도(禮樂)의 불합리, 윤리관계망의 이완에서 찾고 있는 것이 특징이다. 이런 면에서 볼 때 「존덕의」는 공자가 직접 쓴 글이거나 제자들의 글로서 초묘 죽간 자료 가운데 가장 오래된 작품이 아닌가 추측한다. 다음은 「존덕의」 안에 주요한 문장이다.

덕을 높이고 인륜人倫을 밝혀야 인군人君이 될 수 있다. 어두운 마음을 깨우치고 옳고 그름을 판단해서 백성들이 서로 이해하고 함께 살아가기를 즐기게 하는 것은 윗사람 된 자의 책무다.

우임금은 인도人道로 백성을 다스렸고 걸桀은 인도로 백성을 어지럽게 했다. 걸은 우임금의 백성을 바꾸지 않았는데 그들이 어지러워졌고 탕湯임금은 걸의 백성을 맡았는데 그 뒤 잘 다스려졌다. 성인聖人의 정치는 인도인 것이다.

임금이 착하면 많은 사람이 모여든다. 그러나 착한 것만 가지고 민중은 다스려지지 않는다. 다스려지지 않으면 순종하지 아니하고 순종하지 않으면 불평한다. 그러므로 정치를 하는 데는 무엇보다도 교화를 우선해야 한다. 예禮로써 가르치면 사람들은 질서와 도리를 알고, 악樂으로써 가르치면 정서가 맑아진다. 그 위에 도덕을 숭상하고 인격을 존중하게 하면 사람은 선善해지고 나라는 평안平安해질 것이다.

무릇 백성을 움직이는 데는(교화하는 데는) 먼저 민심民心에 따라야(順) 한다. 민심은 천심天心(恒心)을 간직하고 있어서다. 다만 그들은 천심만 있을 뿐 그것을 세우고 북돋아 가꾸어 결실을 맺게 할 줄은 모른다. 그래서 치자治者는 그를 도와 마음을 길러야(本心을 계발해야) 하는데 마음을 기르는 것은 바로 의를 중시하고 도리를 이루는 도덕수행이다. 옛날에는 백성을 거느려 밝은 세계로 나아가게 하는데 오직 덕德으로 했다. 덕德이라는 연못이 백성이라는 들판으로 퍼져 흘러감은 그 속도가 역마를 두어 명령을 전달하는 것보다도 빠르다.

"덕을 존중하고 인륜을 밝히며, 예악으로써 가르치고 이끈다. 마음을 기르고 도리를 가르친다."(尊德明倫, 敎導禮樂, 養心敎理) 이것이 「존덕의」의 주요 화두다. 기타 여러 편은 강의 진행 시간상 다음 기회로 미루고 『중용』, 『대학』의 강의로 들어갈까 한다.

3. 공자학의 진수 '성명과 천도'론의 유발

1) 사서에 편입된 『중용』, 『대학』이 자사작으로 밝혀지다

　　『중용』이 자사의 작품이라는 학설은 지금까지 긍정적인 견해로 인정
되어 왔다. 하지만 『대학』도 자사의 작품이라고 하면 아마 최근에 출토된
자료와 이를 연구하여 발표한 책을 접해 보지 못한 사람이라면 무슨 소리
냐고 의아해할 것이다. 주희는 『중용』 서문에서는 그 저자가 자사라는 것
과 저작 동기까지도 분명하게 밝히고 있는 것과는 달리, 『대학』 서문에서
는 증자만이 공자의 참뜻을 알아서 전傳을 지어 그 뜻을 발휘했다고만 하
였다. 그렇다면 『대학』 역시 『논어』와 마찬가지로 증자 및 그 문인들이 공
자의 뜻을 전하기 위해 기록한 것이라는 말이 된다. 『대학』 본문으로 들
어가기 바로 전에 인용하고 있는 정자의 글을 보자. "『대학』은 공자가 남
긴 글로 초학자初學者가 덕교德敎에 들어가는 문門이다. 우리가 지금 옛 사
람들의 학문하는 차례와 과정을 알 수 있는 것은, 오직 이 책에 의존할 뿐
인데 그 순서로 보면 『논어』, 『맹자』는 이 다음이다. 따라서 배우는 자가

이에 따라 배우면 아마도 크게 어긋나지는 않을 것이다." 송대 학자들이 이렇게 생각하고 있었다면 『대학』은 오히려 『중용』보다 그 연대가 앞서는 것이 된다. 그러나 근대 학자들은 이와 달리 그 연대를 진한의 사이로 내려 잡아 공자는 물론 자사와도 먼 시대의 유학자들이 지은 작품으로 폄하하였다.

1930년대 『중국철학사』를 써서 중국 철학계에 크게 영향을 준 풍우란의 경우에는 『중용』마저도 진한시대로 내려 잡아 많은 이를 당혹스럽게 했다. 그가 『대학』의 성서연대를 내려 잡은 이유는 다음과 같다. "『대학』에 대해서 주희는 증자의 작이라 하고 왕상王相은 자사의 작이라 하는데 이는 그저 억측에 불과하다. 이전에는 그런 설이 없었다." 이렇게 중요한 문제에 대해서 풍우란은 너무나도 간단하게 판단하고 그 시간 단위와 학설 위치를 막연하게 '진한지제秦漢之際'라고 치부하고 만 것이다. 이에 비해 서복관은 풍우란 설을 부분적으로는 비판하지만 그가 주장하는 성서연대 역시 풍우란과 크게 다르지 않다. 서복관 교수설을 요약하면 다음과 같다. "대학이란 용어는 선진시대 고전 어디에도 나온 일이 없다. 대학 혹은 태학太學이라는 말은 서한 초기에 와서야 유행하던 관념이다. 내가 생각하기로는 진나라가 천하를 통일한 이후 서한 정권이 성립하기 이전의 작품으로 보인다. 그 저작 동기는 당시의 위대한 유자儒者가 법가法家에 반항하기 위해 유가사상을 계통적으로 정리해서 교본으로 삼은 것 같다"라고 하였다. 하지만 추측일 뿐 정확한 증거는 없다. 유일하게 내놓은 증거가 대학이란 용어의 출현시기인데 이는 오늘날 갑골문을 위시한 고문헌을 통해서 여러 군데 출처가 확인되면서 무너지고 말았다.

그러면 최근 연구에서 밝혀진 『대학』의 성서연대와 저작자는 누구인가? 결론부터 말하면 성서연대는 자사와 맹자의 사이(BC 약400~380)고 저작자는 자사의 문인으로 자사의 『중용』을 이어서 그 사상을 실천적인 면에서 계승 발휘하려 했던 것이다. 물론 이러한 학설도 지하에서 새로운 자료가 나오면 무너질지 모르지만 자사에 관한 지하 자료가 많이 나와 지상 자료가 부활한 지금에서 보면 그 학설은 수긍할 만하다. 이 학설은 자못 새로운 것이어서 그 줄거리를 중국학자 곽기郭沂의 『곽점죽간여선진학술사상郭店竹簡與先秦學術思想』을 참고하여 정리해 보겠다.

① 죽간의 형태와 담고 있는 사상의 내용으로 볼 때 곽점에서 나온 「대상大常」·「존덕의」·「유성有性」·「구심求心」·「육덕」 다섯 편은 한 사람의 손에서 나왔음을 알 수 있다. 그 지어진 시기가 『맹자』보다 앞서는 것은 의심의 여지가 없고, 그 사상 내용은 막바로 「천명」을 계승해서 자사의 사상을 잇고 있다. 나의 판단으로는 이 다섯 편을 지은 사람은 자사의 문인이다. 나는 이 다섯 편을 읽을 때 나도 모르게 『대학』을 연상하게 되었는데, 이러한 생각이 갈수록 굳어져 『대학』과 이 다섯 편은 동시대 동류의 문헌으로 자사와 맹자 사이의 자사문인의 작품으로 확신하게 되었다.

② 사상 내용뿐만 아니라 문체상으로도 비슷하다. 『대학』·『중용』 두 책은 모두 비교적 간단한 의론체議論體로서 장편대론長篇大論이 아니다. 그 문투는 매우 질박하다. 이 밖에 두 책은 모두 상·하로 나누어져 있고, 첫 장은 모두 전체 강령綱領으로 되어 있어 「천명天命」과 부합한다. 먼저 전체 강령을 말한 다음 구체적으로 논술하는 저술방법은 선진시대 저술에서 일종의 관행이었다. 「천명天命」과 『대학』만이 그런 것이 아니라 곽점에서 나온 『노자』·「오행」·『대학』 등 모두가 이와 같다.

③ 다음은 언어 발전 과정을 통해 본 연대 추정이다. 늑功교수설에 의하면 중국어 구문법은 단음사單音詞에서 복음사複音詞로 발전해 간다고 한다. 이런 학설에서 볼 때 『대학』은 아직도 단음사 단계에 머물러 있고 『맹자』나 『순자』에 가면 복합명사가 나타난다. 예를 들어 인仁, 의義를 두고 볼 때 『대학』은 인仁, 의義를 독립해서 쓰거나 대칭對稱해서 쓰고 있으나

『맹자』·『순자』에 이르면 인의仁義를 복합명사의 개념으로 쓰고 있다. 이러한 예로 보아서도 『대학』의 성서연대는 『맹자』보다 앞선다.

④ 『대학』에서는 여러 번 『시詩』·『서書』 등 옛 문헌과 자사 이전의 공자, 증자의 말을 인용하지만 자사 이후의 맹자나 순자의 말은 한마디도 인용하지 않았다. 맹자와 순자가 선진유학에 끼친 영향은 대단히 크다. 만일 『대학』이 맹자·순자 이후에 나온 책이라면 『대학』에서 맹자·순자를 언급하지 않았다는 것은 이해가 가지 않는다.

2) 아직도 나오지 않은 죽간 『중용』과 『대학』─고본을 복원할 것인가? 금본에 의존할 것인가?

최근 학자들이 죽간 자료를 연구해 내놓은 결과에 의존할 때, 원시유가 계보상에서 공자와 맹자 사이 약 150년의 공백과 단절은 송대 이후의 성리학자들이 유가철학의 원전으로 추숭하던 '사서' 가운데 『중용』과 『대학』이 바로 『논어』와 『맹자』 사이의 징검다리 역할을 해 온 것으로 밝혀져 일단은 단선單線적이지만 연결고리가 확보된 셈이다. 이런 면에서 볼 때 정호程顥·정이程頤 형제가 『예기』 속에서 『중용』과 『대학』을 발췌하여 『논어』·『맹자』와 아울러 '사서'로 정한 것은 개인적으로 보면 놀라운 탁견이며 원시 유학사에서 볼 때는 자못 운명적이라 하지 않을 수 없다.

그러나 직접 이를 연구하는 사람의 입장에서 볼 때는 몇 가지 해결하여야 할 문제가 있다. 그것은 지금까지 우리가 읽고 연구해 온 『대학』과 『중용』이 앞서 말한 자사나 자사문인이 썼을 당시의 원본과 편집체계가 다르고 삽입되고 빠져나간 문자도 적지 않다는 것이다. 물론 만일 옛날에 쓰였던 『중용』·『대학』의 죽간이 출토된다면 어렵잖게 현존본과 대비해서 판별할 수 있겠지만 정작 이들의 죽간본은 나오지 않고 다른 자료에 의해서 그 존재가 입증되었으므로, 무엇보다도 시급한 것은 어떤 방법을 써서라도 고본古本의 모습을 복원하는 작업이다. 이에 대해 곽기 교수는 「중용신편中庸新編」과 「대학신편大學新編」을 써서 나름대로 복원을 시도하였다. 앞으로 더 많은 학자가 중의衆議를 모으고 그 대강을 엿볼 수 있게 되겠지만 이럴 때도 문제는 남는다. 그것은 만일 자사의 중용과 자사문인의 『대학』을 원시유학사를 쓰는 데 함께 이용하는 것은 큰 문제가 없지만, 현재 통행본의 존재를 고고학적 ABC를 가지고 고본古本이 원본原本이라며 그에 맞추어 첨삭하려 한다면 이는 철학사상사의 입장에서 볼 때 받아들일 수 없는 문제가 된다.

우리는 흔히 위서僞書로 지목된 책이면 무조건 폐기하는 것을 원칙으로 아는데, 과거 의고학파가 고전古典 자료의 옥석玉石을 가리지 않고 일률적으로 부정하는 식으로 임해서는 안 된다. 백보 양보해서 설사 그 책이 확실한 위서라 할지라도 그것이 실제로 사람들에게 읽히고 그 사상이 개인 또는 사회 일반 심지어 학계나 시대사상에까지도 영향을 주었다면 이미 나름대로 작용을 한 학설사상이므로, 위서로 판단은 하되 그 가치를 인정하는 것은 역사적으로 마땅히 이루어져야 한다. 특히 『대학』・『중용』의 경우 물론 여러 과정을 겪으면서 착간錯簡되거나 후인들에 의해 첨삭되고 개편되었다는 것은 부인 못할 사실이나 일단 '사서'에 편입되어 송대 성리학을 건설하는 데 결정적인 원전 역할을 한 것 또한 사실이기 때문에, 오늘의 통행본은 그대로 연구자료로 쓰여야 할 것이다. 직설적으로 말하자면 송대 이후 성리학에 기초가 된 것은 이른바 고본古本 『대학』과 『중용』이 아니라 바로 우리가 읽고 연구한 현행본 『대학』과 『중용』인 것이다.

이제 다음 장에서 나는 강의의 방향과 내용을 바꾸어 지금까지 우리가 연구하고 파악해 왔던 『대학』과 『중용』의 철학과 사상을 강의할까 한다.

우선은 앞의 강의에서 공자에서 맹자에 이르는 자사, 자사문인의 학술 사상에 단선單線이라는 말을 쓴 것에 대해 오해의 소지가 있다고 보아 해명과 부연 설명을 하고 넘어갈까 한다. 내가 강의에서 자사와 자사문인을 집중적으로 논의했기 때문에 혹자는 공자에서 맹자 내지는 순자에 이르는 공백이 자사나 자사문인의 학설과 계보만 연구하면 모두 메워질 것이라고 오해하거나 과신할까 두렵다. 예를 들어 『논어』가 공자사상의 한 기점이 될 수 있지만, 이른바 70제자들도 공자의 가르침을 각자의 입장에서 기록한 것이 많음은 이미 알려진 사실이다. 특히 최근 상해박물관에 수장된 죽서를 연구한 결과 공자의 시론詩論이 의외로 수준 높은 학설로 정리되어 나온 것을 볼 때 앞으로 공자의 다양한 학술사상이 연구되어 나올 것은 의문에 여지가 없다. 이럴 때 기존처럼 『논어』를 통해 공자의 학술사상을 이해하던 것처럼 자사 계통을 통해서만 공자를 논하려 한다면, 여전히 원시유가사상을 좁히는 결과가 되기 때문에 특별히 단선單線이라는 말을 쓴 것임을 밝혀 둔다. 이 말은 큰 줄기로서 자사 계통 외에도 예악사상을 통해 순자에 이르는 또 하나의 복선複線이 있다는 것을 일깨우기 위함이다. 또한 알고 보면 공자에서 순자에 이르는 맥락 역시 아직은 공백으로 남아 있다는 것을 망각해서는 안 된다는 점을 덧붙여 너무 자사에 치우친 나의 강의가 자사 외적인 계파를 부정한 것이 아님을 일러둔다.

3) 주희의 「중용장구서」·「대학장구서」 상각

일반적으로 '사서'를 배울 때, 우리는 먼저 주희의 『사서집주四書集註』본을 대본으로 입문하고 어느 정도 학문이 성숙되면 다시 여러 학파의 해석을 폭 넓게 섭렵하여 마침내는 자기 나름의 터득된 견해를 가지고 사서를 소화한다. 이 강의도 전통적 방법에 따라 먼저 주희의 주해註解를 전제로 하고 그와 다른 여러 학파의 해석을 반론으로 제기해 본 다음, 마지막으로 나의 견해를 도출해서 듣는 이들로 하여금 자유분방하게 자기 생각을 모색할 수 있도록 하였다.

우선 책을 읽을 때는 서문을 먼저 읽어 보는 것이 상식이니, 주희의 「중용장구서」와 「대학장구서」부터 소개하기로 하겠다. 앞부분의 고본古本에서는 『대학』과 『중용』의 관계에 대해 『대학』은 『중용』의 내용을 실천적으로 발휘한 것이라고 설명했는데, 송명리학자들은 이 두 관계를 이처럼 마치 경經과 설說의 주종적인 관계로 보지는 않았다. 다만 학문의 과정에서 나타나는 하나의 선후 단계로 보았을 뿐이며 내용면에서는 규모와 취향이 같지 않음을 지적하고 있다. 그러면 먼저 『대학』과 『중용』이 어떻게 다르고 같은지와 각각의 서문에 보이는 도통론의 특징을 살펴보자.

(1) 서로 다른 『대학』과 『중용』

선유先儒들은 『대학』과 『중용』이 어떻게 다르고 같은지에 대해서 많이 논하고 있다. 우선 『대학』과 『중용』에서 내용상의 차이를 제기한 이로는 요로饒魯가 있다. 그는 "『대학』은 학學을 말하고 『중용』은 도道를 말한다. 그래서 『대학』을 투철하게 이해해야 학문을 추구하는 데 편차가 생기지 않고, 『중용』을 투철하게 이해해야 도道를 실천하는 데 독실하다"라고 하였다. 허동양許東陽은 "『중용』과 『대학』 두 책은 그 규모가 같지 않다. 『대학』은 강독이 서로 짜여 있고, 경經과 전傳이 분명히 구분되어 있어 실마리를 찾아가는 데 헷갈리지 않는다. 『중용』은 도道의 근본을 밝혀 천도天道를 논한 것도 있고 인도人道를 논한 것도 있으며, 학자의 학문 자세에 대해 논한 것도 있다. 그 논하고 연구하는 영역이 광대하면서도 정미하고,

천지생성변화天地生成變化에서부터 천지간 어느 하나 포괄되지 않은 것이 없으며, 크고 작은 것을 가리지 않고 모두를 들고 있어 그 경지를 궁구하기가 쉽지 않다"라고 하였다. 또 황간黃幹은 말하기를 "『중용』은 다른 책과 같지 않다. 예를 들어 『논어』는 한 장에 하나의 일을 이야기한다. 『대학』도 그러하다. 그런데 『중용』은 덩어리가 크고 단락이 길다. 반복해 음미해야 비로소 앞뒤를 가릴 수 있고, 그것은 파악해야 하나씩 차례대로 이해가 가능하다"라고 하였다. 주희는 특히 독서 과정과 순서에 있어서 『중용』을 설명하기를 '먼저 『대학』을 정독한 뒤 『논어』를 정독하고 그 다음 『맹자』를 정독한다. 이 삼서三書를 통독하면 『중용』의 반은 이해한 것이 된다. 남에게 묻지 말고 자기 힘으로 부딪혀 깨우쳐라. 쉽다고 소홀히 하지 말고 먼저 어려운 문제부터 공략하라. 『중용』은 태반이 형체도 그림자도 없는 대상을 더듬는다. 하학下學을 말한 곳은 적고 상달上達을 말한 곳이 많다. 문의文義를 체득하는 것이 요체다"라고 하였다.

선유들은 하나같이 『중용』에 특수한 위상을 부여하고, 이구동성으로 "초학자는 이해하기 어렵다"고 한다. 그래서 『중용』을 궁구하려면 먼저 삼서三書를 보아야 하고, 삼서에 대한 이해가 투철해진 뒤 『중용』을 읽어야 문의를 음미할 수 있다고 한다. 이를 보면 선유들이 말하는 『대학』과 『중용』의 다름은 결코 서로 배치되거나 분기하는 다름이 아니라 하학상달下學上達과 같이 앞뒤로 서로 접하여 하나의 같은 과정에서 서로 돕고 서로 밀어주는 다름이다. 다시 말하면 『소학』과 삼서三書는 위로 향해 가는 수치공부修治工夫로서 인도人道를 천도天道를 향해 밀어 올리는 과정이고, 『중용』은 천하를 경륜하는 대경대법大經大法으로서 천도를 인도로 꿰뚫어 통하게 하는 근본 원리다. 『중용』에서의 '물지종시物之終始'와 '성기성물成己成物'의 구절은 하나의 과정상에서 나타나는 다름일 뿐으로 『장자』에서 말한 '내성외왕內聖外王'처럼 서로 본말本末이 되는 다름과 같다. 그러므로 『대학』

과 『중용』간의 다름은 유학이론 전체 구조상에서 말할 때 실로 양대 중요 핵심으로 어느 한쪽도 소홀히 할 수가 없다. 송명리학에서 『대학』과 『중용』을 입론立論의 근거로 삼는 것은 이 때문이다.

(2) 『대학』과 『중용』 서문에서의 도통론道統論

「대학장구서」와 「중용장구서」는 모두 주희가 60세 때 지은 것이다. 그러니까 주희가 만년에 학문사상이 무르익어 지난날의 학설을 수정하고 자기 학문의 입장을 정립한 뒤의 작품이라 할 수 있다. 그리고 이 두 서문을 쓴 앞뒤 시간 거리는 불과 40여 일. 그렇다면 두 서문의 내용이 연관되고 논조 또한 일치되어야 할 텐데, 사실은 그렇지 못하다. 그래서 읽는 이로 하여금 많은 의문과 어려움을 갖게 한다.

주희가 가장 중시한 문제는 도통道統의 맥락과 심법心法의 전수로, 두 서문의 반은 도통 문제를 언급하고 있다. 그런데 같은 도통을 논하면서도 「대학장구서」와 「중용장구서」에는 상당한 차이가 있다. 먼저 「대학장구서」를 보자 "이는 복희·신농·황제·요·순이 천도天道를 본받아 인도人道를 세운 근거다.…… 공자 같은 성인은…… 홀로 선왕先王의 법法을 본받아 외우고 전해서 후세 사람들을 깨우쳤다…… 특히 증씨曾氏의 학맥은 홀로 그 종지宗旨를 얻어 전의傳義를 써서 그 대의大義를 밝혔다. 그 후 맹자가 죽은 뒤 그것의 전수傳授가 끊어지더니 하남정씨河南程氏 두 선생님께서 나오시어 맹자의 전수를 받아 도통을 다시 이어 밝히셨다." 다음 「중용장구서」에서 말하기를 "저 먼 옛날부터 총명예지한 성인이 나오시어 천도를 잇는 인도의 표준을 세우시니 이것이 도통으로 전해져 온 실마리가 되었다. 요·순·우는 천하의 큰 성인이시다.…… 이로부터 성인과 성인이 서로 이어져 성成·탕湯·문文·무武가 임금이 되고 고요皐陶·이伊·부

傅・주周・소召는 신하가 되어 서로 주고받으며 도통을 전해 왔다. 특히 공자께서는 비록 그 지위를 얻지 못하셨으나 가신 성인을 잇고 오는 학자들을 열어 그 공이 오히려 요・순보다도 어질다.…… 오직 안자와 증자가 그 종지를 얻어 전하고…… 다시 공자의 손자 자사를 거쳐 맹자에 전수되더니 그가 죽자 도통의 전수도 따라서 끊어졌다.…… 뒤에 정호・정이 형제분이 나시어 천여 년 동안 끊어졌던 도통의 실마리를 다시 이으니……."

이제 두 서문의 도통론을 알기 쉽게 계보로 정리해 보면 다음과 같다.

「대학장구서」에서 보이는 도통계보

복희 → 신농 → 황제 → 요 → 순 → 공자 → 증자 → 맹자 → 정호・정이 → 주희

「중용장구서」에서 보이는 도통계보

요 → 순 → 우 → 고요 → 탕 → 이윤・부열 → 문왕 → 무왕 → 주공 → 소공 → 공자 → 안자・증자 → 자사 →…… 맹자 →…… 정호・정이 → 주희

두 계보를 대비해서 볼 때 「대학장구서」의 도통론은 약간 소략하고 「중용장구서」의 도통론은 비교적 상세함을 알 수 있다. 무엇보다 가장 큰 차이점은 「대학장구서」 중에는 복희・신농・황제가 들어가 있는데 「중용장구서」에는 이들이 없이 막바로 요・순・우로부터 기점을 열었다는 것이다. 대체적으로 말하면 공자를 위주로 하는 유가에서는 복희・신농・황제를 거의 언급하지 않고 언제나 요・순・우를 먼저 내세운다. 그러므로 주희가 「대학장구서」에서 복희・신농・황제를 내세운 것은 선뜻 이해가 가지 않는다. 『중용』에서는 "공자는 요・순을 조종祖宗으로 삼아 전술하고, 문・무의 법을 본받았다"(仲尼祖述堯舜, 憲章文武)라 하고, 『논어』 말미

에서 '천지역수天之曆數'를 말할 때는 오직 요·순만을 들고 있다. 『맹자』에서의 도통론은 「중용장구서」의 도통론과 비슷하다. 요 → 순 → 우 → 고요 →…… → 문왕 → 이윤 → 내주萊朱 → 산의생散宜生 →…… →공자로, 역시 복희·신농·황제는 언급하지 않았다. 「대학장구서」와 「중용장구서」는 모두 주희의 작품인데 그 도통론에서의 들고남이 이렇게 심하다면, 그 까닭은 무엇일까?

내 생각으로는 「대학장구서」의 주요 논점은 총명예지한 성인과 타고난 성품을 남김없이 발휘한 스승들이 학교를 열고 교육을 실시한 역사를 말하는 데 있고, 도통론이나 그의 전수는 부차적인 문제여서 좀 소홀히 했던 것 같다. 그러나 「중용장구서」는 다르다. 그 주요 논점은 막바로 도통맥락과 전도심법을 밝히는 데 있었다. 다시 말하자면 『대학』은 유가가 인재를 교육하는 책이요, 『중용』은 유가의 도통과 심전을 밝힌 책이다. 그 취지가 서로 다르기 때문에 서문의 내용 또한 달랐던 것이다. 그러므로 도통론은 마땅히 『맹자』와 「중용장구서」를 따라야지, 「대학장구서」에 구애받을 필요는 없다.

4) '계천입극'과 '복성론'에 대한 논의

(1) '계천입극'에 대한 나의 생각

내가 어려서 「중용장구서」를 읽을 때 잘 모르면서도 이상한 느낌을 받은 구절이 '계천입극繼天立極'이었다. 그러나 묘한 느낌만 있을 뿐 이해할 수는 없어 사전을 찾아보니 "천자의 자리를 계승해서 천하의 지극한 준칙을 세운다"로 되어 있었다. 그러나 이러한 해석은 제왕심법帝王心法을 주고받는다거나 혹은 천하를 다스리는 중요한 방책으로 해석하는 한에서는 그런 대로 받아들일 수 있으나, 하늘이 주고 사람이 받는 도덕성명의 체계에서 말한다면 역시 부족하다. '계천입극'이 네 글자는 아마도 주희가 만든 것이 아닌가 한다. 그 이전에는 다만 '계천繼天'이란 두 글자만 있었다. 계천에 대한 전거로 『법언法言』을 보면 '계천측영繼天測靈'이라는 말이 나오는데 여기에는 "하늘의 뜻을 잇는다"(承天之法)는 의미가 있다. 여기서 계천繼天의 천天은 천자天子의 위치가 아니라 하늘의 뜻(天之志)인 것이다. 또 『문선文選』에서 말하기를 '계천이작繼天而作'이라고 했는데, 내가 볼 때 이에 대한 해석에는 이백李白의 "저 천지의 조화력을 가져다가 나와 만물이 감통할 수 있는 정신력을 만들련다"(攬彼造化力, 持爲我神通)라는 시구가 제격인 것 같다. 그러니까 여기서 천天은 조화력造化力이고 계繼는 하늘의 조화력을 사람이 받아들이는 것이며, 작作은 그것을 가지고 자신의 신명력神明力(人文精神)으로 삼아 이 세계를 도덕왕국으로 나아가게 하는 것이다.

계천에 대한 이러한 해석을 빌린다면 '계천입극'은, 총명예지하여 하늘에서 받은 성명性命을 모두 발휘한 '성신聖神'(성인)이 하늘이 명한 도덕성명 즉 천도의 지극함을 이어받아 그것으로 인도에 담겨 있는 하늘의 지극한 원리(人道之大原)와 인류생존에 있어서 최고·최적의 방법(生存之要方)을 정립하는 것이다. 이렇게 볼 때 '계천입극'이라는 명언의 출현은 유가의 도덕성명론에서 볼 때 가히 코페루니쿠스적 전환이라고 할 만하다. 유가 도통론에 있어서 주희가 이 '계천입극'이라는 말을 쓰기 전에는 인성人性(도덕성명)의 내원을 저 위의 천명天命과 접속시키는 이가 드물었다. 다만 도통의 맥락만 이야기할 뿐 전도의 심법을 말한 이 또한 드물었다. 천명과 인성을 서로 주고받는 관계를 생生과 직결시켜 말한 이는 왕부지王夫之다. 그는 말하기를 "명은 하늘이 내리는 것이고 성은 사람이 받은 것이다. 성은 바로 삶의 이치로 죽기 이전에는 모두 생이며, 생은 잠시도 명을 내리고 성을 받는 관계에서 벗어나지 못한다. 이러한 관계가 끊어진다면 그것은 곧 죽은 것이고 살아 있다 해도 도덕성명의 자각이 깨어 있지 못한 것이다"(命日降, 性曰受, 性者生之理, 未死以前皆生也, 皆降命受性之日也)라고 하였다. 가히 명언이라 하겠다.

하늘 아래 살아 있는 만물치고 하늘과 서로 '명을 내리고 성을 받는'(降命受性) 직통관계에 놓여 있지 않은 것은 없다. 도덕성명을 주고받는 관계도 이와 같다. 천명을 받아들이면 도덕성명이 자각되어 생명정신이 밖으로 드러나나, 만약 사람이 스스로 받아들이지 않으면 그는 이미 도덕적 인간이 아니게 된다. 이렇게 도덕성명은 자각하면 존재하고 망각하면 없어진다. 그래서 성신이 출현하기 이전의 사람들은 도덕성명이 대천大天에서부터 내려온다는 것을 알지 못했다. 마치 방 안에 방송국의 전파가 와 있지만, 수신기를 열지 않으면 착신되지 않는 것과 같다. 주희 도통론의 전환점은 바로 기존에 평범하게 요·순·우를 논하던 그 위에 '천天' 즉 천명天命을 더한 데 있다. 이 천天자가 더해지자 비로소 도통론에서는 심성이라는 내용이 생긴 것이다. 이것이 '심법心法'이다. 주희는 「중용장구서」 벽두에서 "저 먼 옛날에 성신聖神이 나오사 계천입극繼天立極함으로써 비로소 도통이 전해졌다"라고 했다. 그렇다면 공자 이전의 성신들은 이미 천명이 사람에게 내려와 있다는 것을 알았으면서도, 다만 제왕심법을 주고받는 관계에서만 서로 확인할 뿐 자기들 이외에 대해서는 드러내지 않았다는 말이 된다. 어떻게 보면 그들은 아직 그 각오의 정도가 받아들이는 데 그칠 뿐 그것을 오랜 기간 쌓아서 발할 만큼 내공內功에 축적하지는 못했다는 말이 된다.

아마도 '천명天命'의 격발激發은 공자의 출현에 이르러서야 비로소 세상에 공인되기 시작한 것 같다. 공자 자신이 말한 "쉰 살에 천명을 알았다"(五十而知天命)는 말은 바로 유가 도덕성명론의 기점이 되었다. 공자의 지천명知天命이 있게 되자 수평적인 대등관계를 가지는 성명性命과 천도天道의 위상은 수직적인 상하관계로 수립되었다. 천명天命과 인성人性의 직통관계가 자각되기 시작하고 유가도덕론에서 '계천입극'이 정립됨으로써 비로소 도덕론이나 수양론, 실천론 등 모든 것의 근거가 확립된 것이다. 주희는 『중용장구서』에서 "공자께서는 비록 그 지위를 얻지 못하셨으나 가신 성인을 잇고 오는 학자들을 열어 그 공이 오히려 요·순보다도 어질다"라고 하였다. 공자가 요순보다도 현명했다는 근거는 무엇일까? 내 생각으로는 그가 바로 '지천명知天命'했기 때문인 듯하다. 공자는 그것으로 계천입극하여 도덕왕국을 세우고 도통의 연원을 열었다. 사람이 제왕 중심의 전수심법傳授心法을 자각하여 수양하면 누구나 도덕인격을 갖출 수 있다는 도덕의 보편가치를 세상에 널리 편 것이다. 지천명이란 어떤 것인가? 왕부지가 말한 것처럼 하늘이 명을 내리고 사람이 성을 받는 파이프라인을 모든 생명이 스스로 알아서 뚫을 수 있도록 모범을 보였다는 뜻이다. 그렇다면 실제로 중국의 도통맥락에서 '계천입극繼天立極'의 기틀을 세운 이가 바로 공자라고 확정할 수 있지 않을까.

(2) '복성론'에 대한 논의

모두들 아는 바와 같이 '복성론'은 이고李翶에게서 나온 논의다. 그의 입론立論은 성선정악性善情惡을 대전제로 한 데 기초하므로 '복성'의 방법은 곧 그 처음의 성性을 회복하는 것으로 인욕을 막고 천리天理를 간직한다는 말과 맥을 같이한다. '복성론'에서는 성性이 그 자체로 이미 지선至善과 완미完美를 갖추고 있다고 전제하고 있으므로 불교가 말하는 견성성불見性成佛의 뜻과 같다. 그래서 복성성성復性成聖이라고도 한다. 그러나 이러한 성관性觀은 결코 원시유가의 성론性論, 더욱이 『중용』의 진성盡性이나 『맹자』

의 양성養性·지성知性의 성관과는 같지 않다. 정이나 주희는 큰소리로 "성은 곧 리다"(性卽理)라고 하는데, 이 경우 성은 고정되고 완성된 것이므로 따로 진성盡性이니 양성養性이니 지성知性이니 하는 수치공부修治工夫는 필요하지 않다. 성性을 둘러싸고 있는 정情을 없애면 자연히 본래의 성性이 회복될 것이기 때문이다. 그러나 『중용』·『맹자』의 성은 이미 완성되어 변하지 않는 고정된 것이 아니라 다만 하늘로부터 그렇게 성장할 수 있는 가능성을 품고 있는 유전종자일 뿐으로 아직 성숙 완성된 것이 아니므로 반드시 후천적 수양공부 즉 솔성率性 과정을 거쳐야지만 지선과 완미를 갖춘 성性이 될 수 있다.

그렇다면 주희가 「대학장구서」에서 "그 성을 회복할 수 있도록 가르친다"(教之以復其性)라고 한 말은 최소한 원시유가의 성론性論에서는 받아들일 수가 없다. 그는 『중용』 수삼구首三句의 '성性'과 '솔성率性'을 풀이할 때 "성은 곧 리理다.…… 솔率은 순종循從한다는 뜻이다…… 인人과 물物은 각각 그 성의 자연스러움에 따르면 된다는 뜻이다"(性卽理也.……率, 循也.……人物各循其性之自然)라고 했는데 이 또한 복성론의 관점을 따른 것으로 성性을 이미 빈틈없이 완전한 성으로 여기고 있다. 그렇다면 여기서 '복復'의 기능은 다만 성性 밖에 있는 정욕情欲을 제거하는 작업일 뿐 따로 양성養性, 진성盡性 등 '성性' 자체를 충실하게 하는 공부는 오히려 군더더기에 불과하다.

또한 『대학』 첫구절의 '명명덕明明德'을 해석함에 있어 주희는 '명덕明德'을 "그 자체로 허령虛靈하고 환히 밝아 있어 모든 이치를 갖추고 많은 변화에 응하는 것이다. 그러나 그것이 기품氣稟에 구애 받거나 인욕人欲에 가려지면, 때로 그 본연지명本然之明이 혼미해질 수도 있기 때문에 배우는 자는 그 발하는 바에 따라서 명덕을 밝게 닦아서 그 처음 상태로 되돌아가게 해야 한다"(虛靈不昧, 以具衆理而應萬事者也. 但爲氣稟所拘, 人欲所蔽, 則有時而昏, 然其本然之明, 則有未嘗息者, 故學者當因其所發而遂明之, 以復其初也)라고 한다. 기존의 성리학자들은 대부분 이러한 해석의 틀을 크게 벗어나지 못했다. 그리하여 '명명덕明明德'의 첫째 '명明'자는 정情으로 인해 밝음이 어두어진 것, 즉 혼정昏情을 제거하는 명明으로, '명덕明德'의 '명明'은 덕德이 본래 갖추고 있는 성性으로 보며 덕德 또한 하늘이 부여한 완선체完善體라고 본 것이다. 너무 당돌하다고 할지 모르겠지만 나는 이러한 해석을 받아들일 수가 없다.

내 생각으로는 '명명덕'의 '덕'도 『중용』이나 『맹자』에서 말하는 '천명지성天命之性'의 '성'처럼 다만 가능성을 지닌 일종의 종자種子며, 사람의 몫으로 크게 교화하여 충실하게 하는 수덕공부修德工夫가 필요하다. 그리고 '명명덕'의 두 '명'자는 앞뒤의 '명'이 각기 다른 작용을 하는 것으로 이해해야 한다. 즉 뒤에 있는 '명'은 안을 향해서 '덕'을 밝혀 주는 '솔성率性'의 이에 '솔率'의 뜻을 갖지만, 앞에 있는 '명'은 뒤의 '명'이 작용해서 '명덕'이 된 '덕'을 다시 밖을 향해 발용發用한다는 뜻이 된다. 『중용』의 희노애락지미발喜怒哀樂之未發의 '중中'은 『대학』의 '명덕'이 되고, 발이개중절發而皆中節의 '발'은 '명명덕'에서 앞의 명과 같은 뜻으로 보면 된다는 것이다. 그러므로 『대학』 첫머리의 삼구三句 이른바 삼강三綱의 진행단계에 있어서 제1단계인 명명덕에서 제2단계인 '친민親民'으로 넘어갈 때의 가교 역할을 하는 것이 '명명덕'에서 앞의 '명'이라고 보면 이해가 갈 것이다.

원시유가의 도덕성명 수양공부에서 몸소 실천하는 과정은 모두 나와 남, 앞과 뒤, 먼저와 나중 등 향내向內, 발외發外, 이급以及 등의 관계를 가진다. 즉 "수기이안인修己而安人", "수기치인修己治人", "성기성물成己成物", "합내외지도合內外之道" 같은 뜻이 있다. 특히 『대학』은 본말本末, 종시終始, 선후先後 등 뛰어넘어서는 안 되는 일정한 과정을 중시한다. 다시 말하면 '명덕'은 수기공부修己工夫요, '명명덕'은 치인治人·안인安人으로 크게 교화하여 넓히는 행위인 것이다. 만일에 '복성지초復性之初'와 같이 '복復'에서 끝난다면, 다시 말해서 이미 완성되어 있는 '명덕明德'을 명明하는 것으로 본다면 이 명明은 바로 복復과 같은 것이 되니 그러면 그 다음에서 말하는 격물格物, 치지致知의 구지求知 공부와 정심正心, 성의誠意의 수양공부는 불필요한 여벌이 된다. 『대학』에서는 분명히 말한다. "능히 덕을 밝힌다."(克明德) "이 하늘의 명명을 돌아본다."(顧諟天之明命) "능히 큰 덕을 밝힌다."(克明峻德) "스스로 밝힌다."(自明也) 여기서의 '극克', '고顧'는 명덕明德의 '명明'과 같은 자기 수행修行(向內) 공부의 뜻이 있다. 결론적으로 말하면『대학』에서 '명명덕'의 '덕'도『중용』의 '천명지성'의 '성'과 마찬가지로 발전할 수 있는 종자일 뿐 이미 완성된 한아름 되는 나무는 아니라는 것이다. 따라서 이를 발아시키고 잎과 줄기가 생기도록 가꾸며 키우는 것은 사람이 해야 할 몫이다. 이렇게 보면 원시유가의 '성론'과 송명리학의 '성론'은 그 근본에서 결정적인 차이를 보인다. 이는 앞으로 더 토론하고 되씹어 볼 문제다.

5) '인심도심'과 '정일공부'에 대한 논의

사실, 다만 도통의 맥란만 이야기한다면 이는 하나의 형식에 불과하므로 거기에는 그 형식에 담긴 내용까지를 말해야 비로소 원만해진다. 주희가 도통론을 말하기 이전의 도통론에서는 그 도통이 전하는 내용인 '심법心法'을 이야기한 이가 드물었다. 주희에 이르러서야 「중용장구서」에서 도통을 논할 때 그 내용인 심법을 중요하게 다루고 심법에 대해서 세밀하면서도 간략하게 요점을 잡아 이론체계를 정리해 놓았다. 이것이 주희 「중용장구서」의 중점이요, 위대한 공덕이다. 그런데 주희의 이 심법 문제도 주희의 창조라기보다는 역시 공자의 말을 이어서 발휘한 것으로 보인다. 결코 근거 없이 주희가 조작한 것은 아니라는 말이다. 『논어』「요왈堯曰」에 "너 순에게 당부하노라, 하늘의 운수가 너에게 갔다. 천하 중심의 자리에 앉아 크고 밝게 공정한 심법心法을 집행하라"(咨爾舜, 天之曆數, 在爾躬, 允執其中, 四海困窮, 天祿永終)라고 했다. 주희는 바로 여기의 '윤집기중允執其中' 4자를 뽑아다가 전수심법의 내용으로 확대 발휘한 것이다. 즉 4자 심법心法을 "인심은 위태롭고 도심은 은미하므로 오로지 정일精一하게 하여 진실로 그 중심을 잡아야 한다"(人心惟危, 道心惟微, 惟精惟一, 允執厥中)라는 16자 심법으로 만든 것이 주희의 공덕이라는 것이다.

'윤집궐중'이라는 말은 『상서』「대우모大禹謨」에 먼저 나오나 그것을 제왕帝王 전수심법으로 정착시킨 것은 공자가 한 일로 보아야 한다. 그래야만 주희가 말하는 도통의 혈맥과 정신(제왕전수심법)이 그 근거를 찾을 수 있다. 그 연원은 먼 옛날 공자, 아니 그 이전의 『상서』에 있으니 어떻게 보면 이는 역사적으로 중국 철학 정신의 혈맥과 같은, 가장 핵심이 되는 문제로도 볼 수 있다. 사실 주희가 당시에 통행하던 리기심성론理氣心性論의 구조에 맞추어 정리해 놓은 이 심법이론은 주희 이후 유가철학사상의 핵심 문제가 되었고, 성리학을 하는 사람에게는 하나의 공식으로까지 받아들여지게 되었다. 다음은 주희가 「중용장구서」에서 말한 심법의 중요한 부분이다.

저 먼 옛날로부터 성신聖神스러운 인물이 태어나시어 하늘의 이치를 터득하고 그에 부합할 수 있는 인간의 길을 개척하셨다. 이것은 다음 임금으로 이어져 가는 도통전수道統傳授의 핵심 내용이 되었다. 경전에 의하면 "진실로 그 중심을 잡는다"(允執厥中)는 말은 요임금이 순임금에게 준 것이고, "인심은 위태롭고 도심은 은미하므로 오로지 정일精一하게 하여 진실로 그 중심을 잡아야 한다"(人心惟危, 道心惟微, 惟精惟一, 允執厥中)는 말은 순임금이 우임금에게 전한 것이다.

'심心'의 문제를 논해 보자. 근본적으로 심의 본모습은 허령虛靈한 지각체知覺體로서 하나의 마음일 뿐인데 인심이니 도심이니 하는 이심二心으로 다르게 나누어진 것은 어째서인가? 생각건대 이는 어떤 것은 형기形氣의 차이에서 나오고 어떤 것은 사람이 본래 타고난 성명性命의 동일성에 근원을 두기도 해서 거기서 지각知覺되는 것이 같지 않아서다. 이 때문에 혹은 위태해서 불안하기도 하고, 혹은 은미해서 보거나 잡을 수가 없는 것이다. 그러나 사람은 형기의 사私를 벗어 버릴 수 없으므로 비록 상지上智라 할지라도 인심이 없을 수 없고 천명지성을 타고나지 않은 사람 또한 없으므로 비록 하우下愚라 하더라도 도심이 없을 수가 없다.

이 두 마음이 본래의 마음자리에 뒤섞여 있어서 이를 가려내고 다스리지 못하면 위태로움은 더욱 위태로워지고 은미함은 더욱 은미해져서 천리의 공변됨이 마침내 인욕의 사사로움을 제어할 수 없게 된다. 그래서 마음을 정精(明覺)하게 하면 두 마음의 사이를 살펴서 뒤섞이지 않게 할 수 있고, 마음을 일—(本位)에 위치시키면 본심本心의 정正을 지켜서 마음이 본위本位 자리를 떠나지 않게 할 수 있다. 이렇게 정일精—공부를 쌓아 가서 도심으로 하여금 일신—身의 주재 역할을 하게 하면 인심도 매양 그(도심)의 명령을 따르게 된다. 그러할 때 위태로운 것은 편안해지고 은미한 것은 드러나서 동정언행動靜言行함에 과불급過不及이나 부중절不中節의 차질이 생겨나지 않게 된다.

나의 번역이 길었으나 실상 주희가 쓴 원문은 3백 자에 불과한 짤막한 글이다. 이 글에서 심법心法의 중요한 뜻은 개괄적이나 간명하고, 체계적으로 핵심 줄거리가 분명하게 드러나 있다. 어떻게 보면 주희는 도통심법의 본의와는 관계없이 그것을 빙자해서 자기 자신의 심성론心性論 구조를 그려낸 것이 아닌가 싶으나 여기서 이러한 문제를 얘기하기에는 너무 복잡해지므로 이는 차치하고 다만 앞서 말한 「중용장구서」의 내용 가운데 주요 문절을 중심으로 내 나름대로 설명을 가해 볼까 한다.

첫째 단락의 글은 도통심전道統心傳의 실마리와 그 원시기조原始基調의 성립 과정을 피력한 것이다. 도통심전을 말할 때 중심으로 떠오른 개념은

'중中'이다. '중中'에 관한 원초적 인식은 『상서』「홍범洪範」 제5항목에 나오는 '황극皇極'과 같은 것이다. 한유漢儒들은 이를 '황극대중皇極大中'이라고 해서 '대중' 두 자를 덧붙였고 송유宋儒들도 형식상 이 해석을 따르나, 내포하고 있는 종지宗旨는 서로 다르다. 단적으로 말해서 한유들은 정치논리로 해석하고 송유들은 도덕논리로 해설한다는 것이다. 정치논리에서 볼 때 '중中'은 위정자가 "모든 사람을 똑같이 대하고"(一視同人) "매우 공평하여 사사로움이 없는"(大公無私) 도덕적인 법치의 자세다. 이를 『상서』「홍범」에서는 "치우치지 않고 막히지 않는 것이 왕의 뜻을 따르는 것이다. 좋아하는 것만을 하지 않는 것이 왕의 도를 따르는 것이며, 싫어하는 것을 하지 않는 것이 왕의 길을 따르는 것이다. 치우치지 않고 무리 짓지 않으니 왕도는 탕탕하고, 무리 짓지 않고 치우치지 않으니 왕도는 평평하고, 반하거나 벗어나지 않으니 왕도는 정직하다. 그 지극함을 모아 그 지극함으로 돌아간다"(無偏無陂, 遵王之義, 無有作好, 遵王之道, 無有作惡, 遵王之路. 無偏無黨, 王道蕩蕩, 無黨無偏, 王道平平, 無反無側, 王道正直, 會其有極, 歸其有極)라고 했으니 이는 누가 보아도 정치논리의 해석이 분명하다. 그리고 요가 순에게 주었다는 '중中'도 아직은 정치논리 중심에 있었을 것이다. 그러나 다음 순이 우에게 전수할 때는 다르다.

주희는 이에 대해 "요임금의 말이 지극하고 모두를 포괄하지만 순임금이 거기에 세 마디를 더 한 것은 요임금의 일언一言을 밝게 실천하기 위해서였다"라고 했는데 내 견해는 다르다. 내 생각으로는 요가 순에게 전수할 때 쓴 정치논리의 '중中'은 다음 순이 우에게 줄 때는 새로운 하나의 도덕논리의 핵심 개념인 '심心'이 더해진 것으로 보인다. 즉 정치논리의 '중中' 외에 도덕논리의 "심心"이 새로 등장했다는 말이다. 그가 말한 "인심유위人心惟危, 도심유미道心惟微, 유정유일惟精惟一, 윤집궐중允執厥中"이 16자 심법은 중국 철학사상에서 새로운 개념의 출현을 선포한 것이며, 도통론상 정치논리와 도덕논리의 병합並合을 의미하는 것이다. 다시 말하면 '중中' 개념 위에다 '심心' 개념을 올려놓을 경우 종전의 천하를 다스리는 외재外 在적 방책이 먼저 자연스럽게 수심修心, 진기盡己하는 내재 도덕심성의 수 양 쪽으로 회귀하게 되어 이것이야말로 파천황적 전환이 아닐 수 없다. 이 에 이르러 비로소 원시유가의 "합내외지도合內外之道"는 그 기틀을 잡게 된 것이다.

요가 순에게 전수할 때 "진실로 그 중심을 잡으라"고만 말하고 어떻게 중심을 잡아야 하는지의 방법은 설명하지 않았는데 순이 우에게 전수할 때 '심心'이라는 새로운 도덕개념을 더한 것은 아마도 이 미비점을 깨달았 기 때문일 것이다. 뿐만 아니라 자상하게도 인심의 위태로움과 도심의 은 미함을 지적하고 그것을 다스리는 방법으로 정일공부를 내세워 먼저 치자 治者 자신이 수양하도록 훈계하였다. 이것은 뒤에 유가철학의 중심 과제인 도덕심성론 특히 수양공부론의 내원이 된다. 다시 말해서 '중中'은 하나의 지고원리至高原理는 되지만 그것만으로는 활발한 생기生機 작용은 이루어지 지 못한다. 즉 그 최고 원리를 실현하는 주체자의 자기 확립기능이 없다는 것이다. '심心'이라는 작위作爲 중심이 있어야 비로소 중中, 불중不中, 정부 정正不正을 판단하는 주체 및 격정格正, 치중致中하는 기능이 갖추어진다. 천지도 심이 있어야 비로소 만물을 생성하고 사람도 심이 있어야 천하를 경륜할 수 있다. '심心'은 천지의 중中이요 일신一身의 주재자다.

소옹邵雍의 시구에 "천이 중에 있다가 나누어져 조화를 이루는 것은 사 람이 심에서 경륜을 일으키는 것이다"(天在一中分造化, 人於心上起經綸)라는 말 이 있는데 이야말로 중中과 심心을 잘 분속시키고 각기의 기능을 잘 표현하 고 있는 말이다. 천지와 인간을 구별하지 않고 모든 경륜은 심心에서 나온 다. 더 부연하자면 중에 이르고자 한다면 먼저 심을 바르게 해야 한다. 변 화무상한 세상에서 '중中'도 변화에 따르는 적변適變(和)의 중中을 찾아야 하는데 주위 모든 것과 맞는 이른바 '묘계환중妙契環中'의 '중中'이 되기는 어려운 일이며 마찬가지로 '심心' 역시 출입무상한 것이므로 놓쳐 버린 심을 거두어서 일심一心에 이르게 하는 것도 어려운 일이다. 때문에 순은 심心을 인심의 위태로움과 도심의 은미함으로 나누고, 이를 잘 다스려서 은미한 것은 드러나게 하고 위태한 것은 편안함으로 찾아가게 하는 치심治心의 방법을 일러 준 것이다. 그러나 순이 우에게 주었다는 16자 심법은 그 대강만 제시했을 뿐 구체적으로 설명하지는 않았다.

주회에 이르러서야 도심/인심이 나누어지는 까닭과 어떻게 하면 은미한 도심을 드러나게 하고 위태한 인심을 다스려 편안함을 찾게 하는지, 나아가 천리지공天理之公으로서의 도심道心을 고집해서 일신一身의 주재로 삼아 인욕지사人欲之私로 흐르기 쉬운 인심을 제어해서 동정언행이 스스로 과불급의 차가 없는 중中에 이르게 하는 이론체계를 세우게 되었다. 이러한 도덕심성에서 일어나는 문제의 불가피성을 형기지사形氣之私와 성명지정性命之正을 내세워 설명하는데 이는 상당히 설득력 있는 논리며 따라서 도덕심성론에서 수양공부론의 중요성을 강조하는 전제로서도 논리정연하다. 아마도 주회가, 장재가 말한 천연지성天然之性과 기질지성氣質之性의 구분 그리고 기질지성을 올바르게 되돌려 천연지성으로 변화시키는 이론을 극구찬양한 것은 이상의 수심修心 논리와 부합되기 때문이며, 그 영향 또한 많이 받았을 것이라 짐작된다.

여기서 하나 주목할 점은 도덕심성론에서 군자와 소인을 구분하는 데 있어 주회는 일단 사람으로 태어난 이상 형기지사形氣之私와 성명지정性命之正은 그 함량의 정도 차이는 있을지언정 절대적인 유有/무無로 갈라놓을 수 없다며 "사람은 모두 도심과 인심을 가지고 있다"(人皆有道心與人心)는 설을 내세운다는 것이다. 이는 도덕평등론의 대전제가 된다. 후천적으로 수양공부를 어떻게 하느냐에 따라 군자, 소인이 구분된다는 주장은 스스로의 힘으로 자기를 키워 가야 한다는 유가 특유의 인본주의 가치 중심론의 대전제기도 하다. 공자가 지어도志於道를 목표로 할 때 그 목표에 도달해 가는 힘을 자신이 하늘에서 품부 받은 덕에 의존할 뿐 인간 외의 어떤 신神이나 절대자에게 의존하지 않는다는 말은 유가의 인본주의가 철저하게 인간 본위의 철학임을 다시 한번 일깨워 주는 중요한 대목이다.

여기까지는 주희설에 큰 병폐가 있어 보이지 않으나 다음 심론心論에 들어가면 의외로 문제가 심각해진다. 주희의 도통론 계보 설정과 전수심법에 대한 해석은 그 이론의 근거를 물론 옛 경전에 두고 있기는 하나 그를 해석하고 정리하는 데 적용한 도덕심성의 개념용어, 특히 성리학자들이 은연중에 짜 놓은 사유유형이나 이론구조의 틀에 맞추어 넣었다는 부회附會의 혐의를 벗을 수 없다. 그 대표적인 문구가 정주리기론程朱理氣論에서의 '리기불리부잡理氣不離不雜'설이다. 이것을 가지고 인심, 도심을 "서로 섞이지 않는다"(間而不雜)라고 한 것은 자칫 심心을 리기이원理氣二元과 같이 둘로 나누어 보는 위험성에 빠질 수 있다. 『맹자』를 예로 들어 원시유가 심론心論을 살펴보자. 물론 그때는 아직 인심이니 도심이니 하는 구분이 없었지만 맹자가 말하는 본심本心과 방심放心을 놓고 여기에 적용시켜 볼 때 이는 결코 '이자지간이부잡二者之間而不雜'처럼 횡적으로 뒤섞이는 관계는 아니다. 좀 정확하게 말하자면 본심과 방심의 관계는 내재內在와 외재外在처럼 다른 영역으로 나누어져 있는 것이지 심心이라는 같은 범주 안에 있는 서로 다른 성질의 이심二心은 아닌 것이다. 그래서 맹자는 밖으로 제멋대로 내버려진 심心을 거두어서 본심本心(一心)으로 돌려야 그 심心은 비로소 정견正見, 정지正知, 정사正思, 정행正行 등의 관능官能을 발휘할 수 있다고 말한다.

그런데 지금 주희의 도심과 인심이 가지는 관계는 사실상 분리되어 서로 섞이지 않으며 도심으로 인심을 제어하는 것이다. 실질적으로 도심은 이성이 되고 인심은 감성이 되는 질적으로 다른 속성의 심心이 된다. 그래서 앞에서 주희가 해석한 논리는 언뜻 보면 아주 간단명료하고 논리정연한 것같이 보이지만 성리학에서 주리主理·주기主氣·주심主心 논자들이 따지는 일원一元과 이원二元의 틀로 인해 생기는 대립을 극복하지 못하고 결국 평행선을 달리고 마는 딜레마에 빠지기 쉽다. 주희는 인심, 도심을 나누고 그를 다스리는 방법으로 정精과 일一의 개념과 기능을 이용하여, 정精을 섞여 있는 이심二心을 나누어 볼 수 있는 통찰력으로, 일一을 본심지정本心之正을 지키는 파수꾼으로 분류시키고 있다. 그런데 과연 그런 것일까? 우리가 이해하기로 정精은 일一로 가는 정화작용이고 일一은 정精이 순정純精으로 된 상태다. 흔히 '정신일도精神一到'라는 말을 하는데 이것이 바로 정精과 일一의 관계를 웅변해 주는 것은 아닐까? 다시 말해서 맹자가 말하는 구방심求放心의 구求는 찰察이 아니다. 주희 말대로 찰察은 두 가지가 서로 섞여 있을 때 어느 것이 인심이고 어느 것이 도심인지를 분별하는 지적 활동이다. 그러나 구방심求放心의 구求는 분별지分別知에 속하는 것이 아니라 경敬 공부처럼 스스로 다스리는 일종의 도덕적 수양행위다. 이렇게 이야기하다 보니 점점 복잡해지는데 어쨌든 바로 이러한 일원一元·이원二元의 문제로 인해 같은 성리학자라 할지라도 그가 주리主理냐 주심主心이냐 주기主氣냐 하는 입장 차이가 생기고 그에 따라 수양공부론修養工夫論이 달라지는 이유가 여기에 있다는 것을 지적하는 선에서 이 얘기는 마무리 짓겠다.

요의 한마디가 발전해서 순의 세 마디인 16자 심법이 되었는데, 나아가 이를 도덕성명론의 주제로 삼아 정치논리를 도덕논리로 끌어들여 유가 심성론의 기틀을 닦은 이는 공자, 자사, 맹자다. 그 후 한-당을 거치면서 스스로 도를 지킨다거나 도를 바로잡는다는 유가儒家가 끊이지 않았으니 그 대표적인 인물이 한대의 동중서董仲舒, 당대의 한유韓愈다. 그런데 주희는 이들을 무시하고 맹자 이후 1천5백 년 동안은 도통이 끊어졌다고 단정한다. 왜 그랬을까? 이는 주희가 도통계보를 쓸 때 나름대로의 표준을 세우고 있었기 때문이다. 그 표준이란 단적으로 말해서 성리학적 표준으로, 도가와 불교를 이단으로 보는 협애한 도통론에서 나온 기준이다. 그런 표준에서 볼 때 동중서는 비록 '독존유술獨尊儒術'의 공은 있으나 유가 윤리를 정치권력으로 끌어들인데다 음양잡학에 치우쳐 있었기 때문에 순유純儒, 성리학적 유儒에서 제외된 것이다. 또한 한유韓愈, 이고李翶도 비록 불교와 도가를 배척하고 유교를 옹호한 공은 있으나 그 학설이 역시 당시 풍미하던 '불선도단佛禪道丹'에 물들어 군자의 유儒라고 할 수 없기 때문에 탈락되었다. 그러다가 맹자 이후 1천5백 년을 뛰어넘어 송대에 이르러 정씨 형제의 출현으로 끊어졌던 도통이 다시 이어졌다 한다. 이정二程의 뒤를 이은 이가 바로 주희 자신이기 때문에 여기에는 은연중에 도통맥락의 적전嫡傳 계보 속에 주희 자신을 점지하고 있는 것이다. 이런 면에서『중용』의 주희 서문은 주희가 도통계보 안에서 자신의 위상을 정립하기 위한 의도로 쓰인 것으로 보인다. 지나친 억측일까?

6)『대학』에 대한 몇 가지 새로운 견해

「중용장구서」에 대해서만 너무 길게 이야기한 것 같다. 이번에는 「대학장구서」로 시선을 돌려보자.

『대학』만큼 그 성서연대와 학설계통에 대한 이견異見이 많았던 책도 없을 것이다. 『대학』의 성서연대는 이미 앞에서 언급하였으니, 여기서는 『대학』의 내용이 원시 유학의 사상 맥락이나 계보상 무엇과 연관되고 어디에 소속되는지에 관해서 잠깐 살펴보겠다. 근대 학자로 대표되는 풍우란과 서복관은 『대학』의 성서연대를 진한시대로 보았다. 하지만 『대학』의 사상 맥락에서 이들은 서로 다른 견해를 보인다. 풍우란은 『대학』을 순자 계열에 소속시켜 주로 외재적 '예론禮論'의 발휘라고 보았다. 서복관은 순자의 영향을 받은 것은 인정하나, 이는 맹자의 심론心論 계통을 이어 내재적 심성을 논한 책이라고 주장했다.

이러던 것이 21세기 초에 나온 곽기의 주장에 의해 『대학』은 자사문인의 작으로 평가되고 그 성서연대 또한 다시 2백 년을 거슬러 공자 사후 얼마 되지 않은 시간으로 다가갔다. 곽기의 설은 20세기 말 지하에서 발굴된 대량의 죽간문을 연구해서 나온 것이므로 앞 세대 학자들이 비교적 추측으로 세운 설과는 달리 상당히 신빙성이 가는 학설이다. 나는 이 강의에 그의 연구 결과를 많이 참고하고 인용하고 있다. 어쨌든 그렇다면 묘한 것은 약 60년간에 뒤바뀐 학설을 놓고 볼 때 맹자와 순자의 혈맥을 받아 태어났다던 『대학』이 이제는 오히려 맹자·순자가 『대학』의 혈맥을 받았을 것이라고 하니 이는 아버지가 자식이 되고 자식이 아버지가 되는 상황이 벌어진 게 아닌가? 학문 밖에서 이를 지켜보고 감상하는 사람에게는 배꼽을 잡고 웃음을 터뜨릴 재미있는 일이겠지만, 학문권 안에 있는 학자들에게는 어리둥절 혼란스러운 일이고 특히 그 논쟁에 직접 참여했던 학자에게는 지옥을 왔다 갔다 하는 죽고 사는 문제가 아닐 수 없다. 참으로 자기설을 세워서 글쓰기가 어렵다.

주희의 「대학장구서」는 「중용장구서」처럼 철학적으로 핵심이 되는 주요 개념이나 학설이 내세우지 않고 그저 역사적 사실이나 제도들을 소개하는 형식으로 되어 있어 특별히 문제 삼아 논의해 볼 것은 없다. 그래서 여기서는 중국의 옛날 교육제도는 어떠했는가 하는 역사적 이해를 돕기 위해 그 부분에 해당하는 서문의 줄거리를 번역 소개하는 데 그치기로 하겠다.

『대학』은 옛날 대학에서 학생들을 가르치던 내용과 방법을 써놓은 책이다. 그 먼 옛날이라 할지라도 하늘이 사람을 낼 때는 인仁, 의義, 예禮, 지智의 성性을 부여하지 않았을 리 없건만은 타고난 기품이 같지 아니하여 대부분 타고난 성품을 온전히 깨닫고 발휘하지 못했다. 그러다가 총명예지하게 태어나 하늘에서 받은 성품을 모두 발휘한 이른바 '선지선각先知先覺'자가 나오자 하늘은 이들에게 명命하여 억조창생의 임금과 스승으로 삼아 백성을 다스리고 가르치도록 하였다. 그들은 타고난 성품을 되찾게 해 주셨으니 이분들이 복희, 신농, 황제, 요, 순이다. 이분들은 하늘의 이치를 터득하여 그에 따라 사람이 살아가는 길 즉 본을 세웠으니 교육을 담당하는 직업과 음악을 담당하는 관리가 생기게 된 것이다. 하·은·주 삼대가 융성했을 때 학교교육이 그 시초를 열었고 그 뒤 왕궁이나 국도(서울)는 물론 시골마을에 이르기까지 배움터를 세우지 않은 곳이 없을 만큼 퍼져 나갔다. 아이들이 여덟 살이 되면 위로는 왕공 귀족으로부터 아래로는 서민들의 자제에 이르기까지 모두 소학小學에 들어가 물 뿌리고 쓸고 닦는 법과 어른을 대함에 나아가고 물러가는 예절을 가르쳤으며 나아가 예禮, 악樂, 사射, 어御, 서書, 수數 이른바 육예의 학을 익히게 하였다.

그러다가 학생의 나이 15세가 되면 천자의 원자元子, 중자衆子로부터 공경대부, 원사元士의 큰 자식 그리고 서민의 자식 중에 준수한 학생은 모두 대학에 들어가 궁리하고 마음을 바르게 하고 수기치인하는 길을 가르쳤으니 이것이 학교의 가르침에 있어 작고 큰 구분이 생기게 된 원인이다. 학교의 설비가 이렇게 확대되고 가르치는 방법과 교학과정 순서 절목의 상세함이 이와 같다. 그리고 교육에서 배운 것은 모두 인군人君이 몸소 실천하면서 얻은 것을 근본으로 삼아 그 내용은 백성들이 일상에서 살아가는 윤리와 법도를 벗어나지 않는다. 학교뿐 아니라 가정, 사회가 하나의 배움터로 실제로 배우지 않은 자가 없게 되고 또 배운 자는 그 자신의 능력과 직분을 알아서 각기 자기 생활과 신분에 충실하여 그가 가지고 있는 지식과 능력을 모두 발휘한다. 이것이 옛날 평화스러웠을 때 정치가 위에서 맑고 풍속이 아래서 아름다웠던 까닭이니 순박함이 깨지고 사술이 일어난 후세에서 어찌 미칠 수 있는 일이겠는가?

주나라가 쇠망하고 현능한 임금이 나오지 않자 학교교육은 황폐해지고 교화는 무너졌으며 풍속은 퇴폐해졌다. 이때에 다행히 공자 같은 성인이 나오시어 비

록 임금과 스승의 위치에는 나아가지 못하셨으나 교학에 힘쓰시어 홀로 선왕
先王의 법法을 찾아내 연구하고 외워 이를 후학에게 전하시니,「곡례曲禮」,「소
의少儀」,「내칙內則」,「제자직弟子職」 같은 편은 소학의 학규내용이고 이 편(『대
학』)은 소학에서 성공成功한 자가 더 깊고 큰 학문을 할 수 있도록 대학이라는
배움터에서 배우는 것을 엮은 것이다. 밖으로는 규모를 극대화하고 안으로는
교육절목을 상세히 정하셨으니 이른바 삼천 명의 학생이 모두 이러한 교육제
도와 교육과정, 교육내용에 의해 교육을 받았다.

이제 들어가는 말을 모두 끝맺고 『중용』 강의에 들어가도록 하겠다.
사람들 중에는 왜 막바로 『중용』 강의에 들어가지 않고 이렇게 많은 시간
을 허비하며 변죽을 울렸느냐고 불평하는 이가 없지 않을 것이다. 나도
막바로 『중용』 강의에 들어갔으면 오히려 궤도를 달리는 것처럼 자질구
레한 문제에 마음 쓰지 않고 책장을 넘길 수 있었을 것이다. 그러나 중요
한 것은 이미 놓인 궤도가 정확하게 잘 놓여 있느냐의 문제다. 왜냐하면
주위 변화에 따라서는 궤도를 다시 놓아야 할 경우나, 이제까지 배우고 믿
고 있던 학설을 재검토해야 할 급격한 변화도 있을 수 있기 때문이다. 그
래서 학문하는 데도 바다와 같이 넓은 학계에서 무엇이 어떻게 새롭게 변
하고 있는지 신속 정확한 '정보'가 필요하다. 지금 중국 철학사에서는 그
동안 공백으로 남아 있던 공자에서 맹자 사이의 학술자료가 새롭게 발굴
되어 나오자 그에 따라 기존의 의고疑古에 묶여 있던 지상 자료들이 되살
아나 큰 변화를 일으키고 있다. 여기에는 특히 자사와 그 학파에 관계되는
것이 중심이 되어 있는데, 그 중심 중의 중심이 바로 『중용』이다. 어찌 이
엄청나게 지각변동을 일으키고 있는 학술정보를 수강자에게 알리지 않고
옛날 전통적이고 기존 학설을 답습해서 강의하던 때와 같이 막바로 본론
으로 들어갈 수 있단 말인가? 지금은 21세기 초 두유명杜維明 교수가 선언
한 것처럼 모든 선진시대의 중국 철학 내지 철학사를 다시 써야 하는 학술

적으로 격변의 시대다. 그렇다면 자연히 강의 방식이나 내용도 시대에 맞추어 달라져야 하지 않겠는가? 이것이 내가 강의에서 들어가기 전에 말이 길어진 이유다.

제2부 『중용』강의

1. 『중용』 해제

　중국 글자는 표의문자表意文字다. 글자 하나마다 단독으로 사물을 지칭하는 명사도 되고 그 사물의 내용을 표출하는 개념사도 된다. 또한 사물의 상태를 나타내는 형용사도 되고, 어떤 움직임을 표현하는 동사도 된다. 이렇게 단독으로 의미를 갖는 글자가 두 글자 이상 복합해서 쓰일 때는 그 글자가 가지고 있는 의미가 그대로 합해지는 것이 아니라 각각의 글자가 서로에게 침투하고 영향을 주어 여러 가지 의미로 증폭되어 차원이 다른 의미 또는 개념을 생산하게 된다. 그래서 어떤 책의 이름, 특히 책이나 편의 이름이 그 책의 개념(要)이나 편의 내용을 포괄하는 이름일 때는 먼저 단독 문자 하나하나를 풀이(분석)하고 다음 두 글자가 합해진 복합명사를 풀이해서 그 이름이 갖는 의미를 찾아내야 한다. 중용中庸이라는 단어는 그 글자들이 각기 오랜 역사를 갖고 많은 의미로 쓰인데다가, 또한 이 것은 도덕적 용어와 철학적 용어로 학자마다 여러 가지 상당히 다른 견해를 가지고 풀이하고 있어 단순하지가 않다. 여기서는 주희의 『중용장구』를 중심으로 중용中庸에 대한 풀이를 소개하고 다음 나의 생각을 덧붙여 볼까 한다.

1) 정자의 해제

주희의 『중용장구』를 보면, 먼저 중용中庸이란 두 글자가 책명으로 나오고 그 아래에 작은 글자로, "중中은 치우치지도 않고, 기대지도 않으며, 지나치거나 못 미치지도 않은 것(상태)에 대한 이름이고, 용庸은 평상적(보편타당)인 것을 말한다"라고 주를 달고 있다. 이는 주희의 생각인데, 그렇게 주를 단 근거로 글자의 크기를 조금 크게 해서 정자의 해제를 『중용』 본문에 들어가기 전에 기록하였다. 그 글이 길지 않으므로 전부를 의역해 보면 다음과 같다.

정자께서 말씀하였다. 치우치지 않은 것을 중中이라 하고, 바뀌지 않는 것을 용庸이라 한다. 중은 천하의 정도正道요, 용은 천하의 정리定理다. 이 편은 공자가 학생들에게 전수한 심법心法인데, 자사子思가 그것이 오래가면 사람들이 말하는 것, 이해하는 것이 점점 달라져 공자의 본의가 왜곡될까 염려해서 책으로 써서 맹자에게 전한 것이다. 이 책은 처음에는 책의 전체 의미를 하나의 이치로 묶어서 말하고, 중간에 가서는 그 이치를 만사萬事(物)·만행萬行에 나누어 적용시켜 설명하다가, 끝에 가서는 다시 하나의 이치 속에 담아 결론을 맺고 있다. 그러므로 이 중용의 이치는 밖으로 표출하면 천지에 가득 차서 그 어디에서나 어떤 사물에게나 또 어떤 상황에서도 적용되지 않는 것이 없다. 그 무궁무진한 이치를 거두어들일 경우 하나의 마음속에 수습된다. 거두고 펴는 것이 자재自在스러워 그 쓰임이 무궁하고 쓰는 자 스스로 무한한 성취감을 맛보게 되니, 이것이 곧 사람이 살아가는 데 절실한 학문인 것이다.(그 이치는 모두 삶에 쓰일 수 있는 이치요, 학설이지 허언이나 지식만을 위한 지식이 아니다) 따라서 이 책을 올바로 읽고 그 속뜻을 이리저리 굴려가며 탐색해서 책이 전달하고자 하는 진의眞意(味)를 얻는다면, 평생을 두고 써먹어도 남음이 있을 것이다.

여기서 몇 군데 나오는 용어를 더 풀어서 설명하겠다. 주희는 중용 밑에 주를 내면서 중中에 대해서는 명名이라 하고, 용庸에 대해서는 그저 평상平常이라고만 했다. 이는 중용의 중中자만이 명사요, 용庸은 부사나 형용사로 취급해 버린 것 같아서 의문이 생긴다. 다음으로 정자의 해제에서는 용庸을 '바뀌지 않는다'(不易)라고 풀이하고 있는데, 이는 불변不變(변하지 않는다)이 아니라, 변하는 이치 자체가 변하지 않는다는 뜻이다. 물론 정자는 주리론자이므로 불역不易을 리理로 보면서 고정불변한 것으로 볼 수도 있으나, 『주역』의 입장에서 보면 이 세상에는 변하지 않는 것은 없는데 다만 그 변화에는 일정한 궤도와 진행(순환)법칙이 있어서 변화의 이치 자체는 변하지 않는다는 것이다. 이것이 불역不易이다. 예를 들면 춘하추동 사계절이 순환반복하는 자연법칙이 변하지 않는 것과 같은 이치다.

다음은 '전수심법傳授心法'인데, 이는 글로써 가르치는 것이 아니라 행동으로 보여 주는 신교身敎 또는 전심법傳心法을 말한다. 불교 선종에서 많이 쓰는 교육법의 일종으로, 스승과 제자 사이처럼 직접 말과 몸가짐이 서로 확인될 수 있는 범위 안에서 가능한 일이다. 이것은 공간과 시간의 제한을 받으므로 스승이 죽은 뒤에는 전수가 불가능하다. 그래서 그것을 다시 문자로 담아서 시공의 한계를 극복하는데, 스승의 직접적인 언어와 행동을 제자가 받아들였다 하더라도 이미 서로 다른 두 사람이므로 스승의 말과 행동과 일치되게 글에 담을 수는 없다. 또 제자가 여러 명일 경우 제자마다 받아들인 것이 다를 수 있으니, 벌써 여기에서도 차이가 생기게 마련이다. 그러니 이른바 '어록語錄'이라는 것에는 스승의 본뜻이 왜곡되거나 기록자 개인의 생각이 끼어들었을 가능성이 높다고 보아야 한다. 공자의 심법心法도 공자는 물론 그를 직접 보고 배운 제자들이 죽으면, "음식은 갈수록 줄고, 말은 갈수록 는다"는 속담처럼, 그 '전수심법傳授心法'은 차질이 생길 수밖에 없다. 이러한 차질을 막기 위해 자사는 공자의 학문사상, 특히 『논어』나 기타 어록류의 글에서 소외된 천도天道와 인성人性의 문제를 엮어 후세에 전했다는 것이다.

이 해제에서 가장 많이 논의되는 구절은 '실학實學'이다. 우리나라 성리학의 경우, 16세기에 주리론자를 위시해서 대부분 관념론으로 흘러 실사實事와 실천實踐이 소외된 공소공론만 일삼자 이에 반발로 일어난 이른바 '실학實學'과 대비해서 성리학도 실학이다라고 주장하는 이가 있는데, 본래 유가철학은 현세간주의, 인본주의, 인간 중심의 우주경영주의이므로 실학 아닌 것이 없다. 크게 보면 유학은 모두 실학이다. 그런데 여기 정자의 해제에서 말하는 실학은 용用을 전제로 하고 있으므로 내용상 학문 목적으로 볼 때 조선 후기에 나온 실학의 내용과 일정 부분 상통하는 용어라고 볼 수도 있다.

2) 『중용혹문』의 해석

정자의 『중용』 해제는 너무 단순하고 글자 자체의 풀이에 머문감이 없지 않다. 말하자면 너무 평면도상平面圖象적인 풀이라는 것이다. 머릿속에 도상을 상상해 본다면, 여기에 치우치지도 않고 저기에 기대지도 않으며 지나치지도 않고 못 미치지도 않는 그 점을 중中이라고 정의한 것은 정확하게 말했다고 볼 수 있다. 그러나 이는 일정한 상황(고정된 상황)에서 통할 뿐, 끊임없이 변화하는 상황 속에서는 고정된 중中이 있을 수 없다. 변화하는 상황 속에서의 중中을 찾아서 거기서부터 사면팔방의 변화에 적합하게 변해 가야 한다. 그래서 중화中和니, 시중時中이니 하는 중中 개념이 생겨난 것이다. 이렇게 볼 때 정자의 해제에는 시時의 변화와 나와 내가 아닌 밖의 다른 것과 맺는 관계상의 화和 개념이 들어 있지 않다. 이러한 미비점을 보완하기 위해서인지 주희는 『중용혹문中庸或問』에서 미발未發과 발發, 중절中節과 중화中和 문제를 포함해서 문답을 전개하고 있다.

중中에는 한 글자 안에 두 뜻이 있다. 하나는 마음속에 있는 중으로 희노애락의 정이 발하지 않았을 때 치우치거나 기대지 않는 상태에 대한 이름이고, 하나는 희노애락의 정이 행동으로 나타나 외재사물(상황)에 미쳤을 때 딱 들어맞아 과불급過不及이 없는 중절中節 즉 화和를 말한 것이다. 그러니까 앞의 중中은 중심中心의 중中이고 뒤의 중中은 적중適中의 중中인 셈이다. 대개 불편불의不偏不依는 심心이 희노애락 어디에도 다가가지 않고 중심中心에 놓여 있는 상태로서, 이는 심心의 체體(大本)라 할 수 있다. 과불급이 없는 행위가 어떤 사물에 미칠 때 변화에 앞서거나 뒤서는 일 없이 리理와 사事가 일치적중一致適中된 것을 말한다. 그러므로 미발未發의 대본大本을 말할 때는 불편불의라는 이름을 취하고, 이미 발해서 시중時中한 것에 대해서는 과불급이 없다는 뜻을 취한 것이다. 미발일 때는 비록 과불급이 없다고 할 수 없으나 과불급이 없게 하는 본체(理)가 이미 그 속에 있으므로, 이로 인해 발할 때 중中을 얻게 된다. 그리고 발했을 때는 심心의 체體인 중심이 이미 외재사물外在事物로 이동하여 치우치거나 기대게 될 수밖에 없다. 그러나 그 치우치거나 기대는 상태는 과불급이 없는 사事 속에 있으므로 그 사事 속에서 볼 때는 역시 불편불의의 중中으로 있게 된다. (다시 말하면 이미 불편불의의 중심체가 있어서 과불급이 없는 적중을 가져왔으므로 그 적중된 사 속에는 여전히 불편불의한 중심체가 있다는 것이다) 그래서 정자程子는 화和를 말하며 중中(中心體의 中)이 그(和) 속에 있다 하고, 중中(中心의 中)을 말하며 이미 과불급이 없는 희노애락의 이치가 그 중中 속에 갖추어져 있다고 한 것이다. 미발일 때 심心은 지극히 허해서 치우치거나 기대지 않으므로 중中이라 한다. 이 중中에 있는 마음으로 만물의 변화에 응해 나가면 어디서나 무엇에서나 적중適中(中節)되지 않는 것이 없다. 이것이 중中이 가지는 두 가지 뜻이다. 그러나 뜻은 다르더라도 실제로 서로는 체體와 용用이라는 관계일 뿐 하나의 마음에서 이루어지는 것이므로 편명篇名으로 삼은 것이다.

용庸자의 뜻에 대해서 정자는 불역不易이라고 했는데, 그대(주희 자칭)는 왜 평상平常이라고 했는가? 실은 평상적인 것만이 상常일 수 있고, 상이니까 불역인 것이다. 예를 들어 세상을 놀라게 하는 일은 특수한 상황으로 잠깐 일어날 뿐 지속성이 없어서 상이라고 할 수 없다. 비상非常인 것이다. 그러니까 평상과 불역은 말은 다르나 뜻은 같다. 다만 불역은 오래 겪어 봐야 나타나므로(알게 되므로), 당장에 경험할 수 있는 평상이 알기 쉽기 때문에 그렇게 한 것이다. 평상, 불역 둘 다 쓰는 것도 좋다. 혹자는 불역하면 그 뜻이 심오한 것같이 느껴지고 평상하면 천박한 것처럼 아는데, 그렇지 않다. 이른바 평상도 역시 사리事理의 당연함이기는 마찬가지다. 심히 높고 행하기 어려운 것만이 지극한 이치는 아니다.…… 이 편을 보건대, 수장首章에서는 먼저 중화中和의 뜻을 밝히고 다음 장에 가서야 중용의 이야기가 나온다. 그런데 편명을 붙일 때 왜 중화라 하지 않고 중용이라 했는가? 중화의 중中은 그 뜻이 비록 정미精微하기는 하나, 중용의 중中만큼 포괄적이지 못하다. 중용의 중中은 실제로 체體와 용用을 겸비하는데, 그 용用은 평상의 뜻이 있기 때문에 포괄하는 범위가 중화의 중中보다 넓다. 한 편의 요지와 정조본말精粗本末이 여기에 갖추어져 있지 않은 것이 없다. 이것이 중화로 편명을 하지 않고 중용으로 편명을 한 이유다.

3) 공자의 중용관

중中자는 중국이 나라 이름으로 쓸 만큼 중국의 문화, 철학, 사상, 생존 방식 등에 있어서 지극한 표준이자 중심이 되는 뜻을 가지고 있다. 그 글자의 내원을 보면, 이는 정착생활을 하던 농경문화와 이동생활을 하던 유목문화에서 얻은 감각의 결합이라고 한다. 즉, 유목생활에서 동물의 표피를 벗겨서 펴 놓든가 걸어 놓고 보면 모두 좌우 양면이 합해져서 하나의 정면을 이루는 '中'의 대칭으로 균형의 감각을 준다. ※ 이것이 中자의 원시형태다. 그 다음 中자는 ⏀으로 글자모양을 갖추었는데, 이는 ○이 천지의 존재형상이라면 ⏀은 천지와 만물과 인간이 자기 자리를 바로잡고, 스스로 지니고 있는 덕(기능)을 펴서(이것을 천지로부터 받은 덕성으로 볼 때, ⏀은 하늘의 性이 인간 만물에게 통하여 흐르는 것이므로 다시 그 품부 받은 덕성을 발휘해서 생의 최적함을 유지하는 삶의 방법으로도 볼 수 있다) 하늘과 사람 사이의 화목을 도모하는 자세다. 그러한 삶(행위)이 위아래, 사방, 이쪽과 저쪽, 안팎 어디서나 무엇에게나 중화中和, 시중時中하지 않음이 없는 상태를 ⏀으로 표현한다. 장자는 이를 "자기를 둘러싸고 있는 주위환경에서 가장 알맞은 중심을 얻어 자리를 잡고 주위 상황의 변화에 응해 나가면 적중適中(中節)되지 않음이 없으며, 변화에 응하는 데도 편리하고 지치지 않는다"(得其環中, 以應無窮)라고 하였다. 말하자면 변화 속에서 그 변화에 적응하면서 사는 데 가장 현명한 최선의 방법이 바로 중中이라는 것이다.

다음은 『논어』를 중심으로 살펴본 공자의 중용관이다. 「옹야」에 "공자가 말하길, '중용의 덕이 지극하나 사람들이 이를 잃은 지가 오래다'라고 하였다"라는 말이 있다. 여기서 중용의 덕이란 구체적으로 무엇인가? 시각이나 심리적 균형감각, 사물과의 관계에서 가장 좋은 관계상황, 알맞음, 또는 어떤 세워진 기준이다. 예를 들면 예절 같은 객관규율과 주관정감(행위)이 중화中和를 이루게 하는 본능적 자율성이 아닌가 한다. 이에 대해 공자는 상당히 구체적인 사실을 들어 그의 중용관을 나타냈다. 「자한」에 "나는 양단兩端(두 끝으로 上下, 本末, 始終, 精粗 등)의 중을 잡아서 행한다"라고 하였다. 이는 『중용』 제6장의 "순임금은 지혜로운 분이다.…… 두 끝을 잡아서 그 중을 백성들에게 쓰도록 했다"는 글과 같은 말인데, 한마디로 극단을 피하고 항상 중용을 택해서 행동하고 문제를 처리한다는 말이다. 앞에서 주희가 「중용장구서」에서 말한 16자 심법의 '윤집궐중允執闕中'과 같은 뜻이다. 「선진」에는 "자공이 물었다. '사師(子張)와 상商(子夏) 두 사람 중 누가 더 어집니까?' 공자가 대답했다. '사師는 지나치고, 상商은 못 미친다.' 자공이 또 물었다. '그러면 사師가 낫다는 겁니까?' 공자가 대답했다. '지나친 것은 못 미친 것만 못하다'"라는 말이 있다. 지나친 것, 못 미친 것, 모두가 이상적인 중中은 아니지만 그래도 지나친 것보다는 못 미친 것이 낫다는 것이다. 말하자면 지나친 것은 중中으로 못 돌아오지만 못 미친 것은 더 진행하면 중에 다다를 수가 있기에 한 말이다. 역시 「선진」에 "구求(冉求)는 너무 나약하고 소극적이어서 적극 앞으로 나가도록 권장하고, 유由(子路)는 너무 강하고 남을 이기고자 하는 성격이므로 좀 뒤에서도록 제동을 걸어 준다"라는 말이 있다. 이것은 공자가 중용의 방법으로 학생을 가르친 본보기다. 즉 지나친 것은 물러서게 하고 모자란 것은 더 나아가게 해서 과불급過不及이 없는 중中에 이르도록 한다는 것이다. 또한 공자는 중을 적중適中(的中)의 중으로 쓴 예도 있다. 「자로」에 "예악이 일어나지 않으면 형벌이 올바르게 시행되지 아니하고, 형벌이 공평성을 잃거나 이리저리 바뀌면 백성들은 어떻게 행동해야 할지 갈피를 잡을 수가 없다."

용庸에 대해서 주희는 평상平常이라고 풀이했는데, 공자가 쓴 용도 평상의 의미가 강하다. 『주역』 건괘 「문언전」에 "언제나 말할 때는 믿음을 주어야 한다. 즉 말하면 반드시 실천해서 신용을 지켜야 하고, 언제나 행동은 경거망동하지 않으며 삼가고 삼가야 한다"(庸言之信, 庸行之謹)라고 하였다. 『중용』 제13장에는 "용덕지행庸德之行, 용언지근庸言之謹"으로 글자의 전도가 생겼다. 이는 「문언전」의 말처럼 바로잡는 것이 옳을 듯하다. 또한 용庸은 용用의 의미도 강하다. 정현이 특히 "용庸은 용用이다"라고 풀이하는데, 그러할 때 중용中庸은 용중用中으로 보아도 된다. "중을 잡는다"(執中)거나 "그 중을 백성들에게 쓰도록 한다"(用其中於民)거나 하는 것을 보면 중中은 사람이 세상을 살아가는 데 가장 우수한 도구(방법)다.

4) 중용을 통해 본 형평과 조화

(1) '중'의 개념

'중中'은 '가운데', '한복판'이라는 뜻으로 '바깥'과 구별되는 말이다. 그러나 '가운데'니 '한복판'이니 하는 말에는 먼저 전체라든가 주위라는 바탕 설정이 전제되어야 하므로, '중中'이라는 개념은 모든 것과 떨어져 자기만의 입장에서 단독으로 설정될 수 있는 없다. 그리하여 『설문해자說文解字』에서도 치우침(偏)과 구별되지만, 동시에 다른 것들과 '알맞은 상태'(合宜)에 놓여 있는 것이라고 덧붙이고 있다.[3]

그렇다면 결국 '중中'이란 나와 남 그리고 안팎의 연관성에서 판단되거나 설정되는 말이다. 그러기에 『대대례기大戴禮記』에서도 "자아의 기본을 세우려면 반드시 중심이 어딘지를 알아야 하는데, 그 중심이란 나를 둘러싸고 있는 외변 주위를 먼저 파악하고서야 찾아진다"(知忠必知中, 知中必知恕, 知恕必知外, 知外必知德……內思畢心曰知中, 中以應實曰知恕, 內恕外度曰知外, 外內參意曰知德)라고 하였다. 그러니까 '중中'이란 '전全'에 의해서 자리가 정해지는 것이지 미리부터 혹은 나름대로 여기가 '중中'이다 하고 스스로 정한 다음 그 '중中'에 맞춰서 주위를 구조하거나 안배하는 것은 아니다.

이를 보면 '중中'은 우선 외변과의 거리에서 찾아지지만, 그것은 다시 외변에로 향해져서 그 외변과 맞도록 하는, 이른바 자기 조절의 의미도 갖고 있다. 물론 이미 외변으로부터 찾아진 '중中'이므로 그는 바로 외변과 알맞다고 하겠으나 실제로는 자기의 변동에 따라 외변의 한계도 달라져야 하고, 또 외변의 변이에 따라 '중中'의 위치도 옮겨져야 하므로 결국 '중中'

---

3) 『說文解字』第1篇 上, 文4, 重1.

이란 늘 고정된 것일 수 없는 시변時變의 뜻도 함께 갖는다.

그러므로 '중中'의 개념은 적어도 ① 중용中庸의 '중中', ② 중화中和의 '중中', ③ 시중時中의 '중中' 세 측면에서 이해되어야 한다. 『중용』에서는 우선 치우치거나 기대지 않고 지나치거나 못 미치지도 않는 중심中心의 중中과 희노애락의 감정이 아직 나타나지 않은 미발의 중中을 말함으로써 『중용』(즉 평상적인)의 '중中'을 정의한다. 다음으로 일단 그것이 밖으로 발해서 내외가 알맞게 들어맞아 화합을 이루는 중화中和의 '중中'을 표방하고, 또 다음으로 당연한 이치에서 이탈되는 경우에서도 '중中'을 잃지 않는 '시조지의時措之宜', 즉 어느 때 어디서나 내외를 합한 도(合內外之道)가 이루어지는 군자만이 할 수 있는 시중時中의 '중中'을 제시하고 있다.

위에서 열거한 중용中庸, 중화中和, 시중時中은 그대로 인간의 자기 수양, 대인접물待人接物, 처사응변處事應變의 슬기와 능력이 된다. 그리고 그 순서 역시 인간성취의 과정과 부합된다. 즉 먼저 자기 수양에 의해 인격이 완성되어야 비로소 사람을 대하고 사물을 접할 때 마땅히 화합할 수 있을 것이고, 나아가 '격물치지'를 거쳐 '활연관통豁然貫通', 즉 도가 통하면 마음속에 모든 이치가 갖추어져 어떠한 사태변화가 일어나더라도 능히 그 변화에 대응할 수 있다는 것이다.

다시 한번 정리해 보자면, 중용中庸의 '중中'은 최고경지 또는 최고윤리요, 모든 것의 근본根本·정도正道·정리正理다. 이것을 얻었을 때는 사통팔달 어느 면으로나 변화에 적용해 갈 수 있다. 중화中和의 '중中'은 항상 자아의 표현이 모든 것과 잘 맞도록 노력하는 태도 또는 그러한 상태며, 시중時中의 '중中'은 나와 내가 아닌 것이 조화하는 모습을 말한다.[4] 물론 시중時中의 논리에도 조절하려는 노력이 없는 것은 아니나, 앞의 중화가 자

---

4) 陳立夫, 「人理學」, 3·4·17쪽

연적 또는 도덕적 내용을 강하게 지닌 채 안으로부터 화합하려는 형평인데 반해 뒤의 시중의 경우는 예술적 의미를 포함한 전체와 개체의 조화를 가리킨다 하겠다. 이런 관점에서 본체의 형평은 중화와 함께 다룰 수 있고, 조화는 시중과 같이 논의될 수 있다고 생각한다.

(2) 중용

중용하면 항상 통하거나 이치에 맞는 뜻을 지닌다. 즉 원리원칙적이라거나 근본적인 경지를 말하는 것으로, 성誠 자체기도 하다. 이는 우주론에서 보면 "고요하게 움직이지 않는"(寂然不動) 경지고, 인성론에서 보면 "사람이 태어나면서 지니는 고요한"(人生而靜) 상태다. 하늘에서부터 나누어 갈라져 생성된 존재들 가운데 특히 인간은 원만구족圓滿具足한 천성을 타고났다고는 하나, 하나의 개체로서 한계 속에 떨어져 분연히 나누어져 서로 대립하는 환경에서 자라다 보면 점차 본성本性에서 멀어지며 여러 가지 후천적인 훈습으로 오염되게 마련이다. 그러므로 인간은 누구나 본래의 아름다운 덕성을 되찾기 위한 수행이 필요하다. 이때 수행의 목표가 바로 자아를 중용中庸의 위치와 상태에 놓이게 하는 것이다.

중용中庸을 '적중하다'에서의 중中으로 볼 때 이는 '정正'자와 통한다. 정正이란 그것 이상의 것이 있을 수 없는 '일一'에 그친 상태를 말한다. 세상만사 변화는 이 '일一'에서 흩어져 나갔다가 다시 그 '일一'에로 돌아간다. 말하자면, '일一'은 안정의 상태요, 거기서 떠나면 불안이 된다. 불안不安이 안安으로 돌아가려는 노력은 자연의 섭리요, 생명 있는 자의 본능이다. '정正'자의 뜻을 더 분명히 하기 위해서는 '핍乏'자의 뜻을 알아야 한다. 즉 '핍乏'자는 '일一'에로 가고 있는 상태로 아직 '일一'에 도달하지 못하였다는 말이다. 이는 바로 완성되지 못하였다는 뜻이 된다. 그러니까 이러한 미완성

(乏)에서 완성을 향해 노력해서 그 목표인 '일一'에 도달하는 것이 정正이다. 그런데 만일 이 '일一'에서 그치지 않고 지나쳤다면 어떻게 되겠는가? 이는 다시 '일一'에로 되돌아와야 하므로 역시 '핍乏'이 된다. 그러므로 정正은 바로 과불급이 없는 '중中'과 같은 것이다. 그것을 무엇보다도 앞서 찾아가 자기의 위치로 삼아야 한다. 이것이 이른바 『논어』에서 말하는 '본립本立'이다.

유가의 논리는 무엇보다도 이 근본을 모든 행위의 기초 내지는 기점으로 삼는다. 이른바 "근본이 세워지면 도가 생겨난다"(本立而道生)거나 "자신을 닦아 다른 사람을 다스린다"(修己治人)거나 "사물에는 본말이 있고 일에는 시작과 끝이 있으니, 그 선후를 안다면 즉 도에 가깝다"(物有本末, 事有終始, 知所先後則近道)라고 하는 말들은 바로 세상 모든 일은 당사자인 자신이 근본을 확립했는지의 여부로부터 성패가 좌우된다는 것이다. 그러므로 수도修道를 거쳐 얻어지는 중용은 이를테면 최고의 논리가 되는 셈이다. 이 최고의 논리가 서고서야 다음 최적의 논리가 가능해진다. 이를 잘못 이해하여 최고의 논리보다 최적의 논리를 택해야 한다는 주장은 위험하기 그지없다. 만일에 최고의 논리를 저버린 최적의 논리가 있다면 바로 법가나 병가가 주장하는 '인사제의因事制宜'의 논리일 것이다. 법가와 병가는 역사와 상황을 늘 변이하는 것으로 전제하고 있기 때문에 그에 대한 대처방안도, 그에 맞추어 변해야 한다고 주장한다. 하지만 이는 개인의 이익이나 사사로움에서 나올 수 있다는 우려가 많다. 어쨌든 최적의 논리는 먼저 최고의 논리가 서고 나서야 가능하다는 것을 명심해야 한다. 이런 뜻에서도 중용을 이루는 수양은 모든 것의 선결조건이자 사람이 진실무망眞實無妄하고 강건중정剛健中正한 대아大我를 확립하는 길이요, 바로 그 구극의 경지인 것이다.

(3) 중화와 형평

최고의 논리에 도달한 뒤에 거기서부터 발發해 나가면 바로 최적의 논리가 이루어진다. 『중용』에서도 희노애락의 미발을 '중中'이라 하고, 그 중中이 밖으로 발하면 그대로 외재사물과 화합한다고 하였다. 이는 마치 하늘과 땅이 자리 잡은 뒤에야 만물이 생성되어 길러지는 것과 같은 이치다. 우주론에서도 "고요하게 움직이지 않는"(寂然不動) 경지가 감발感發하여 천하의 모든 사물에 관주된다고 하였다. 인간도 사물의 자극을 받아 움직여 발하게 되는데, 이때 이성적인 제어와 조절을 받지 않으면 결국 천리나 천성을 잃게 마련이다.

인간인 이상 인간세에 살지 않을 수 없고, 인간세에 살자면 정감은 심하게 움직이고 변하게 하는 경이나 유혹에서 떠나 늘 고요할 수만은 없다. 그러므로 '중화中和'란 항상 변동 속에서 가장 안정된 경지를 찾아 늘 움직인다. 이러한 의미에서 볼 때, 중화는 곧 형평의 원리와도 같은 것이다. 그러면 중화의 논리를 형평의 실재에서 찾아보기로 하겠다.

형衡은 저울대요, 평平은 '일一' 자와 같다. '일'자는 저울대가 가장 알맞은 상태에 놓였을 때의 형상이다. 우주의 운동을 위시해서 모든 사물의 불안한 움직임은 '평平'으로 돌아가는 것을 목적으로 한다. '물부득기평즉명物不得其平則鳴'이라는 말이 있다. 모든 것이 안정을 잃으면 무엇인가 불안정을 알리게 마련이라는 말이다. 이는 형상, 소리 같은 여러 면에서 불평不平을 토한다. 저울대가 수평을 잃어 경사가 되거나 아예 수직이 되는 것도 불평不平을 표현하는 하나의 방식이다. 그렇게 되면 사물은 형평으로 돌아가려는 운동을 벌인다. 천지의 출렁댐도 결국은 늘 균형잡힌 세를 유지하려는 자기 조절이며, 만물의 변화도 마찬가지다.

자연의 운행은 어느 것으로부터의 간섭도 보조도 받는 것 없이 그 스스로 늘 균형을 유지하고 있다. 그러므로 자연의 내용을 바로 형평이요, 조화라고도 말할 수 있다. 일체만물은 전체 안에서 일어나는 것으로 거기에는 일련一連의 움직임(動)이나 혹은 일련의 고요함(靜)이 있을 수 없다. 움직임과 고요함은 꼭 전체의 균형을 유지하는 양면이 서로 교체해서 일어나게 마련이다. 즉 움직임과 고요함, 있음과 없음, 나아감과 물러남, 올라감과 내려감과 같은 상반 작용은 그 두 면이 같은 시공간상에서 함께 이루어질 수 없다는 것이다.

한쪽이 가면 또 한쪽은 와야 하고, 한쪽이 내려가면 그만큼 한쪽이 올라가야 전체는 언제나 평균치를 이룬다. 이는 12벽괘에서의 효가 변하는 논리를 보면 분명해진다. 즉 순양純陽인 건乾은 순음純陰인 곤坤 쪽으로, 반대로 순음인 곤은 순양인 건 쪽으로 움직여 가는데 그 과정을 보면 순양인 ☰(乾)에서 시작해서 ☴(姤)→☶(遯)→☷(否)→☶(觀)→☷(剝)을 거쳐 순음인 ☷(坤)이 되고, 다시 순음인 ☷(坤)은 ☳(復)→☱(臨)→☰(泰)→☱(大壯)→☰(夬)를 거쳐 다시 순양인 ☰(乾)이 된다.

이러한 효변爻變 과정은 우리에게 우선 음양 양면의 진행이 극점에 다다르면 다시 되돌아가는 순환반복의 이치를 알게 하고, 다음으로 양면의 진행은 어느 단계를 막론하고 꼭 음효육陰爻六, 양효육陽爻六이라는 등수等數를 가진다는 것을 가르쳐준다. 이와 같이 전체 안에서 일어나는 움직임이기에 어느 한 곳이 늘어나면 다른 한 곳이 그만큼 줄어들게 되는 것이다. 이렇게 늘어난다 줄어든다 하는 것은 어느 한 부분에 국한시켜 놓고 본 데서 내리는 판단으로, 전체에서 보면 결코 늘어나거나 줄어들지 않는 전체 그대로다. 이것을 천균天均이라 한다.

가는 만큼 오고 오는 만큼 간다는 전체 형평 속에서의 출렁댐은 결국 움직임이지만 고요함인 셈이다. 그러므로 동역정動亦靜(이 靜은 定과 통한다)이라 한다. 이렇게 자연은 그 스스로 형평을 유지하지만 인간은 그러지 못한다. 감정의 움직임과 이성의 제어가 자연처럼 일치하기가 어렵기 때문이다. 그러므로 옛 성인은 움직이며 변하는 인간심정을 형평이 되게 하는 조절로 예禮를 세웠던 것이다. 이는 바로 리理와 같은 것으로 이성적 조절이라고 해도 좋다. 스스로 행하는 이성적 조절은 심리적으로 큰 흔들림이 일어나도 재빨리 추스려 안정을 되찾는 방법이다. 주희가 "온갖 리를 갖추어 만사에 응한다"(具衆理而應萬事)라고 한 말은 이러한 형평의 이론과 실재를 말한 것일 게다.

(4) 시중과 조화

시중時中은 시간변화 속에서의 중화를 말하고 조화調和는 공간안배상의 형평을 말하므로, 결국 내용상 크게 구별되는 것은 아니다. 다만 앞의 중화와 형평이 비교적 원리원칙적인 것이라면, 시중이나 조화는 응용적이거나 변칙적일 수 있는 것이라 여겨져 따로 논할 뿐이다.

글자로만 보더라도 중화와 시중은 중中자의 위치가 서로 다르다. 중이 앞에 온 중화는 중절과 화합, 즉 자아에서 발하여 외재상황과 알맞게 된 것이 주위 모든 것과 영합한 관계를 말하며 안에서부터 밖으로 또 밖에서부터 안으로 이른바 안과 밖이 서로 뒤집히는 것을 가리킨다. 시중은 이와는 좀 달리 "때에 따라 중에 처함"(隨時處中)으로써 자기를 상황 속에 맞추어 넣는 이를테면 주관적 판단이나 자기 나름의 처신을 의미한다. 형평과 조화의 경우에도 형평은 꼭 '일一'·'균均'의 상태에 놓여야 하지만, 조화는 오히려 다양성과 부제성不齊性을 바탕으로 각자의 직분과 능력을 확인한다. 즉 조화란 하나의 구조 속에서 이루어지는 상호교섭을 말하는 것으로 특히 『장자』「제물론」에서의 '천예天倪'처럼 어떤 것이 그 나름대로 있을 때 전체가 자연적으로 어우러지는 것과 같다.

그러면 우선 시중의 이론과 실재부터 살펴보자. 세상이 때에 따라 변하지 않는 것이 없듯이 인간세태도 늘 다르게 변화해 간다. 그러므로 한 상황에서 취했던 '중中'이 그대로 어디에서나 '중中'이 될 수는 없다. 내 능력이 모든 것에 동일하게 통할 수 있는 것도 아니요, 내 앞에 나타난 사물이 나에 대해 일정하게 작용할 리도 없다. 따라서 이러한 안팎의 변화 속에서 '중中'은 항상 옮겨져야 하는데, 그 변화상황 속에서 '중中'을 찾아내기란 여간 어려운 노릇이 아니다. 이에 대해 『대대례기大戴禮記』에서는 "사람은 모든 것에서 초월한 공심公心으로 돌아갔을 때 솔직하게 자기를 평가할 수 있을 것이고, 이 철저하게 객관화된 자기로 주위 상황을 비출 때 자기가 취할 위치와 태세가 올바로 파악된다. 이 솔직한 자기 평가와 올바른 상황파악이 있고서야 비로소 자기와 주위와의 화합점, 즉 '중中'을 찾게 된다"(內思畢心曰知中, 中以應實曰知恕. 內恕外度曰知外, 外內參意曰知德)라고 하였다. 이것이 시중이다. 말하자면, 수시로 변하는 여러 가지 상황에 대해 부단히 자기의 '중'을 새로이 설정하고 최적의 대응책을 마련한다는 것이다.

　　그러나 이러한 시중은 성현의 경지에 있는 자만이 가능한 일이다. 그러기에 맹자는 공자만을 '성지시자聖之時者'라고 했을 뿐 아무에게나 시중할 수 있다 하지 않았다. 말하자면 시중은 앞서도 말한 바와 같이 주관적 모색이요, 판단이므로 그만큼 신중을 기해야 한다는 것이다. 인간사의 시비분쟁은 이 '시중時中'을 너무나도 가볍게 갖다 붙임으로써 일어난다. 시중의 논리는 유가에서보다 법가, 병가에서 도용하여 이른바 인사제의因事制宜, 임기응변臨機應變에서 크게 작용하게 되었다. 물론 시중의 논리가 틀렸다는 것은 아니나 그것이 개인의 이익이나 사사로움을 위한 수단과 방법으로 쓰였다면 오히려 현실을 더욱 복잡하고 어렵게 만드는 결과를 가져올 따름이다. 사실 시중의 중 역시 진실한 의미에서는 중용의 중이나 중화의 중과 다를 게 없는데도 만약 시중하는 자가 오로지 속이려 든다면 그로부터 나온 시중은 중용·중화의 중이 아니게 되므로 시중은 정말 경계해야 할 논리다.

다음으로 조화에 대해 생각해 보자. 조화란 본래 음악용어로 곡조의 협화協和를 말한 것인데 후에 예술용어로도 쓰여 색채의 어울림을 가리키기도 한다. 글자 그대로 보면 '조調'는 물체의 요동으로 이리저리 뒤바뀜을 말한다. 예를 들면, 음악의 '가락'으로서 조調는 피리의 여러 구멍을 닫고 열고 함으로써 다양한 소리가 나면, 그 여러 가지 다른 소리가 상쇄, 마찰, 충돌, 경쟁 등을 일으키지 않고 서로의 단조로움을 도와 다양성의 공존을 꾀하도록 한다는 것이다. 그러므로 '조화'라고 할 때의 화和는 중화中和의 '내외화합內外和合'적인 것과는 달리 들쑥날쑥하고 고르지 못한 상태에서 얻는 시각적 또는 청각적 희열로서 협화라는 말로 쓰인다.

말하자면 여기에서는 어디까지나 다양성·개별성 같은 것을 바탕으로 전체적으로 어울려 모종의 아름다움을 풍기는 것을 조화라 한다는 것이다. 따라서 이는 형평衡平과는 좀 다른 내용을 갖는다. 철저하게 나와 남이 구별되는, 즉 각자의 개성이 그대로 발휘되면서 그 개성들이 여러 면으로 어우러져서 하나의 전체 구조를 형성하는 것이 조화라는 것이다. 이때 전체 구조의 내용 역시 다양한 부분으로 이루어지고, 그 다양한 부분부분 역시 똑같은 것으로는 대체될 수 없다. 어느 하나만이 충당할 수밖에 없는 절대적 분별의 개체들이 서로 다른 성분으로 있어야만 가치를 지닌다는 말이다. 이렇게 보면 결국 이 세상의 모든 것은 그 나름대로 모두가 절대가치를 지닌다. 따라서 무엇은 우수하고 무엇은 열등하다는 차별이 있을 수 없다. 극단적으로 말한다면, 심지어 한 티끌도 이 세상을 있게 하는 절대적 존재며 그것이 없다면 곧 세상이 무너지는, 이를테면 모든 개체는 바로 전체와 동등한 가치를 갖는다는 것이다. 이 절대적 역할자인 개체들이 각자 가장 적합한 위치에 놓여서 특유의 능력을 발휘할 때, 전체는 조화를 이루었다고 할 수 있다. 그렇다면 조화란 궁극적으로는 최선의 생성이라고 할 수 있겠다. 결론지어 말한다면 우주의 가장 건전한 운행은 형평이요, 가장 충실한 생성은 조화라는 말이다.

2. 『중용』 제1강

1) 제1장

天命之謂性, 率性之謂道, 脩道之謂教.
道也者, 不可須臾離也, 可離非道也. 是故, 君子戒愼乎其所不
　睹, 恐懼乎其所不聞.
莫見乎隱, 莫顯乎微, 故君子愼其獨也.
喜怒哀樂之未發, 謂之中, 發而皆中節, 謂之和. 中也者, 天下之
　大本也, 和也者, 天下之達道也.
致中和, 天地位焉, 萬物育焉!

◎ 주자주

명命은 명령과 같다. 성性은 곧 천리天理다. 하늘이 음양오행으로 만물을 화생化生하는데, 기氣로써 형체를 이루고 거기에 리理를 부여해 넣으니 이는 명령과 같은 것이다. 이에 사람과 사물이 태어날 때 각기 부여받은 리理를 기인으로 해서 음양오행의 덕으로 삼으니, 이것이 이른바 성性이다. 솔率은 따른다(循)는 말이고, 도道는 길과 같다. 사람과 만물이 각기 그 성性의 자연스러움을 따를 때에는 일용사물(일상생활) 사이에 마땅히 행해야 할(가야 할) 길이 없을 수 없으니, 이것이 이른바 도道다. 수修는 사물을 분별하고 행위를 절제하는 공부다. 사람은 타고난 성性과 마땅히 행해야 할 길(道)이 비록 같으나 기품이 다름으로 과불급過不及의 차이가 없을 수 없다. 그러므로 성인聖人은 사람과 사물이 마땅히 행해야 할 길에 따라서 사람의 지행知行을 품절品節하고 이를 천하에 통용하는 법으로 삼으니 이것이 이른바 교敎요, 예악형정 같은 것이 그것이다. 대개 사람들은 자기에게 성性이 있다는 것을 알지만 그 성性이 하늘에서 나온 것임은 모르고, 일에는 길이 있다는 것을 알지만 그 길이 성性으로 말미암아 열린다는 것은 모른다. 또한 성인의 가르침이 있다는 것을 알면서도 그것이 내가 본래 지니고 있던 것에서 다듬어져 나온다는 것은 모른다. 이에 자사가 처음으로 이를 밝혀내셨으니, 동중서가 "인간 삶에서 대경대법大法大經(道)의 근원이 하늘에서 나왔다"라고 한 말 또한 이 뜻이다.

도道란 일용사물이 마땅히 행해야 하는 이치로, 모두 성性의 기능이며 심心에 갖추어져 있는 것이다. 이는 어떤 사물에도 있고 항시 그러함이어서 잠시도 떠날 수 없는 것이다. 만일 떠날 수 있다면 어찌 솔성率性을 말할 수 있겠는가? 그러므로 군자의 심心은 항상 공경하고 두려워하면서 보고 듣지 못하는 데 있을지라도 감히 태만하거나 소홀하게 하지 않는다. 이런 까닭에 천리天理의 본연本然을 간직해서 잠시도 도道에서 떠나지 않도록 한다.

은隱은 어두운 곳이고, 미微는 작은 일이다. 독獨은 사람들은 몰라도 자기만은 아는 것으로, 말하자면 그윽하고 어두운 속에서는 미세한 일이나 자취가 비록 드러나지 않으나 기幾가 이미 움직였으므로 남은 몰라도 자신만은 속일 수 없다는 것이다. 천하의 일은 오히려 은미한 것일수록 더욱 밝게 드러난다. 그러므로 군자는 늘 계신공구하고 더욱 근신함으로써 인욕人欲이 싹트기 전에 미리 막아, 은미한 데서 몰래 자라나 도道에서 멀어지지 않도록 해야 한다.

희노애락은 정情이요, 미발未發일 때는 성性으로, 치우치거나 기대지 않으므로 중中이라 한다. 발함에 모두 절도에 들어맞는 것은 정情의 정正으로, 어긋남이 없으므로 화和라 한다. 대본大本이란 하늘이 명한 성으로 천하의 이치가 모두 여기서 나오니 도道의 체體다. 달도達道란 성을 따른다는 말인데 천하고금天下古今이 모두 함께 말미암는 바이니 이가 도道의 용用이다. 이는 성정性情의 덕德을 말함으로써 도道의 떠날 수 없는 뜻을 밝힌 것이다.

치致는 미루어 극에 도달함이요, 위位는 그가 있는 바를 편안히 함이요, 육育은 그 생生을 이룬다는 뜻이다. 계신공구로부터 집약해서 지극히 고요한 중中에 이르러 조금도 치우치거나 기대지 않고 자기 지키기를 잃지 않으면, 그 중中은 극치에 이르러 천지가 안정한다. 근독함으로부터 정명精明해서 사물에 응하는 데 이르러 조금도 차질이 없고 어디에 가도 그러하면, 그 화和가 극치에 이르러 만물이 발육한다. 대개 천지만물이 본래 나와 일체一體이므로 나의 심心이 바르면 천지의 마음이 바르고 나의 기氣가 순順하면 천지의 기도 순하다. 그 효험이 이와 같다. 이는 학문의 지극한 공이요, 성인이 할 수 있는 일로서 처음부터 밖에서부터 주어지기를 기다리지 않아도 도를 닦는 가르침 또한 그 속에 있는 것이다. 이는 일체일용一體一用에 비록 움직임과 고요함이라는 다름이 있으나 반드시 먼저 체體가 선 뒤에야 용用이 행해질 수 있으니 사실 두 가지의 다른 일이 아니다.

그러므로 이에 합해서 말함으로써 위 글의 뜻을 끝맺음한 것이다.

◎ 의역

하늘이 인간 만물을 낳고 그 생명들에게 각기 나름대로 살아갈 수 있는 지능의 씨앗을 심어 준 것을 성性(선천적 본성 자체)이라 하고, 그 가능한 씨앗을 잘 가꾸고 기르면 (사람의 경우) 문명세계를 이룰 수 있는 방법과 과정을 도道(길, 도리, 법칙 같은 것)라 하며, 그러한 방법과 과정을(이는 성인이 만들어 놓은 문명의 형태와 질서 같은 것) 배우고 익히고 실천하는 것을 교教(후천적 훈습이나 공부)라 한다.

사람에게는 그렇게 살아가야 할 길이 있으니, 그 길에서는 조금도 이탈할 수가 없고 잠시도 한눈을 팔 수가 없다. 그러므로 만일 그 길에서 떠날 수 있다면 그는 길이 아니다. 다시 말하면 사람은 그 길에서 조금이라도 벗어나거나 잠시도 한눈을 팔아서는 안 된다. 그러므로 만일 사람이 그 길에서 벗어난 삶을 산다면 그는 사람이라고 할 수 없다. 일반사람의 마음은 남에게 보이지 않을 때, 남에게 들리지 않을 때 방심하고 방사하여 길에서 이탈하기가 쉽다. 그러므로 지성을 갖춘 사람은 보이지 않는 곳에 있을 때 더욱 스스로를 경계하고 근신하며, 남에게 들리지 않을 때 더욱 두려워하고 조심한다.

세상의 이치에서 감추어져 있는 것보다 더 밝게 드러나고, 미세한 것보다 더 크게 나타나는 것은 없다. 그러므로 지성인은 은밀하게 홀로 있을 때를 삼가고 삼간다.(이는 이어서 나올 희노애락의 정감행위가 발하기 전의 상태를 말하는 것으로, 이때 신독 공부를 잘해서 中에 있었느냐, 없었느냐에 따라 행위결과가 和를 이루느냐, 못 이루느냐의 동기원인이 되므로 미리 말한 것이다)

희노애락의 감정행위가 밖으로 발하지 않았을 때의 고요한 마음을 중中이라 하고, 그 마음이 감정을 통해 밖으로 나타나 주위 사물이나 상황과 맺은 관계가 질서나 절도에 알맞은 상태를 화和라 한다. 중은 모든 것이 움직이며 변하는 천지간에서, 다른 것과 어우러져 살아가야 하는 생존자(행동하는 자)가 행동 이전에 미리 갖추고 있어야 할 기본 자세며, 화는 모든 움직이는 자들이 서로 충돌이나 마찰 없이 서로의 삶을 유익하게 하는 교통로다.

이러한 중과 화가 극치를 이룰 때 천지는 각기 자기의 자리에 정위치하고, 그 속에서 만물은 발육한다.

◎ 강의

① 주희의 해석 검토

주희의 해석은 송대 성리학에서 일반적으로 짜인 리기론理氣論의 틀에서 주해註解한 것이므로, 그 나름의 논리가 세워져 있다 하더라도 자사가 쓴 본래의 뜻과 맞는다고 할 수 없다. 이제 주희가 풀이하고 나름대로 정의한 주요 명제들을 하나하나 열거하면서 검토해 보기로 하자.

주희는『중용』제1장 첫머리에 나오는 '천天'에 대해서 주해하지 않고 그냥 넘어갔는데, 사실 이어지는 문장을 해석하는 데는 '천天'에 대한 정의 내지는 성격·기능 같은 것을 파악해야 여러 명제를 풀어 갈 수 있다. 그런데 왜 그랬는지 주희는 '천天'을 설명하지 않았다.('천'에 대해서는 「『중용』제1장에 대한 나의 이해」에서 설명하도록 하겠다) 어쨌든 주희의 주해 가운데 제일 먼저 나온 것이 '명命'이다. 주희는 명命을 명령과 같다고 했다. 이에 대해서 많은 학자는 크게 이의를 달지 않은 채 품부, 부여 등 구체적인 내용을 덧붙일 뿐이었다. 명령한다는 것은 명령의 내용이 있다는 말이다. 그 내용이 '성性'이라는 것인데 "천명지위성天命之謂性"에서는 '성性'이 어떤 것인지 역시 정의된 바가 없다. 일반적으로 성性은 생명의 본질로 알려져 있다. 고자告子가 "생을 일러 성이라 한다"(生之謂性)라고 말한 것을 맹자는 비판했지만, 일차적으로 성性은 생명의 생존활동을 가리키는 것으로 이해할 수 있다.(이를 주희는 "生은 인물이 知覺運動하는 것을 말한다"라고 주해하였다) 이렇듯 '성性'은 그 글자의 구성처럼 생리적인 면과 심리적인 면을 다 갖추고 있는데, 맹자는 전자보다 후자를 중시한 것이다. 맹자 이전의 성론에서는 심리적인 면이 아직 뚜렷하게 나타나 있지 않으나 공자의 성설性說과 맹자의 성설 사이에서 전환의 가교 역할을 한 것이 자사의 성설이라고 본다면, 이때의 성은 송유들이 말하는 본연지성本然之性과 기질지성氣質之性 두 면이 아직 분리되지 않은 상태의 '성性'으로 우선 짐작하고 넘어갈 수 있다. 그런데 '명命'에 대해서 단순하게 명령으로 보면서 더해지는 품부 이외에 하나 더 첨가하고 싶은 것이 있다. 그것은 '명命'을 생명의 명, 즉 천생만물天生萬物에서의 동사 생生의 의미인 '낳다'로 보는 것이 어떨까 하는 생각이다. 『대대례기大戴禮記』에서는 "도道(天, 大一) 에서 분화(生)해 나온 것을 명命이라 하고, 하나의 생명 단위를 이룬 것을 성性이라 한다"(分于道謂之命, 形于一謂之性)라고 말한다. 이에 따를 경우 명命은 하늘이 분화, 분생하여 생긴 것이 된다. 요샛말로 하면 하늘의 유전자를 함께 받아 태어났다는 것이다.(이는 「『중용』 제1장에 대한 나의 이해」에서 더 논하기로 하겠다)

다음으로 주희는 '성性'을 '리理'라고 정의하였다. 이는 엄청나게 다른 차원으로 개념을 전환한 것이어서 이론이 분분하다. '천天'에 대한 개념정의도 그렇지만 '성性'에 대한 정의는 이후 나오는 문장들을 풀이하는 데 결정적인 영향을 준다. 과연 『중용』에서 말하는 '성'이 '리'일까? 공자의 성설과 뒤에 나온 맹자의 성설을 들어서 그 사이에 낀 자사의 성설을 유추해 보자. 『논어』「양화」에서 공자는 "성性은 태어날 때는 서로 비슷비슷하나, 뒤에 살아가면서 습득한 것의 차이에 따라서 상당히 큰 차이를 가져온다"(性相近, 習相遠)라고 말했다. 여기에서 말한 성性에 대해서 주희는 "이는 이른바 기질지성氣質之性을 겸해서 말한 것이다.…… 정자가 말하기를

'이는 기질지성을 말한 것이지 성의 본연本然을 말한 것이 아니다. 만일 그 본연을 말한다면 성은 곧 리인데, 리는 선하지 않음이 없으니 맹자가 말한 성선性善이 이것이다. 무슨 상근相近(相遠)이 있단 말인가?'"라고 하였다. 그러나 이는 성리학자 특히 주리론자들의 생각일 뿐 공자 때는 아직 리기理氣 개념이 성론에 끼어들지 않았다. 공자의 '성性'은 교육적으로 볼 때 가르침과 거듭 익히는 것에 따라 변화할 수 있는 성 말하자면 변화 가능성만 가지고 있는 성이지 이미 모든 이치를 갖추고 있는 고정불변의 리理 자체는 아닌 것이다. 이렇게 성性을 후천적으로 변할 수 있는 성으로 본 것은 맹자도 마찬가지다. 맹자가 성선을 이야기하지만 그 성의 선함은 선천적으로 변화할 수 있는 가능성을 받은 씨앗에 불과한 선단善端을 후천적으로 존양확충存養擴充하는 교육적으로 배우고 익히는 과정을 거쳐서 이루어지는 것이지 선천적으로 이미 완성된 선善 전반의 성은 아니다. 『맹자』 「이루하」에서 맹자는 개와 소의 성性과 사람의 성이 지니는 차이가 얼마 나지 않는다고(人之所以異於禽獸者, 幾稀) 스스로 단언하지 않았는가? 바로 이 '작은 차이'(幾稀)가 성性을 선善으로 만들어 가는 씨앗인 것이다. 이렇게 볼 때 자사의 성性, 즉 "천명지위성天命之謂性"의 성性은 변화가 필요치 않은 온전한 선, 구중리具衆理의 리가 아니라 변할 수 있는 씨앗을 품고 있는 성으로 보아야 한다.

성性을 어떻게 보느냐에 따라 다음 '솔率'자에 대한 해석이 달라진다. 주희는 성을 리로 보았기 때문에 '솔率'을 '순循'으로 풀이했다. '순循'은 이미 있는 길을 따라가기만 하면 된다는 순종의 의미다. 하지만 성을 완전한 리로 보고 그저 따르기만 하면 된다면 궁리진성窮理盡性 공부는 무엇 때문에 하는가?

주희가 『대학』 제5장에서 격물치지格物致知를 논하면서 "리에 미궁未窮함이 있기 때문에 지知도 부진不盡함이 있다.…… 그래서 더욱 궁구해서 그 극치에 이르도록 하나니 그러한 공부 과정이 오래되면 하루 아침에 활연히 깨우쳐 모든 이치에 통달하게 된다"(理有未窮, 故其知有不盡也,……而益窮之, 以求至乎其極. 至於用力之久, 而一旦豁然貫通焉)라고 한 공부 과정은 쓸데없는 것이 아닌가? 이러한 공부 과정의 필요성을 인정한다면 '솔率'은 '순순循'이 아니라 '솔帥'이나 정도正道에서 이탈되지 않도록 이끄는 의미로 보아야 할 것이다. 다음 도道의 정의를 보면 그저 "길과 같다"(猶路也)라고 했는데 성性을 리理로 솔率을 순순循으로 본다면 도道는 로路로 보아도 된다. 다만 이때의 길이 천도天道냐 인도人道냐 하고 따져 물으면 이는 천도天道가 되고 만다. 왜? 이 길 또한 이미 선천적으로 정해진 길일 테니까. 그러나 성性을 미완성의 성 그래서 후천적으로 기르고 다듬어 "먼저 큰 것을 세운"(先存立乎其大者) 뒤 "확이충지擴而充之"하는 솔率, 솔帥로 볼 경우 이는 인위의 몫이며, 그를 담당하고 교화하는 이가 성인이므로 이때의 도道는 인도가 된다. 성인이 닦아 놓았다고 그냥 따라가는 평탄한 길이 아니라 "선비에서 시작하여 성인에서 마친다"(始乎士而終乎聖)는 말처럼 여러 단계로 하학상달해야 하므로 이는 오히려 과정의 길, 교육수행의 길로 보는 것이 더 정확하다.

다음으로 '수修'를 품절品節로 본 것은 제3구를 따로 떼어 놓고 본다면 이의가 없다. 그러나 1·2구를 설명하는 논리에서 본다면 품절이라는 해석은 3구에서 모순이 된다. 2구의 솔率을 순순循으로 보는 주희는 "수도지위교修道之謂敎"에서 수修를 품절品節로 보기 위해 기품氣稟을 내세운다. 앞에서 주희는 "하늘이 음양오행으로 만물을 화생化生하는데, 기氣로써 형체를 이루고 거기에 리理를 부여해 넣었다"(天以陰陽五行, 化生萬物, 氣以成形而理亦賦焉)라고 하며 기품을 이야기했다. 그리고 "도를 품절한다"는 모순을 해소하기 위해 주희는 리동기이理同氣異를 들고 나온다. 즉 "성性과 도道는 비록 같으나 기품이 서로 다르기 때문에 과불급의 차가 생겼다. 그래서 성인은 인물이 마땅히 행해야 할 도리에 따라서 품절하는 법을 천하에 세우니 이것이 이른바 교敎다"라는 것이다. 그렇다면 아예 제1구의 성性을 정의할 때 기氣를 함께 넣어서 설명했어야 하지 않을까?

주희는 제1·2구와 연결되는 면에서 수修를 품절로 보더라도 그 의미는 맹자의 입장과 같이 내재적 계발로 보고 있다. 이는 상당히 중요하다. 맹자는 "인의예지는 밖에서 말미암아 안으로 녹아드는 것이 아니다. 나에게 고유한 것이나 생각하지 못할 뿐이다. 고로 구하면 즉 얻을 수 있고, 버리면 즉 잃을 것이다"(仁義禮智, 非由外鑠我也, 我固有之也, 弗思耳矣, 故曰求則得之, 舍則失之)라고 해서 스스로 얻은 것을 강조하고 있다. 그렇다면 더욱더 품절이나 예악형정 같은 것을 교육의 전부로 보기보다는 존양성찰 공부를 앞에 내세우고 보조하는 방법으로 품절지를 말하는 것이 옳았을 것이다. 계속해서 이어지는 계신공구戒愼恐懼와 같은 공부나 은미한 것일수록 더욱 밝게 드러난다는 신독愼獨 등은 모두 자기 내적인 수행이 아닌가?

문맥이 바뀌어서 "도야자道也者"로 시작하는 본문은 도道와 인간행위의 밀접한 관계를 말하고 있는데, 역시 도에 대한 정의가 없어 그 도가 어떤 것인지 막연하기만 하다. 이에 주희는 그 도를 "일상생활에서 마땅히 행해야 할 도리로, 이는 성 속에 있는 덕(理)으로 심心에 갖추어져 있는 것"(日用事物當行之理, 皆性之德而具於心)이라고 주해했다. 그러면 이러한 도는 제2구의 "솔성지위도率性之謂道"에서 나온 도道와 같은 것인가, 다른 것인가? 만일 이 문맥이 앞의 세 구 전체를 부연 설명한 것이라면 도를 말하기 전에 성性을 먼저 말했어야 한다. 성은 제쳐 두고 도만 얘기하고 있으니 이는 세 구 전체에 대한 부연 설명이라기보다는 마지막 제3구 "수도지위교修道之謂敎"의 수도修道 문제를 집중해서 다룬 것으로 보인다. 그리고 '수도'는 제2구의 도道를 닦는다(修)는 것이니 '도야자'의 도는 "솔성지위도"의 도로 보아야 한다. 따라서 이 도道는 천도天道에 따라 성인이 개척하고 밝힌 인도人道로 보아야 한다. 여기에 유가의 도가 도가나 기타 일반 종교에서 말하는 도와 근본적으로 다른 면이 있다. 주희가 도야자의 도를 일용사물의 도로 본 것은 특기할 만하다. 거기에 마땅히 행해야 하는 이치가 있다고 한 것은 일용사물의 도라고 해서 천박한 것이 아니라 천도와 같다는 증거를 제시하는 것이 되어 설득력이 있어 보인다.

그런데 문제는 이어서 도를 설명하는 "성지덕이구어심性之德而具於心"이라는 구절이다. 이 구절에서 보이는 도의 성격은 선천적으로 이미 완성되어 있는 것인가? 아니면 후천적 수행에 의해 이루어지는 것인가? 주희는 분명히 말하고 있지는 않지만 앞에서부터의 계속된 논조로 보아서 선천적인 의미가 강한 듯하다. 그래서 그는 "잠시도 떠날 수 없는 것"(不可須臾離也)이라고 밝히고 있는데, 만일 "일용사물이 마땅히 행해야 하는 이치"(日用事物當行之理)가 선천적으로 "성 속에 있는 덕으로 심에 갖추어져 있는"(性之德而具於心) 것이라면 굳이 떠난다, 떠나지 않는다를 말할 필요는 없다. 마치 앞에서 솔率을 순循으로 본 것과 같이 그저 따라가기만 하면 될 뿐이다. 내가 보기에 여기에는 성인이 만든 인도人道와 그 과정을 수행해 가는 사람 사이에 아직 일치되지 않는 거리가 있으므로 잘못하면 그 길에서 이탈될 위험성이 있는 것이다. 그래서 절대로 잠시라도 도道에서 이탈되어서는 안 된다고 강조하고, 만일 이탈했다면 그는 인도 위에 놓여 있는 게 아니라 짐승의 도道에 떨어지게 된다고 경고한 것이 아닌가 한다. 이렇게 볼 때 『중용』 본문에서 군자가 계신하고 홀로 삼간다(愼獨)는 문장은 인도에서 이탈하지 않기 위한 수행공부의 요체를 말한 것으로 보인다. 말하자면 홀로 삼가는 공부는 후천적 수행이자 외부에 의존하지 않는 내재적 계발이기 때문에, 그 결과로서 "성 속에 있는 덕으로 심에 갖추어진 것"이라면 주희의 해석을 따르지 않을 이유는 없다.

이것이 유가의 수기공부修己工夫다. 만일 유가의 공부가 이 수기공부에서 그친다면 이는 다른 도가나 종교와 다를 바가 없다. 인간세를 버리고 피안이나 천국을 향해 가는, 즉 인도를 천도로 가는 과정으로 보게 되므로 따로 일용사물의 도니 마땅히 행해야 할 이치니 하는 것은 군더더기가 된다. 그러나 유가는 끝까지 인간세와 인간 본위의 천지경영(인문세계의 창조)이라는 이상을 버리지 않는다. 그러니까 인도人道는 천도天道로 가는 길이 아니다. 천도가 이미 인도 안에 들어와 있으므로 그것을 인간세나 일용사물 혹은 인간과 인간의 관계, 인간과 만물의 관계에 시행해서 이미 완성된 천지를 도덕왕국으로 대성大成시키는 것이 유가의 궁극 목표요, 이상인 것이다. 이것을 실천하는 중심은(주체는) 인간이다. 물론 이 천지를 도덕왕국으로 대성하기 위해서는 하늘과 땅·사람이라는 삼재의 도가 필요하다. 거기에는 만물을 만들고 길러서 문화창조에 모두가 참여해야 하는 광범위한 관계질서와 덕성의 회통이 중요하지만 이 모든 것에 중심점을 확보하는 데는 무엇보다도 인간과 인간관계의 화목이 우선한다. 『중용』에서는 주로 인도를 성실히 행하는 공부에 대해 집중적으로 논의하고 있다. 이제 다음 문맥에서는 안으로 홀로 삼가는 것에서 밖으로 발하여 중화를 이루는 문제를 논하고 있다.

솔성수도率性修道는 왜 하는가? 밖으로 발하여 외재사물이나 인간과의 관계에서 중화中和를 이루기 위해서다. 그러므로 수도修道가 자기 수행에서 그치면 그것은 죽은 도덕이다. 반드시 밖으로 발해 나가서 조화를 이루고 모든 가능성에서 서로 어우러져서 마음과 힘을 합해 행해야 한다. 이 세계는 기본적으로 천지인 삼재三材가 덕을 합해야 하지만, 나아가 인간과 인간, 인간과 만물이 어느 하나 빠짐없이 협력하고 여러 능력을 모아야 대성大成할 수 있다. 결국 이 세상은 변화하고 움직이는 동태動態의 장場이다. 동動은 일정한 시공時空을 점유하고 있지 않고 무시로 시공을 옮겨 다닌다. 이럴 때 움직이는 인간과 만물은 충돌과 마찰이 불가피하다. 이 충돌과 마찰을 소통해서 화합和合과 상보相補 관계로 만들어 '전체대용全體大用'의 광장으로 만드는 것이 중요하다. 만일 유가가 이 노력에서 실패한다면 유가는 인간세계에 더 머무를 수 없고 다른 종교처럼 신의 세계나 다른 세계를 찾아 도망쳐야 한다. 이 세상을 단념하고 다른 세계를 찾아가는 것은 쉬운 일이지만, 복잡다단하고 늘 출렁대며 만물이 분분한 세상을 중화中和의 광장으로 만들어 사람을 중심으로 만물이 함께 소유하고 함께 누리는 세계로 만든다는 것은 여간 어려운 일이 아니다. 여기에 유가의 어려움이 있다.

이 천지경영天地經營의 과정에서는 제일 먼저 인간 자신의 도덕인격을 확립해야 한다. 두 번째는 인간과 인간 사이의 원만한 소통이며, 세 번째는 천지만물과 함께 참여하는 것이다. 『중용』의 중화를 설명하는 단락은 두 번째인 인간과 인간 사이의 원만한 소통을 말한다. 이에 대한 주희의 주해는 여전히 리기론의 틀을 벗어나지 않지만, 수행공부론修行工夫論이나 찬천화육론贊天化育論은 원시유가와 큰 차이가 없으므로 그대로 받아들여도 무방할 것 같다. 다만 한 가지 부연하자면 이 부분을 "위지화謂之和"로 끝나는 단락과 "중야자中也者"로 시작하는 단락으로 구분했으면 하는 것이다. 주희는 이를 구분하지 않고 뭉뚱그려 하나로 연결해서 설명하고 있는데, 앞의 단락은 인간관계의 소통 문제로 그 원리가 그대로 천하만물을 화목하게 하는 원리로 확대된다는 제2단계다. 즉 인간 대 인간 관계의 차원에서 인간 대 천지만물의 관계로 옮겨진 것으로 볼 때 일단 나누어 설명하는 것이 옳지 않을까 한다. 이때 주희는 미발상태의 중中을 성性으로 봤는데 치우치거나 기대지 않으므로 중中이라 했다고 설명한다. "발함에 모두 절도에 들어맞는" 때도 밖으로 발하는 행위를 정情으로 보고 중절中節을 정情의 정正으로 보고 있다. 이것이 뒷날 성리학에서 성정性情 문제의 단초가 되지 않았나 생각한다.

유가의 수행공부 과정은 나로부터 시작해서 점차 밖으로 발해서 천하만물에 이르는 점진확충漸進擴充 과정을 기본으로 하고 있다. 그래서 『중용』

에서도 홀로 삼간 다음 발해서 다른 존재와 중화中和를 이루고 나아가 그 것으로 천하지대본天下之大本과 천하지달도天下之達道로 삼는다고 했는데 사 실 인간이 찾아가서 만나게 된 천하지대본이나 천하지달도는 인간 자신의 중화中和 원리보다 더 근본적이고 근원적인 것이다. 많은 종교에서는 계시 를 받아 사람이 신과 직접 통해서 신을 알게 되지만, 유가에서는 그러한 직각直覺이 막바로 얻어지지 않는다.(만일 나면서부터 알고 있던 성인이라면 가능 하겠지만) 하늘이 명해서 자기 안에 주어졌다는 성을 확인하고 세워서, 그 것을 기점으로 점차 지능知能(능력)을 키우고 넓혀 나가 마침내 (주희가 말 한) 활연관통해서 천하지대본과 천하지달도를 터득하고 인도人道가 나온 천도天道의 근원과 만나지는 것이다.

그래서 인간의 내재심성이 각성되어서 터득한 천하지대본天下之大本과 천하지달도天下之達道는 희노애락의 미발과 기발에서 말한 중화와 차원이 다르다는 것이다. 이에 주희는 대본大本을 하늘이 명한 성으로서 천하의 이 치가 나오는 곳으로 보로 '체體'라고 규정하고, 달도達道를 성을 따라 천하 가 공유하는 것으로 보고 '용用'이라고 규정했다. 따라서 중中은 체體요, 화 和는 용用이 된다. 그런데 여기서 주의할 것은 '천하天下'라는 말이다. 천하 는 천하만물의 준말로 보면 된다. 더 알기 쉽게 하면 일용사물의 도나 마 땅히 행해야 하는 도가 보편적으로 흐르는 세계라는 것이다. 그래서 거듭 말하지만 앞에서 인간 성정性情의 미발 기발을 말한 것이 단순히 인간 중 심의 행위에 국한된 논의라면, 이는 거기서 한 차원 높아진 천하만물의 중 화에 대한 논의로 보자는 것이다.

그렇다면 대본大本을 체體로 보기보다는 각자의 가장 안정된 위치 즉 움직여 나오기 이전의 고요한 상태로 보는 것이 나을 듯하다. 말하자면 이 를 만물이 각자 시공時空의 어느 한 점을 점하고 아직 다른 존재와 교류하 지 않은 상태로 보는 것이 구체적이고 막연하지 않은 정의가 아닌가 한다.

그러니까 만일 체體라고 이름하더라도 이 체는 어느 하나의 궁극적인 체가 아니라 만물 각자의 체라는 것이지만, 그것을 성性이라 할 때 이는 역시 하늘이 명한 성으로 천도가 관주되어 있는 것이어서 궁극적 체와 다를게 없다는 것이다. 이런 면에서 하·은·주 삼대 때 있었던 범신론적 만물관은 뒷날 만유유생론萬有有生論으로 발전하여 만물 각자가 하나의 태극太極이라는 말까지 나온 것이다. 그러므로 주희가 말한 체體를 유일자唯一者적 체로 보아서는 안 된다.

그리고 달도達道를 순성循性이라고 풀이했는데 이 역시 막연하다. 이는 천하만물이, 점유한 시공時空의 각 위치에서 움직여 발하는데 다른 존재와 마찰과 충돌 없이 교류하고 소통해서 각자가 가지고 있는 성능을 모아서 인문세계를 건설하는 데 부분부분을 담당하여 총체적으로 참여하는 것으로 이해한다. 그렇다면 그저 성을 따른다기보다는 서로 교류하고 화합해서 공동의 목표, 즉 도덕왕국의 건설을 진행하거나 일정 목표에 도달한다는 달達로 보는 것이 실질적일 것이다. 그래서 나는 달도達道를 천하만물이 화목하게 함께 교류하는 광장의 소통기능이라고 보고 싶다.

다음은 마지막 결론으로 "중과 화가 극치를 이룰 때 천지는 각기 자기의 자리에 정위치하고, 그 속에서 만물은 발육한다"(致中和, 天地位焉, 萬物育焉)이다. 상당히 거창한 문장이지만, 나도 모르게 가슴이 떨리는 감격스러운 메시지를 전해 주는 글이다. 주희는 이 문장에 대해 상당히 긴 주해를 달았는데 역시 성리학적 리기론 틀에서 맴돌고 있어 그 요령을 얻기 어렵다. 여기에서 자칫하면 혼동하기 쉬운 것이 "치중화致中和"의 문제다. 이것은 앞서 나온 천하지대본의 중과 천하지달도의 화를 말한 것이지 천지의 중화를 말한 것이 아니다. 중국의 우주론에서 본다면 기타 다른 종교에서와 같은 유일자로서의 조물주는 없다. 비록 하늘이 만물을 낳는다라고는 하나 이것이 하늘이 만물과 따로 존재한다는 의미는 아니다. 그러므로 여기의 중화는 만물과 초월해 있는 천지가 나름대로 가지고 있는 중화가 아니라, 천하만물이 공존공생하면서 만들어 낸 중화로 보아야 한다.

천지는 하늘과 땅 사이 모든 것의 총명總名이라고 한 것처럼, 천하만물의 총체적인 구조와 기능을 포괄하고 있는 것이 천지 구조요 성능이다. 이 때문에 천지는 사실상 전체대용全體大用하는 포괄자로 화목의 광장일 뿐 어떤 실체가 아니다. 그래서 "천지위언天地位焉"은 어떤 면에서 보면 피동적이지 능동적인 것은 아니다. 말하자면 천하만물이 각기 대본大本을 지키고 움직여 발해서 화목하게 함께 교류할 때 전체대용하는 천지는 비로소 정위치正位置를 한다는 것이다. 아무래도 천하만물이 전체대용하는 화목의 광장에서 안정되니까 그에 힘입어 만물은 『주역』에서 말한 '각정성명各正性命' 즉 발육해 나갈 수 있게 된다. 결론적으로 말하면 '중화'는 천지만물이 하염없이 운행하고 생성하고 성취하는 우주 존재의 지극한 이치다. 천하만물은 이 중화를 위해 자기를 지키고 발동해야 커다란 화목의 광장이 존재하는 법칙에 힘입어 자기 영위도 가능한 것이다. 이 세상에는 자기만이 홀로 생존할 수 있는 폐쇄된 공간은 없다. 자신이 화목의 광장을 조성하는 데 기여해야 거기서부터 자기 존재를 보장받고 자기 생명을 성취시켜 나갈 수 있는 도움을 받을 수 있다.

② 『중용』 제1장에 대한 나의 이해

『중용』 제1장에 대한 나의 견해는 사실 주희의 주해를 검토하면서 많이 드러냈다. 여기서는 주희가 미처 짚지 않고 넘어간 것들을 살펴보겠다.

주희의 주해를 살펴보며 앞에서 주희가 왜 '천天'에 대해서 주해하지 않았는가 하는 의문을 제기한 바 있다. 이에 대해 나름대로 설명을 해 보겠다. 중국 철학에서 '천天'의 출현은 은·주 시대를 거슬러 하나라 때까지 올라간다. 아무래도 원시인에게 있어서 미지未知의 천天은 미신적인 요소를 지닐 수밖에 없었겠지만, 농경생활에서 사람들이 느낀 천은 자연천自然天으로서의 의미로 일찌감치 다가왔을 것이다. 『주역』건괘 「단전」에 "크구나, 건원이여! 만물이 (이를) 바탕으로 시작하니 이에 하늘을 통합하였구나. 구름이 가고 비가 내려 만물이 형체를 갖추었도다"(大哉乾元, 萬物資始, 乃統天,雲行雨施, 品物流形)라는 말이 있다. 여기서 건원乾元은 곧 만물을 통섭하고 생성하는 천天을 말한다. 농경은 자연의 기후변화에 맞추어 영위되는 것이기 때문에 이런 경우 '천天'의 형체는 둥근 하늘 저 위에서 지상 만물을 덮어 주는 뚜껑, 지붕 같은 것이다. 거기에 해와 달이 달려 있어 밤낮이 바뀌고 계절이 바뀌며 세공歲功을 하고 나면 해가 바뀐다. 이러한 순환 궤도와 법칙은 바뀌지 않고 영원히 지속된다. 그래서 경험이 누적되면 지식이 되고 쌓인 지식은 변화에 대응하고 문명을 발달시키는 방법이 된다. 결국 인간의 생존을 인간 중심으로 만들어 가는 것이다. 그리고 여러 생명 가운데 총명예지한 성인이 나와 천지 자연만물을 생리적으로나 물리적으로 인식하는 것에서 넘어서서 심리적이고 도덕적으로 인식하여 '천天'을 도덕의리의 천天으로 보기 시작했다. 이러한 천은 천하만물의 생명근원으로까지 추숭되어 그 생명들의 명운과 직결되는 운명천으로 경외시되기도 했다.

자연천自然天, 의리천義理天, 주재천主宰天, 생기천生機天, 운명천運命天 등 복합적이고 다양한 이러한 천天의 기능은 공자 때에 와서도 그대로 유지되는데, 특히 공자는 '지천명知天命' 이후 천天을 성명性命의 천天으로 도덕심성의 궁극 근원으로 여겨 자리 지웠다. 본래 공자는 조기 사상에서 천도天道와 성명性命을 횡적 관계로 보았다가, 50세 이후 '지천명'을 깨달은 후로는 천도와 성명을 종적 관계에 있는 것으로 정립하였다. 자사가 『중용』첫머리에서 "천명지위성天命之謂性"이라고 커다랗게 내걸 수 있었던 것도 그가 공자의 만년 사상을 계승했기 때문일 것이다. 한마디로 말해서 "천명지위성"의 '천天'은 자연천, 생기천, 의리천을 합한 도덕천이라고 우선 이해하고 넘어가면 좋겠다. '천天'을 이렇게 규정한다면 이어서 나오는 '성性'은 일반 동물성까지를 포함하는 넓은 의미의 성이라기보다는 주로 인간의 심성을 특정한 것으로 볼 수 있다.

　다음으로 명命은 주희가 "명령이다"라고 한 풀이에 나는 동사로서의 "생生이다"를 덧붙였다. 내가 그 근거로 삼은 것은 『시경詩經』 「대아大雅」에 나오는 "하늘이 많은 백성을 낳으니 사물이 생기고 법칙이 생겨났다. 백성이 상도常道를 얻으니 이 아름다운 덕을 좋아했다"(天生烝民, 有物有則, 民之秉彝, 好是懿德)라는 구절이다. 여기서 '천생'의 의미를 자사는 '천명'으로 바꾼 것 같은데 아마도 천을 강력한 도덕명령으로 보고자 했기 때문인 것 같다. 인간은 천天에 대한 절대성, 종교성 그리고 거기서 생生을 받았다고 여기는 종속성을 지니는 원시 미신종교에서 벗어나, 인간 스스로 생존해 갈 수 있는 자율의지의 도덕을 자각하면서부터 천신天神 중심에서 인덕人德 중심으로 사고의 방향을 전환하였다. 말하자면 인간은 자기 외적인 어떤 신귀神鬼에 종속되어 그의 보호를 받기보다는 이제 자신의 지능과 삶의 지혜를 가지고 능동적으로 대응하며 살아가겠다는 일종의 인간 독립선언을 한 것이다. 이것이 인내천人乃天 사상이다. 그리고 여기서 '우환의식憂患意識'생겨나게 되었다.

　그런데 인간이 신귀로부터 독립하고 보니까 인간이 저지른 잘못 즉 악惡의 문제를 어떻게 해결하느냐가 급선무가 되었다. 미신종교의 경우 악惡은 혁혁赫赫한 주재천主宰天에 의해 제지되었지만, 그것을 거부했기 때문에 이는 자율적 도덕의 힘으로 해결할 수밖에 없었다. 이에 미신종교를 대체해서 나온 것이 교육이다. 그리고 이 교육을 제정한 이도 신이 아닌 성인이었다. 악의 근원이라고 볼 수 있는 인간행위의 출처, 즉 인성人性을 보는 견해는 당시에는 성선性善보다는 성악性惡이 우세하여 성성性은 절제의 대상이 되었다. 덕德도 좋은 행동만이 아니라 나쁜 행동도 포함시켜서 보았다. 그래서 성선설을 주장한 맹자는 성악설을 주장하는 사람들을 향해 그것은 옛날의 성설이라고 반박했던 것이다.

앞에서도 이미 밝혔지만 공자 당시에는 아직 성선설이 나오지 않은 채 선악으로 변할 수 있다는 성의 성격만 말하고 있다. 말하자면 선악이 혼재하는 성이었던 셈이다. 여기서 우리는 이 세상에는 하늘에서부터 태어나면서 모든 것을 다 갖추고 이미 완성된 생명으로 나온 것이란 없음을 생각할 수 있다. 모두가 미완성이요, 태어나 죽을 때까지 끊임없이 커 가고 수행하며 무엇인가 이루어가는 과정에 놓여 있다는 것이다. 모든 존재는 과정에서의 존재일 뿐 이미 대성한 존재는 아니다. 공자가 교육을 중시한 것도 바로 인간을 교육적으로 대성시킬 수 있는 존재로 보았기 때문이다. 그가 "성상근性相近, 습상원習相遠"이라고 말한 '습習'은 교육의 관건이다. 『논어』 첫머리에 '학學과 습習'이 나오는 것은 큰 의미가 있는데, 학學은 반드시 습習과 연결되어야 교육의 효과를 얻을 수 있다. 이 습習이 뒤에 말하는 '공부工夫'(修行)다.

이렇게 볼 때 "천명지위성天命之謂性"의 성性은 결코 주희가 말한 리理가 아니요, 완전선도 아니다. 여기에는 절제도 필요하고 또 교화를 통해 하늘이 준 선단善端을 계발해야 하는 교육적 과정과 자기 수행으로서의 존양성찰存養省察 공부가 절대적으로 필요하다. 사람들은 맹자의 성선설에 대해 맹자가 성性을 완전선으로 말한 것으로 오해하고 있는데, 사실 맹자의 성선설은 심선설心善說로 하늘이 준 조그마한 선단善端(싹)을 기점으로 해서 점차 확충해 나감으로써 악의 요소를 제거하는 것이다. 이미 선으로 되어 있는 것이 아니라 선으로 키워 가는 성선설인 것이다. 성性을 이렇게 볼 때 "솔성지위도率性之謂道"에서의 솔率은 그 기능이 자명해진다. 솔이야말로 계발과 절제 그리고 성인이 제정해 놓은 교육과정에 따라 학습하고 공부·수행하는 의미가 있는 것이다. 거듭 말하지만 성을 어떻게 보느냐에 따라 솔의 해석은 이렇게 달라진다.

뿐만 아니라 뒤이어 나오는 '도道'에 대한 규정도 엄청나게 달라진다. 이미 앞에서 주희의 주해를 검토하면서 나의 생각을 밝혔듯이 여기서의 '도道'는 천도天道나 객관적 법칙으로 자연 본래의 '도道'가 아니라, 인간 특히 성인이 만든 인간 교화에의 '도道'(길)다. 즉 천도가 아니라 인도人道라는 것이다. 김용옥 교수의 『중용강의』에서 '도道'를 성과 교 사이의 가교로 본 것은 기발한 생각이다. 자연에서 문명으로 가는 다리(길)가 도道인 것이다. 이는 성인이 천도를 본받아 인정만사人情萬事를 통관通觀하고, 피교육자인 인간을 파악하여 문명의 지표로 향해 가는 길을 연 것이다. 공자가 "도에 뜻을 두고 덕에 근거하며 인에 의지하고 예에 노닌다"(志於道, 據於德, 依於仁, 遊於藝)라고 한 말을 음미하면 여기의 '도'가 어떤 것인지를 터득할 수 있다. 인간이 지향해 갈 목표는 무엇인가? 성誠하는 공부를 통해 천덕天德을 달성해서 높은 하늘에 다다르는 것이다. 도는 바로 유가에서 인간 교육의 궁극목표다. 그런데 인간은 무슨 힘으로 이 목표를 지향해 가나? 내가 아닌 그 무엇을 믿거나 혹은 신의 힘에 기대어 가야 하나? 아니다. 인간의 길은 인간 스스로의 힘으로 가는 것이다. 그리고 그 힘은 하늘이 준 선단의 성性을 성취시켜야 나온다.

인간의 길은 하나로만 통하는 직통의 길이 아니므로 모든 사람 모든 존재와 어우러져 가야 도달할 수 있다. 이것이 "의어인依於仁"이다. 인仁은 여러 사람을 의미하고 여러 사람과 뜻을 같이한다는 의미로 서로 의존하고 믿으려면 원시 순수정감인 '인仁'(克己復禮)으로 심성행동心性行動을 순화해야 한다. 이것이 『중용』에서 강조한 중화中和를 이루는 도덕의 핵심이다. 그럼 "유어예遊於藝"는 무엇인가? 먼저 유遊자에 주의해야 한다. 유는 움직이는 상태로 무목적의 목적을 가진 행위다. 공자의 "칠십에 마음이

하고자 하는 바를 좇아도 법도에서 벗어나지 않는다"(七十而從心所欲, 不踰矩)
는 말처럼 마음을 따르는 것이다. 목표에 도달했다고 해서 천당극락 같은
움직이지 않는 상태에 들어가는 것이 아니라, 거기서 자기 세계를 건설하
고 향유享有하는 것이다. 유遊에는 이렇게 향락의 의미가 있다. 예藝는 어
떤 것인가? 천하의 일체만물이 분분하면서도 일정한 질서를 잡고 누구
의 제제나 간섭 없이 자유분방하게 어우러지는 상태다. 예藝를 일一로 표
현하기도 한다. 일一은 천하만물이 화목하게 서로 교류하는 '도통위일道通
爲一'의 일一이다. 따라서 있을 수 있는 것 가운데 가장 최선의 존재상태를
예라고 한다. 이러한 예는 이미 고정된 완성의 세계가 아니라 계속 발전하
고 승화하는 "일일신우일신日日新又日新"의 경지다. 인간이 우주를 경영해서
이상세계를 건설한다는 것은 완성된 설계도로 완성된 작품을 만들어 끝
마치는 것이 아니다. 인간은 성장하면 성장한 만큼 더 위대한 이상을 꿈
꿀 수 있기 때문에 멈춤이 없다. 인간생명의 길은 영원히 다함이 없이 무
한히 개방되어 있는 길이다. 그러므로 나는 수도修道라는 문제를 제기한 것
이다.

　　"솔성지위도率性之謂道"의 도道가 천도라면 왜 수도修道를 계속해야 하
나? 도 앞에 수가 더해졌다면 그 도는 절대불변 최대선의 완벽한 길이
아니다. 길이란 때로는 장마로 무너지거나 떠내려갈 수도 있고 사람이 다
니지 않아 황폐해질 수도 있다. 성인의 도 또한 시대에 따라 끊어지기도
하고 있어도 다니지 않아 없어지기도 한다. 그러니 계속적인 수리修理가
필요하다. 그렇다면 이것을 누가 수리하나? 성인의 가르침을 받은 군자가
많은 사람과 함께 가기 위해 길을 넓혀야 하고 또 필요에 따라 새로운 길을
개척하기도 해야 한다. 공자는 "사람이 능히 도를 넓히는 것이지, 도가 사
람을 넓히는 것은 아니다"(人能弘道, 非道弘人)라고 했다. 도道가 사람을 계발
하고 키워 주는 것이 아니라 사람이 도道를 개척하고 확대할 수 있다는 것

이다. 결국 사람은 스스로 길을 개척하고, 그 길을 뚫음으로써 문명을 만들어 더 많은 존재와 어우러져 교류할 수 있는 것이다. 더 많은 사람이 그만큼의 많은 사물과 어우러진다면 더 크고 넓은 길을 개척할 수 있다. 이렇게 문명과 길은 상호 작용해서 발전하고 승화한다. 다시 말하지만, 길을 넓히는 것은 사람의 몫이다. 모두가 사람에게 달려 있다. 그리고 그 사람을 위대하게 길러 내는 것이 바로 교육이다. 유교가 그의 마지막 성패를 교육에 건 것도 이 때문이다. 나의 이러한 생각을 이해하고 다시 주희의 주해를 읽는다면 성리학이 얼마나 사람의 사유 틀을 굳어 버리게 했는지를 실감할 것이다.

다음으로 '도야자道也者' 구절에 대해 생각해 보자. 도道는 사람이 개척한 길이다. 사람들은 그 길을 이용해서 물화와 능력을 교류하고 위대한 문명을 건설한다. 맹자는 이렇게 말했다. "천하에서 가장 넓은 데 살고 천하에서 가장 바른 위치에 서며 천하에서 가장 큰 길을 간다."(居天下之廣居, 立天下之正位, 行天下之大道) 이것이 유가의 위대한 기상氣像이다. 이는 어디가나 막히고 가리워진 데 없는 개방된 세계다. 유가는 '대도大道'를 말하기 좋아한다. '도야자'의 도道는 대도며, 모든 사람은 이 길을 따라야 문명인이 된다. 만일 이 문명의 길을 거부하고 이탈했다면 어떻게 되나? 그는 우주 경영의 대역사大役事에 참여할 자격이 없어지고, 자기의 조그마한 기능은 더 발전할 수 없어 원시상태로 머무르거나 더 열악해질 수도 있다. 대도에서 이탈하면 그는 그가 가는 길에서 문명의 혜택, 특히 인간 교육을 받을 수 없어 금수와 다를 바가 없어진다. 그러므로 그가 가는 길은 문명의 길이 아니게 된다. 공자도 교육을 중시했지만 맹자는 교육 받지 않은 인간은 금수에 가깝다고까지 했다.(逸居而無敎, 則近於禽獸) 이렇듯 인간과 금수의 차이를 교육에 두고 있는 것이다.

그러면 왜 이렇게 좋은 길을 마다하고 샛길, 길 없는 들판을 가려 하는가? 그것은 숨어 살기를 좋아하는 소인배, 떳떳하지 못한 사람들이 광거廣居나 정위正位, 대도大道에서는 마음대로 자기 욕망을 채우거나 사악한 짓을 할 수 없기 때문이다. 숨어 산다는 것은 무엇인가? 사람들이 못 보는 곳, 사람들에게 소문 안 나는 곳에서 남이 보지 않고 듣지 않으니까 마음대로 나쁜 짓을 한다는 것이다. 그래서 이 보이지 않고 들리지 않는 곳을 마치 광거·정위·대도처럼 개방된 세계로 알고 계신공구戒愼恐懼하자는 이야기를 하는 것이다. 소인배들이여, 너희들은 안 보이고 안 들린다고 해서 숨어 별 짓을 다하지만, 그것은 결국 천하 모든 사람에게 알려지게 되어 있다. 하늘이 알고 땅이 알며 또 자기 양심이 아는 한 자신의 행동에 절대 비밀이 보장될 수 없음을 경고한 것이다. 그래서 군자는 홀로 삼가야 함을 내세운다. 사실 보이지도 들리지도 않는 은미한 곳에서도 트여 있는 큰 길에서처럼 한다는 것은 어려운 일이다. 따라서 그렇기 때문에 이러한 행동을 할 때 진정한 광거·정위·대도가 되는 것이다. 만약 은미한 곳이 용납되고 대도大道에서 소외되어 있다면 이 세상은 여전히 대도가 아니라 비도非道일 뿐이다.

이어서 희노애락 구절을 보자. 희, 노, 애, 락은 인간의 정감형태를 크게 구분한 것으로 여기에 애愛, 오惡, 욕欲을 더해서 칠정七情으로 분류하기도 한다. 더 많이 분류할 수 있겠지만 문제는 이 정감의 표현이 나 밖에 있는 대상(상황)과 맞느냐 어긋나느냐 하는 중절中節, 부중절不中節에 있으므로 네 가지 정情으로도 충분하다. 더 많은 다른 정은 이 네 가지 정으로 미루어 보면 된다. 사람의 정감은 미묘해서 밖의 대상에 나의 희노애락이 자극 받기도 하고, 또한 나의 감정에 따라 밖의 대상에 나의 감정을 이입시키기도 한다. 즉 나의 마음이 슬프면 아무리 기쁜 장소에 있어도 모두가 슬퍼 보이고, 아무리 열악한 상황이라도 나의 마음이 편하면 태연해질 수 있다. 이러한 감정을 어떻게 제어해서 "발하면 모두 절도에 맞을"(發而皆中

節) 수 있게 하는가? 희노애락이 감정을 나타내기 전에 대상과 어떻게 조절할지 판단해서 거기에 맞는 정감을 내보내면 된다. 이것이 미발의 중中이다. 흔히 중을 성性이라 하는데 이는 이성理性의 성으로 보아도 되고 "온갖 리를 갖추어 만사에 응한다"(具衆理而應萬事)라는 말에서의 리理로 보아도 무방하다. 사람은 동물처럼 바로 반응하지 않는다. 외재사물이나 정보를 시청각을 통해 받아들였다가 이것을 다시 "심의 기능은 즉 생각하는 것이다"(心之官則思)라고 한 것처럼 이성적 사유로 넘겨 거기서 어떻게 대응할 것인가를 판단해서 정감을 행동으로 옮기게 한다. 예를 들면 남의 집 조문을 갔다고 하자. 여기서는 그곳 분위기에 맞추어 애도를 표시해야 하고, 남의 결혼식에 참석해서는 즐거워하며 축하하는 것이 중절中節이다. 반대로 초상집에 가서 희·락의 감정을 보이거나 잔칫집에 가서 노·애의 감정을 드러내면 이는 부중절不中節이다. 그러니까 희노애락 네 가지 정은 그 자체로 좋고 나쁘다는 가치를 가지는 게 아니라 발했을 때 중절인지 부중절인지로 판단하는 문제인 것이다.

일반적으로 희·락은 좋고 노·애는 나쁘다고 하지만, 성낼 때 성내는 것은 나쁘다고 할 수 없다. 오히려 성내야 할 때 아부떠느라 희의 감정을 보이면 이는 위선이 된다. 이것은 인간이 동물만 못한 면이다. 동물은 감정 표현을 조작하지 않는다. 그래서 그들은 자연스럽고 솔직하다. 그런데 만물의 영장이라고 하는 인간은 이 감정 표현을 억제하고 조절하는 조작능력을 가지고 있어, 이것으로 인해 세상이 어지러워지고 나쁜 문제들이 발생한다. 많은 사람이 이미 단독으로 있는 희노애락에 좋고 나쁜 가치를 부여하기 때문이다. 중화中和는 감정의 순수 솔직한 표현을 의미한다. 억제하고 조작해서 만들어지는 것은 중화中和를 의미하지 않는다. 이에 리理나 이성으로 보는 성을, 정情을 제어하는 힘으로 볼 때도 정을 억제하는 건 금물임을 알아야 한다. 송명리학에서 너무 리理를 강조한 나머지 정을 억눌러 생명의 발랄한 면을 죽게 한 것은 큰 죄악이 아닐 수 없다.

이후의 『중용』 제1장에 대한 나의 생각은 주희의 주해를 검토하면서 다한 것 같으니 여기서는 생략하겠다. 제1장을 가지고 너무 지루하게 떠든 것 같은데 사실 이 제1장만 제대로 알면 『중용』은 거의 다 파악한 것과 다름이 없다. 『중용』 제1장은 『중용』의 수장首章일 뿐만 아니라, 유가철학 사상 전반을 통틀어 정요精要하게 압축해 놓은 핵심 사상이자 집약이론이라 할 만큼 대단한 문장이다. 그리고 누구나 자신의 입장을 세우고 탐구해 들어가서 자기 나름대로의 견해를 피력해 볼 수 있을 정도로 질박하고 원초적인 문장이다. 각자가 다시 한번 음미해 주길 바란다.

3. 『중용』 제2강

1) 들어가는 말 - 고본 『중용』과 자사본 『중용』, 나는 통행본에 따라 강의한다.

옛날 책들은 대개 그 책 맨 앞장에 나오는 중심 개념용어를 제목으로 잡고 있다. 그런데 지금 우리가 통용하고 있는 『중용』에서는 중화 개념이 먼저 나오고 제2장에서부터 중용이란 용어가 나온다. '중용'은 2장부터 11장까지 공자의 말을 인용해서 설명되어진다. 이를 간파한 곽기 교수는 『곽점죽간여선진학술사상』에서 『중용』의 원고본 가운데 "공자가 말하길"(子曰)이라고 되어 있는 장은 고본 『중용』으로, 제1장같이 자왈子曰이 아닌 장은 자사의 『중용』 즉 현행본으로 보고, 과감하게도 『중용』 신편을 쓰면서 자왈子曰로 이루어진 글 모두를 앞에 놓고 제1장 "천명지위성"을 그 다음에 배열하고 있다. 이유 있는 작업이라 긍정은 가지만 아직 학계의 공감을 받고 있는 정론이 아니므로 나는 여전히 통행본 『중용』으로 이 강의를 진행하겠다.

쓰인 지 오래된 문헌을 연구할 경우 전해져 내려오는 동안 산질 또는 첨삭되거나 지나온 시대의 사상 문투로 다시 쓰이는 등 본래의 원형을 찾아내기란 쉽지 않다. 그리고 우리와 같이 주로 어떤 책의 철학사상 내용을 중시해서 연구하는 사람에게는 그 책이 비록 위서로 판단되었을지라도 일단 책으로 엮어져 후인들이 읽고 연구하는 데 그 철학사상의 영향을 받아 학설을 전개해서 하나의 시대사상이나 철학사상사에 편입된다면, 그 책은 이미 살아 있는 하나의 책으로 계속 작용할 수 있다. 설사 위서라는 금고형을 받았다 할지라도 폐기할 수 없는 것이다. 특히 내가 강의하고 있는 이 『중용』의 경우 적어도 북송 이전은 몰라도 정자 · 주자가 『예기』에서 발췌해서 사서에 편입한 뒤로 유가 경전의 그 어떤 책보다도 사람들에게 유가학술사상을 알리고 마음에 심게 하는 데 중심 역할을 한 책이라는 것은 세상이 공인 · 공감하는 바다. 그러므로 여전히 사서본의 『중용』 즉 지금의 통행본을 그대로 따라서 강의하는 것이 옳다고 생각한다.

이렇게 이야기하긴 하지만 중용을 연구하는 한 학자로서는 아무래도 많은 학자가 제기하고 논란이 되는 문제들을 도외시할 수는 없었다. 과거 송대 이후 일어난 의고풍의 여파로 『중용』도 예외 없이 그 대상이 되어 몇 가지 주요 쟁점이 제기되었다. 그러나 곽점에서 죽간이 나오고 특히 원시유가의 문헌 그 중에서도 『자사자』에 대한 자료가 대량으로 나옴으로써 『중용』을 다시 바라보게 되었다. 이에 대해서는 곽기 교수가 상당히 정밀하게 연구하여 그간 중국 철학계에서 문헌 고증에 대한 풍우란 · 서복란 두 교수의 학설을 신랄하게 비판하였다. 오히려 옛날 기록으로 후대 사람들의 부정적 비판에 올랐던 문제들을 되살아나게 한 것이다. 그 주장이 곽점 죽간 자료의 뒷받침을 받고 있어 나는 많은 부분에서 곽기 교수의 설을 따르고 있음을 밝혀 둔다.

2) 제2장

原文

仲尼曰, 君子中庸, 小人反中庸.
君子之中庸也, 君子而時中, 小人之(反)中庸也, 小人而無忌憚也.

◎ 주자주

중용이란 치우치거나 기대지 않으며 지나치거나 못 미침이 없는 상태로 일상생활 속의 이치를 말한 것이니, 곧 천명의 마땅히 그러함이요, 언제 어디서나 어떤 상황과 경우에도 그 무엇에도 적용되지 않는 것이 없을 만큼 최고·최선의 행동원리가 되는 것이다. 이러한 이치는 오직 군자만이 체득할 수 있어서 중용에 맞는 삶을 살지만 소인은 그렇지 못하다.

왕숙본王肅本에는 "소인반중용야小人反中庸也"라고 쓰여 있는데 정자 또한 인정하여 지금 이를 따른다.

군자가 중용에 맞는 삶을 사는 것은 그가 군자의 덕을 갖추고 있으면서도 늘 삼가고 자기 조절을 해서 수시로 변화하는 상황 속에서도 자기 중심을 잃지 않기 때문이고, 소인이 중용에 어긋나는 삶을 사는 것은 소인이 바깥상황에 대해 무지하면서도 아는 데 힘쓰지 않고 사사로운 욕심을 줄이는 데 삼가지 않고 기탄없이 제멋대로 행동하기 때문이다. 대개 중中이란 일정한 위치를 점유하고 있는 것이 아니라 변화하는 상황에 따라 그 속에서 중을 찾아 처하는 것이므로 이를 평상의 리, 즉 일상생활 속의 중이라 한다. 군자는 그 중용을 찾는 주체가 나에게 있음을 알기 때문에 늘 보이지 않을 때도 계신하고 들리지 않을 때도 공구함으로써 어떤 상황에

서도 중용을 잃지 않지만, 소인은 중과 중이 아닌 책임과 요령이 나에게
있다는 것을 모르고 제멋대로 욕심 부리고 망령되이 행동해서 기탄하는 바
가 없다.

이하 열 장은 모두 중용을 논한 것으로 제1장의 의미를 풀이한 것이
다. 문맥은 연결되지 않지만 문장 내용은 앞뒤가 서로 이어져 있다. 제1장
의 화和를 여기서는 용庸이라는 말로 바꾸어 쓰고 있다. 유씨游氏가 말하기
를 "성정性情으로써 중中을 말하면 중화고, 도덕으로써 중을 말하면 중용中
庸이다." 그러나 중이란 정해진 위치가 없으므로 중용의 중은 중화의 의미
를 겸한다.

◎ 의역

중니(공자의 字)께서 말씀하셨다. "군자는 중용의 도리를 잘 알아서 그
가 살아가는 모든 언행을 수시로 변화하는 상황에 맞게 조정하지만, 소인
은 중용의 도리를 모르기 때문에 객관상황과 충돌·마찰하는 부조리한
삶을 살아간다.

왜 그럴까? 군자가 중용의 삶을 잘 영위하는 것은 그가 군자의 덕(지혜
와 능력)을 지니고 있으면서도 자기 중심을 잡고 변화하는 상황에 알맞게
대처해 나가기 때문이고, 소인이 중용에 어긋나는 삶을 살아가는 것은 그
가 지혜와 능력이 부족하면서도 자기 고집을 내세우며, 주위 상황은 아랑
곳하지 않고 자기 마음대로 행동하기 때문이다."

◎ 강의

앞의 제1장을 자사의 문장으로 보고 이어서 나오는 "중니왈"이나 "자
왈" 하는 열 장을 공자설로 본다면, 시간의 선후를 따질 때 공자설이 먼저
고 자사설은 그것을 음미해서 나온 것으로 보아야 한다. 각기 흩어져 체계

화되어 있지 않은 문장을 자사가 나름대로의 철학사상으로 의미를 부여하여 웅혼한 사상틀 속에 집약한 것이 제1장인 것이다. 따라서 주희가 이하 열 장을 제1장의 뜻을 해석한 것이라고 한 말은 어떻게 보면 시간상 앞뒤가 뒤바뀌고 사상의 인과관계가 바뀌어진 것같이 여겨진다. 오히려 이하 열 장은 자사가 제1장에서 사상 틀을 형성하는 원시자료로서 공자의 말을 인용해서 제1장의 원의를 파악하는 데 구체적인 근거로 삼았다고 말하는 것이 더 정확하지 않을까 한다.

사실 제1장의 문장은 마지막 희노애락의 단락을 제외하고는 차원 높은 이론체계를 질박한 문장으로 표현하고 있어 주희가 강조하고 내세우는 일용사물의 도, 평상의 리와는 직접 연결이 닿지 않는다. 그렇다면 유씨游氏(이름은 酢, 1053~1123)가 성정性情으로 말하면 중화中和요, 덕행德行로 말하면 중용中庸이라 말한 것은 그 분별이 맞지 않는다. 그래서인지 주희는 중용에는 중화의 뜻도 포함되어 있다고 부연하는 것을 잊지 않았다. 성정과 덕행은 무엇이 다른가? 성정은 미발이 심心 속에 들어 있는 상태를 말한다. 이것이 이성의 조절을 받으며 행동으로 옮겨지는 기발이 덕행이다. 미발과 기발은 내외·선후 관계에 있을 뿐 나누어져 있는 것은 아니다. 내가 보기에 성정과 덕행은 오히려 중화에 속하는 것이고 중용은 제2장에서 처음으로 특별하게 제기되는 용어인 듯하다.

잠시 앞부분의 『중용』 해제로 돌아가 보겠다. 주희는 『중용』 편명에 주를 쓰면서 정자의 『중용』 해제를 인용하고 있다. 앞에서는 정자의 해제만 살펴보았는데 주희의 주와 비교해 보겠다. 자세히 살펴보면 정자의 정의와 주자의 정의에는 상당한 거리가 있음을 알 수 있다. 정자는 중용을 "치우치지 않은 것을 중이라 하고, 바뀌지 않는 것을 용이라 한다"라고 하였다. 여기에 주희는 중中에는 "지나치거나 못 미치지도 않은 것"이라는 말을 더하고, 용庸에는 "바뀌지 않는 것"(不易) 대신 "평상平常적인 것"이라고 했으니 이는 불역不易이 아니라 오히려 역易이 아닌가? 정자는 이어서 "중은 천하의 정도요, 용은 천하의 정리다"라고 했다. 이 정도·정리라는 용어는, 물론 현상세계에서 나타날 때는 그렇게 엄격한 의미로 굳어지진 않겠지만 일용사물의 도나 평상의 리와는 여전히 차원을 달리하는 개념이다.

그런데 주희는 정이천의 대의大義를 따르면서 왜 이렇게 형이상적 정의를 형이하적 설명으로 부연하고 있는가? 아마도 이후 전개되는 『중용』의 내용이 천도성명天道性命만 논하는 것이 아니라 인도성정人道性情을 논하기 때문이 아닐까 한다. 바뀌지 않는 고요한 상태의 세계보다는 변하여 바뀌는 움직이는 상태의 세계에서의 중용을 말함으로써 천하의 정도는 일용사물의 도로, 천하의 정리는 평상의 리로 하향下向 정의한 것이다. 만일 이렇게 하지 않고 정이천의 정의만을 고집할 경우, 바로 제1장 말미에 나온 중화와 제2장에서 나온 시중은 차원 높은 형이상적 존재로서의 중화, 시중과는 별도로 존재하게 되어 논의하기가 어렵다. 그래서 주희는 '중용'에는 중화와 시중의 의미가 함께한다고 주해한 것 같다.

여기서 정이천의 설과 주희의 설을 절충한다면 중용이 지니는 천하의 정도와 정리는 천하만물과 만사에 보편적으로 관주해서 중화와 시중으로 나타난다고 보아, 중용의 지덕至德이 바로 중화요 시중이라 해석할 수 있다. 그러므로 일반적인 설에서 횡적인 중용·중화·시중의 관계는 이제 삼각관계로 볼 수 있다. 중용을 삼각의 윗모서리에 위치시키고 중화·시중을 아래 양 모서리에 배치하는 것이 옳지 않은가 한다. 제2장에서는 중용中庸과 반중용反中庸을 말하는데, 여기서 중용은 중화·시중 상태에 놓인 것을 말하고 반중용은 중화·시중 상태에 놓이지 못한 상태를 말한다. 특히 여기서 군자와 소인이라는 인격을 구분하여 사람 됨됨이에 따라 중용과 반중용이 나타남을 직설한 것은 중용이 인간 삶에서 얼마나 행하기 어려운 것인가를 설파하기 위한 들어가는 말로 보인다. 이 장에 대해 주희는 구체적인 사례를 들지는 않지만 원론적으로는 타당한 해석이라고 여긴다. 이러한 논리를 기점으로 해서 확대적용하면 중용의 원리는 언제 어디서나 그 무엇에도 적용되지 않는 것이 없을 만큼 보편타당하다. 공자가 "중용의 덕은 지극至極하다"(中庸之爲德也, 其至矣乎)라고 한 것은 이를 두고 한 말일 것이다.

마지막으로 "소인지중용야小人之中庸也, 소인이무기탄야小人而無忌憚也"라는 문맥을 보자. 이 문맥에서 중용 앞에 '반反'자를 더한 판본이 있기 때문에 이 '반反'자를 넣어야 하느냐 넣지 말아야 하느냐가 논란의 문제가 되었다. 『중용』 고본古本에 있는지 없는지는 알 수 없으나 주희의 주해에 따르면 이는 왕숙본王肅本에 더해져 있고 정자도 이 왕숙본을 따른다고 되어 있다. 그러면 왜 왕숙은 '반反'자를 더했으며 정자는 이를 따랐을까? 『중용혹문』을 보면, 『중용』 제2장 앞단락에 이미 "소인반중용小人反中庸"이라는 말이 있는데다가 뒷단락과 앞단락은 설명이 이어지기 때문에 마땅히 '반'자를 찾아 넣어야 한다고 한다. 말하자면 판본상 부주의해서 탈락되었다는 것이다. 그러나 근래 활자를 책의 판으로 짤 때 같으면 알게 모르게 글자가 빠지거나 첨가되기가 쉽지만 옛날처럼 죽간일 경우에는 하나의 죽편에 붓으로 쓰기 때문에 첨삭은 거의 불가능하다. 혹 착간이 된다 해도 글자 하나보다는 그 죽편에 쓰인 글 전체가 함께 빠지거나 다른 곳으로 옮겨질 가능성이 높다.

앞단락에서 반중용이라고 쓰여 있다 해서 뒷단락에서도 반중용이라고 써야 할 이유가 없는데다, 뒷단락에서 '반'자를 빼고 그저 중용이라고 한데는 그만한 이유가 있을 거라는 견해를 피력하는 이도 있다. 그 대표적인 학자가 당나라의 여온呂溫·유종원柳宗元, 명나라의 호광胡廣이다. 그들은 '소인지중용小人之中庸'은 문맥 그대로 소인의 중용이라고 주장한다. 무슨 뜻인가 하니, 소인은 중용에 대해서 군자처럼 정확히 알고 근신하는 것이 아니라 자기의 인식과 행동 역시 중용이라고 고집한다는 것이다. 만일에 소인이 자신의 행위가 반중용이라는 것을 알았다면 군자를 본받아 고치려고 노력했을 텐데, 그의 행위가 곧 중용이라고 믿기 때문에 기탄없이 행동한다는 것이다. 이렇게 보면 뒷단락에서 '반'자를 빼고 그냥 중용이라 한 것에는 나름대로 일리가 있다. 다만 읽는 이가 이해하는 데 헷갈리지 않게 '소인지중용小人之中庸'을 주해할 때 "소인은 그 스스로 자기가 중용이라 여긴다"(小人之自以爲中庸)라는 식으로 그 이유를 분명하게 밝혀 주는 게 좋지 않을까 한다. 어떤 이들은 반중용이니 그냥 중용이니 하는 것은 큰 문제가 되지 않고 나름대로 같이 통할 수 있다고 막연하게 치부해 버린다. 하지만 이는 엄연히 다른 의미며, 강의하는 나의 생각은 어떠냐고 묻는다면 그냥 "소인지중용小人之中庸"이라고 한 것이 원본에 가깝지 않나 생각한다.

3) 제3장

> 原文
>
> 子曰, 中庸其至矣乎, 民鮮能久矣.

◎ 주자주

지나치면 중中을 잃고 못 미치면 중에 이르지 못한다. 그러므로 중용의 덕(도리, 요령, 본보기)은 지극하다.(지극하다는 의미에는 문맥상 "그래서 어렵다"는 의미가 더해져 있다) 군자, 소인 가릴 것 없이 사람은 태어날 때 하늘로부터 똑같이 그 생명을 받았으므로 처음에는 어려운 일이 없었다. 뒤에 오면서 세상의 교화教化가 쇠퇴하고 중용의 덕을 강구하여 실천하는 이가 드물다 보니까 능히 그를 행할 줄 아는 이가 없어져 가고, 그런 지가 오래 되었다. 『논어』에도 이와 같은 구절이 있는데 거기에는 '능能'자가 없다.[5]

◎ 의역

공자께서 말씀하셨다. "중용이라는 도리는 사람뿐만 아니라 천하의 모든 존재가 하염없이 움직이고 출렁대는 이 변화무쌍한 세상에서 살아가 는 데 꼭 알고 행동해야 하는 지극한 생존 요령인데, 사람들 중에는 이를 깨달아 알고 신중하게 처신하는 자가 드물다. 그렇게 중용의 도리를 망각 하고 세상에 쓰이지 않은 지가 오래되었다."

◎ 강의

이 장은 13자에 불과한 짧은 문장이다. 주희가 장구를 분류할 때 이렇 게 짧은 구절을 하나의 장으로 삼은 데는 무언가 특별한 중요성을 발견해 서일 것이다. 그렇다. 사실 이 장은 상당히 중요하다. 공자가 그 시대의 인 간 정서와 행위가 심하게 타락함을 걱정하면서 문제의 원인을 '중용을 행 하지 않은 데'서 찾아 '중용'이라는 개념을 처음으로 제기했기 때문이다. 『논어』에서도 공자가 중용을 말한 바를 기록하고는 있지만, 사실 당시 제 자들은 그것을 심각하게 받아들이지 않았다. 자사에 와서야 이것이 공자 의 도에 있어서 인본주의를 성공시키는 데 가장 중요한 핵심 과제임을 깨

---

5) 『論語』에 있는 구절은 「雍也」에 "공자가 말하였다. 중용의 덕이 지극하구나! 사람 들에게 드문 지 오래다"(子曰, 中庸之爲德也, 其至矣乎, 民鮮久矣)라는 것이다. 자사 가 이 말을 인용할 때는 아마도 『論語』에 기록된 것을 보았을 것이다. 그렇다면 왜 '之爲德也'는 빼고, '能'자는 더했을까? 생각건대 『中庸』 안에서 중용이라고 할 때는 이미 德을 중심으로 파악하고 있기 때문에 다시 군더더기처럼 덧붙일 필요가 없어 생략한 듯하다. 그리고 '民鮮'이라고만 할 때 사실 무엇이 드문지(鮮) 그 내용을 알 수 없기 때문에 '능'자를 넣은 것 같다. 여기서 능은 '능히 행할 수 있다'(能行)는 뜻으로 보아야 한다.

달고 『중용』을 써서 크게 문제를 제기한 것이다. 이렇게 볼 때 나는 오히려 이 제3장을 제2장과 자리바꿈을 했으면 좋았을 것 같다는 생각이 든다. 왜냐하면 이 장을 자세히 음미해 보면, 먼 옛날에는 사람들이 중용을 인식하지도 못한 채 모두가 그야말로 힘쓰거나 생각지 않아도 (도에) 맞았지만(不勉而中, 不思而得) 공자 당시에 와서는 세상이 혼란스러워져 옛날에는 특별히 인식되지 않았던 것이 세상의 인심이나 사람행위를 바로잡는 데 근본적인 도리로 떠올랐음을 알 수 있기 때문이다. 이는 공자가 제기한 당시의 혼란을 수습하는 가장 정확한 진단이요, 가장 유효한 처방이다.

이것은 어떻게 보면 인간세의 혼란은 인성이 타락하고 문명이 발달했기 때문이므로 사람은 자연으로 돌아가고 인심은 영아로 돌아가자는 말과 같은 뜻을 갖는다. 생각건대 옛날에는 중용이라는 삶의 도리를 의식하여 이에 맞추려 하지 않아도 삶의 생활 자체가 이미 중용이었다는 것은, 어쩌면 그때는 인간 생존이 자연 속에서 자연과 어우러져 있었기 때문이다. 다시 말하면 원시 농경사회에서 사람은 전적으로 자연의 기후변화와 자연사물의 소박한 기능에 맡겨져서 영위되었기 때문에 일단 자연의 순환변화와 대지만물의 생성원리가 파악되면 생존 문제는 궤도를 달리는 것처럼 간편하고 효율적이라는 것이다. 그러나 철기시대로 접어들면서 사람들은 대지를 개간하는 능력이 향상되고 생산이 증대되어 인구가 많아지고 국가 규모도 커지게 되었다. 통치술은 조직화되고 권위는 강력화되어 자연이라는 삶의 광장 외에 인간 사회라는 인위적 광장이 생겼다. 여기서 인간은 자연에 순응하며 주로 자연을 상대로 한 삶에서 이제는 인간 대 인간, 조직 대 조직, 국가 대 국가라는 광장을 상대한다. 거기에서는 거짓 없고 진실만이 통하던 인간과 자연의 관계와는 달리 오히려 사악하고 거짓을 꾸며 먹혀들게 하는 인위적인 힘을 조성하여 마침내 전쟁이라는 불행을 몰고 왔다. 이 때문에 중용의 삶은 무너지고 반중용反中庸의 삶이 일시적으로 세를 갖다가 또 다른 반중용에 의해 무너지는 악순환이 거듭되었다. 이에 공자는 다시 중용이라는 도리를 내세워 인간 생존의 도리가 지극하다는 것을 사람들에게 깨우쳐 주기 시작했고, 이는 그의 손자 자사에 이르러 마치 시대의 부흥운동처럼 크게 외쳐지게 된 것이다.

그러므로 문제제기라는 본질적 차원에서 본다면 이 장의 위치는 더 앞이어야 하지 않을까? 제2장에서 군자의 중용과 소인의 중용을 분리하고 시중時中과 무기탄無忌憚을 말한 바는 바로 이 장의 '능히 행할 수 없는' 원인이 아닐까 한다. 그리고 『논어』에서는 중용을 그 덕德이 지극하다고만 했을 뿐 『중용』처럼 중화와 시중 같은 중요 개념과 함께 설명하고 있지는 않다. 이 또한 『중용』과 마찬가지로 자연 속의 삶 자체가 중화·시중하기 때문에 문제의식으로 떠오르지 않았기 때문이다. 그러나 이제 "능히 행할 수 없는"(民鮮能)데다가 점차 문명화된 사회일수록 그 변화를 예측하기 어렵고 무질서, 돌출, 인위라는 변수는 중화·시중을 더욱 어렵게 하니 『중용』에서는 중용 외에도 중화·시중을 시대의 문제로 삼은 것으로 보인다.

『중용혹문』에서도 장을 나누는 것과 선후 안배 문제를 제기하고는 있으나 그렇게 해야 하는 이유에 대해서는 말을 끊고 더 이상 논하지 않고 있다. 그리고 중용이 왜 공자시대에 와서 특별히 문제로 떠오르고 자사에 이르러 유가의 중심 과제로 떠올랐는지에 대해서도 설명이 없다. 아마도 성리학자들의 사유 틀은 이론에 얽매여 왜 그런가 하는 문제를 논리와 문장 속에서만 찾으려 하고 당시의 역사현장과는 연결짓지 않았기 때문에 공자나 자사의 진의를 파악하는 데 오히려 지장을 주었던 것 같다. 뒤에 성리학을 비판하는 사람들이 주장하는 것이 이 현장을 도외시하고 지식을 위한 지식 속에서 유희하고 있는 점이다.

4) 제4장

原文

子曰, 道之不行也, 我知之矣, 知者過之, 愚者不及也. 道之不明
也, 我知之矣, 賢者過之, 不肖者不及也.
人莫不飮食也, 鮮能知味也.

◎ 주자주

도는 천리의 당연함이니 중용 그 자체다. 그러므로 지자知(智)者, 우자
愚者, 현자賢者, 불초자不肖者에게서 나타나는 과불급過不及은 천리 자체가 아
니라 그것이 사람에게 품부될 때 형체를 이룬 기질이 다름으로 일어난 것
으로 이 과불급으로 인해 중을 잃게 된다. 지자라고 하는 사람들은 아는
것만을 기준으로 자연의 도를 보기 때문에 문명을 창조하기에는 부족하
고, 어리석은 자는 아는 것이 없기 때문에 어떻게 살아가야 하는지를 몰라
진취성이 없어 늘 미개상태에 머물러 있다. 이것이 중용의 도가 실현되지
못하는 주요 원인이다. 어진 이라고 하는 자들은 인위적인 앎을 늘리는
데 급급하여 자연에 대한 지식을 추구해야 할 필요를 느끼지 않아 결국
자연의 도가 가지는 중용을 지나가 버린다. 이것이 인위가 자연과 조화롭
게 균형을 맞추지 못하는 큰 원인이다. 불초자가 미치지 못하는 것도 현자
들이 제시한 인위적 앎은 지적 능력이 부족해서 알지 못하고, 그나마 알기
쉬웠던 자연의 중용은 인위문명에 묻혀 알기 어렵게 되었으므로 무지가
되고 말았다. 그래서 중용의 도를 알기가 어려워졌다는 것이다.

　말하자면 자연의 도는 사람을 떠난 일이 없건만 사람들 스스로가 자연

의 도를 떠나 살피지 못하므로 과불급의 폐단이 생긴 것이다.

◎ 의역

공자께서 말씀하셨다. "중용의 도가 왜 행해지지 않는가를 나는 안다. 안다는 사람은 문명발전에 욕심이 과한 나머지 자연의 중용을 지나가 버리고, 어리석은 사람은 자연의 삶 속에서 자연이 항상성恒常性을 가지고 있었기 때문에 그런대로 따라갈(미칠) 수 있었지만 이 지자知者라고 하는 것들이 오히려 혼돈을 일으켜 자연의 중용 그마저도 따를 수가 없게 되었다. 중용의 도를 세상 사람들이 왜 옳게 알지 못하는가를 나는 안다. 어진 이는 지나치고 못난 이는 미치지 못하기 때문이다.

이는 마치 사람들이 모두 먹고 마셔서 생명을 유지하지만 정작 그 음식 맛에 대해서는 알려 들지 않아 음식의 진미를 아는 이가 드문 것과 같다."

◎ 강의

나의 생각은 주희의 주를 번역하면서 많이 담아 두었다. 사실 이 장에는 그렇게 심오한 내용이 들어 있지는 않다. 중용의 도를 실천하지 못하는 원인과 중용의 도를 밝게 알지 못하는 원인을 밝혔을 뿐이다. 그런데 지금 우리가 가지고 있는 논리로는 앞뒤 문맥의 순서가 바뀌었으면 한다. 다시 말해 중용의 도가 행해지지 않고(不行) 밝게 알지 못하는(不明) 원인을 피력하면서 앎의 문제를 행동의 문제보다 앞에 두었으면 한다. 왜냐하면 중용을 잘 알아야 잘 실행할 수 있기 때문이다. 엄격히 말하면 밝게 알지 못하는 도는 자연에서 인위 문명사회로 진입한 뒤의 중용이므로 주희가 말한 "마땅히 해야 할 이치"(所當然之理)가 아니라 그가 즐겨 말하는 일용사물의 도, 평상의 리다. 물론 전자가 없다기보다는 후자의 비중이 큰 것이다. 어쨌든 이는 상도나 상리가 아니므로 늘 상황에 따라 바뀌고 그래서 중中은 늘 거기에 맞추어 조정되어야 하므로 일정치 않다. 그리고 일정치 않기 때문에 중을 아는 것 또한 늘 달라져야 한다. 이렇게 중을 아는 것이 어려우니 중을 행하는 것 또한 어려울 수밖에 없다. 여기서 중요한 문제는 앞의 제2장에서는 군자는 중용을 잘 알고 잘 행하는 자고 소인만이 중용에 어긋난다고 했는데 이 장에서는 지자, 현자, 우자, 불초자 모두가 중용을 밝게 알지 못하고 옳게 행하지 못한다는 것이다. 이는 아마도 제2장에서 말한 중용은 자연원리와 인성의 순진함을 전제로 한 것 같고, 이 장은 인간이 자연의 생존 범주를 떠나 인위적으로 생존 범주를 만든 문명사회를 중심으로 중용의 도를 논한 것이 아닌가 한다.

사람은 음식을 먹지 않고는 살 수 없다. 음식을 먹을 줄은 알지만 그 맛을 음미하며 먹을 줄 아는 이는 드물다고 한 구절은 아마도 인간이라면 자기의 행위에 대해서 왜 그렇게 해야 하는지를 알아야 주체적이고 자율적으로 중용을 알고 행할 수 있다는 도덕적 자각 문제를 제시한 데 특별한 의미가 있는 것 같다. 자연에 순응해서 중용의 삶을 영위할 때는 전해져 오는 지식과 행위를 그대로 따르면 되지만, 인간이 중심이 되어 인간세상을 영위하고 거기서 중용의 삶을 찾으려 할 때는 도덕적 자각이 필요하다. 은나라에서 주나라로 중국의 왕조가 교체된 이후 중국 문화는 점차 인간이 도덕적으로 자각해서 모든 것을 자기가 책임지고 영위하려는 특징을 보인다. 이는 이제까지 미신에 의지하던 삶에서 벗어나 진정한 인간세상을 살아가겠다는 인간의지의 전환적 발로인 것이다. 따라서 여기서의 '지미知味'는 음식물이 가지고 있는 객관적인 맛을 이야기하는 것이 아니다. 모든 것에 도덕적 가치 의미를 부여해서 파악하고 감상하는 것처럼 음식을 먹는 이가 맛을 음미함으로써 지금까지 모르고 있던 새롭고 그윽한 맛을 찾아내서 즐기는 것이다.

이제 중용은 밖으로부터 주어졌으며 당연히 그렇게 해야 하는 중화와 시중을 강요하는 중용이 아니다. 인생에서 그 진미를 알아서 그렇게 하지 않으면 못 견디겠는 즐기는 중용이 되어야 한다는 주요한 주문의 뜻을 보이고 있다. 맹자가 "모든 것이 나에게 갖추어져 있으니 내 자신 속에서 그 의미의 진실을 찾아내서 그것으로 응해 나간다면 그보다 더 즐거울 수는 없다"라고 한 것처럼 맛을 알고 살아야지 맛을 모르고 살면 인생이 너무 삭막하지 않는가? 중용은 인생을 즐겁게 살게 하는 하늘이 준 선물이다. 무미건조한 삶에서 벗어나 인생의 무궁한 가치와 의미를 음미하며 살아갈 수 있는 길은 중용적 삶을 영위하는 것 외에는 없다.

5) 제5장

原文

子曰, 道其不行矣夫.

◎ 주자주

여기에는 특별한 내용은 없다. 다만 밝게 알지 못하기 때문에 행해지지 않는다고 짤막하게 언급하고 있다. '우제오장右第五章'이라는 말에 주희는 "이 장은 윗장을 이어서 중용의 도가 행해지지 않는 까닭을 들어 아래 장의 뜻을 일으켰다"라고 하였다.

◎ 의역

공자께서 말씀하셨다. "슬프구나, 중용의 도가 세상에 행해지지 않는구나!"

◎ 강의

주희가 윗장을 이어서 아랫장의 뜻을 도출했다고 했는데 아랫장은 순舜이 중용을 실천한 것을 말하고 있으므로 그 문맥 취향이 다르다. 내 생각으로 이 장은 오히려 제4장 앞에 놓여야 한다고 본다. 이렇게 해야만 주희가 말한 윗장을 잇고 아랫장을 일으켰다는 지적이 먹혀들어 갈 수 있다. 이 장은 공자가 단정적으로 중용의 도가 행해지지 않는다고만 하였을 뿐 그 불행不行의 이유는 말하고 있지 않다. 그러니까 제4장에서 밝게 알지 못하고 행해지지 않는 원인을 밝혔다고 보이므로 제4장과 제5장은 서로 자리바꿈하는 게 옳을 것 같다. 물론 제4장에서 중용의 불명不明, 불행不行을 말했으니까 그 결론으로 중용의 도가 세상에 행해지기 어렵다고 한 것으로도 말할 수 있다. 그렇게 보아도 틀리지는 않는다. 다만 글을 써 내려갈 때 문제제기를 먼저 한 다음 문제를 풀어 가는 것이 상례라고 본다면, 도가 행해지지 않음을 먼저 말하고 그 원인을 대답형식으로 풀어 가는 것이 논리적으로 맞을 듯싶다. 『중용혹문』에는 이 장에 대한 해설이 없다.

6) 제6장

原文
> 子曰, 舜其大知也與, 舜好問而好察邇言, 隱惡而揚善, 執其兩
> 端, 用其中於民, 其斯以爲舜乎!

◎ 주자주

순임금의 큰 지혜란 무엇인가? 자기가 천자임을 내세워 절대권력과

152 김충열 교수의 중용대학강의

우월함으로 백성을 지배하고 통치하는 것이 아니라, 일단 자기 입장을 무로 돌리고 그 상황 속에 존재하는 당사자들의 처지와 입장을 먼저 파악한 다음 비로소 문제를 처리하는 데 가장 중심이 되는 입장과 위치에 서서 서로의 이해득실을 조절하고 큰 조화 안에서 각자의 이익을 찾아가도록 하는 것이다. 이언邇言은 일상에서 보고 들을 수 있는 천근淺近한 일이다. 그럼에도 다시 살피고 또 살핀다는 것은 혹여 거기에서 사람들이 싫어하는 나쁜 요소(惡)를 발견하지 못하게 되어 크게 악화되지는 않을까 해서다. 사람들이 좋아하는 것일지라도 그것이 정말 유익한 것인지를 더욱 신중히 살펴서 선善이 틀림없다고 판단되었을 때 모든 이가 그 혜택을 받을 수 있도록 권장하고 확충한다. 이렇게 하니 누가 순임금의 다스림을 즐거워하지 않으며 순임금이 더욱 밝고 옳게 세상 문제를 파악할 수 있도록 각자가 보고 느낀 것, 옳고 그르다고 생각한 것을 순임금에게 상달上達하는 것을 즐겨 하지 않겠는가? 양단兩端이란 가지런하지 못한 중론의 극단을 말한다. 세상 만사·만물에는 서로 대립 상반되는 두 면이 있다. 예를 들어 크고 작은 것 두텁고 얇은 것 등이 그것이다. "그 양단을 집는다"(執其兩端)는 말에서 양단은 양 극단이라는 의미보다 모든 것의 대립 상반된 양면이라는 뜻이다. 결국 이는 많은 단서를 모으고 전반적으로 파악할 수 있는 상황의 중심을 찾아서 처리방법을 강구하여 중화와 시중을 이루도록 한다는 것이다. 그러므로 신중하게 살펴 선을 택하고 지극히 중을 사용함이 이와 같다. 다시 말해 나에게는 사물을 헤아리는 저울(權)과 자(度)가 있지만, 순임금이 가지고 있는 계량 수치는 객관적이다. 그것을 더욱 정밀하고 정확하게 만드는 것이 "집기양단執其兩端"이며, 그 저울과 자에 나타난 대로 추호의 사사로운 주관을 개재시키지 않고 판단 시행하는 것이 중을 사용하는 것이다. 이렇게 하면 조금도 차질이 생기지 않는다. 이것이 지知가 과불급하지 않는 이유요, 도가 지극히 행해지는 이유다.

◎ 의역

공자께서 말씀하셨다. "순임금님이야말로 진정 중용의 도를 밝게 알고 슬기롭게 행사하신 위대한 지성이다. 순임금께서는 어떤 어려운 문제가 생기면 그 문제의 내막을 정확하게 파악하기 위해 스스로 차근차근 탐구해 들어가기도 하고, 이 사람 저 사람에게 그가 생각하고 아는 것을 묻기도 해서 처방을 내리기 전에 정확하고 정밀하게 결정적인 문제 원인을 찾아내는 데 열심히 하셨다. 또 사소한 일일지라도 그저 간과해 버리는 일 없이 자세히 살펴보시는 것을 습관처럼 하셨다. 그런 다음 세상에 쓰이면 해가 되겠다고 판단된 것은 더 이상 커 가지 않게 제지를 하고, 세상에 쓰이면 천하사람들에게 유익하고 크게 교훈이 되겠다고 여겨진 것은 적극 드러내서 발전할 수 있도록 힘을 다하셨다. 그뿐인가? 사람들의 의견이 분분하여 어떻게 갈피를 잡아야 할지(어떻게 중용의 길을 찾아야 할지) 파악하기 어려울 때면 그들 견해를 양 극단으로 모았다가 서로를 절충시켜(한 발자국씩 물러서거나 양보하게 해서) 그 중심(합의점)을 백성들에게 시행하는 것이었다. 이게 바로 순임금이 위대한 이유다. 그러니까 순임금은 절대권위를 가지고 가지런하지 않은 백성들의 생각과 이해관계를 마치 비질하듯 싹 쓸어서 가지런하게 하는 것이 아니라, 중심이라는 교통정리의 위치를 찾아 자리를 잡아 놓은 다음 모두가 원활히 소통하도록 하신 것이다. 순임금의 큰 지혜란 바로 이런 것이니라!"

◎ 강의

이렇게 얘기하다 보니 의역과 주희의 주해 번역 모두에 너무 많이 나의 생각이 끼어든 것 같다. 순임금은 천하를 통치하는 제왕이다. 그러니까 여기에서 중용의 길은 천하를 통치하는 원리·표준·요령으로서의 중용이다. 흔히 정치는 어떤 기준이나 목표를 세우고 그에 맞추어 갈 수 있게 다스려서 가지런하게 하는 것이다. 그래서 통치자는 누구도 그를 거역할 수 없는 권력을 가지고 자신의 명령 아래에서 사람들이 일사분란하게 복종해야 한다고 생각한다. 그러나 여기에서 말하는 순임금의 중용은 『맹자』 「등문공滕文公」에서 "천하만물이 가지런하지 않은 것은 바로 자연의 본래 현상이다"(物之不齊, 物之情也)라고 한 것처럼 그러하다. 자연에는 직선도 원형도 사각형도 삼각형도 없다. 삼라만상은 그대로 삼라만상이다. 자연은 가지런하지 않기 때문에 다양한 기능과 만물 속에서 각각의 개체가 가질 수 있는 위상 역할이 있다. 그런 다양한 개체가 모여 조화와 형평을 이루었을 때 이 세상은 커다란 화목의 광장이 되는 것이다.

인간세상를 영위하는 정치의 궁극적인 목적도 모든 것을 획일화로 돌리는 것이 아니라, 사람들이 가지고 있는 개성과 소질, 다양한 생각과 기능을 마음껏 펼 수 있도록 분위기를 조성해 주는 것이다. 그 다양한 개체를 정치라는 괴력으로 긴 것을 자르고 짧은 것은 늘리고 해서 사람이 만든 기준에 두들겨 맞추어 획일화하는 것이 아니다. 이런 의미에서 제6장 순임금이 추구하는 정치적 중용의 길에는 중화와 시중, 즉 만민의 존재 기능이 서로 충돌이나 마찰 없이 어우러져 전체대용全體大用을 이룰 수 있도록 하는 이상이 담겨져 있다. 이 장에서 보이는 순임금의 정치는 오히려 도가 정치에 가깝고 그 맥은 맹자로 이어져 민본民本, 위민爲民, 군경민귀君輕民貴 정치로 발전한다. 여기서 우리는 주자가 「중용장구서」에서 말한 16자 심법을 상기할 필요가 있다. 순임금의 "그 양단을 잡아 백성에게 그 중을 쓴다"(執其兩端, 用其中於民)는 말은 요임금으로부터 전수 받은 "진실로 그 중심을 잡아야 한다"(允執厥中)는 유산을 지키고 발전시킨 사명에서 나온 중국의 고유한 정치철학인 것이다.

7) 제7장

原文

子曰, 人皆曰予知, 驅而納諸罟擭陷阱之中, 而莫之知辟也. 人
皆曰予知, 擇乎中庸, 而不能期月守也.

◎ 주자주

그물이니, 덫이니, 함정이니 하는 것은 짐승을 잡는 데 쓰는 기구로 사
람이 꾀를 내어 만든 것이다. 사람 스스로가 만든 문명의 틀이나 제도 특
히 정치·행정상의 형벌 심지어 명예나 권력 같은 것도 모두 사람을 잡는
덫, 그물, 함정이 될 수 있다. 사람들은 자기가 만든 덫을 모르고 범하여
치기도 하고 알면서도 피하지 못하는 어리석은 면이 있다. 또한 사람들은
자기가 지혜롭다고 자부하면서도 아는 것을 실천에 옮길 때는 행동이 그
앎을 따르지 못한다. 하물며 어려운 중용中庸을 선택해서 삶으로 옮기기가
쉬울 수 있겠는가? 처음에는 잘하다가 끝내는 지치고 또한 꾀가 나서 쉬
운 길을 택하려고 행동을 바꾼다. 한 달도 못 가서 포기하는 것이다. 그러
니 어찌 지혜롭다 할 수 있겠는가?

이 장은 앞의 '대지大知'를 잇고 또한 '불명不明'의 단서를 들어서 다음
장의 뜻을 도출한 것이다.

◎ 의역

공자께서 말씀하셨다. "사람들은 모두 말한다. 나는 지혜롭다고. 그러
나 자기의 지혜가 자기를 그물과 덫, 함정으로 몰아넣는 것을 알지 못하고

막상 그 위험에 다다르면 피할 수 있는 지능을 발휘하지도 못한다. 또 사람들은 말한다. 나는 중용의 길을 알고 그를 실천할 줄 안다고. 그러나 막상 실천에 들어가서는(중용의 삶을 결심하였지만) 한 달도 못 가서 포기하고 만다."

◎ 강의

이 장은 특별히 더 이상 설명할 것이 없다. 단적으로 말해서 지금 이 세상은 문명의 기술이 끊임없이 발전하고 있지만 행복보다는 불안과 공포에 떨고 있다. 사람이 만들어 놓은 문명의 시설은 때로 큰 감옥이 되어 많은 사람을 몰아넣고 꼼짝달싹 못하게 하여 위험에 빠뜨린다. 이제는 전쟁에서 죽는 것보다도 안전사고로 죽는 숫자가 더 많고, 자연 재해를 당해도 인공시설물에 갇히고 묻히는데다가 압사되는 대량의 피해가 발생한다. 사고가 났다 하면 몇 천 명, 천재지변이 났다 하면 몇 만 명이 다치고 죽는다. 거기다가 의학이 발달했다고 하면서 한편에서는 새로운 세균을 발견한다. 예방 의학을 발전시켰다고 하면서도 여전히 새롭게 나타나는 알 수 없는 병이나 균들과 싸우느라 지쳐 버린다. 이런 것들은 사람들이 자연의 생태질서를 무시하고 지식과 기술만을 연구 발전시킨 데서 반작용으로 생겨나는 문제다.

장자가 말하는 그림자와 경주하는 인생. 문제를 일으키고 그 문제를 풀기 위해 또 새로운 문제를 일으키고, 이렇게 문제를 문제로 풀려는 현대 문명을 '대지大知'라고 할 수 있을까? 그 지식과 기술이 바로 그물, 덫, 함정이 되어 그것을 만든 사람들을 몰아넣는 것이다. 그것을 피하겠다고 꾀를 내어 만든 것은 그물, 덫, 함정을 더 크고 교묘하게 만들어 이제는 뭐가 뭔지도 모른 채 피할 수도 없는 미궁 속으로 빠져든다. 이것을 '대지大知'라고 할 수 있는가? 제4장에서의 지자知者, 현자賢者가 바로 이런 문명의 덫

을 만드는 자다. 그리고 만들고 나면 지자도 현자도 우자愚者나 불초자不肖
者와 함께 그 덫에 걸려들고 만다.

　　그러면 왜 그것을 피하거나 벗어나려 하지 않는가? 그것은 편하고자
하는 욕망에 사로잡혀 위험하다는 것을 알면서도 자꾸만 말려들고 또 삶
의 구조가 모두 인위적 조직망에 들어 있어 그 망에서 벗어나면 살기 어렵
기 때문이다. 말하자면 현대인은 기술문명이라는 마약에 중독되어 계속
마약을 맞아야 하고, 그물망을 더 크고 조밀하게 하여 마치 수수께끼를
하듯 스스로 미궁에 있기를 선호하고 있다. 그러니 옛날에도 중용中庸을
택해서 실천하다가 어려우니까 꾀를 내어 제멋대로 굴고 얽매이기 싫어하
는 삶으로 되돌아간다고 했는데(不能期月守也), 하물며 오늘날의 삶은 어떠
한가? 지금은 아마 한 달(期月)은커녕 하루도 못 할 것이고, 아예 중용 자체
의 삶을 생각하고 해 보려는 의욕 자체도 감히 내려 하지 못할 것이다.

　　끝으로 주희의 주 가운데 이 장은 앞의 '대지大知'를 잇고 다음 장을
열었다고 했는데, 이는 잘못된 주해인 것 같다. 내 생각으로 이 장은 제6장
다음에 올 것이 아니라 제4장 뒤에 위치시켜 "지자과지知者過之, 현자과지
賢者過之"를 구체적으로 설명한 문장으로 보는 것이 옳지 않은가 한다. 제7
장의 '지知'는 결코 '대지大知'를 이을 수 없으며 오히려 그와 상반되는 '지
知'임이 틀림없기 때문이다.

8) 제8장 강의

原文　　子曰, 回之爲人也, 擇乎中庸, 得一善, 則拳拳服膺, 而弗失之矣.

◎ 주자주

안자는 어질고 지혜로운 사람이다. 그러므로 그는 어떻게 사는 것이 중용인가를 밝게 알고 굳게 믿기 때문에 실천 또한 진지하고 낙천적이다. 중용을 몸에 익히고 생활화하니 삶이 곧 중용이므로 잃어버릴 염려가 없다. 앞장에서 지혜롭다고 하는 사람도 막상 중용을 실천하면 한 달도 못가서 지키지 못하고 잊어버리는데, 안자는 이와 달리 한 번 이것이 중용이다 하고 확신하면 그것을 가슴속에 품고 삶에 옮겨 영원히 떠나보내지 않는다. 이것이 안자의 지혜와 일반사람들이 안다고 하는 것의 차이다.

◎ 의역

공자께서 말씀하셨다. "안회顏回의 사람됨은 중용을 실천함에 이것이 옳다라는 확신을 얻으면 그것을 꼭 가슴에 품고 혹여 잃어버리거나 않을까 하며 오래도록 지킨다."

◎ 강의

제6장에서 순임금의 중용적 정치는 '윤집궐중允執厥中'을 실천하는 데 있었다고 했는데, 여기서 안회는 정치가가 아니고 공자의 인仁을 자신 삶 속에서 묵묵히 실천하는 성실한 보통사람이므로 그의 중용은 자기 완성이라는 기본 삶 속에서 찾았다 할 수 있다. 그래서 하나의 선함을 얻었다(得一善)는 것은 내성외왕內聖外王 가운데 내성적인 선善이지 거창하고 화려하고 주위를 떠들썩하게 할 만한 그런 외왕적인 것은 아니다. 공자는 공부를 하는데 먼저 나를 다스린(修己) 뒤 그것을 통해 다른 이를 편안하게 하는(安人) 것을 원칙으로 삼았다. 사람들은 수기修己를 소홀히 하면서 남을 탓하고 지배하고 이기려고만 하는 나쁜 습성과 욕심을 가지고 있어 특히 자기

내면 심성을 먼저 다스려야 함을 권한 것이다. 이것이 극기복례克己復禮다.

남을 이기려 하지 말고 먼저 자신을 이기며 남을 탓하고 원망하기 전에 자기를 탓하고 자기를 꾸짖어 진실무구한 인간으로 돌아가는 것이 인仁을 행하는 첫 단계다. 그 다음 그것으로 미루어 남을 사랑하고 사물을 사랑하고 자기와 공생공존共生共存하는 모든 천지생명을 사랑하는 것이다. 이러한 인인仁人의 기본을 갖춘 사람이 안회다. 그러므로 공자가 볼 때에 안회는 '인간은 저래야 한다' 하는 하나의 인인仁人 모델이었던 것이다. 어떤 하나의 (조그마한) '선善'(묵자는 생명을 잘 살게 해 주는 것을 善이라 하고 생명에 해를 끼치는 것, 생명을 죽음으로 몰아가는 것을 惡이라 했다), 즉 삶을 조금이라도 유익하고 아름답고 즐겁게 하는 데 도움이 되는 것이면 그것이 하찮은 것이라도 마치 보화를 얻은 것처럼 몸에 품고 잃어버리지 않도록 지킨다. 이것이 수양공부修養工夫의 요체다.

여기서 순임금의 중용적 정치와 비교한다면 안회의 중용은 마치 중용적 수기守己라고 할 수 있어 안회를 바로 수기공부守己工夫의 모델로 등장시킨 것으로 보인다. 이러한 안회의 중용적 삶은 어떻게 보면 퍽 소극적이고 좀 답답하게 보일지 모르나 인간은 이 기본부터 닦아야 이후 제왕帝王이 되었을 때 대본大本과 달도達道의 기본인 은미隱微를 세울 수 있어 비로소 중용적 정치도 할 수 있게 된다. 그러므로 그 선후를 따지자면 안회의 중용적 삶은 순임금의 중용적 정치보다 근본적이고 아름다운 것이라 할 수 있다. 공자가 안회가 죽었을 때 "하늘이 나를 망쳤네. 하늘이 나를 망쳤네. 내 도가 전해지기가 어렵게 되었구나" 하고 탄식한 것은 공자가 이상으로 여긴 인간의 진실한 모델이 없어졌기 때문이다.

9) 제9장

原文
子曰, 天下國家可均也, 爵祿可辭也, 白刃可蹈也, 中庸不可
能也.

◎ 주자주

균均은 다스린다는 뜻이요, 사辭는 자기 욕망을 끊고 부귀영화를 거절
하는 것이요, 도蹈는 피하지 않고 거기에 임한다는 것이다. 이 세 가지는
(순임금과 같은) 지知요, (안회와 같은 淸高한) 인仁이요, (자로와 같은) 용勇
에 속하는 일로 지극히 해내기 어려운 일들이다. 그러나 이런 것들은 인간
사, 천하사 전반에 걸치는 대사大事나 달도達道가 아닌 어느 한 일에 치우
쳐 있는 것이므로 그쪽에 특별한 지식과 능력을 갖춘 자라면 못 해낼 이가
없다. 한 가지 재주에 능한 자는 그 재주만은 누구보다도 잘 해낼 수 있는
것이 아닌가? 다른 사람은 못해도 자기만은 해낼 수 있는 일을 가진 사람
은 얼마든지 있을 수 있다. 그러나 중용만은 해내기 어렵다. 언뜻 보기에
중용은 내 안에 속하는 일이므로 쉽게 해낼 것 같지만 이것은 나 자신의
심성에 달려 있는 문제이므로 나 자신이 의義에 투철하고 인仁에 침잠해서
조금이라도 사욕이 없는 광명뇌락光明磊落한 사람이 아니고는 해낼 수 없
다. 지知, 인仁, 용勇 세 가지 일은 보기에는 어려우나 기실 행하기는 쉽다.
중용은 쉬운 것 같으나 실천하기는 어렵다. 그래서 "능히 행할 수 있는 사
람이 드물다"(民鮮能)라고 한 것이다.

◎ 의역

공자께서 말씀하셨다. "사람이 하는 일 가운데 제일 크고 어려운 것은 사람 사는 세상(천하국가)을 다스리는 일인데, 노력만 하면 공평무사하게 모두들 만족시키는 정치를 할 수 있다. 다음으로 사람의 욕망을 끄는 것 가운데 가장 선망적인 것은 부귀영화인데, 높은 벼슬을 하고 많은 봉록을 받으면 이룰 수 있다. 그러나 이러한 욕망과 유혹도 일언지하에 거절할 수 있고 이미 받아먹고 있던 벼슬과 녹도 미련 없이 버리고 갈 수 있다. 또 들이대는 흰 칼날에 지조를 뺏기게 되거나 큰 죄를 지어 극형에 처해지는 일이 있어도 이를 피하지 않고 당당하게 두려워하지 않는 마음으로 죽음에 임할 수도 있다. 사람으로서는 하기 어렵고 거절하기 어렵고 피하기 어려운 것도 해낼 수 있지만 중용의 길을 실천하는 것은 정말 해내기 어려운 일이다. 그러니까 이 세상에서 사람이 가장 하기 어려운 일은 중용적 삶을 사는 것이다."

◎ 강의

『중용』을 읽다 보면 가끔 천둥번개에 놀라 마음을 수습하고 조용히 앉아 천지신명 앞에 경건해지는 자신을 발견하듯, 가슴 깊이 와 닿는 장엄한 문장과 만나진다. 이 장의 문장도 이와 같아서 글 속에 천지신명이 깃들어 있는 듯한 영감을 주는 글에 속한다. 제29장에는 "군자가 움직이면 세상은 그를 천하天下의 길로 삼고, 그의 행실을 세상은 천하의 법法으로 삼고, 말을 하면 세상은 그것을 천하의 이치로 삼는다"(君子動而世爲天下道, 行而世爲天下法, 言而世爲天下則)라고 했다. 이렇게 성현군자의 행동, 가르침(言), 문장에는 사람을 깨우치고 감동시키는 신령이 깃들어 있다. 천하국가로 시작하는 이 장의 글도 자못 거창하다 못해 장엄하다. 그래서 나를 위축시키기도 하지만 끝내는 내 생명정신을 불러일으켜 내 자신이 천하의 그 무엇보다도 크고 중심이 된다는 마음을 갖게 한다. 그리고 스스로 자신을 무겁고(自重) 사랑스러우며(自愛) 보배스럽게(自珍) 돌보게끔 한다. 진정 사람이 왜 이 세상에서 가장 신령스럽고 고귀한 존재인가를 자각하게 하고 한없는 생명정신으로 신령의 높이와 도덕의 깊이 그리고 사명의 무게를 느끼고 또 느끼게 한다. 느낄수록 더욱 천지가 장엄해지고 자신이 신성해지는 것을 감통하게 하는 책이 바로 이 『중용』이다.

그렇다. 천하국가 그것을 다스리는 게 무어 그리 어려울까? 사람이 본래 우주경영의 주체가 아닌가? 만일 사람에게 우주경영의 자격과 능력이 없다면 유가가 구태여 현실주의와 인본주의를 고집할 이유가 없다. 인간이기에 천지경영을 할 수 있다는 믿음이 있고 성현들이 설계하고 건설해 놓은 문화와 문명의 이상향이 제시되어 있기 때문에 결과는 오직 자신의 실천의지와 노력성실에 달려 있을 뿐이다. 여기서는 벼슬과 녹, 부귀영화를 포기할 수 있다고 되어 있는데, 이는 사람의 결심이 얼마나 결연한가를 보여 주는 대목으로 그렇게 말한 것이지 사실 유가는 도가나 청교도처럼 부귀영화를 거부하지 않는다. 그것이 왜 나쁜가? 산다는 것은 맹목적이 아니며 삶의 희망과 목적이 있다면 오히려 부귀영화는 소박하고 절실한 염원의 기본이 된다. 그래서 제18장에서는 부귀영화를 달성한 인물로 주나라 문왕과 무왕을 들고 있다. "존귀하기로는 천자가 되고, 부유하기로는 천하를 경영하고, 그 공명을 기름으로는 종묘의 제향을 받고, 생명이 영원하기로는 자손이 번식해 나간다."(尊爲天子, 富有四海之內, 宗廟饗之, 子孫保之) 이것은 인간이면 누구나 갖는 보편적 욕망이다. 다만 그것을 추구할 때 의리와 분수에 맞으면 취하고, 정도에 어긋나 부당한 방법으로 얻어지면 반 푼어치 금쪽이라도 받지 않고 거부할 뿐이다. 가장 큰 욕망을 자기의 도덕적 용기로 억제하고, 주어지는데도 버릴 수 있는 것은 도덕인간만이 할 수 있는 용기 중의 용기인 것이다.

사실 이 장에서 이 문장은 겉에서 보면 거대한 것에서부터 점점 자그마한 것으로 위축되어 내려오는 느낌을 준다. 하지만 사실 내용의 본질을 살펴보면 점점 더 어려운 문제, 근본적인 문제로 귀결되고 있음을 알 수 있다. 천하국가를 다스린다. 이것은 거창해 보이지만 나 자신 밖에 있는 일이요, 인류 공동의 일이다. 부귀영화를 차 버린다는 것은 나 자신의 강력한 욕망과 싸워 이기는 일로 정말 어려운 일이다. 『논어』「안연」에 "자기 자신의 욕망을 이기고 천하의 공평무사함으로 돌아가면 인인仁人이 된다"(克己復禮爲仁)라고 하지 않았던가? 자기 자신과 싸워 이긴다는 것은 천하국가를 다스리는 일보다 한 차원 높은 일이다. 왜 그러한가? 인간만사 즉 천지경영 문제도 궁극적으로는 한사람 한사람의 마음에서 시작하는 것이므로 이 마음의 사사로움이 극복되지 않으면 천하국가를 다스릴 수 없기 때문이다.

그런데 이 부귀영화의 욕망을 잠재우는 일보다 어려운 게 있으니 바로 생명에 대한 애착이다. 죽기 싫어하고 살기 좋아하는 것은 생명이 있는 모든 이의 본능이다. 그러나 유가의 인간됨됨이에서는 부득이하게 생명을 버려야 할 경우를 말한다. 생과 사의 갈림길에서 어느 쪽을 선택하느냐는 인간이 세운 의리와 명분으로 판단한다. 간단히 말하면 사람답게 죽느냐 짐승처럼 사느냐의 문제인데, 이에 대해 공자는 '성인成仁'을 말하고 맹자는 '취의就義'를 말한다. 『예기』「유행儒行」에서는 "선비는 죽일 수는 있어도 그 지조는 빼앗을 수 없다"(儒不……可殺而不可辱也)라고 하고, 『맹자』「등문공滕文公」에서는 "무기를 가지고 생명을 위협해도 굴복하지 않는다"(威武不能屈)라고 하였다. 죽음보다도 의리 명분을 지키는 것, 이것이 군자의 지조와 절개다. 죽음을 피하지 않고 당당히 임하는 것은 천하를 다스리고(均天下) 벼슬과 녹을 사양하는(辭爵祿) 것보다 더 어려운 일이나 군자는 이 어려움도 해낼 수 있다. 그럼에도 마지막으로 중용은 해내기 어렵다고 하였으니 중용의 길을 간다는 것은 어려움 중의 어려움이다. 정말 『중용』은 생명정신을 자각하기도 어렵거니와 실천하기는 더더욱 어려운 내용의 책이다.

10) 제10장

> 子路問強.
> 子曰, 南方之强與, 北方之强與, 抑而强與.
> 寬柔以敎, 不報無道, 南方之强也, 君子居之.
> 衽金革, 死而不厭, 北方之强也, 而强者居之.
> 故君子和而不流, 强哉矯, 中立而不倚, 强哉矯. 國有道, 不變塞焉, 强哉矯, 國無道, 至死不變, 强哉矯!

◎ 주자주

자로는 공자의 제자로 이름은 중유仲由다. 자로는 우직하고 용감하다. 그러므로 여기서 강强을 물은 것이다.

억抑은 어조사고, 이而는 '너 여'(汝)다.

"너그럽고 부드럽게 가르친다"(寬柔以敎)라는 말은 잘난 이, 못난 이 할 것 없이 가리지 않고 포용해서 그들이 지나치거나 미급한 점을 중中에 맞추도록 부드럽고 순리대로 가르쳐 배우는 자가 억지로 교정을 당해 개인적 심성과 지능에 손상을 입지 않도록 한다는 것이다. "무도함에 보복하지 않는다"(不報無道)라는 말은 상대방이 무도한 방법으로 쳐들어와도 그것을 피하지 않고 그대로 받아들이되, 타일러 스스로 옳고 그름을 알게 해서 자진 물러나게 할 뿐 이쪽에서도 역시 똑같은 방법을 써서 싸우지 않는다는 뜻이다. 남방은 분위기가 온유해서 남을 용인容忍하는 것으로 이긴 것을 삼는다. 말하자면 이긴 자가 곧 강자라는 등식을 취하지 않고 용인하고 화해하는 자가 진짜 강자라고 인식한다는 것이다.

북방은 그 분위기나 가치관이 사뭇 남방과 달라서 강경剛勁한 것만이 강한 것이라고 여겨 무력적인 강함을 숭상하여 금속 병장기, 가죽류의 갑주를 입어 외형적으로 강한 인상을 남에게 보여 주려 하고 과감한 행동과 물리적 힘으로 다른 이와 싸워 이기는 것을 강함으로 삼는다. 그러니 여기서는 도덕적 용기를 가진 강자가 아닌 물리적인 힘을 가진 강자들이 살아간다.

휩쓸리지 않는 강함, 기대지 않는 강함, 변질되지 않는 강함, 두려워하지 않는 강함 이 네 가지를 합치면 중용의 강함이 되니, 공자는 "자로야 너는 이런 중용의 강자가 되라"라고 권유한 것이다. 교矯란 강한 모양이다. 『시경』에서 "교교矯矯한 호신虎臣"이라고 말한 것이 이것이다. 색塞은 출세가 막혀 곤궁에 처함을 말한 것이다. 세상이 어지러워 정도를 지키기 어려울 때도 평소 닦은 인격과 지조를 끝까지 지키라는 것은 누구나 가난은 참기가 어렵고 특히 목숨을 위협 받는 강압과 유혹은 뿌리치기 어렵기 때문에 여기서 진짜 강함이 증명된다는 것이다. 앞에서도 여러 번 "중용은 능히 행할 수 없다"라는 말을 하였다. 스스로가 자기의 사사로운 욕망을 이겨내는 강자가 아니고서는 중용의 덕을 지킨다는 것은 정말 어려운 노릇이다. 그러니 군자의 강함보다 더 강한 강함이 어디에 있겠는가? 공자는 이렇게 '강强'에 대한 교육을 자로에게 해 주어서 평소 혈기의 강함을 일삼던 자로로 하여금 도덕의 용기를 가진 중용의 강자가 될 것을 권면한 것이다.

◎ 의역

공자의 제자 중에서 가장 용맹한 자로가 물었다. "정말로 강强하다는 것은 어떤 것입니까?"

공자께서 말씀하셨다. "네가 묻는 것은 남방南方의 강함이냐? 북방北方의 강함이냐? 아니면 너 자신의 그 용맹스러운 강함이냐? 그러면 먼저 남방의 강함과 북방의 강함을 말하고, 네가 취해야 할 군자君子의 강함을 말해 주마.

나보다 모르는 사람, 나보다 약한 사람, 나보다 못한 사람에게 너그럽고 부드럽게 베풀고 가르치며 혹여 그들이 무도하게 나쁜 짓을 하고 심지어 적대행위를 해도 막바로 보복하지 아니하고 타일러 스스로 깨우치게 하는 것이 남방의 강함이니, 거기는 군자가 사는 나라다.

쇠로된 병장기를 들고 가죽으로 된 갑옷을 입고 그것을 잠잘 때도 벗지 않은 채 깔고 걸치고 자며 죽음의 싸움터에 몰아넣어도 마다하지 않고 있는 힘을 다해 싸우는 용맹스러움이 북방의 강함이니, 거기는 물리적으로 강한 자들이 사는 곳이다.

이렇게 각기 치우쳐 있는 관유寬柔의 강함과 강강剛强의 강함 양면을 모두 합친 강함을 가진 사람이 군자다. 군자는 남방의 강함처럼 관유해서 남과 잘 어울리고 화합하기를 좋아하지만 결코 자기 중심과 입장을 모두 버리고 남의 상황에 휩쓸려 들어가지 않는다. 이것이 진정 정직한 강함이다. 또 북방의 강함처럼 때로는 죽음도 두려워하지 않고 용맹스럽게 싸우지만 어느 한쪽에 치우치거나 사사로움에 이끌려 대공무사大公無私와 전체대용全體大用을 저버리지 않는다. 이것이 진짜 강한 것이 아니겠는가?

정말로 도덕적 용기를 지닌 강자强者는 나라에 질서가 바로 세워져 자신이 크게 쓰임을 당해 부귀영화나 뜻을 펼 수 있는 자리에 나아가더라도 자기가 곤궁에 처해서 몸을 닦고 지킬 때의 마음과 몸가짐을 잊지 않고 더욱 삼가고 소박하게 마음을 비우며 공사에 임한다. 이것이 어디에도 치우치지 않는 중용의 강함이다. 또한 나라에 기강이 무너져 군자가 소인들에게 박해를 받거나 심지어 죽임을 당하는 어려움을 겪어도 정도를 지키고 지조를 팔지 않으니 이것이 어디에도 휘거나 꺾기지 않는 강함인 것이다. (너는 마땅히 군자의 강함을 알아서 지키고 행해야 할 것이다)"

◎ 강의

이미 의역과 주회의 주를 풀이하면서 하고자 한 말은 거의 했으니, 마지막으로 여기서 제기한 '강强'이라는 명제를 다시 중용이라는 기준에 맞추어 이 장의 문맥을 정리해 보겠다. 앞에 나오는 남방·북방의 강함은 공간상 치우쳐진 강함이므로 화합하나 휩쓸리지 않고(和而不流), 중립하면서 기대지 않는(中立而不倚) 중용의 강함으로 교정 또는 승화시키고 있다. 마지막 단락에 나오는 나라에 도가 있을 때는 곤궁했을 때를 잊지 않고(不變塞), 나라에 도가 없을 때는 죽음에 이르더라고 변질되지 않는(至死不變) 강함은 시간상 역사 속에 있는 중용의 강을 말한 것이다.

사실 다양한 인간과 사물로 구성된 광장 속에서 중용을 찾는다는 것은 우선 전체를 파악하고 움직이고 출렁대는 상태에서 자기를 지킬 수 있는 중中을 잡고 지킨다는 것이다. 예를 들어 전차는 서 있을 때만 포를 쏘는 것이 아니라 움직이고 달릴 때도 포를 쏘아야 하기 때문에 포의 조준장치에는 전차 자체의 움직임 속에서도 늘 중심을 찾아서 지키는 장치가 되어 있다고 한다. 바로 이런 것이 출렁대는 공간 속에서 찾는 중中이다. 이에 맞게 강하게 되려면 그 강함은 어떤 경우에도 강해야 한다. 강함을 어떤 경우에도 강함일 수 있게 하는 것이 바로 '교矯'다. 그러므로 주회는 이를 강한 모양이라고 풀이하고 있다. 교矯 역시 강强이며, 이는 강한 것을 강하게 하는 강함으로 보아야 한다. 교로 인해 강强은 강할 수 있으며, 강함은 자신을 지키면서 출렁대는 가운데 중中을 잃지 않게 된다.

다음은 역사의 흐름 속에서 찾아가는 중용의 강强이다. 우리가 초서를 운필할 때면 직선을 그어도 중심에서 늘 좌우 어디론가 치우치게 된다. 어떨 때는 아주 아슬아슬하게, 어떨 때는 극단으로 치우칠 때도 있다. 획 하나만을 놓고 보면 이렇듯 치우쳐 넘치거나 모자라다. 그러나 다시 전체 운필 과정을 한눈에 보게 되면 저쪽에 치우친 만큼 다음은 이쪽에 치우쳐서 전체 균형상 오히려 역동적인 균형감각을 준다. 말하자면 직선인 획 하나로는 변화상에서 일어나는 역동적인 균형조화의 감각을 주지 못한다는 것이다. 그러므로 나라에 도가 있을 때의 '불변색不變塞'이나 나라에 도가 없을 때의 '지사불변至死不變' 모두 하나만 놓고 보면 치우쳐 있어 중이 아니다. 시간의 흐름을 단절해 놓고 보면 모두 중용은 아닌 것이다. 그러나 역사 시간의 흐름을 길게 개방해 놓고 전체 시간 단위 속에서 관조하면 이리저리 치우쳤던 역사적 행위는 그 나름 균형과 조화를 찾아가고 있었음을 알 수 있다.

만일 군자의 강함을 역사의 변화 흐름을 무시하고 나라에 도가 있건 없건 "중립中立해서 기대지 않는 것이다. 이것이 중용이다"라면서 변화에 응하지 않는다면, 이는 앞에서 말한 직선은 되더라도 역동적 생명의 선線은 될 수가 없다. 생명의 선은 직선이 아니라 강물이 스스로 지형에 맞추어 '갈 지'(之)자로 물길을 열어 가듯 흐르는 곡선이다. 역사의 길 또한 직선이 아니라 곡선이다. 직선의 시간과 정태静態의 공간 속에서 찾는 중용은 죽은 중용이다. 무한히 변화에 응할 수 있는 역동성을 가지고 있어야 산 중용이라 할 수 있다.

11) 제11장

子曰, 素隱行怪, 後世有述焉, 吾弗爲之矣!

君子, 遵道而行, 半塗而廢, 吾弗能已矣!

君子, 依乎中庸, 遯世不見知, 而不悔, 唯聖者能之!

◎ 주자주

소素는 『한서漢書』에 의하면 '색素'자의 오기라고 한다. 색素으로 보아야 뜻이 통한다. '색은행괴素隱行怪'란 깊은 곳에 숨어 있는 이상한 이치들을 들추어낸다는 말이요, 괴이한 행동으로 세상을 현혹시킨다는 말이다. 그러므로 참거짓을 구분하지 못하는 사람들은 이런 말과 행동에 쉽게 현혹된다. 이 약점을 이용해서 이단자들은 세상을 속이고 이름을 도적질해서 세상에 알려지고 후세에 기록된다. 이는 아는 것이 지나치고 무엇이 선善인지 가려서 고집하지 못해서다. 또 그러한 행동이 지나쳐 중中을 찾아 쓸 줄 모르므로 강해서는 안 되는 강을 행한다.(남을 이기기 좋아하고, 남보다 자기를 돋보이게 하려 한다) 성인이 어찌 이런 짓을 할 수 있겠는가?

'준도이행遵道而行'한 것은 선을 잘 가렸기 때문이고, '반도이폐半塗而廢'한 것은 힘써 행동함이 부족했기 때문이다. 따라서 앎은 미치나 행동은 미치지 않는 자로 마땅히 강해야 할 때 강하지 않는 자를 말한다. 성인이 중도에서 그만두지 못하는(않는) 것은 지극히 성誠하고 쉼이 없기 때문이다. 세상에 숨어 살며 세상이 알아주지 않아도 후회하지 않는 것은 그가 행하는 중용이 성덕性德화하고 앎과 행동에 습관이 들었으며 인심仁心이

온 세상에 충만해서 다른 무엇에 의탁하지 않고도 스스로 좋아하고 즐길 수 있기 때문이다. 그러므로 이는 성인만이 해낼 수 있는 일이라고 한 것이며, 바로 공자 자신이 스스로 겸양해서 한 말이기도 하다.

자사가 공자의 말을 빌려다가 제1장에서 말한 대의大義를 밝힌 것은 이 장에서 일단락된다. 여기까지의 요지는 지知, 인仁, 용勇, 삼자를 입도지문入道之門으로 삼은 것으로 순임금, 안연, 자로의 일을 예로 들었다. 여기서 순임금은 지知요, 안연은 인仁이요, 자로는 용勇을 상징한다.

사람의 본능 중에는 세상에 자기 존재를 드러내고 싶고 남이 나를 알아주기를 바라고 남이 나에게 굴복하고 나를 존경해 주기를 바라는 욕망이 있다. 그런데 이 원초적 욕망을 달성하는 길은 진실로 자기를 이루어서 남이 스스로 나에게 다가오게 하는 길이 있는 반면, 자기 자신을 성취시키지 않고 헛된 선전과 광고, 가식과 위선으로 남을 설복시키는 방법이 있다. 앞의 방법을 '위기지학爲己之學'이라고 하고 뒤의 방법을 '위인지학爲人之學'이라 한다. 공자가 이 장에서 말한 '색은행괴索隱行怪'가 바로 '위인지학'의 극치다. 세상이 혼란할수록 '위인지학'을 하는 사람들이 출세도 하고 성공도 해서 쉽게 목적을 달성한다. 그러다 보니 처음에는 '위기지학'을 하던 사람들도 성공이 어려우니까 길을 바꾸어 '위인지학' 쪽으로 옮겨간다. "도를 따라 수행하나 중도에서 그만둔다"(遵道而行, 半塗而廢)는 것은 이러한 상황적 압박과 세속적 유혹을 극복하지 못해서 일어나는 현상이다.

그런데 여기서 공자는 단호히 나는 나의 길(爲己之學)을 갈 뿐 결코 중도에서 그만두지 않겠다고 한다. 이것은 공자의 신심이 강해서 자기 극복력이 강해서라기보다 그 위기지학 속에 남이 알아주는 것보다도 차원이 다른 존귀한 가치가 있음을 알기 때문이다. 『논어』「옹야」에 도를 아는 자는 도를 좋아하는 자만 못하고, 도를 좋아하는 자는 도를 즐기는 자만 못하다(知之者, 不如好之者, 好之者, 不如樂之者)는 말이 있다. 공자는 이미 알고 좋아하는 것을 거쳐 즐기는 경지에 들어갔기 때문에 설사 외부의 유혹이나 강압이 있다 해도 그만둘 수가 없는 것이다. 외부적인 무슨 도덕명령이라든가, 하늘의 사명 혹은 자기 고집을 꺾기가 싫어서 '그만두지 못하는'(弗能已矣) 것이라기보다 '안빈낙도' 쪽에서 이 구절을 풀이하는 것이 더 인간적이고 절실하게 받아들여질 것이다.

여기서 '둔세遯世'라는 말은 세상을 피한다거나 잊는 것이 아니라 은둔이라는 말이다. 동양에서 은둔은 『주역』 건괘의 잠용潛龍과 같이 건덕乾德을 키우는 과정이지 아무것도 안하면서 거저 놀면서 잠자는 게 아니다. 세상에 나와서 많은 일을 하며 무엇에 몰두할 때도 끼니까지 잊으며 힘쓰는 생명 역동의 시간이다. 예를 들어 대학에서 공부하는 것은 사회로 나가기 전, 둔세의 영역이고 시간인 것이다. 사회에서 어떤 일을 하든 열심히 공부한 자는 그 학문이 좋고 즐거우며 성취의 보람 또한 느끼게 된다.

그러니까 사실상 '남이 알아주나, 알아주지 않나?' 하는 그런 잡념은 생겨날 수가 없다. 그 둔세의 과정이 끝나고 사회 현실에 나가 보라. 거기서는 수많은 '위인지사爲人之事'를 만난다. 그 속에서 자신의 삶을 즐긴다는 것은 정말 어렵다. 결국 이 장에서 오직 성인만이 능히 할 수 있다고 한 것은 둔세하여 알려지지 않아도 후회하지 않는 것(遯世不見知, 而不悔)뿐 아니라 세상에 나가 도를 즐기는 것까지로 보아야 한다. 여기서 가장 어려운 것은 현실의 삶 속에서 중용에 기대어 천명을 알아 즐기는 것이다. 이렇게 중용은 음미하면 할수록 적용되는 범위는 보편타당하다.

◎ 의역

공자께서 말씀하셨다. "사람들 중에는 인간세상과 동떨어진 먼 세상의 심오하고 난해한 학설들을 꾸며 내고 일반사람들의 일상적 행위와는 전혀 다른 괴이한 행동을 해서 사람들의 주의를 끌어내어, 자기의 이름을 후세에 전하려고 기술하는 이가 있는데, 나는 그런 일로 세상에 알려지거나 후세에 전하는 일을 하지 않는다.

그리고 군자라고 자처하면서도 중용의 길을 따라 수행하다가 끝까지 추구하지 못하고 중도에서 그만두는 이가 있는데 나는 내가 가는 이 중용의 길을 멈추려야 멈출 수가 없다. 이것은 남을 위하는 어떤 다른 목적이 있어 가는 길이 아니라 나 자신이 마땅히 가야 하는 길이라고 숙명적으로 받아들이고 또 그렇게 걸어가니 좋아지고, 걸어갈수록 즐거워진다. 이제는 옆에 다른 길이 생겨 나를 그 길로 유혹한다 해도 좋고 즐거워진 맛이 들은 이 길을 멈출 수가 없다.

군자는 누구를 위해서 혹은 세상에 이름이 알려져 존경과 선망의 대상이 되기 위해 사는 것이 아니다. 스스로 '아, 이 길이 내가 갈 바른 길이구나' 하고 터득하여 그것을 좋아하게 되고, 좋아함을 넘어서 즐거울 수 있도록 자기 자신을 위한 삶을 살아갈 때 행복의 진미를 아는 것이다. 그래서 군자는 그저 중용의 삶 속에서 즐거워할 뿐 세상이 그를 알아주거나 알아주지 않음을 신경 쓰지 않는다. 이는 오직 성자만이 할 수 있는 일이다."

4. 『중용』 제3강 군자의 도
— 부부의 도에서 평천하의 도까지

1) 제12장

君子之道, 費而隱.

夫婦之愚, 可以與知焉, 及其至也, 雖聖人, 亦有所不知焉. 夫婦
之不肖, 可以能行焉, 及其至也, 雖聖人, 亦有所不能焉. 天地
之大也, 人猶有所憾. 故君子語大, 天下莫能載焉, 語小, 天下
莫能破焉.

詩云, 鳶飛戾天, 魚躍于淵. 言其上下察也.

君子之道, 造端乎夫婦, 及其至也, 察乎天地!

◎ 주자주

비費란 쓰이는 영역이 무한히 넓다는 뜻이며, 은隱은 그 쓰임(用)이 발하기 전에 간직되어지는 대본大本(體)의 정미精微함을 말한 것이다.

"부부지우夫婦之愚, 가이여지언可以與知焉"에서 '여與'자는 거성去聲이다. 여기에 설명을 붙인다면, '여與'는 일반적으로 '더불어'라고 풀이한다. 이 문장 속에서도 일차적으로 '더불어'라는 뜻이 있다. 즉, '남편과 아내가 부부 생활을 하면서'라는 뜻이다. 그 결과로 얻어진 '지知'가 아무리 어리석은 부부라는 좀 폄하된 전제에 있더라도, 이를 반전해서 부부의 어리석음이 어리석음이 아니라 실은 군자의 지知와는 차원이 다르다고 강조하는 의미가 있다. 생각해 보자. 남편과 아내는 남과 여로 있을 때와는 달리 부부가 되면 가정을 꾸려 자식을 낳고 기르며 살아간다. 그때 '더불어서' 얻고 터득하는 지식과 행위는 천지의 생성과도 맞먹는 위대한 것이다. 흔히 부부가 중심이 되어 이루어진 '가정'을 소우주라고 하지 않는가? 따라서 '여與'자는 '더불어'에서 시작해서 그로 인해 축적된 지식으로 세상만사 변화에 적응해 나갈 수 있다는 주동적·운동적 의미를 갖는다.

군자의 도는 가깝게는 부부夫婦의 은밀한 '거실지간居室之間'(陰陽和合之事)부터 멀리는 성인이 천지간에서 알기 어려운 문제와 영역까지를 모두 포함한다. 말하자면 그 포괄된 세계란 크기로는 밖이 없고 작기로는 안이 없으니 가히 비費라고 할 수밖에 없다. 그러나 그 이치가 그런 까닭에 이르러서는 은미隱微해서 견지見知할 수가 없다. 내가 알 수 있고 할 수 있다는 것은 도道 가운데 한 영역이자 한 부분에 불과한 것이고, 지극해서 성인조차도 알 수 없고(不知) 할 수 없다는(不能) 것은 부분이 아니라 전체를 들어서 말한 것이니, 성인도 진실로 다할 수 없는 것이 있다. 후씨侯氏는 말했다. "성인도 알 수 없다는 것은 공자가 예禮를 묻고 관官을 물은 맥락(類)과 같으며, 할 수 없다는 것은 공자가 천자의 자리에 오르지 못해서 요순의 도를 백성에게 널리 베풀지 못하는 아쉬움이 있다고 말한 맥락(類)과 같다." 사람이 천지에 아쉬움을 갖는다는 것은 하늘이 만물을 덮고 땅이 만물을 싣는 데에도 치우치거나 기대는 바가 있고, 한서寒暑와 재상災祥, 즉 천재지변과 같은 정상正常을 잃은 이변이 있는 것을 말한 듯하다.

연鳶은 소리개, 려戾는 다다르다, 찰察은 착상着想이다. 자사는 이 시를 인용해서 천지가 화육化育하고 만물이 유행流行하는 이치를 밝힌 것이다. 위아래로 밝게 드러남(昭著)이 이치의 용用 아닌 것이 없으니 이른바 비費다. 그러나 소이연자所以然者에 이르러서는 보고 드는 것으로는 알 수가 없으니 이른바 은隱이다. 그러므로 정자程子가 "이 일절一節은 자사가 인간생명이 살아가는 활발한 세계를 직감하고 쓴 것이니 중용을 읽는 사람은 자사의 그러한 경지를 생각하고 찾아 들어가야 할 것이다"라고 하셨으니 그 맛이 무궁무진하다(其味無窮)는 뜻이 이것이다.

◎ 의역

군자의 길, 즉 중용의 도에는 정자가 "밖으로 표출하면 천지에 가득 차고 거두어들이면 하나의 마음속에 수습된다"라고 한 것처럼 한없이 넓게 쓰이는 용用(事)의 성격이 있는가 하면 은밀한 데 감추어지는 체體(理)의 성격도 있다. 다시 말해 주희는 일용사물의 도와 평상의 리를 말한 데 비해 정자는 치우치지 않는 중인 천하의 정도와 바뀌지 않는 용인 천하의 정리를 말한 것이다. 일용사물의 도나 평상의 리는 부부들의 평범한 지식으로도 얼마든지 준비할 수 있고 변화에도 응하며 살아갈 수 있지만, 천하의 치우치지 않는 정도와 바뀌지 않는 정리 같은 은미隱微한 것에 이르러서는 중용의 도에 통달했다는 군자의 지혜나 능력으로도 알 수 없고 행하기 어려운 바가 있다.

천지가 아무리 포용하지 않는 것 없이 광대하고 궤도를 따르는 순환질서 안에서 무한 생성하는 위대한 존재라 하더라도 인간이 인간의 지능과 이상으로 인문세계를 이룰 때는 만족스럽지 못한 면이 있을 수 있다. (따

라서 문명과 문화는 천·지·인 삼재의 합작일 수밖에 없다)

그러므로 인간 성취의 일정한 수준에 이르렀다고 보는 군자가 그의 원대한 포부와 숭고한 이상을 말하면 이 위대한 천하도 그를 수용, 감당할 수가 없다.(이러한 면은 역시 사람에 의해 보완된다) 반대로 군자가 개채생명인 자신에게로 되돌아와서 생을 영위하고 부부와 화합하여 생명을 낳고 기르며 생업을 열어 가는 최소 기본 단위인 '가정'을 말할 때도 그 큰 천하의 권위와 힘은 그것을 막거나 파괴할 수 없다. 천지간의 생명들은 그것이 아무리 작은 것, 한계가 있는 것이라 할지라도 나름의 생명이 함께하는 광장인 천지간에서 삶을 영위할 수 있는 천부적인 능력이 있으므로 그 무엇도 심지어 천지의 큼(大)으로도 이를 어찌할 수 없는 것이다. 극단적으로 말하면 생명을 이어가는 기본 단위인 부부관계와 가정의 존재는 그 무엇으로도 어떤 힘으로도 파괴할 수 없다.

『시경』에서 말하지 않았던가? "소리개는 하늘로부터 날아 내려오다가 다시 선회해서 저 창창한 하늘로 날아오르고, 잉어는 물에서 뛰어올라 허공을 치고선 다시 연못으로 되돌아간다." 이 시를 쓴 사람은 이 세상에 존재하는 모든 생명이 각기 자기 삶의 영역에서 어떻게 생을 즐기고 있는가를 천지의 위아래 가능한 영역 전반에 걸쳐서 자세히 살피고 감상하고 공감하여 마침내 함께 생명의 희열 경지에 들어갔을 것이다.

이렇게 군자의 도는 부부로부터 시작해서 천지간에 꽉 차 있는 생명들의 세계를 살피고 느껴 공감하고 함께하는, 생기발랄하고 화기 충만한 세상을 향유하는 목표며 이상이고 방법인 것이다.

◎ 강의

이미 앞의 의역과 주회의 주를 해설하며 이 장이 전하고자 하는 원론적 대의大義를 간추렸다. 따라서 마지막 단락에서 말한 "군자지도君子之道,

조단호부부造端乎夫婦, 급기지야及其至也, 찰호천지察乎天地” 대목을 강의할까
한다. 여기서는 군자의 도에 두 가지 모습이 있음을 말한다. 하나는 부부
로부터 시작한다. 부부가 궁극적인 기본이 된다는 것은 인륜을 중심으로
하는 도덕질서의 도道를 말한 것이다. 이어서 “급기지야”라고 했으니 이는
인륜의 도道를 근거로 파급해 나가서 지극한 광대함에 이르러서 천지만유
의 생명질서와 영위를 미루어 살펴 터득한 천지의 도를 말한 것이라 할
수 있다. 여기서 ‘조단造端’의 의미가 중요하다. 이 장에서 말하는 명제의
중심 개념은 뭐니 뭐니 해도 ‘부부夫婦’다. 좀 확대 해석하면 부부의 관계,
부부의 삶, 그것의 보금자리이자 소우주인 가정, 이것이 바로 유가의 모든
이론이 말미암는 원천이다. 천지만유라는 대우주의 이해도 소우주인 가정
과 부부를 알고 이해하는 데서부터 미루어 확대해서 알아간다. 따라서 인
간 중심의 유가사상에서 남녀가 사랑하고 자식을 낳아 기르면서 영원히
생생불식生生不息하는 기능을 가진 ‘가정’이, 천지화육을 돕고 천지와 더불
어 인문세계를 창진하는 그 출발 기점이 되며 실은 모든 지知와 행行이
온축하고 인온氤氳하는 장場이 되는 것이다. 여기서 좀 지루하게 들리겠지
만 유가에서 부부의 위상(功能)과 가정의 존재의의에 대해 이야기해 보자.
    전통 동양사상에서는 세상을 창조하고 만물을 생성한 창조주인 유일
자가 상정되어 있지 않다. 하늘과 땅이라는 각기 다른 위치와 성능을 지닌
두 실체가 어우러져 우주 공간을 구조하고 만물을 싣고 일시日時를 운행하
며 만물을 생성한다. 어느 존재도 전정全整한 공능을 갖추지 못했기 때문에
반드시 상반된 두 성능이 만나야만 비로소 생산과 성취가 가능하다는 것
이다. 이러한 이치를 포괄적으로 대표하는 개념이 천지, 건곤乾坤, 음양陰陽,
남녀男女, 자웅雌雄 등이다. 이 가운데서도 음양 개념은 전방위적으로 응용
되는 논리(이치)다. 동물의 생육뿐만 아니라 인간의 생육도 남녀의 모애慕
愛와 구합媾合을 거쳐야만 생식이 가능하다. 유가는 사람을 우주의 중심이

자 만물 중에 가장 뛰어난 기氣이자 천지의 대성자大成者라고 정의한다. 그러한 개개 인간들을 유한함에서 무한으로 이어주고 은미한 원초原初 단위에서 우주 전체로 현현顯現하게 하는 폭주輻輳의 핵이 바로 부부요,『주역』에서 말하는 "성성존존成性存存, 도의지문道義之門"의 공능을 지닌 것이 가정이다. 그런 까닭에 군자의 도, 즉 유가의 이상이 실현되는 도道는 부부로부터 시작한다(造端乎夫婦)라고 한 것이다.

부부의 위상(功能)과 존재의의에 본격적인 구조를 설계하고 가치를 부여하기 시작한 때는 공자 이후다.『주역』과『중용』에는 짤막한 몇 마디로 언급되어 있지만 그 존의存義는 고원高遠하고 심대深大하다. 한마디로 말해 부부로 이루어지는 가정은 우주의 최소 단위면서 동시에 그 속에 최대의 우주생명 씨앗(이치)을 포장하고 있다는 것이다. 제1장의 "막현호은莫見乎隱, 막현호미莫顯乎微"란 표현이 그 의미를 잘 나타낸다. 천지의 생성질서와 문명이 구축되는 과정을 보여 주는『주역』「서괘전序卦傳」을 보면 "천지가 있은 연후에 만물이 있고, 만물이 있은 연후에 남녀가 있고, 남녀가 있은 연후에 부자父子가 있고, 부자가 있은 연후에 군신君臣이 있고, 군신이 있는 연후에 상하上下가 있고, 상하가 있은 연후에 예의가 만들어져 질서를 잡는다"라고 하였다. 특히 이 중에서도 부부의 도道를 들어 "불가이불구야不可以不久也, 고수지이항故受之以恒"이라고 해서 부부의 도道가 서고서야, 유한한 생명이 무한한 생명으로 이어가고 생명의 줄이 튼튼해져 세상 경영능력의 다양한 교체를 위한 번식(어느 정도의 인구증가)이 이루어진다고 하였다. 이 시간 생명의 지속성과 공간생명의 확대는 오로지 부부라는 생식 단위와 생활기반에 달려 있음을 특별히 강조하고 있다. 이것은 남과 여라는 각기 다른 두 성이 화합하여 부부를 이룬 원초적 존재(생존) 단위의 종적縱的 내원과 그 내원으로부터 파생되는 시간생명의 지속성 및 인간관계, 이를테면 공간생명의 횡적 복사성輻射性을 말한 것이다.

그리고 『주역』 가인괘家人卦 「단사하전彖辭下傳」에서는 "한 가정을 단위로 해서 볼 때 여자는 집의 안쪽에 위치하고 남자는 집의 바깥쪽에 위치한다. 이렇게 남녀가 각기 자기 자리에 위치하면 이것이 부부가 된다. 이는 하늘이 위에 위치하고 땅이 아래에 위치해서 천지라는 구조공간을 이루는 것과 같은 이치에서 온 것이다. 부부로 구성되는 가정이라는 소우주 공간에서 질서의 중심을 잡는 엄한 아버지와 자상한 어머니라는 권위가 주어지니 그것이 부모父母다. 부모의 질서를 하나의 인간 생존의 질서 단위로 해서 아버지는 아버지답게, 자식은 자식답게, 형은 형답게, 아우는 아우답게, 남편은 남편답게, 아내는 아내답게(父父, 子子, 兄兄, 弟弟, 夫夫, 婦婦) 행한다는 윤리질서가 형성된다. 이 가정을 단위로 한 인간질서는 그대로 외부로 확장되어 나아가 천하의 질서가 된다. 그러므로 만일 가정의 인간질서가 바로 서지 않으면 따라서 사회, 국가, 천하의 질서는 뿌리를 잃는다"라고 말한다.

여기서는 가정 탄생과 구조 및 구성원들 하나하나가 협동 단위(가정은 분업과 협동의 기본 단위조직이다)로서 서로 주고받는 인륜관계에서의 의미와 공능을 가르친다. 즉 가정이 바로 천하라는 광대한 구조조직의 기본 인仁(核) 또는 온상으로서 절대적인 영향을 지닌다는 것이다.

천지만물의 평란平亂과 존망存亡의 근본 원인을 가정윤리에서 찾는다는 것이 유가 인본주의의 특성이다. 불교의 화엄철학에서는 "일즉일체一卽一切, 일체즉일一切卽一", "일섭일체一攝一切, 일체섭일一切攝一"의 관계를 우주의 연기緣起로서 사귀고 화합하는 질서로 보고 있다. 이를 유가에서 본다면 이때의 '일一'은 가정 단위로, '일체一切'는 사회·국가·천하라는 전체를 포괄하는 단위가 된다. 자연주의에서 보면 여기서 '일一'은 각자 단독자로서의 '일一'이 될 수 있겠지만, 유가의 생명 생성공능生成功能에서 볼 때는 아직 어우러져 부부가 되지 못한 독신자일 뿐이다. 따라서 '일一'은 하나의 부분일 뿐 (공능을 지닌) 단위가 될 수 없다. 그러므로 『중용』 제12장에서는 '부부'를 조단造端으로 보았지 한 사람의 개체를 기본으로 삼지 않았다. 궁극적으로 천지가 어우러진 우주라야 생성공능을 갖춘 단위가 될 수 있지, 하늘은 하늘만으로 땅은 땅만으로 헤어져서는 단위가 될 수 없다는 것이 유교 우주생성관(인간생명을 비롯한 모든 생명의 생성)의 특징이다.

이제 부부이야기는 그만하고 여담으로 시詩 이야기를 좀 하자. 2005년 7월 5일 나는 시골 대좌리에 서재를 그냥 남겨둔 채 몸만 기거할 수 있는 집을 서울 평창동에 마련하였다. 처음에는 그저 몸만 담으면 되지 하고 벽에는 아무것도 걸지 않았다. 그런데 이상하게도 빈 벽만 바라보자 좀 넋나간 사람이 된 것 같아서 시골 서재에 걸었던 대련對聯 두 폭을 거실에 앉았을 때 정면으로 보이는 벽에 대칭으로 걸었다. 오른쪽은 불가의 명언名言인 "취죽진여翠竹眞如, 황화반야黃花般若"고 왼쪽은 유가, 바로 『중용』에서 인용한 구절인 "연비려천鳶飛戾天, 어약우연魚躍于淵"이었다. 내가 왜 이 두 글귀를 써서 하나의 대련으로 했는지는 모르겠다. 그저 마음에 드니까 별 생각 없이 써서 건 것인데, 지금 여러 해 전에 강의를 녹음한 것을 정리하다가 "연비려천, 어약우연" 글귀를 다시 음미해 보니 퍽 잘 어울리는 글귀구나 하는 반추反芻가 생겼다. 불교도 그렇고 유교도 그렇고 참으로 심오하고 거창한 경구가 많다. 그 중에서도 우리에게 있는 육체 생명의 인식능력을 가지고서는 터득하거나 체인할 수 없는 길디길고 넓디넓은 아주 멀고 먼 곳에 있는 어떤 세계, 경지를 감통한 묘구妙句가 많다.

그런 것들은 거의 모두가 고요 속에 묻혀 있는 적조寂照의 세계로서 어떻게 보면 일시적으로 생명활동을 멈추고 숨을 죽이고 있는 적정寂靜 자체여서, 마치 얼음장 속에 박혀 있는 물체가 한없이 정결해 보이지만 무엇인가 선뜻 다가설 수 없는 전율(寒慄)을 느끼게 하는 것처럼 일단 주춤거리며 뒤로 물러서게 한다. 도를 닦는다. 공부를 한다. 그래서 어디엔가 찾아간다. 옛 성현들, 철학·문학·예술가들이 상정하고 제시한 것을 따라 마지막에 이르는 곳이 바로 이러한 경지가 아닌가? 어떤 이는 그것이 좋다고 거기서 사유의 동면으로 들어가기도 하지만, 나는 그렇게 하지 못했다. 그래서 무서워 도망쳐 나온 세계는 역시 이 눈에 보이고, 귀로 듣고, 몸으로 느끼고, 코로 맡고, 입으로 맛보는 삼라만상이 태어나고 머물며 옮겨가 사라지는 생기가 느껴지는 풋풋하고도 조금은 지혜의 소양을 긁어 주는 현실세계였다.

어느 선자禪子가 산은 산이 아니요 물은 물이 아니라고 했다가, 산은 역시 산이요 물은 역시 물이라고 했다고 하는데, 내가 겪고 보니 그게 그럴 법하다. 왜 처음부터 산은 산이요, 물은 물이다 하며 노닐 것이지 긴 세월 먼 길을 고행苦行하며 돌아왔는가? 그 선자가 멀고 긴 험한 길을 고행으로 돌아오지 않았다면 "취죽진여翠竹眞如, 황화반야黃花般若"라는 말이 나올 수 있었을까? 나오지 않았을 것이다. 반야般若는 무기無記, 무명無明에서 출발해서 360°를 돌아 처음 무기, 무명에 도달했을 때 깨닫는 지혜가 아닌가? 전광석화電光石火가 혼자서 생길 수 있던가? 서로 피할 수 없다며 맞선 놈이 죽기살기로 부딪쳐서 나온 것이 아닌가? 한순간에 지나간 전광석화가 그 선자의 눈과 가슴이 아닌 영감靈感에 어리운 것이 "청청취죽靑靑翠竹, 울울황화鬱鬱黃花"였을 것이다. 그것은 진짜 마음의 고향에서 아무 안경을 쓰지 않고 동안童眼에 어린 대나무잎 국화꽃으로, 본래부터 이 세계에 그렇게 있었던 것이지 어느 신령스런 천군天君이나 조물자가 무에서 조화를 부려 가져다준 것이 아니다. 또 그것은 내 앞에서 아무것도 숨기지 않고 그대로 나에게 안겨 온다. 그 황홀함을 무엇으로 형언하랴! 그저 입에서 "저 푸르고 푸른 대나무가 진여법신眞如法身 아닌 것이 없고, 저 탐스럽고 흐드러지게 핀 국화꽃이 바로 반야원각般若圓覺의 병현炳顯이 아닌가?"(靑靑翠竹, 無非眞如, 鬱鬱黃花, 總是般若)라는 말이 흘러나올 뿐이다. 이렇게 적

감寂感의 황홀을 마치 운우雲雨의 정액처럼 토해 놓고 간 선자의 16자 선백禪白. 그가 나를 자신이 마지막에 깨달았던 황홀경지로 손짓한다.

우리 속담에 "말이 고운가? 비단이 고운가? 말이 더 곱다"라고 했다. 실지의 취죽翠竹이 청청한가? 황화黃花가 울울한가? 아니면 이 선어禪語의 취죽이 더 청청하고, 황화가 더 울울한가? 나는 감히 선어의 취죽과 황화가 실제의 취죽과 황화보다도 더 싱그럽고 탐스럽다고 하겠다.

이 선어는 사람들이 겉으로 보아서만 느끼고 아는 나뭇잎과 꽃의 생명(眞如法身)과 만나, 그가 준 현명玄冥 속에서 비친 빛에 의해 체인한 것을 또 하나의 세계(禪語도 그만의 세계가 있다)로 그려냈기 때문이다. 그래서 나는 이 선어를 통해 현상세계와 본체세계의 적감寂感으로 이루어진 진여반야眞如般若의 경지를 한꺼번에 감상하여 일치할 수 있다. 두보가 말했다. "사람이 타고난 병 중에는 아름다운 글귀를 탐내는 천여天與의 욕망이 있으니, 그런 글귀를 써서 사람을 놀라게 하거나 그런 글귀를 만나 한번 놀라 보지 않으면 죽어도 눈을 감지 못한다."(爲人性僻耽佳句, 語不驚人死不休) 지금 내 앞에 걸려 있는 이 선구禪句는 선자의 넋이 되어 내 속에서 무심한 바람결에도 나만이 알아들을 수 있는 소리를 전하는 심현心絃이 되었다. 아, 황홀하여라!

다음으로 왼쪽에 걸린 유가의 경구 "연비려천鳶飛戾天, 어약우연魚躍于淵"을 음미해 보자. 앞의 선시가 나무와 꽃 자체를 감상한 것인 데 반해 이 시어는 새와 물고기의 생기 충만한 의상意象을 동정한 것이다. 소리개는 허공을 선회하다 솟구쳐 요천일처寥天一處로 날아오르고, 물고기는 물속을 헤엄치다 힘이 남아돌아 느닷없이 물 위로 뛰어올라 약동하는 생명의 기상을 뽐내다가 몸을 돌려 그대로 물 위로 자신을 내던진다. 뛰어오를 때의 푹 하는 소리, 다시 떨어질 때의 첨벙하는 소리 모두 나름대로 세계에서 생生을 유희하는 즐거움이 아니겠는가?

사람은 날지 못하지만 마음의 날개를 펴 때로 심신을 태허고원太虛高遠한 경지로 밀어 올려 장공長空을 배회하고 멀리 나는 길을 잡아 산하대지를 부감하며 심령으로 투사하는 눈을 통해 연실 서터를 터뜨린다. 장자의 소요가 바로 이렇게 대붕大鵬의 넋이 되어 꿈을 꾼 것이 아닐까? 그래서 '연비려천'이라는 말은 새가 비상하는 원무圓舞에 넋을 잃어 사람이 새를 동경하는 염원을 간절하게 자기 심경心鏡에 담아 그것이 자기인 양 착각의 희열을 느낀 것이 아닌가 한다.

인간생명의 사택이라고 하는 육체는 무겁고 타성에 빠지지만 정신은 때로 집을 떠나 자유로이 비상하기도 한다. 그러나 그 영혼의 비상도 무엇인가에 의탁했을 때 더불어 비상할 수 있는 것이지 자기의 힘으로만 허공을 배회할 수는 없다. 여기서 그 의탁의 대상이 된 것이 소리개요, 물고기다. 그러면 이제 나의 심령은 그들을 따라 염원을 실현하려는 공상을 버리고, 소리개의 비상과 물고기의 약동을 감상하며 즐기게 된다. 이때 나의 심령의 비상과 약동은 소리개나 물고기보다 오히려 생기의 경지가 활발해지고 기상이 천만 가지 상상으로 번져 간다. 그래서 어떤 이가 말하였다. "물고기의 비늘, 솔개의 나래, 그것도 천성이기는 마찬가지겠지만 그들이 한껏 소요하고 즐기는 경지는 허공과 산악과 해천심연海天深淵에 그친다오."

그렇다. 인간이 상상할 수 있는 영역의 넓이를 어찌 새와 물고기에 비하겠는가. 인간은 그들보다 못 미치는 '나'를 격발시켜 그들을 동경하여 그들과 같아지고 그들이 가지는 비상과 약동의 경지를 음미하려 하지만, 결국 새와 물고기의 아류가 될 수 없다. 그래서 장자 같은 이는 북명北冥과 남명南冥이라는 넓은 공간을 설정하고 구만장천九萬長天 요천일처寥天一處라는 고공高空과 배부청천背負靑天 막지요알莫之夭閼이라는 허공을 6개월 동안 날아 남으로 간다는 여정을 상정한 것이다. 인간 상상의 나래는 시간의 무상無常, 공간의 무한無限으로 끝이 없다. 주희는 "언기상하찰야言其上下察也"의 찰察을 저著라고 풀이했다. 저著는 착着과 같이 쓰니 착상着想이라고 풀이해도 될 것이다. 다만 이럴 때의 찰察은 나의 중심을 나아가 객관대상으로 옮겨 추구하는 것이 된다. 인간이 나는 새와 헤엄치는 물고기를 동경해서 그와 같아지려 하거나 적어도 상상으로라도 소요하고 약동하고자 했던 초기의 동기에서 본다면 찰察은 착상으로 끝나도 된다. 하지만 그를 넘어서서 인간 상상의 나래를 펼치기 위해서 찰察은 '착상'에서 다시 내면세계로 돌아와 '성찰'이라는 과정을 거쳐 '비약'이라는 새로운 말로 그 밖의 것을 털어 버리듯 정신적인 소요와 약동의 경지를 열어 가야 한다.

아마도 옛 시인이 "연비려천鳶飛戾天, 어약우연魚躍于淵"이라고 노래할 때는 소박하게 눈을 돌려 하늘을 나는 소리개를 따라 눈망울을 굴리고 물가에 뛰어올랐다 첨벙하고 떨어지는 물고기의 유희를 보고 웃으면서 저 놈 보게 하며 그저 즐기는 그런 무심의 경지였을지도 모른다. 그러나 이것이 도가가 아닌 유가, 그것도 『중용』에서 인용되어 특히 "군자지도君子之道, 비이은費而隱"을 묘사한 것이라면 인간의 비약은 소리개와 물고기가 하늘을 날고 물 위를 뛰어오르는 것과는 차원을 달리한다고 보아야 한다.

그래서 나는 이 윗쪽 글귀를 감상할 때면 인간이 만물의 영장이라는 그 실체가 무엇인지를 생각하게 된다. 만물·초목·금수의 모든 생명체에는 나름대로의 영靈을 가지지 않은 것이 없다. 그들이 가진 영으로 말하면 그들도 만물의 영장이다. 물고기가 하늘을 날 수 있는가? 소리개가 물속에 잠길 수 있는가? 하늘을 나는(戾天) 데는 소리개만한 게 없고 물 위를 뛰어오르는(于淵) 데는 물고기만한 것이 없다. 그러면 인간을 만물의 영장이라고 내세우는 이유는 무엇인가? 우리가 어렸을 때 「천자문」 다음으로 읽던 책, 『동몽선습』의 첫머리에 "저 위에 하늘이 있고, 이 아래 땅이 있다. 이 천지지간 만물 중에 가장 고귀한 존재가 인간인데 인간이 고귀한 까닭은 오륜五倫을 가지고 있기 때문이다"라는 말이 있다. 인간에게는 도덕성이 있기 때문에 만물의 영장이라는 것이다. 여기서 이 장의 마지막 단락을 다시 한번 읽어보자. "군자의 도는 부부로부터 시작한다. 그러나 그가 지향하는 도의 지극한 목표는 천지를 살피는 데 있다." 분명『중용』의 저자는 "찰호천지察乎天地"라고 했다. 이것은 무슨 뜻인가? 간단히 말하면 천지의 생물지심生物之心, 천지의 화육지공化育之功 같은 것을 살펴 터득하고 발명해서 인문세계를 창진하는 천지의 대성자大成者로서의 사명을 다하자는 권면구가 아닌가? 그래서인지 이어서 나오는 글들은 모두 군자의 도, 즉 천도를 본받은 인도의 실현과정과 방법을 논하는 데 초점이 맞추어져 있다.

2) 제13장

原文

子曰 道不遠人, 人之爲道而遠人, 不可以爲道.
詩云 伐柯伐柯, 其則不遠, 執柯以伐柯, 睨而視之, 猶以爲遠.
　故君子以人治人, 改而止.
忠恕違道不遠, 施諸己而不願, 亦勿施於人.
君子之道四, 丘未能一焉. 所求乎子, 以事父未能也. 所求乎臣,
　以事君未能也. 所求乎弟, 以事兄未能也. 所求乎朋友, 先施
　之未能也. 庸德之行, 庸言之謹. 有所不足, 不敢不勉, 有餘不
　敢盡. 言顧行, 行顧言. 君子胡不慥慥爾!

◎ 주자주

도라는 것은 솔성率性일 따름이다. 그것은 이미 사람에게 있는 능지能知, 능행能行이다. 그러므로 그것은 늘 사람의 일상에서 멀리 있지 않다. 그런데 어떤 사람은 그것을 하찮은 것으로 여겨 실천하는 데 소홀히 하면서 도리어 일상생활에서 높고 먼 데 있어 행하기 어려운 일들을 내세워 그것이 진짜 도인 줄 착각하여 일용사물의 도와 평상의 리를 도에서 멀어지게 만들었다.

가柯는 도끼 자루요, 본이다. 예시睨視는 정면으로 보는 것이 아니라 옆눈으로 보는 것이니, 말하자면 도끼 자루를 들고 도끼 자루를 만드는 자가 만들려는 도끼 자루의 길고 짧은 법칙이 가까이 있음에도 쥐고 있는 도끼 자루와 만들려는 도끼 자루를 별개로 보고 그 법칙이 쥐고 있는 도끼 자루가 아닌 다른 먼 곳에 있다고 보는 것이다. 만일 "이인치인以人治人"으로 말한다면, 사람됨의 길이 본래 각자의 몸에 있어서 처음에는 그와 나의 분별이 없으므로 군자가 사람을 다스릴 때는 그 사람의 도를 그 사람에게 돌려서 다스리다가 그 사람이 능히 고치면 다스림을 멈추는 것이다.(주희는 도끼 자루로 도끼 자루를 만드는 데 있어 만들려는 도끼 자루의 본이 이쪽에 이미 만들어진 도끼 자루에 있다는 논리를 잘못 이해하여, 그 법칙이 장차 만들어지는 도끼 자루에 있다고 본 것 같다. 그래서 그 사람의 도로써 그 사람을 고친다로 해석한 것이다. 논의의 여지가 있다) 말하자면 그가 능지 능행하는 것을 가지고 그를 책망해 고치게 하는 것이지, 그의 삶에서 먼 것을 가지고 법칙을 삼으려 하는 것이 아니라는 말이다. 장재가 "가인家人의 기준을 가지고 사람에게 그렇게 해 주기를 바라면 따르기가 쉽다"라고 한 말이 그것이다.

자신의 마음을 다하는 것이 충忠이요, 그 충을 남에게 미루어 생각하는 것이 서恕다. 원遠은 거리距離다. 여기서의 원遠은 서로 만나지는 거리지 서로 등지고 멀어져 가는 거리가 아니다. 나에게 베풀어 보아서 싫은 것은 남에게도 베풀지 말라는 말은 충서忠恕의 실지 내용이다. 장재가 "나를 사랑하는 마음으로 남을 사랑하면 인仁을 다한다"는 말이 이것이다.

구求는 책責이다. 도가 사람에게서 멀지 않다고 하였으니 내가 남을 책責하는 마음은 모두 도의 당연한 바다. 그러므로 그것을 자기에게 돌려 자책自責하고 자수自修하는 것이다. 용庸은 평상平常이요, 행行은 실천이요, 근謹은 그에게 덕이 있는가를 선택하는 것이다. 부족하다고 여겨서 힘쓰면 그 행위에는 더욱 힘이 붙고, 남음이 있는데도 부족한 듯 여기면 근謹은 더욱 지극해진다. 근謹이 지극하면 말이 행실을 돌아보고 행실에 힘이 실리면 행실이 말을 돌아보게 된다. 조조慥慥는 독실한 모습이다. "군자의 언행이 이와 같으니 어찌 독실하지 않을 수 있겠는가!"(君子胡不慥慥爾)는 찬미하는 말이다. 무릇 이는 모두 사람을 멀리하지 않고 도를 행하는 일이다. 장재가 "남을 책責하는 마음으로 나를 책責하면 도를 다한다"라고 한 말이 이것이다.

◎ 의역

공자께서 말씀하셨다. "도가 사람에게서 멀리 떨어져 있는 것이 아니라, 사람이 도를 사람에게서 멀리 있게 만드는 것이다.

『시경詩經』에 이르기를 '도끼 자루를 가지고 도끼 자루를 만든다. 도끼 자루를 만드는 법칙이 어찌 멀리 있겠는가?'(먼저 있는 도끼 자루가 바로 만들려고 하는 도끼 자루의 본이 되기 때문이다) 그런데 사람들은 도끼 자루를 가지고 도끼 자루를 만들면서도 그저 흘끔 한 번 보고는 오히려 그 법칙이 멀리 있는 것같이 여기며 만든다. 이는 이미 있는 도끼 자루가 새로 만드는 도끼 자루의 본으로 아주 친근한 것임에도, 사람들은 그에 따르지 않고 제멋대로 다른 견해(관점)를 가지고 옆으로 빠져나가기 때문에 그 도끼를 만드는 본이 계속 바뀌어 원래의 본과 자꾸만 멀어지는 것이다.(여기서 睨而視之

는 正道가 아닌 橫逆의 의미로 보는 것이 좋다) 그러므로 군자는 이렇게 우원迂遠한 길을 따르거나 따로 만들어 내지 않고 옛 성현의 길(人之道)을 따라 사람들을 다스리다가(인도하다가), 그 사람이 그 길을 알아서 잘 찾아가면 더 이상 가르치려 들지 않는다.

충서忠恕는 군자의 도를 행하는 첩경이다. (충서로써 도를 행하면 그 도는 크게 어긋나지 않는다) 그러면 충서란 무엇인가? 먼저 나한테 베풀어 봐서 내가 싫어하는 것이면 남에게 베풀지 않는 것이 충서다.

군자의 도를 행하는 인간관계에는 대표적으로 네 가지가 있다. 그런데 丘丘(공자의 이름) 나 자신은 한 가지도 제대로 실천한 것이 없다. 그 네 가지란 어떤 것인가? 자식한테 바라는 마음을 미루어 부모를 섬기지 못했고, 신하(아랫사람)에게 바라는 마음을 미루어 임금을 섬기지 못했으며, 아우에게 바라는 마음을 미루어 형을 섬기지 못했는데, 친구에게 바라는 마음을 미루어 먼저 그 친구에게 베풀지 못했다. 일상생활의 평범한 덕德이라도 먼저 남에게 꾸준히 베풀고, 평상시의 하찮은 말이라도 삼가고 또 삼가라. 내가 남에게 바라는 마음을 미루어 남에게 베푸는 일에 부족함이 있으면 자기를 채찍질해서 힘써 베풀고, 아직도 할 일이 남아 있다면 끝까지 그 일을 마무리 짓는 데 힘을 다해야 한다.(이 대목은 원문이 혹시 잘못되지 않았나 의심이 간다. "有餘不敢盡" 앞의 구절이 "不足, 不敢不勉"인 것을 참고할 때 '不敢不盡', 즉 '盡' 앞에 '不'자가 있어야 하지 않을까 한다. 그러면 "아직도 할 일이 남아 있다면 그것을 다하지 않고는 못 견디는 마음을 가져라"로 풀이된다. 필자는 이 뒤의 해석을 따랐으면 한다) 말을 할 때는 그 말을 실천할 수 있는가를 되돌아보아야 하고 행동을 할 때는 그것이 자기가 말한 것과 일치하는가를 되돌아보아야 한다. 이렇게 군자의 언행은 자기 자신은 물론 인간관계 교류에 있어서도 중요하다. 군자여! 어찌 자기 자신의 언행이나 남과의 관계 교류에 있어서 항상 독실하고 남에게 먼저 베푸는 근면함을 힘써 행하지 않을 수 있겠는가?"

◎ 강의

제12장 군자지도의 첫 출발 단계인 부부지도夫婦之道가 가정윤리(질서)라면 이 제13장의 인간관계는 사회윤리(질서)라고 할 수 있다. 인간과 인간관계의 윤리질서에서 대표적인 논리가 '충서忠恕' 논리다.

여기서는 "이인치인以人治人"에 대한 해석에서 미심쩍어 보이는 부분을 잠시 짚어 보겠다. 이는 오늘날의 교육철학과도 관계가 깊다. 주희의 해석은 사람됨의 도가 이미 각자 자신에게 있으므로, 교육은 피교육자가 그것을 스스로 깨달아 자기 잘못을 고칠 때까지 다스리는 것이지 자기가 가지고 있는 것까지를 고쳐 주려는 것은 아니라는 것이다. 백 번 옳은 말이다. 『주역』의 몽괘蒙卦도 그 궁극요지는 몽매蒙昧함을 제거해서 자신이 가지고 있는 광명을 되찾게 해 주는 것이다. 동양의 교육사상에서는 성선性善이 이미 천부적으로 사람에게 주어져 있음을 대전제로 삼는다. 그러나 '벌가시伐柯詩'를 다시 음미해 보면 여기에서는 분명 그 법칙이 이미 만들어진 도끼 자루에 있지 아직 만들어지지 않은 도끼 자루에 있다는 말은 아니다. 이를 원용해서 "이인치인以人治人"을 해석한다면 앞의 '인人'은 공통의 인도人道요, 뒤에 다스림을 받는 자로서의 '인人'은 아직 만들어지지 않은 도끼 자루와 같으므로 앞의 인도로써 다스려진다고 보아야 한다. (이때 人은 本性의 善이지만, 지금은 不善이 있기 때문에 다스림을 받는 것이므로) 따라서 본성本性의 선善이 나올 때까지 '인도'로 다스릴 수밖에 없다. 그러다가 그 본성의 선이 나오면 다스림을 그친다고 보아야 하지 않겠는가? 주희는 "이기인지도以其人之道, 환치기인지신還治其人之身"이라고 했다. 여기서 말한 기인지도其人之道는 분명 다스림을 받는 사람의 도道다. 그리고 그 도道는 아직 본선本善이 나타나지 않은 도道다.

그렇다면 어떻게 이 도道를 그 사람의 몸에 돌려서 그를 다스릴 수 있는가? 여기에는 객관성을 띠고 있는 '위인지도爲人之道'의 교육기능을 적용해야 하지 않나 싶다. 너무 객관적 교육기능만 강조하다 보면 본성本性이 타성他性에 빠져 개성이 없는 사람이 되는 획일화에 빠질 염려가 있지만, 그렇다고 너무 본성의 선善만 믿고 피교육자가 잘할 때만을 기다리며 방임한다면 자사자리自私自利에 빠져 공덕생활公德生活에 지장을 주기 쉽다. 객관적 교육기능은 어디까지 진행시켜야 하나? 본성을 해치지 않고 타성을 다스리다가 본성이 나타났다고 파악되면 주관적(계발식) 자율 교육기능에 맡겨야 한다.

그 경계점의 발견(진단) 문제는 또 하나의 논란거리가 아닐 수 없다. 선교육禪敎育의 명언 중에 '줄탁동시啐啄同時'라는 말이 있다. 어미 닭이 알을 품고 부화되기를 기다린다. 달걀 속에 병아리는 부화할 때가 되면 어미 닭에게 내가 밖으로 나가려고 하는데 어려움이 있으니 도와달라는 신호를 보낸다. 이때 어미 닭은 이 신호를 정확히 전달 받아 알을 콕콕 쪼아 병아리를 돕는다. 그런데 문제는 병아리의 신호와 어미 닭의 응답이 동시에 진행되어야 한다는 것이다. 줄啐은 병아리의 신호요, 탁啄은 어미 닭의 파각이다. 만일 줄啐의 신호가 있었는데도 제때 탁啄이 이루어지지 않으면 병아리는 부화하지 못하고 죽는다. 줄啐의 신호가 없는데 먼저 탁啄이 행해져도 역시 병아리는 죽는다. 그러므로 동시同時라는 계기는 사활이 걸려 있는 문제라고 하지 않을 수 없다. 말로는 쉽지만 실제로 얼마나 어려운 문제겠는가? 아마도 이론 중에서 가장 어려운 이론이 교육이론이 아닐까 한다.

3) 제14장

君子素其位而行, 不願乎其外.

素富貴, 行乎富貴. 素貧賤, 行乎貧賤. 素夷狄, 行乎夷狄. 素患
　難, 行乎患難. 君子無入而不自得焉.

在上位不陵下, 在下位不援上. 正己而不求於人則無怨. 上不怨
　天, 下不尤人.

故君子居易以俟命. 小人行險以徼幸.

子曰, 射有似乎君子, 失諸正鵠, 反求諸其身!

◎ 주자주

소素는 현재라는 뜻이다. 말하자면 군자는 다만 현재 자신이 처해 있
는 상황을 당연하게 받아들여 그 밖의 어떤 것에도 기대하지 않는다는 것
이다. 이 장에는 별다른 주가 없다.

◎ 의역

군자는 그가 처한 현재의 상황, 주어진 여건, 그리고 자기의 형편에 따
라 분수에 맞게 살아간다. 즉 중용적 삶을 지킬 뿐 그 밖의 어떤 염원도
하지 않는다.

부귀하면 부귀한 대로 살고, 빈천하면 빈천한 대로 살며, 이적의 나라
에 가면 이적의 풍속에 맞추어 살고, 환난에 처해서는 환난에 적응하며
산다. 이렇게 군자는 어떤 상황에 처해서도 자기의 중中을 잃지 않기 때문

에 적응하지 못하는 일이 없다.

윗자리에 있다고 해서 아랫사람을 능멸하지 아니하고, 아랫자리에 있으면서도 윗사람을 잡아끌지 아니한다. 그저 어떤 위치 어떤 상황에서도 자기 자신을 바르게(중용에 맞게) 할 뿐 결코 남에게서 자기 변명이나 합리화를 찾으려 하지 않으며 남을 원망하지도 않는다. 위로는 하늘을 원망하지 않고, 아래로는 사람을 허물하지 않는다.

그러므로 군자는 편안한 마음으로 현실을 극복해 가면서 자연스러운 변화를 기다리고, 소인은 무리하게 현실을 거역하고 싸우면서 요행을 기다린다.

공자께서 말씀하셨다. "활을 쏘는 훈련법칙(스포츠 정신)에는 군자가 행동하는 도리와 같은 바가 있다. 즉 자기가 쏜 화살이 곡적鵠的(타겟)에 맞지 않았을 때, 그 원인을 다른 데에서 구하지 않고 바로 자신의 잘못에서 찾는다."

◎ 강의

자연에 순응하는 삶, 부귀영화 흥망성쇠의 순환을 계절의 교체변화처럼 믿고 은둔해서 다음을 기다리는 삶, 분수를 지키고 부귀해도 교만하지 않고 빈천해도 비굴하지 않으며 하늘을 원망하지 않고 남을 허물하지 않는 삶. 이러한 수분守分, 안분安分, 수중守中, 안명安命의 인생관·처세관은 전통적인 동양사상에 있어서 오히려 노숙한 생존지혜라고 존중되었고 교훈이 되어 욕망을 삭히고 안빈낙도安貧樂道하는 인성문화忍性文化를 구축해 왔다. 그래서 이 제14장에서 말하는 소위자족素位自足하는 군자의 처세요령(術)에는 특별한 것을 제시하지 않는다. 그러나 이러한 안신입명安身立命, 안빈낙도安貧樂道의 문화는 서구의 정복주의 문화나 현세의 부강한 자만이 세계와 남을 지배할 수 있다는 약육강식의 논리에서 보면, 너무나도 소극적이고 패배주의적이며 생명이 역동하고 진취하는 의지조차 마비시키는 퇴폐문화라고까지 멸시 받는 것은 어쩌면 당연했다. 그래서 지금의 동양 문화는 전통적 중용의 범주를 벗어나 서구의 극단적 물질문명, 과학 만능에 현혹되어 모두 부강을 추구하는 데 정신을 잃고 있다. 지금 누가 소위 자족하며 안빈낙도하라는 이러한 케케묵은 도덕군자의 말을 귀담아 듣겠는가? 만일에 이런 사상이 『중용』의 정신이라면 『중용』은 금욕주의나 결정론, 숙명론을 믿는 유사 종교의 교리서라는 엄청난 폄하를 받을 염려도 없지 않다.

솔직히 말하면 『중용』은 동양적 문화 정서에서는 위대한 교훈서가 될 수 있다. 하지만 동양을 벗어나, 도전과 응전의 발전적인 역사관과 적극적인 개척정신, 과학기술을 통해 자연을 극복·정복하고 나아가 환경을 개조하는 근대 서구문명의 논리에서 보면 『중용』은 비판의 여지가 많은 사상논리를 가지고 있다. 단적으로 말해서 역사의식 하나만 가지고 말해 보자. 동양은 변증법적인 발전사관 없이 순환사관에 빠져서 변화할 줄 모르는 정태靜態, 정지된 역사 속에 안주하고 있다는 비난을 받는다.

1963년 일본이 명치유신 100주년 기념 학술 강연에 영국의 역사학자 토인비를 초청한 일이 있었다. 이때 우리 한국 학계에서도 토인비를 초청, 한국에 들려 줄 것을 권유했지만 토인비는 거절하고 오지 않았다. 그가 한국의 초청을 거절한 이유는 "조선 오백년 동안 주자이념 일색으로 아무 변화나 발전도 못한 그런 변할 줄 모르는 곳에 무슨 볼 것이 있다고 가겠는가?" 하는 것이었다. 순환사관에는 그저 반복된 진행만 있을 뿐 변증법적인 발전이 없다. 말하자면 정正에 대한 반反이 없어 단계와 차원을 달리하는 합合도 없다는 것이다. 『중용』의 논리만 보더라도 거기에는 반反을 허락하지 않는다. 제2장에서 말한 군자의 중용에는 정正만 있고 반反은 오히려 소인의 중용에 있다. 그러나 소인의 중용은 폄하되어 역사의 한 작용으로 등장하지 못한다.

그런데『중용』의 논리는 상황윤리의 일종으로 주어진 상황 속에서 중中을 찾고 용庸을 구하는 것이지 상황 밖에서 객관적인 중中을 세워 놓고 상황을 그에 맞도록 개조 또는 유도해 가는 것이 아니다. 그렇기에 바로 제14장의 "군자는 현재의 위치에 따라 행동하고 그 밖에서는 바라지 않는다"(君子素其位而行, 不願乎其外)와 같은 소위소행素位素行의 명제가 나온 것이다. 그러면 여기서 다시 한번 제14장의 요의를 논의해 보자. 소素는 주자가 말한 현재의 의미 외에 희다(본래 색깔), 본바탕, 본래, 아무 꾸밈없는 소박함 같이 그것 외에 어떤 것도 더해지지 않은 '그대로'라는 의미를 가지고 있다. 이런 의미에서 본다면 '위位'는 그대로 안주하는 위位가 되고 '행行'은 주자가 '솔성率性'을 순리라고 말한 것처럼 그저 따르기만 하면 되는 당위가 된다. 그리고 덧붙여 "불원호기외不願乎其外"라면서 외재상황의 개입을 거부함으로써 "소기위이행素其位而行"의 중용적 논리를 강조하였다. 이렇게 되면 반反의 논리를 불러올 수도 없고, 불러올 수 있다 하더라도 들어갈 틈이 없다.

유가의 근본 경전인『주역』은 시간변화를 주명제로 한다.『대학』의 중요한 시간논리는 "일신日新, 일일신우일신日日新又日新"으로, 변화를 생명이 추구해 가는 발전적 과정의 의의와 가치로 규정하고 있다.『대학』의 논리는 모두가 발전적이며, 그 발전은 단계단계마다 층차를 달리한다. 그렇다면 유가의 논리가 결코 정태에 빠져 순환에만 맡겨 돌아가는 소극적이면서 안주적인, 나쁘게 말하면 숙명론적이고 결정론적인 시간관은 아니지 않는가? 하지만 제14장을 일종의 상황논리라고 한다면 이는 어떤 상황에 따라 그 상황에 적응하려는 면은 강하더라도 그 상황을 발전적으로 혹은 다른 상황으로 개조하려는 면은 보이지 않는다. 예를 들어 "현재 오랑캐라면 오랑캐에 맞게 행동한다"(素夷狄, 行乎夷狄)라고 했는데, 옛날 순임금은 사흉

四夷을 정복해서 문명권으로 들어오게 하지 않았던가? "소이적素夷狄, 행호
이적行乎夷狄"하는 것이 군자의 중용적 처세논리라면 『중용』은 정태적 상
황논리에 빠져 있다는 비난을 면할 길이 없다.

그러면 이 문제를 어떻게 풀어야 하나? 내 생각은 간단하다. 이 장만
을 떼어 놓고 본다면 앞에서 말한 비난을 막을 길이 없다. 하지만 이를
앞 뒤 장과 연결하여 『중용』 전체에서 흐르는 사유논리의 진행 속에서 하
나의 과정으로 본다면 또 다르다. 한마디로 소위소행素位素行을 한 과정에
서 다음 과정으로 넘어가는 준비과정으로 보는 것이다. 이 장이 갖는 중요
한 교훈은 시간의 진행에서는 절대로 뛰어넘을 수 없는 '현재'가 있다는 것
이다. 현재를 뛰어넘지 않고 충실하게 딛고 가는 논리, '현재'를 망가뜨리
지 않아야 '도법道法'을 잇고 '미래'로 건너가는 다리가 튼튼해진다는 의미
를 찾아야 한다. 그래서 나는 다음 장의 "행원필자이行遠必自邇", "등고필자
비登高必自卑"의 명제를 바로 제14장의 '현재' 상황에 충실한 정태적 논리에
서 다시 역동적 논리로 접목시키는 것으로 보았으면 한다.

4) 제15장

> 原文
>
> 君子之道, 辟如行遠, 必自邇. 辟如登高, 必自卑.
> 詩曰, 妻子好合, 如鼓瑟琴. 兄弟既翕, 和樂且耽. 宜爾室家, 樂
>   爾妻帑!
> 子曰, 父母其順矣乎!

◎ 주자주

금슬琴瑟을 뜯는다(鼓)는 것은 화和를 말한다. 흡翕은 뜻을 같이한다(意合)는 것이며, 탐眈은 즐거움(樂)을 말한다. 탕帑은 자손이다.

공자께서 이 시를 읊으시고 감탄해 말씀하시기를 "처자가 호합好合하고 형제가 우애友愛함이 이와 같다면, 부모들은 근심 걱정 없이 편안한 여생을 보낼 것이다. 그러므로 효순孝順의 실재는 처자호합하고 형제화합하여 가족이 즐겁게 사는 것이다." 자사께서는 이 시와 말씀을 인용하시어 앞에서 명제로 내건 군자의 도가 "행원필자이行遠必自邇, 등고필자비登高必自卑" 하는 뜻을 밝히셨다.

◎ 의역

군자의 도는 비유하건대 멀리 가려면 반드시 가까운 데서부터 출발해야 하고 높은 데 올라가려면 낮은 데서부터 올라가야 하는 것과 같다. 우리 속담에 천릿길도 한 걸음부터라는 말이 있다. 어떤 일이건 과정을 처음부터 끝까지 차근차근 밟아가야지 뛰어넘거나 성급하게 목표부터 점령하고는 과정을 거친 양 속임수를 써서는 안 된다. 유가의 성취 목표와 과정은 분명하다. 평천하가 목표라면 그 출발은 수신제가부터 시작해야 한다. 여기에 인용된 시가 바로 제가齊家 단계(가정윤리)에 대한 것으로 멀리 가고자 하는 바(行遠)에서의 가까움(邇)과 높이 오르고자 하는 바(登高)에서의 낮음(卑)에 해당한다.

시를 풀어보자. "처자식과 오순도순 사랑하며 행복하게 사는 것이 마치 거문고와 비파 타는 소리가 아름답고 조화롭게 울려 퍼지는 것 같네. 그뿐인가 형제자매들이 서로 우애하고 뜻을 모아 한 가족을 이루니 집안은 늘 화기애애하다. 열심히 일하여 의식주를 넉넉히 하고 자녀들을 바르게 기르니 사람 사는 즐거움이 어찌 여기에 더하리. 사람들이여, 사람이 잘 살기 위해서는 먼저 너의 처자식(室)을 잘 거느리고, 미루어 온 형제 가족 (家)이 화합하는 것부터 하라. 그렇게 하면 모든 이웃 마을 거리가 웃음으로 꽃 되리라." 그런데 이 시에서는 아주 중요한 구절이 하나 빠졌다. 그것은 부모에게 효순하는 것이다. 그 순서를 따져 본다면 "처자호합妻子好合" 구절 앞에 있어야 하는데 없다. 아마도 자사가 이것을 발견하여 보충하기 위해 공자의 말을 끝으로 인용한 것 같다.

공자께서 말씀하셨다. "(앞의 시대로 하면) 부모님은 기뻐하실 것이고 그것이 바로 효순하는 길이다." 부모를 섬긴다는 이 말은 앞에 두어도 되고 뒤에 두어도 되지만 자이自邇, 자비自卑라는 기준에서 보면 무엇보다도 우선해야 할 것이다.

◎ 강의

이 장 첫머리에 내건 유가의 도를 성취하는 과정의 선후설정원칙은 "먼 데는 가까운 한 걸음부터 높은 데는 낮은 곳부터"다. 그렇다면 인간 성취에서 무엇보다 우선이 되는 출발점은 자기 자신이다. 자기 자신이 인간 성취를 이룬다는 것은 중용적 인간이 되는 것이므로 제11장 이전은 좀 잡스럽기는 하지만 개인이 수신하는 단계라고 말할 수 있다. 제12장은 부부夫婦(가정) 문제를 다루고 있으므로 제15장이 이에 이어서 제기되었어야 할 듯하다. 그리고 제12장과 제15장 다음으로 제13장의 충서忠恕와 제14장의 소행素行, 정기正己 문제가 다루어졌다면 오히려 논리 과정이 더 정연하였을 것이다.

『대학』에서는 이른바 삼강령, 팔조목이라 해서 사상의 진행 과정이라든가 목표를 향해 가는 수행 과정을 분명하게 설정해 놓았다. 이 과정을 따른다면, 수신修身(여기에는 正心, 誠意, 致知, 格物의 단계가 앞서 있지만 이를 모두

수신 과정 안에 포함시킬 수 있다), 제가齊家(齊家는 정치의 최하 단위인 大夫家를 말
한다고 풀이하는 것이 일반적인데 家의 범위를 좀 확대해서 室, 家[族], 隣, 鄕黨, 大夫家
로 보는 것이 좋을 듯하다), 치국治國, 평천하平天下다. 그런데 『중용』에서는 제
가 단계의 가정윤리(제12장)와 인간교류 단계의 충서윤리忠恕倫理(제13장) 그
리고 사회생활 단계라고 볼 수 있는 반구저기反求諸己와 소위소행素位素行의
윤리(제14장)를 말한 다음 바로 정치윤리(제15장)로 넘어갔다. 이런 면에서
『중용』은 그 과정이 『대학』처럼 엄밀하지 못하다.

　　도를 행하는 과정(志於道)을 엄격하게 지켜야 한다는 논리로 이미 수천
년 동안 내려온 『중용』의 문장을 뜯어고친다는 것은 어려운 일일 것이다.
하지만 고전의 판본과 문장을 연구하여 첨삭이나 착간, 진위여부를 지적
한 글들을 섭렵해서, 타당하다고 여겨지면 받아들이는 것을 두려워하거나
머뭇거릴 필요가 없다. 다행히도 나는 1930년대에 태어나 의고풍의 영향
으로 많은 선배학자가 연구한 고증학 서적들을 볼 기회가 많았고 그 덕택
으로 번거로운 고증학 과정을 거치지 않은 채 본격적인 철학연구에 들어
갈 수 있었다. 고증학 연구에서 내가 가장 많이 영향을 받은 이는 서복관
교수다. 서복관은 제16장에서 제19장이 『중용』의 흐름과는 무관하다고
여기는데, 나도 여기에 동의하여 바로 제20장으로 들어가겠다.

5) 제20장

　　이 장은 『중용』 장구 가운데 가장 글자가 많은 장구로, 총 약 770자
에 이른다. 주로 유가정치에 관해 다루고 있다. 여기에는 『대학』과 같이
수신-제가-치국-평천하의 단계대로 문맥을 끌어가지는 않으나 오달도五
達道(五倫), 삼달덕三達德(知·仁·勇), 구경九經(治國九法) 등 유가정치의 사상·윤

리·치술治術에서 주요한 항목이 총망라되어 있어, 가히 '유가정치윤리' 개론이라고 할 만하다. 뿐만 아니라 매 주요 단락마다 달려 있는 주희의 주는 그 어느 장구보다 자세하고 요점을 잘 정리해 놓아서 그대로 번역하는 것만으로도 다시 부연설명하는 강의가 필요 없을 정도다. 그래서 이 장은 다른 장과는 다르게 주희의 주를 기준으로 원문 한 단락이 끝나면 주희주의 번역문을 넣어서 원문과 주희의 주를 바로 대조해 볼 수 있게 하였다. (주희의 주를 번역하면서 나의 설명도 첨가하였다)

原文

哀公問政.
子曰, 文武之政, 布在方策, 其人存則其政擧, 其人亡則其政息.
人道敏政, 地道敏樹. 夫政也者, 蒲盧也.

◎ 주자주

애공哀公은 노나라 임금으로, 이름은 장蔣이다.

방方은 목판木版이요, 책策은 죽간竹簡이다. 식息은 멸滅이다. 주나라 문왕·무왕의 정치를 실현할 만한 임금과 신하가 나오면 책 속에 있는 정치이론은 실현될 수 있다는 뜻이다. 민敏은 빠름(速)이다. 포蒲는 물가에서 자라는 갈대를 말한다. 자생도 잘하지만 성장이 빨라 사람이 정치에 영향을 받아 속성속패함이 이와 같다는 말이다. 여기서의 포노蒲盧(蘆)를 수초水草가 아닌 나나니 벌의 지방명이라고 하는 사람도 있다. 그들의 말에 따르면 나나니가 유충을 잡아 자신의 집안에 넣고 그 앞에서 "나 닮아라, 나 닮아라" 하고 기원하면 정말 나나니가 나온다고 한다. 그래서 권위주의와 교화의 형태를 지니는 옛날의 정치에서는 백성이 위정자의 뜻대로 되기를 바라므로 이 나나니를 예로 든 것이라고 한다. 그런데 곤충연구가 발달하여 이 이야기가 과학적으로 증명되면서, 사실은 나나니가 잡아 온 유충의 몸에 독침을 쏘아서 썩지 않게 하고 거기에 자기 알을 까 넣으니 자신의 유충이 부화하여 잡아 온 유충의 양분을 먹고 자라 마침내는 나나니가 나온다는 것이다. 이것을 모르는 옛 사람들은 그저 나나니가 "나 닮아라, 나 닮아라"해서 잡아 온 유충이 나나니를 닮아 나왔다고 본 것이다. 이는 무슨 뜻인가? 옛날 정치가 그저 백성들에게 "나 닮아라, 나 닮아라" 하는 위정자 중심의 교화 정치임을 말해 주는 것이다.

◎ 의역

노나라 애공이 공자에게 정치에 관해서 물었다.

공자께서 대답하셨다. 문왕과 무왕의 정치가 방책方策으로 정리되어 옛 문헌에 기록되어 있으니, 뒷날 그것을 실천할 만한 사람이 나오면 그 정치는 실현될 것이나, 그러한 인물이 없으면 그 정치는 사라지고 말 것이다. 인도人道는 정치에 빠르게 나타나고, 지도地道는 나무에 빠르게 나타나니 대저 정치의 빠른 영향이 갈대(蒲盧)와 같다.

原文

故爲政在人, 取人以身, 脩身以道, 脩道以仁.

仁者人也, 親親爲大, 義者宜也, 尊賢爲大. 親親之殺, 尊賢之
　　等, 禮所生也.

在下位不獲乎上, 民不可得而治矣.

故君子, 不可以不脩身. 思脩身, 不可以不事親. 思事親, 不可以
　　不知人. 思知人, 不可以不知天!

◎ 주자주

인人은 인신人身을 가리켜 말한 것이다. 몸은 생리자연生理自然의 성性을 갖추어서 자애롭고 슬퍼할 수 있는 마음이 있다. 이는 몸소 깊이 체인體認하는 바다. 의宜는 사리事理를 분별하고, 그것이 어디에 합당한 것인가를 찾아 맞추는 것이다. 예절은 사리와 사실事實 둘을 규범을 정한 항목에 맞추는 것이다. 여기서 "친친지쇄親親之殺"는 가까운 혈연인가 아닌가에 따라 가족윤리(종법윤리)를 정한 것이고, "존현지등尊賢之等"은 어질고 능력 있는 정도(深淺)에 따라 성聖, 현賢, 사士로 정해지는 층이다. 이것은 혈연 중심의 윤리에서 사회 중심의 윤리로 발전하는 변화다.

정치는 사람에게 달려 있고, 그 사람을 발탁해 쓰는 것은 나 자신(임금)이다. 그런데 나 자신이 못나면 좋은 사람을 발탁할 수 없다. 사람을 발탁하는 기준이 나에게 있고 나의 현불현賢不賢이 발탁 기준의 좋고 나쁨이 되므로 나 자신을 닦지 않으면 안 된다.(修善工夫의 필요) 그러면 묻는다. 무엇으로 몸을 닦는가? 도道로 닦는다. 그런데 그 도道도 닦아야 한다.(『중용』 첫머리에서 "修道之謂教"라고 했다) 도道는 무엇으로 닦는가? '인仁'이다. 인仁은 무엇인가? 사람이 태어나면서 갖추고 있는 순수정감이다. 이는 남을 사랑하는 마음으로 표현되는데 처음으로 자연스럽게 밖으로 드러나 흐르는 것이 어버이에 대한 사랑이다. 그러므로 수신修身하려면 어버이를 섬기지(事親) 않으면 안 된다. 그런데 친친親親(자기 부모만 사랑하고 남의 부모는 사랑하지 않음)만으로는 이 세상에서 남과 더불어 살 수 없으므로 혈연 중심의 친친이 가지는 한계를 벗어나야 한다. 이것이 의義다. 인仁에서 나온 것이 친친이라면 의義에서 나온 것이 존현尊賢이다. 그리고 인仁의 친친, 의義의 존현 모두 천리에서 나온 것이므로 사람을 알기 위해서는 천天을 알지 않으면 안 된다.

◎ 의역

그러므로 정치는 사람에게 달려 있고, 사람을 취하는 길은 왕의 수신 덕성修身德性에 있으며, 수신修身은 도道를 닦는 것으로 하니, 그 도道가 바로 인仁인 것이다.

인仁의 실체는 사람이니 나와 가장 가까운 친척親戚과 친애親愛하는 것이 근본이 되고, 의義는 의宜이니 어진 이를 존경하는 것이 확충대화擴充大化의 정도正道가 된다. 친소원근親疏遠近을 구분해 가리고 어진 이의 등급을 정하는 것이 예禮가 생겨난 근거가 된다.

아래 있으면서 윗사람의 신의를 못 받으면 백성을 다스릴 수가 없다.

그러므로 군자는 수신修身하지 않을 수 없고, 수신하려면 사친事親부터 해야 하고, 사친事親하려면 사람을 알지 않으면 안 되고, 사람을 알고자 한다면 하늘을 알지 않으면 안 된다.

原文

天下之達道五, 所以行之者三. 曰 君臣也, 父子也, 夫婦也, 昆弟也, 朋友之交也. 五者天下之達道也. 知仁勇三者, 天下之達德也. 所以行之者一也.

◎ 주자주

달도達道(목표에 도달하는 길)란 천하고금天下古今(동서고금을 막론하고) 모두가 함께 걸어가는 길이니, 『서경』에서 말한 오전五典, 『맹자』에서 말한 부자유친, 군신유의, 부부유별, 장유유서, 붕우유신 즉 오륜五倫이다. 지知는 이것을 아는 것이요, 인仁은 이것을 체인體認하는 것이요, 용勇은 이것을 강행하는 것이다. 달도를 지·인·용하는 것이 달덕達德이다. 달덕이란 천하고금이 다 같이 나면서부터 갖추고 있는(生具) 리理다. '일一'이라고 한 것은 성誠일 뿐이기 때문이다. 달도가 비록 천하 공용共用의 길이나 삼덕三德이 아니라면 행할 수가 없다. 달덕이 비록 천하 동득同得이나 '일一'인 성誠이 아니면 인욕이 끼어들어 덕德이 본래의 덕을 잃게 된다. 정자程子가 말했다. "이른바 성誠이란 이 삼덕三德에 성실誠實함이니 삼자三者 밖에 따로 성誠은 없다."

◎ 의역

천하의 달도達道는 다섯인데 이것을 행하는 자는 셋이다. 군신과 부자와 부부와 형제와 붕우와의 인간관계 교류 다섯은 천하의 달도요, 지智·인仁·용勇 삼자는 천하의 달덕達德이니, 그것을 행하는 자는 인도人道인 성誠일 따름이다.

原文

或生而知之, 或學而知之, 或困而知之, 及其知之一也. 或安而行之, 或利而行之, 或勉强而行之, 及其成功一也.

子曰 好學近乎知, 力行近乎仁, 知恥近乎勇.

知斯三者, 則知所以脩身, 知所以脩身, 則知所以治人, 知所以治人, 則知所以治天下國家矣!

◎ 주자주

'안다는 것'(知之)의 아는 것(知), '행한다는 것'(行之)의 행한다는 것(行)은 달도達道다. 이것을 나누어 말하면, 아는 것(所以知者)은 지知(智)요, 행하는 것

(所以行者)은 인仁이요, 아는 것과 인이 성공하는 데 이르게 하는 것이 용勇이다. 그 등차를 말해 본다면 나면서 알고 편안히 행하는 것(生知安行)은 지知요, 배워서 알고 이롭게 여겨 행하는 것(學知利行)은 인仁이요, 고생해서 알고 힘써 행하는 것(困知勉行)은 용勇이다. 대개 인성人性은 선하지 않음이 없지만(無不善) 기품氣稟이 같지 않으므로 도를 듣고 깨닫는 데(聞道)는 아침저녁(빠르고 더딤 이르고 늦음)이 있고, 어렵고 쉬움이 있다. 그러나 자강불식自强不息해서 성공하면 동일하다.

'자왈子曰' 두 자는 잘못 끼어든 글자(衍文)다. 이 구절은 아직 달덕達德에 미치지 못했을 때 입덕入德하는 바를 강구하는 일을 말한 것이다. 삼지三知의 지知, 삼행三行의 행行을 말했으므로 여기서의 삼근三近이란 용勇의 차례다. 여씨呂氏가 말했다. "어리석은 자는 자기가 옳다고 여겨 구하지 않고, 스스로 사사로운 자는 인욕에 끌려가 돌아올 줄 모르며, 나약하고 비겁한 자는 남의 아래에 있기를 좋아한다. 그러므로 배움을 좋아하면(好學) 아직 알지(知) 못하더라도 어리석음을 깨뜨릴 수 있고(破愚), 힘써 행함이(力行) 아직 인仁에 이르지 못하여도 사사로움을 잊을 수가 있으며(忘私), 부끄러움을 앎이(知恥) 아직 용勇에 이르지 못하여도 나약함에서 일어날 수가 있다(起懦)."

◎ 직역

혹자는 생生하면서 알고 혹자는 배워서 알며 혹자는 체험해서 아니, 어떤 경로를 거쳤건 지知에 이르면 그 지知는 일一이다. 혹자는 평안하게 지知를 실천하고, 혹자는 유리하게 실천하며 혹자는 억지로 어렵게 힘써 실천하는데 어찌되었건 성공成功에 이르러서는 한 가지다.

공자께서 말씀하셨다. 배움을 좋아하면 지知에 가까워지고 힘써 행하면 인仁에 가까워지며 부끄러운 것을 알면 용勇에 가까워진다.

이 셋을 아는 자는 수신修身하는 바를 알고, 수신하는 바를 알면 치인治人하는 바를 알며, 치인하는 바를 알면 천하국가를 다스리는 바를 알게 된다.

여기서부터는 본문 의역을 주로 하고 간간이 주회의 주를 풀이하겠다.

原文

> 凡爲天下國家有九經. 曰 脩身也, 尊賢也, 親親也, 敬大臣也,
> 體羣臣也, 子庶民也, 來百工也, 柔遠人也, 懷諸侯也.
> 脩身則道立, 尊賢則不惑, 親親則諸父昆弟不怨, 敬大臣則不眩,
> 體羣臣則士之報禮重, 子庶民則百姓勸, 來百工則財用足, 柔
> 遠人則四方歸之, 懷諸侯則天下畏之.

◎ 의역

천하국가를 다스리는 데는 아홉 가지 원칙(大經大法)이 있다. 먼저 자기 자신의 인격을 도와야 하는 것, 어진 이를 존경하는 것, 친족들이 화목한 것, 대신들을 믿고 공경하는 것, 군신을 내 몸처럼 보살피는 것, 백성을 자식처럼 보호하고 사랑하는 것, 많은 기술자를 불러 모으는 것, 먼 데 있는 사람들을 귀의하도록 하는 것, 제후들을 회유하는 것, 이것이 구경九經이다.

몸을 닦아 배우고 인격을 세우고 경륜을 쌓으면 천하국가를 다스리는 길이 열린다. 게다가 어진 이를 존중하고 그들의 고명한 지혜와 능력을 빌리면 자신이 생겨 흔들리지 않는다. 집안 친족들과 화목하면 아버지 형제들, 나의 형제들이 서로 원망하지 않는다. 역사상 통치자를 둘러싼 혈연친족들이 정치를 망치고 골육상쟁 같은 분란을 일으키는 일이 많았다. 그래서 임금은 먼저 자신 주변의 친인척을 잘 다스리는 일이 무엇보다도 중요하다. 대신을 공경해야 정치가 불분명하고 흔들리지 않는다. 주희의 주에 의하면 임금이 대신을 신임하고 힘을 실어 주어야 하급 관리들이 상사의 말을 잘 듣고 난을 일으키지 못한다고 한다. 이 역시 정치 기술상 참고해야 할 문제다. 군신을 내 몸같이 보살피면 선비들이 나라를 사랑하고 임금에게 충성하려는 마음이 무거워진다. 백성을 자식처럼 보호하고 사랑하면 백성은 스스로 생업에 열중한다. 많은 기술을 발달시키고 기술자를 우대하면 물질생활이 풍족해진다. 먼 데 있는 이방인들에게도 관심을 갖고 회유하면 사방에서 모여든다. 제후들을 품어 주고 제후들간의 질서를 잡아 주면 온 천하는 천자의 권위에 감복하여 감히 도전하거나 반란할 마음을 품지 못한다.

原文

齊明盛服, 非禮不動, 所以脩身也. 去讒遠色, 賤貨而貴德, 所以勸賢也. 尊其位, 重其祿, 同其好惡, 所以勸親親也. 官盛任使, 所以勸大臣也. 忠信重祿, 所以勸士也. 時使薄斂, 所以勸百姓也. 日省月試, 旣稟稱事, 所以勸百工也. 送往迎來, 嘉善而矜不能, 所以柔遠人也. 繼絶世, 擧廢國, 治亂持危, 朝聘以時, 厚往而薄來, 所以懷諸侯也.

◎ 의역

여기서의 수신修身은 주로 천자의 몸가짐을 말한다. 제명齊明은 마음을 가다듬어 생각(지혜)을 밝게 하는 것, 성복盛服은 늘 신저神袛 앞에 임하는 몸가짐(복장 포함), 그리고 예가 아니면 행동하지 아니, 이러한 행동을 사람들에게 보임으로써 경건함과 숙목함을 배우게 함, 이것이 천자의 수신이다. 간신들의 참소를 물리치고 여색을 가까이하지 않으며 물질적 가치보다 도덕적 가치를 우위에 두면, 사람들은 어진 이를 배우는 데 힘쓸 것이다. 친인척들에게 실권은 아니지만 작위를 높여 주고 봉록을 후하게 주며 그들과 호오好惡를 같이하면 서로 화합할 것이다. 신하의 계급을 높이고 신임信任해서 부리면 대신大臣들은 스스로 좋은 정치를 시행할 것이다. 백성을 부릴 때는 농번기를 피하고 세금과 요역을 경감해 주면 더욱 부지런히 생업에 종사할 것이다. 날마다 연구에 힘쓰고, 연구한 것을 한 달에 한 번씩 실험하며, 연구한 학설과 실험한 결과가 실지생활에 편리하고 유익한가를 살피면 기술자(기능공)들은 연구와 제작을 게을리 하지 않을 것이다. 찾아오면 환영하고, 보낼 때 후대하며, 좋은 것을 가르쳐주고, 모르고 능력이 부족한 사람을 불쌍히 여겨 도움을 마련하면 먼 곳 백성이 모여들 것이다. 후사가 끊어져 제사를 못 지내면 대를 잇게 해 주고 종묘사직이 무너졌으면 다시 일으켜 세워 주며, 조빙사절은 정초正初나 특별한 때만 오게 하고 조공을 받는 때는 토산물 같은 것으로 가볍게, 그러나 보내는 예물은 정성껏 후하게 한다. 그러면 제후들은 감복하고 국제 질서를 지키는 데 앞장설 것이다.

凡爲天下國家有九經, 所以行之者一也.

凡事豫則立, 不豫則廢. 言前定則不跆, 事前定則不困, 行前定則不疚, 道前定則不窮.

在下位不獲乎上, 民不可得而治矣. 獲乎上有道, 不信乎朋友, 不獲乎上矣. 信乎朋友有道, 不順乎親, 不信乎朋友矣. 順乎親有道, 反諸身不誠, 不順乎親矣. 誠身有道, 不明乎善, 不誠乎身矣!

誠者天之道也, 誠之者人之道也. 誠者不勉而中, 不思而得, 從
容中道, 聖人也. 誠之者, 擇善而固執之者也.

◎ 의역

무릇 천하국가를 경영하는 데는 아홉 가지 중요한 법칙이 있으니, 그
것을 실천하는 일관—貫된 마음가짐은 정성(誠)이다. 무릇 일이란 사전에
충분히 생각하고 연구해서 준비를 철저히 한 다음 실천에 들어가면 성공
하지 준비도 없이 갑작스레 덤벼들면 실패하기 십상이다. 법령이나 반포
문 같은 것은 발표하기 전 꼼꼼히 다듬고 퇴고해야 차질이 없고, 일은 사
전에 계획과 준비가 결정되어 있어야 난관에 부딪치지 않으며, 행동(토목
공사나 대중행사)은 미리 순서와 안배가 이루어져 있어야 병폐가 없다. 국가
의 이상도 충분히 논의되고 원대하게 세워져야 항상성恒常性을 갖는다.

하부관리가 상관(王·公·卿·大夫)의 신임을 받지 못하면 백성을 다스릴
수 없다. 윗사람의 신임을 받는 길은 친구들의 신뢰를 받는 것으로 친구간
에 신의가 없으면 윗사람의 신임도 받을 수 없다. 친구들한테 신임 받는
길이 있으니, 자기 부모에게 효순하지 않으면 친구들의 신의를 받을 수
없다. 어버이에게 효순하는 길이 있으니, 자기 자신을 돌아보고 정성스럽
게 여기지 않으면 어버이에게 효순할 수 없다. 자기 자신의 마음을 정성스
럽게 하는 데도 길이 있으니, 선善과 악惡을 분명하게 가릴 줄 모르면 자기
자신에게 정성스러울 수 없다.

성誠 자체는 하늘의 길이며, 성誠 되어 가는 과정은 사람의 길이다. 성
誠하면 힘쓰지 않아도 맞으며(中) 생각지 않아도 얻어진다. 조용한 가운데
아무런 노력 없이도 도道에 맞는 삶을 사는 이는 성인이다. 성지誠之하는

자는 아직 성誠에 이르지 못했으므로 성誠으로 가는 가장 좋은 길을 선택하여 끝까지 그것을 밀고 나가는 자다.

여기서 "재하위불호호상在下位不獲乎上"에서 "택선이고집지자야擇善而固執之者也"까지의 구절이 『맹자』 「이루」에도 거의 비슷하게 실려 있어 학자들 중에는 이 구절을 『맹자』에서 베껴 온 것으로 보는 이가 있었다. 그러나 근래 연구 결과 『중용』의 글이 더 오래된 글이라는 것이 밝혀졌다.

原文

博學之, 審問之, 愼思之, 明辨之, 篤行之.

有弗學學之, 弗能弗措也. 有弗問問之, 弗知弗措也. 有弗思思之, 弗得弗措也. 有弗辨辨之, 弗明弗措也. 有弗行行之, 弗篤弗措也. 人一能之, 己百之. 人十能之, 己千之.

果能此道矣, 雖愚必明, 雖柔必强.

◎ 의역

널리 배우고, 자세히 물으며, 깊이 생각하고, 밝게 분별하며, 독실하게 실천한다.

아직 배우지 않은 것이 있어 이를 배울 때에는 능하지 못한 것을 남겨 두지 아니하고, 의문이 있어 물을 때에는 모르는 것이 남아 있지 않게 하며, 생각지 못한 것이 있어 생각할 때에는 얻어내지 못한 것이 없도록 하고, 분별이 안 된 것이 있어 분별할 때에는 분별 안 된 것이 없도록 하며, 아직 행하지 못한 것을 행할 때에는 철저하지 못한 면이 없도록 한다. 남이 하나를 능하게 하면 나는 백을 능하게 하고, 남이 열을 능하게 하면 나는 천을 능하게 한다.

과연 능히 이러한 노력으로 학문을 한다면, 비록 타고난 재질이 우둔하다 하더라도 반드시 지혜로워질 것이요, 비록 유약한 기질을 타고 났다 하더라도 반드시 굳세질 것이다.

정자程子는 『중용』 서두에서 "이 책은 시작하면서 포괄적이면서도 전체적이고 궁극적인 하나의 이치를 말하고, 중간에 가서는 마치 구슬을 헤쳐 놓듯이 만사萬事의 각기 다른 사리를 말하며, 끝에 가서는 다시 이 만사의 리理를 하나의 이치로 귀납하고 있다"라고 하였다. 흩어서 만사의 이치를 논했다고 지적한 대목이 제20장이 아닌가 한다. 구경九經, 오달도五達道, 삼달덕三達德을 천하를 다스리는 정치논리로 풀이하여 비록 심오한 철학적 깊이나 논리는 없지만 지금의 정치사상이나 원리에 적용한다고 해도 하나도 버릴 것이 없을 만큼 절실하고 보편성을 갖는 주옥 같은 글들이다. 『중용』의 정치논리로 어디에 내놓아도 두루 적용될 수 있는 문제들이어서 정자가 말한 대로 '실학實學'이라고 할 만하다. 다만 마지막 두 단락은 성誠과 학學을 이야기하고 있어 제20장에서 분리하여 제21장에 포함시켰으면 하는 생각이 든다. 왜냐하면 제21장부터 『중용』의 백미라고 할 수 있는 '성誠'에 대한 논구가 본격적으로 전개되기 때문이다.

5. 『중용』 제4강 지성至誠, 진성盡性, 참천參天의 도

1) 들어가는 말

제21장부터 제32장까지 열두 장에서는 중용사상의 핵심인 '성誠'에 대해 집중적으로 논하고 있다. 앞서 제1장을 제외한 여러 장에서는 그 논리형식이 우회적이고 정正, 반反, 가可, 불가不可 같은 상대적인 경우가 많았다. 이와 달리 여기서는 천도天道와 인도人道를 번갈아 논하면서 천인합일, 즉 인도의 '성지誠之' 과정이 마침내 달천덕達天德에서 배천配天을 거쳐 준극우천峻極于天의 경지까지 승화하고, 또한 '지성진성至誠盡性'의 도道가 진기盡己, 진인盡人, 진물盡物의 성을 거쳐 급기야는 천지의 화육을 돕고 천지의 덕과 합치하여 천지의 대성大成을 기하는 인문세계의 극치를 논하고 있다. 유가인본주의와 천지경영의 대경대법大經大法, 그리고 그 성취의 위대한 과정과 경지를 호방豪放한 문장으로 설파하고 있어 유가철학 이상과 정신이 모두 여기에 온축되어 있음을 발견할 수 있다.

제20장까지를 많은 학자가 『중용』의 상편으로 분류한다.(제21장부터 하

편이 시작한다) 상편에서는 주로 중용의 '중中'을 논하고 중용을 실천하는 과정을(君子之道), 은미隱微에서 광대廣大(費)로 부부夫婦에서 천하국가天下國家로 나아가다가 마침내 제20장의 "애공문정哀公問政"에 이르러 치국평천하治國平天下라는 정치논리에 실어 귀결 지었다. 말하자면 '중용中庸'의 논리를 주로 인간 정서에서부터 처세교훈 그리고 부부가정의 기본 윤리 단위에서 확충하여 정치윤리(도덕정치)를 도출해 내는 논리형식을 취하고 있다. 이 논리형식을 제21장부터 전개되는 '성誠'의 논리와 비교해 보겠다. 중용中庸의 중中 논리는 인간 개인에서부터 확산해서 천하국가로까지 이르는데, 이는 주로 횡적 공간을 확대함으로써 사람 대 사람의 문제(이를 君子의 道라고 명명한다)를 다루는 것이다. 하지만 '성誠'을 논할 때는 인도에서 천도로 상승추극上升追極하는 과정을 취하고 있다. 그러므로 여기서는 '군자의 도'가 중심이 아니라 '성인의 도'가 중심이라는 점이 다르다.

'성誠'에 대한 이야기는 이미 제21장 이전에 제기되었다. 그 실마리는 제20장 "반제신불성反諸身不誠…… 택선이고집지자야擇善而固執之者也"에서 찾아야 한다. 특히 "성자천지도야誠者天之道也, 성지자인지도야誠之者人之道也. 성자불면이중誠者不勉而中, 불사이득不思而得, 종용중도성인야從容中道聖人也"라는 명제는 이후 성론誠論을 전개하는 데 기조가 되므로 다시 한번 음미하고 넘어가지 않으면 안 된다.

우리가 '성誠'을 이해하려면 우선 그에 대해 정의를 내려야 하는데 딱 부러지게 "성誠은 이것이다"라는 정의가 없다. 그저 무엇의 본체이니 본원이니, 또는 천도니 인도니 하며 막연하게 말할 뿐이다. 즉 성誠 자체에 대해 극의極義나 공능功能을 분명하게 말하지 않고 성誠은 천도다 하니 천도의 내용을 알아야 성誠의 내용을 알 수 있고, 성誠을 하는 것이 인도다 하니 인도의 내용을 알아야 그것으로 성지誠之를 미루어 알 수 있다.

만약 여기서 천도를 천리天理라고 한다면 이때 성誠은 리理가 되는데,

성즉리誠則理라는 말은 없다. 성誠과 성性을 보자. 성리학의 리理 논자들은 성즉리性則理를 말한다. 이때 성性은 천天이 명命한 성性이다(天命之謂性). 여기서 천天이 무엇을 명하였는지는 막연하다. 물론 '위성謂性'이라고 하였으니 '성性'을 주었다는 것이다. 천체天體·천리天理·천덕天德같이 그 형체, 법칙, 공용功用 등에서 천도天道는 천天의 운행법칙과 생성공능 양면에서 볼 수 있으므로 법칙 면에서 본다면 성性은 리理일 수 있다. 그러나 만유생명에게 명(품부)한 것은 법칙뿐만은 아닐 것이며 거기에는 반드시 생명이 생명으로서 살아갈 수 있는 생존 공능 같은 것이 주어졌을 것이다. 그것이 오히려 명命, 즉 품부라는 수수관계에 가까울 것이다. 그러므로 성誠과 성性은 결코 같은 뜻이 될 수 없다. 간단히 말하면 "천명지위성天命之謂性"이라고 할 때 그 성性은 천체天體·천리天理(則)와 동일한 체體가 아니라, 체體가 가지고 있는 속성으로 보아야 한다. 그리고 성性(天命之性)을 완전히 실현되게 하는 것이 솔성率性이라면 솔성에서 '솔率'의 내용이 '성誠'일 것이다. 그러니까 성誠은 성性이 자기 실현을 하는 공능이라는 말이다. 즉 성性이 천도(理)의 속성이라면 성誠은 다시 그 성性의 속성이 되는 셈이다. 이제 살펴볼 제22장에서 "오직 천하의 지성至誠만이 그 성性을 능히 다 성취 현현할 수 있다"라고 한 것이 그것이다. 능히 진성盡性케 하는 것이 지성至誠이라는 말이다. 거듭 다시 말하자면 성誠은 성性을 실현시켜 주는 성性의 역동적인 속성이다.

그런데 "성자誠者는 천지도天之道"라고 했다. 왜 성性이 빠지고 바로 천도와 성誠이 상즉相卽 관계로 나타났는가? 사실 천도란 완전무결한 최선의 존재다. 그리고 성性은 이미 지성至誠 그 자체로 성性의 속성적 공능인 이 성誠에 의해 진성盡性되므로 성誠은 곧 천도 자체의 도道요, 리理요, 덕德이다. 그래서 여기서 말한 '성자誠者'는 완전성을 의미하며 그 성誠은 성誠하는 것만으로 천도의 유행생성流行生成을 따질 필요가 없다. 그러나 "천명지위성天命之謂性"의 성性은 비록 천명에서 왔지만 이것이 곧 천도, 리理, 덕德은 아니다. 그 가능성만 주어진 것이기 때문에 "솔성지위도率性之謂道"에서 솔성의 솔率이 성자誠者 즉 '성誠한 것'이 아니라 성지자誠之者 즉 "성誠하고자 하는 것"이 된다.

'성지誠之'는 아직 성誠이 되지 못하였기 때문에 성誠으로 추구해 가는 것이다. 그래서 성하고자 해서(誠之) 성誠된 사람을 성인聖人이라 한다. 성인은 이후 '성명誠明'을 논하는 데 그 중심으로 등장한다.(앞에서 중용을 논할 때는 군자를 내세우다가, 誠을 말할 때는 聖者를 내세운 까닭이 여기에 있다) 그런데 여기서 다시 생각해 보아야 할 것이 있다. "성자천지도야誠者天之道也"에서의 '성誠'과 "성지자인지도야誠之者人之道也"에서의 '성誠'은 같은 것인가, 다른 것인가 하는 문제다. 먼저 한 마디로 말하면 그 내용은 다르다. 왜 다른가? 천도의 성誠은 천도의 리理와 덕德을 모두 포괄하고 천지를 운행하고 만물을 생성하는 동력이지만, 인도에서 말하는 성誠, 즉 성인聖人의 성誠은 천지를 운행하고 만물을 생성하는 성誠이 아니라 천명지성天命之性을 솔성率性하고 진성盡性해서 천지만물 가운데 천지만물을 경영하는 인간이 성취한 성誠이다. 이것은 늘 성하고자 해야(誠之) 찬화贊化・능화能化・참천參天할 수 있는 조건부 한계를 가진 성誠이다. 그러므로 천도의 성誠은 이미 성誠된 자체의 성誠이지만, 인도의 성誠은 늘 성하고자 하는(誠之) 과정을 거쳐야 목표에 도달할 수 있는 미완未完의 성誠이다. 이 성誠을 배천配天, 달천덕達天德 할 수 있는 경지(능력)까지 성취해 간 사람을 성인이라고 본 것이다.

성인이 성취한 '성誠'의 현현顯現은 어떤 것인가? 한 마디로 말해서 도덕왕국, 인문세계다. 천도의 성誠은 천지생물의 도로 자연천自然天(道家적인 道), 생성천生成天만의 기능을 가진다. 자연천은 자연에 귀의하려는 도가 쪽에서 보면 완전무결한 존재지만, 인문세계를 창진하려는 유가 쪽에서 보면 "천지가 아무리 광대하더라도 인간이 오히려 만족하지 못한 바가 있을 수 있다"(天地之大也, 人猶有所憾)라고 한 것처럼 완전하지 않다. 그래서 여기에 인도가 끼어들어 이른바 삼재지도三才之道가 합치했을 때 비로소 천지가 대성한다는 것이다. 만일 "성하고자 하는 것"(誠之)이 천도의 성誠을 추구하는 것이라면 이는 도가의 도道와 같아지게 되므로 인문세계 창진이라는 영역은 소멸하게 된다. 그러므로 성지誠之에서의 성誠은 인도의 성誠이어야 한다.

내가 공부할 때 이 성誠의 문제로 고민한 일이 있었다. 두 분의 선생님이 각기 다르게 성誠을 정의하였기 때문이다. 전목錢穆 선생은 주희의 주에서 "성이란 것은 진실되고 망령되지 않은 것이다"(誠者, 眞實無妄)라는 말을 근거로 "천체天體는 진실한 천체天體로 있고, 뭇 별은 뭇 별대로 있다.…… 이는 모두 진실불망眞實不妄이라는 것을 알아야 한다.…… 무릇 존재한다는 것은 모두 천天에 속해 있다. 이것이 성誠이며, 이는 곧 진실무망眞實無妄한 것이다"라고 하였다. 이는 성誠을 완전히 객관세계의 천天을 중심으로 한 개념으로 보았는데 천명지성天命之性의 '성性'(本然之性)이 배제된 견해다. 서복관 교수는 이에 대해 비판을 가한다. "성誠은 곧 성性이다. 무릇 『대학』, 『중용』, 『역전』, 『맹자』에서 말하는 성誠은 모두 사람의 내심內心에 대한 것이다. 『중용』에 처음 나타나는 성誠은 '어버이에게 효순하는 길은 자신을 돌아보는 것인데, 돌아봐서 성誠하지 못하면 어버이에게 효순할 수가 없다'라고 하였다." 이는 전목 선생이 말한 외재천外在天의 성誠과 정면으로 상반되는 내재천內在天의 성誠이다.

사실 주희의 주에서 성誠을 설명한 것을 보면 두 면을 모두 포함하고 있다. "성誠이라는 것은 진실무망을 말함이니 천리의 본연本然이다. 성誠하고자 하는 것은 아직 진실무망하지 못해서 진실무망하고자 함을 이른 것으로 인사人事의 당연함이다." 천도의 성誠은 진실무망 그 자체다. 그러나 인도는 그렇지 못하므로 천도의 성誠인 진실무망을 본받아야 한다. 그것이 솔성率性이다. 그러니 성誠 되어 가는 길 또는 천도의 성誠을 인간 자신과 인간세상에서 실현하는 것이 인도라는 것이다. 여기서 "성지자誠之者"에는 두 면이 있다. 하나는 "복기견천지지심復其見天地之心"이고 하나는 맹자가 말한 "사성자인지도思誠者人之道"다. 성하고자 생각하는 것(思誠)은 "천지의 마음을 돌아본(復其見天地之心)" 다음 그것을 인문세계 건설에 실현하는 것이다.

여기서 내 나름대로 간단하게 성誠에 대한 정의를 내려 보겠다. 먼저 천도의 성誠을 보자. 동양철학에서 말하는 본체에는 반드시 공용적功用的 역동이 있다. 성誠은 역동적이다. 즉 천지가 하염없이 운행하며 만물을 변화 생성시킨다. 그 운행은 궤도를 조금도 이탈하지 않고 항상 순환한다. 그에 따라 변화의 이치는 바뀌지 않으며 만물의 생성은 진실되고 거짓이 없다. 영원히 변하지 않는 천지운행질서와 변화생성의 역사役事를 진행시키는 이치를 인간이 도덕적 차원에서 파악하여 감득感得한 것이 성誠이다. 앞의 제1장 말미에서 "중야자中也者, 천하지대본야天下之大本也, 화야자和也者, 천하지달도야天下之達道也. 치중화致中和, 천지위언天地位焉, 만물육언萬物育焉"이라고 했다.(이 구절은 만물이 생성되어 성취해 가는 생명의 역동성을 말하지 않고 있어 자못 靜態的이다) 여기에서 "천지위언"에다 동력을 불어넣고 "만물육언"에다 "낳고 낳음이 그치지 않는다"(生生不已)는 지속성을 부여해서 파악한 천도가 성誠이다. 특히 천지가 만물을 낳는 쪽(천지의 位가 아니라 役事하는 면)에서 감득한 것이 성誠이라는 말이다. 그래서 이 성誠이 아니면 천지는 생성生成의 문을 닫아야 한다. 생각건대, 제1장 말미의 "천하지대본"인 중中, "천하지달도"인 화和, "천지위언"의 위位, "만물육언"의 육育은 천도의 운행생성에 속한 도道요, 리理지 아직 인도가 끼어들어 인간상을 영위하고 건설하는 인본주의 이상理想을 유발하지는 않는다.

그러다 제21장의 '성명誠明'에 이르러 이것은 천지가 만물을 낳는 마음(心)과 역동적인 운행을 파악하여 인문세계 건설의 정신과 성능으로 받아들이게 된다. 이것이 바로 지성至誠과 진성盡性을 거쳐서 천덕天德을 발견하면 그에 배천配天하려고 노력하는 성인의 도道다. 말하자면 성인이 천지를 경영하는 길이 성지誠之라는 것이다. 그러므로 "성자천지도야誠者天之道也"는 천지가 행하는 성誠이요, "성지자인지도야誠之者人之道也"는 인간이 성하고자 생각하는(思誠) 것이다. 정자는 『중용』 해제에서 "처음에는 책의 전체 의미를 하나의 이치로 묶어서 말하고, 중간에 가서는 그 이치를 만사萬事(物)·만행萬行에 나누어 적용시켜 설명하다가, 끝에 가서는 다시 하나의 이치 속에 담아 결론을 맺고 있다"(其書始言一理, 中散爲萬事, 未復合爲一理)라고 했다. '일리一理'는 중용의 도道로 천지의 운행이요, '만사萬事'는 성지도誠之道로 성인의 천하경륜天下經綸이다. 이 천행지건天行之健과 인사지성人事之誠이 합해져서 제33장에서 마지막 결론인 "상천지재上天之載, 무성무취無聲無臭, 지의至矣"에 이르렀으니 『중용』은 성誠을 통해서 천인합덕을 이루는 유가의 위대한 우주경영철학이라고 할 만하다.

2) 제21장

> 原文
>
> 自誠明, 謂之性. 自明誠, 謂之敎. 誠則明矣, 明則誠矣.

◎ 주자주

자自는 말미암을 유由자와 같다. 덕德(性)은 부실不實함이 없고 명明은 비추지 않은 곳이 없다는 뜻이니, 성인의 덕德이 갖춘 바요 천도와 합치하는 것이다. 먼저 선善이 밝혀진 뒤 그 선善을 실천하는 자는 현인賢人의 학學으로 성교聖教를 통해서 들어갈 수 있으니 인도人道다. 성誠하면 밝게 나타나지 않음이 없고, 밝아지면 성지誠之하는 데 나아갈 수 있다. 천天이 명命해서 받은 성性은 은미해서 솔성率性(明性), 즉 성誠이나 성지誠之 공부가 있어야 현현顯現하게 된다. 여기서 명明은 성性의 현현이요, 성性이 현현하면 스스로 인도가 열리고, 성교聖教가 설정되면 그에 따라 사람의 지혜가 밝게 열려 "택선이고집擇善而固執, 성지誠之"할 수 있다.

◎ 의역

이 장은 난해하다. 거두절미去頭截尾한 문장이기 때문이다. 그래서 사람들은 제1장의 성性, 도道, 교教와 연결시켜 본다. 나는 거기에 제20장 말미의 성론誠論과 학문의 길을 연결해 보고자 한다. 그렇지 않으면 요지를 찾아내기가 어렵다.

천도의 성誠은 힘쓰지 않아도 맞고(不勉而中), 생각하지 않아도 얻으며(不思而得), 조용하게 도에 맞는(從容中道) 것으로 성인만이 이를 감득感得해서 성지誠之할 수 있는 길, 즉 "솔성지위도率性之謂道"의 도道를 설정할 수 있다. 성인이 설정한 도道를 고집해서 성하고자 하는(誠之) 것이 인도요, "수도지위교修道之謂教"다. 여기서 '성誠'은 힘쓰지도 않고 생각하지도 않으며 조용해도 도에 맞지만, '성지誠之'는 성인이 설정한 교教에 따라 널리 배우고 자세히 물으며 깊이 생각하고 밝게 분별하며 독실하게 실천하는 수도修道의 과정을 거쳐야 어리석은 것이 밝아지고 유약한 것이 강건해진다. 이렇게 성誠하면 솔성의 도道가 밝아지고, 성인의 교教에 따라 도道에 밝아지면 성지誠之의 길을 찾아갈 수 있다.

◎ 강의

앞에서 이 장의 문맥이 거두절미하다고 의심했었다. 사실 이 장은 하편(제21장 이후를 하편이라 하겠다)의 수장首章으로 성명誠明에 관한 명제를 제기하는 위치에 있는 문장인데, 너무 간명해서 무슨 뜻인지 파악하기가 어렵다. 내 생각 같아서는 제20장 말미에 있는 "성자천지도야誠者天之道也"에서 "택선이고집지자야擇善而固執之者也"까지를 옮겨 놓고 말미에 제16장의 "은미함이 드러나니 성誠의 가릴 수 없음이 이와 같다"(微之顯, 誠之不可揜如此)를 더한다면 문맥의 의미 전달이 쉽고 앞으로 전개할 성론誠論, 성인지도聖人之道에 대한 논의의 기조로도 부족함이 없을 것 같다. 상편의 수장이 성性, 도道, 교敎를 논했다면, 하편의 수장인 여기서도 그러한 기조가 설정되어야 한다. 그런데 성性, 교敎만 논하고 도道가 빠져 있어 무엇인가 부족함이 느껴진다. 여기서는 오히려 성性을 줄이고 도道와 교敎를 내세웠으면 문리文理에 맞지 않나 한다. 왜냐하면 "천명지위성"의 성性은 하편에서 성誠으로 대체될 수 있어서 "자성명위지성自誠明謂之性"의 성性이 "솔성지위도"의 도道를 잘못 쓰는 것이 아닌가 의심이 가기 때문이다. 내가 보기에 성으로 말미암아 밝아지는(自誠明) 것은 성性이 아니라 도道인 듯하다.

여기서 다시 한번 상편 수장 삼구三句를 살펴보자. "천명지위성"은 천도와 성명性命이 서로 관주하여 주고받는 관계에 있는 구절로 천도가 그대로 어느 한 존재에 관주貫注된 것은 아니다. 천도가 '일一'이라면 그것의 명命을 받은 성性은 만물지성萬物之性이 된다. 그래서 "천天의 전정全整한 일一에서 분수分殊의 일一로 나온 것을 명命이라고 한다. 분수分殊되어 나온 일一이 각기 하나의 존재 단위를 이룬 것을 성性이라고 한다"(分於一謂之命, 成於一謂之性)라고 한 것이다. 그렇다면 성性은 결코 천리天理가 아니며 만유생명체가 지니는 인물지성人物之性이 된다. 거기에는 천지의 여러 성명性命(性

能)을 분화해 받았기 때문에 그만의 독자적인 성性도 있고 또 전체와 공동의 성性도 있을 것이다. 이 만물의 성性은 성인이 천지를 경영할 때(人文世界를 창진할 때) 모두 개물성무開物成務해야 하는 수요 불가결한 면이 있다. 그러므로 여기 하편에서는 기성己性, 인성人性, 물성物性 모두를 이야기하고 있다.

그런데 상편 수장의 "천명지위성天命之謂性"은 다음으로 따라오는 "솔성지위도率性之謂道"와 "수도지위교修道之謂敎"와 연결시켜 볼 때 분명 인성이라고 특별히 정한 성性임이 틀림없다. 천지가 왜 만물을 낳는가? 이 생기광장生機廣場을 모든 생명이 활발하게 어우러져 영위되게 하기 위해서다. 만일 천지의 생물지도生物之道가 끊어진다면 이 세계는 그야말로 허무적멸虛無寂滅해질 것이다. 그러므로 천天이 명命하여 성性을 낼 때 그 성性은 천天의 성性으로 되돌아오기를 바라는 그러한 회수의 성격이 아니라 후천적으로 자기 성취하는 길로 가는 것이다.

특히 인성人性의 경우 이는 유가의 인본주의적 생각이지만 천天이 인성을 낼 때는 그 인성이 대성해서 미완성의 천지를 대신하기를 바라는, 즉 천지지성天地之性으로 되돌아오기를 바라는 그러한 성性은 결코 아니다. 그렇다면 "솔성지위도"의 솔성率性은 순천리循天理의 성性이 아니라 후천적으로 인문세계를 창달創達할 수 있는 인간으로 성취시켜 주는 솔率이어야 한다. 따라서 도道는 천天으로 되돌아가는 방향의 길이 아니라 천명지성天命之性에서 수도지교修道之敎로 향하는, 다시 말하면 인문세계의 창진으로 가는 길로 보아야 한다. 그러므로 "자성명自誠明"은 성誠이 밝게 깨달음으로써 성性의 은미함이 현현顯現된 것을 말한다. 그 성性의 덕德이 확인되어야 문명으로 갈 수 있는 도道를 설정할 수 있다. 이것이 『논어』에서 말한 "지어도志於道, 거어덕據於德"의 덕德이다. 인간은 자기가 가진 덕성德性을 파악하여 그것에 근거해서 도道를 지향하고 그 목표에 도달하는 방법을 강구하기 때문이다. 그래서 나는 "자성명위지성自誠明謂之性"의 성性을 "솔성지위도"의 도道로 대체했으면 한다.

　내가 성명誠明을 이렇게 해석하는 것은 제16장의 "은미함이 드러나니 성誠의 가릴 수 없음이 이와 같다"(微之顯, 誠之不可揜如此)라고 한 구절에 힘입는다. 성도性道의 은미함을 성誠이 밝게 드러내는 것이 성誠의 명각明覺기능이다. 이렇게 보면 주희가 성誠을 진실무망으로 본 것은 그 속성의 일부만 본 것이다. 성誠의 정말 위대한 기능은 "성기성물成己成物", "찬천화육贊天化育", "여천지참與天地參"하는 역동성(『맹자』「이루」에서는 "至誠而不動者未之有也, 不誠未有能動者也"라고 한다)에 있는 것을 알아야 한다. 이 성誠 개념이 나타나고서 천도와 인도의 관계가 밝혀지고 성인의 성덕性德이 어떤 것인가 체인體認되었다. 그래서 상편에서는 수장 삼구를 제외한 글들이 천지지도天地之道의 외형적 이치와 법칙을 논하고 중용지도中庸之道에 맞추어 가는 삶(君子之道)을 개인에서부터 부부, 가족, 그리고 인간관계, 치국평천하의 방책에 이르는 천하사업에 치중하고 있어 거의가 형이상적 논리로 쓰여졌음을 알 수 있다. 정말 『중용』의 깊은 철학사상(정신)은 하편 "지성진성至誠盡性", "찬화贊化", "참천參天"의 논리에 실려 있다. 하편의 논리는 천도와 인도가 서로 어긋나고 서로 비추는 관계를 깊이 있게 논하고 있다. 천인합덕의 경지는 "성즉명誠則明, 명즉성明則誠"이라고 한 상승조극相乘造極의 논리를 타고 제27장의 "치광대이진정미致廣大而盡精微, 극고명이도중용極高明而道中庸"으로 나타난다. 이것은 '지성지도至誠之道'가 아니고는 불가능한 경지다. 지성至誠은 지성至聖이 천지를 경영하는 기본 정신이자 생생불이生生不已하는 생명의 추동력推動力이다. 그 정신과 추동력의 극치를 다음 장에서 간명하지만 심원深遠하게 묘사하고 있다.

3) 제22장

原文

> 唯天下至誠, 爲能盡其(己)性. 能盡其(己)性, 則能盡人之性.
> 能盡人之性, 則能盡物之性. 能盡物之性, 則可以贊天地之化
> 育. 可以贊天地之化育, 則可以與天地參矣.

◎ 주자주

천하의 지성至誠이란 성인의 성덕性德을 현현顯現한 것으로, 천하에 더할
것이 없다는 뜻이다. 성덕을 다했다는 것은 성덕이 충족되면 인욕지사人欲
之私가 없는데 천명(性)이 나에게 있으므로 그것을 가지고 살피고 말미암아
서 내 성덕 안에 있는 거세巨細하고 정조精粗한 모든 것이 조금도 부진不盡
함이 없다는 것이다. 인물지성人物之性 또한 나의 성性과 같다. 다만 품부
받은 형기形氣가 같지 않아 성능性能이 다를 뿐이다. 같지 않은 성능을 다
한다는 것은 그 성능을 모르는 것 없이 밝게 알아서 문화창조에 쓰면 필요
한 쓰임에 맞지 않음이 없다는 것이다. 찬贊은 돕는다는 것과 같다. "여천지
참與天地參"은 천지와 병립並立해서 셋이 된다는 것이니 이는 지성至誠으로
밝혀진 성덕을 실지 천하사업에 써서 문명세계를 건설한다는 것이다.

◎ 의역

오직 천하의 지극한 정성(하늘이 품부한 性命의 특성 파악과 學, 問, 思, 辨, 行을
통한 자기 계발 성취)에 이른 자만이 자기가 타고난 성덕性德을 모두 발휘할
수 있다. 자기의 성덕을 모두 발휘할 수 있는 자는 미루어 남의 성덕도

모두 발휘하게 해 줄 수 있다. 이렇게 사람들이 가지고 있는 성덕을 모두 발휘하면 천하만물의 성덕도 모두 계발할 수 있다. 천하만물의 성덕을 모두 발휘하면 천지가 화육한 물성物性이 인문세계 창조에 쓰일 수 있게 도울 수 있다. 인간을 비롯한 만물이 모두 천지가 화육해 준 공능功能을 문화창조에 쓴다면, 천지가 문화창조를 통해 대성하는 것을 도울 수 있다. 사람이 이렇게 인간의 문화창조력으로써 천지가 화육한 만물 역시 각기의 공능으로 문화창조에 기여(成務)할 수 있게 해 준다는 것은 궁극적으로 천지인天地人 삼합三合(三材之道)을 주도하여 미완未完의 천지를 대성의 천지로 만드는 것이 된다.

◎ 강의

천하의 지성至誠이란 무엇인가? 지성至誠은 현명顯明이다. 은미한 것을 모두 밝혀 그 이치를 지식체계 속에 저장해서 일단 활연관통하면 외재사물에 대한 성능性能 파악은 물론 사람의 지능재성知能才性과 전체대용全體大用이 밝아지지 않음이 없다.(『대학』 5장, 주희의 부기 참조) 천지에서 인사人事와 만물에 이르기까지 모르는 것이 없이 모두 밝게 파악하고 있다는 뜻이다. 여기에는 제20장에서 말한 박학博學, 심문審問, 신사愼思, 명변明辨, 독행篤行의 학문 과정을 빼놓을 수 없다. 특히 『주역』과 같은 우주경영의 원리 파악도 필수요건이 된다. 『주역』 「계사전」에서 공자는 "역易은 왜 연구하나? 무엇에 쓰는 것인가? 무릇 역易은 온 천하만물의 성능性能을 개발해서 문명창조의 필요에 쓰이도록 하기 위해서다. 천하의 모든 이치를 포괄적으로 파악하면 성인은 천지의 뜻을 감지하게 되고 그 뜻을 이루려는 천하사업을 정하게 된다. 그리하여 천하의 많은 문제를 해결한다. 그래서 역易을 연구하고 쓰고 배우는 것이다"라고 말하였다.

우리는 여기서 지성至誠의 명각明覺을 『주역』의 내용과 비유해 보자.

"무릇 역易은 성인이 깊은 연구를 통해서 천하만물의 숨어 있는 이치를 밝혀낸 책이다. 오직 궁극과 심오한 이치를 파악했으므로 천하만물이 발용發用할 수 있음에 능히 통했다. 만물이 가지고 있는 아직 나타나지 않은 만물공능萬物功能을 파악했기 때문에 그것을 계발해서 문명건설에 일익을 담당하게 한다."(夫易, 聖人之所以極深而研幾也. 唯深也, 故能通天下之志. 唯幾也, 故能成天下之務) 천하만물의 이치와 성능을 모르는 것 없이 모두 파악했으므로 거기에서 천하에 할 일이 무엇인지, 문제가 무엇인지, 어떻게 해야 하는지를 스스로 깨닫게 된 것이다. 이것이 '천하지성天下至誠'이다.

성인은 지성至誠의 명실明實과 역동力動을 갖추었음으로 자성自性은 물론 인성人性, 물성物性 모두를 밝히고 옳게(明과 義) 파악할 수 있다. 그러므로 그것을 계발하고 어떤 문명의 설계에 맞춰 이용하는데 천지가 만물을 생생화육生生化育하면서도 문명창건을 못하는 유감스러운 부분에 대해 찬화贊化할 것인가를 자성하고 그것으로 대업을 삼은 것이다. 이것이 사람이 능히 천지와 병립해서 삼위일체三位一體를 이루는 달천덕達天德이다. 문화창조라는 면에서 볼 때 사람은 창조 의지와 방법은 있으나 그 창건에 필요한 물질을 만들지 못한다. 그래서 인간이 문화를 건설하는 데는 천天의 시始와 지地의 성成으로 이루어지는 천하만물이 절대적으로 필요하다. 여기에서 천지는 문화 건설의 절대근거가 된다. 왜냐하면 거기서 생성되는 물질의 성능性能을 참작해야 문화의 내용에서 건설이 가능한 유형을 설정할 수 있기 때문이다. 이 모든 것은 성인이 총명예지로써 천지만물의 이치를 깊이 연구한 결과인 지성至誠이 갖추어지고서야 가능하다. 성誠은 천도지만 그것을 성지誠之하고 사성思誠하는 인도가 서고서야 '여천지참與天地參'하는 문명건설이 가능하다.

4) 제23장

> 其次致曲, 曲能有誠, 誠則形, 形則著, 著則明, 明則動, 動則變,
> 變則化. 唯天下至誠爲能化.

◎ 주자주

여기서 "기차其次"라고 한 것은 대현大賢 이하 아직 성誠이 지극함에 이르지 못한 자를 통틀어 말한 것이다. 곡曲은 일 쪽에 치우친 것(一偏)이다. 형形이란 어떤 사물의 내미內昧가 충적되어서 밖으로 발發해 나옴을 말한다. 저著는 형形의 현현顯現이 더 발전하는 것이고, 명明은 마침내 그것이 가지고 있는 특성이 발휘되는 것이다. 동動은 맹자가 지성至誠하면 능히 물物을 감동 변화시키지 못하는 것이 없다고 말한 것처럼 능히 물物을 움직인다는 뜻이다. 변變은 사물이 좇아서 변하는 것을 말하고,(여기서 사물이 좇아서 변한다는 것은 어떤 하나의 物 자체만이 변하는 것이 아니라 그를 둘러싸고 있는 사물 타자들도 그에 따라 변한다는 뜻으로 말한 것 같다) 화化는 왜 그런지는 몰라도 자연스레 일어나는 타자와의 어울림(예를 들어 음양화합처럼)에서 생겨난 다른 모습이나 차원이 또 다른 것으로 변화하는 것을 말한다. 즉 화化는 전화轉化를 말한다. 대개 인성人性은 같으나 기氣가 다르므로 오직 성인이 그 성性의 전체를 들어 그 아래에 있는(其次) 자들의 성性을 다하게 해 주면 반드시 그의 선단善端이 발현되어 한편에 치우쳐 있던 것이 미루어져 각기 전체의 극치에 이를 수 있다. 그러면 성덕性德은 부실함이 없이 형形·저著·동動·변變의 공능功能이 발휘 지속되어 마침내 '능화能化'에 이른다. 그러면 그 지성至誠의 묘妙는 성인과 다를 게 없다.

◎ 의역

앞에서 은미한 것보다 더 크게 현현한 것은 없다고 하고, 은미한 것을 현현하게 하는 것은 성誠의 명明과 동動의 막을 수 없는 작용이라고 했다. 이 장은 앞의 지성진성至誠盡性・찬화贊化・참천參天의 대도大道를 이어서 천하만물의 미세하고 정조精粗한 개체의 지성능화至誠能化를 말한 것이다. 서두에서 "세소細小한 것의 성性을 극진히 하는 것이니 세소한 것도 성지誠之만 하면 능화能化할 수 있다"라고 말한 것이 그것이다.

성誠은 성물成物이라고 하였다. 성하고자 하면(誠之) 미세한 즉 은미한 것이 형체가 생겨나고, 형체가 생겨나면 그것이 무엇이든지 만물의 어느 하나와는 구별이 되는 바가 나타나며, 그 구별되는 바가 나타나면 지식을 차별하고 분별할 수 있는 명통력明通力이 생긴다. 명통明通하면 움직여도 무엇과 충돌하거나 마찰함이 없이 어우러질 수 있고, 어우러지면 마치 음양의 화합처럼 조화가 이루어진다. 그러니까 말한다. "오직 천하의 지성至誠만이 모든 만물을 변화성취變化成就하게 할 수 있다."

◎ 강의

앞의 주회의 주와 의역을 설명함으로써 하고자 할 말은 다한 것 같다. 그러나 이 장을 음미하면서 좀 새로운 생각이 떠올랐다. 일반 종교의 경우 그들은 천국이나 극락을 가기 위해 신앙하는 것이므로 이 세상의 모든 것을 버리고 떠날 수도 있다. 하지만 유가의 경우 내세나 피안을 인정하지 않는다. 오직 현세만을 버릴 수 없는 유일한 삶의 세계로 알고, 인간 만물이 어우러져 살기 좋은 이상세계를 건설하는 것을 염원한다. 이 때문에 이를 경영하는 중심으로 나타난 성인은 인간은 물론 이 세상에 있는 모든 것,

돌 하나 풀 한 포기까지도 버릴 수 없으므로 그들 모두를 문화세계 창조에 중용重用해야만 더욱 원만구족한 문명세계를 건설할 수 있다고 믿는다. 따라서 앞에서 말한 지성참천至誠參天은 다시 지성능화至誠能化, 즉 천하만물의 돌 하나 풀 한 포기까지도 지성至誠으로 능화能化해야 한다고 다짐한 것이다.

5) 제24장

原文

至誠之道, 可以前知. 國家將興, 必有禎祥. 國家將亡, 必有妖孽. 見乎蓍龜, 動乎四體. 禍福將至, 善 必先知之, 不善 必先知之. 故至誠如神.

◎ 주자주

정상禎祥은 복福의 조짐이요, 요얼妖孽은 화禍의 조짐이다. 시蓍는 서점筮占을 말하고, 구龜는 복점卜占을 말한다. 사체四體란 동작과 위의威儀의 사이로, 옥玉·홀笏을 잡고 자세를 낮추거나 높이 하늘을 쳐다보거나 나직하게 땅을 굽어보는 등의 행위를 말하는데 이때 어떤 이치가 먼저 그 동작을 통해 나타난다는 것이다. 그러나 오직 정성이 지극해서 터럭만큼의 사위私(邪)僞도 심心과 오관五官에 머물러 있지 않으면, 곧 능히 그 기미幾味를 살필 수 있어 미리 대비하여 화禍를 복福으로, 흉凶을 길吉로(化凶爲吉) 바꿔놓을 수 있다. 그 영명靈明함이 신神과 같다는 것이다.

◎ 의역

지성至誠의 도에 이르면 앞날에 일어날 일을 미리 알 수 있다. 국가가 장차 융성하려면 반드시 나라 안에 있었던 일이 좋은 일로 변하고(禎), 또 나라 안에 없었던 일이 새롭게 나타나는(祥) 길조가 나타난다. 나라가 장차 폐망하려면 반드시 천재지변이나 해괴망측한 흉조들이 생겨난다. 이러한 일들은 아직 일어나기 전에 시구蓍龜 점괘에 나타나며 몸의 건강이 나빠지는 일 등 여러 면에서 알려 온다. 복福이 올 조짐이 있으면 자기가 한 일이 선善이었다는 것을 자신이 먼저 알게 되고, 화禍가 올 조짐이 있으면 자기가 한 일이 불선不善이었다는 것을 자신이 먼저 알게 되는 것이다. 이렇게 지성至誠은 신통력을 지녔다.

◎ 강의

『중용』의 비교적 합리적인 문장을 읽다가 이러한 신통력, 영감 등 예지의 문제가 나타나니 좀 당황스럽다. 그러나 사람의 감력感力이 이렇게 신령스러울 때(수)도 있다는 것을 부인해서는 안 된다. 지성至誠의 특징이 영명靈明함이다. 영명하면 나를 둘러싸고 있는 나와 다른 것을 감통感通할 수 있고, 아직 무無에서 유有 사이에 와 있는 기幾를 예지할 수 있다. 『주역』「계사전」에서 "적연부동寂然不動, 감이달통천하지고感而達通天下之故, 비천하지지신非天下之至神, 기숙능여우차其孰能與于此"라고 한 것이 그것이다. 또 공자는 "변화의 도道를 아는 자는 그 변화 모두가 신神이 한 일이라는 것을 안다"라고 말했다. 이 변화의 도道에 '신의 행위'가 들어가 있는 데 주의할 필요가 있다. 변화의 도道를 그저 문리적·수리적·기계적, 즉 무신적인 유물로만 본다면 예지는 있을 수 없다. 아직 오지 않은 것, 지식 감각 범위에 들어오지 않은 것은 알 수가 없다. 그러나 그 변화에 어떤 신묘한 작용이 그렇게 변화하도록 구사한 것이 있다면 그것은 감지感知 안에 들어올 수 있거나 여러 경험과 체득한 영감력靈感力에 의해 포착될 수 있다.

주희가 말한 진실무망眞實無妄을 가지고 생각해 보자. 지각하는 당사자인 내가 지성至誠의 경지에 들었다고 하자. 그러면 나는 무아지경無我之境이다. 집착도 없고, 허위도 없고, 가식도 없다. 물자체物自體에서 말한다면 이는 아무런 움직이는 변화가 없는 지순적정至純寂靜 그것이다. 명경지수明鏡止水처럼 상황이 닥친다면 이에 순응(物來而順應)할 뿐이어서 아무런 막음도 거절함도 없이 객관상황이 그대로 어리게 된다. 제24장 마지막에 "지성여신至誠如神"이라고 한 것이 그것이다. 이는 사람의 오관五官 밖에 있는 육감六感을 말한다. 천지의 운행변화, 만물의 생멸동정生滅動靜, 이 모두는 전체대용이라는 인온氤氳의 분위기 속에서 낳고 길러지며 유행한다. 이 세계는 생기 있고 신령한 세상이지 싸늘한 기계와 수리의 세계가 아니다. 지성至誠하면 신통한다는 것은 결코 미신이 아니다. 인간뿐만 아니라 동물도 이러한 천天이 준 본능적 감통력感通力을 모두 가지고 있다. 생기生氣와 생명이 있는 모든 자는 이 신비스런 영감이 있기에 생生을 영위할 수 있는 것이다.

6) 제25장

原文

誠者自成也, 而道自道也.
誠者物之終始, 不誠無物. 是故君子誠之爲貴.
誠者, 非自成己而已也, 所以成物也. 成己仁也, 成物知也, 性之德也, 合內外之道也. 故時措之宜也.

◎ 주자주

성誠이란 물物이 그것을 가지고 자성自成하는 것이요, 도道는 사람이 마땅히 스스로 행해야 하는 것(길)이다. 성誠을 심心으로 말하면 본本이요, 도道를 리理로 말하면 용用이다.

천하의 물物은 모두 실제의 리理가 하는 바다. 그러므로 반드시 리理를 얻은 연후에 물物이 있게 된다. 얻은 바의 리理가 다하면 물物 또한 다해서 없어진다. 그러므로 사람의 마음에 조금이라도 부실함이 있다면, 비록 하는 바가 있다 해도 또한 있지 않은(無有) 것과 같아진다. 그래서 군자는 반드시 성誠을 귀하게 여기는 것이다. 대개 사람의 마음이 능히 부실함이 없은즉, 그 하는 일은 스스로 이루어지고 나에게 있는 도道도 스스로 행해지지 않음이 없다.

비록 성誠으로써 성기成己하는 것이나, 이미 자성自成을 했다면 그는 자연히 사물에 미치어 도道 또한 그(他)에게 행해지게 마련이다. 인仁은 체體의 존存이요, 지知는 용用의 발發이다. 이는 모두 내 성덕性德에 고유한 것으로 안팎이 다를 수 없어 이미 자기에게 얻어졌다 하면 자연스레 사물에 나타나게 되며, 시時의 변화상황 속에서도 중中과 화和를 찾아 모두 중절中節(宜)함을 찾는다.

◎ 의역

성誠도 심心과 같이 잡으면 있고, 놓으면 없어진다. 심心과 신身의 관계에서, 심心이 신身에서 빠져나가 신身의 주재자 노릇을 할 수 없으면 신身은 넋을 잃고 멍해진다. 그래서 구기방심求其放心해서 심心을 한 몸의 주재자로(一身之主로) 안치시켜야 심心이 신身을 주재할 수 있어서 행동할 수 있다. 성誠과 성性의 관계도 이와 같다. 성誠이 성性에 깃들지 않으면 성性은 현현할 수가 없다. 성誠이 성性에 깃들어서 집중력을 가질 때 성性의 사事는 이루어진다. 이런 성誠은 성리학자들이 경敬을 적일집중適一集中으로 보는 것과 같다. 그러나 경敬에는 집중은 있으나 동력, 즉 무엇을 이루는 공능이 없다. 성誠이 성性에 깃들어 성덕性德을 움직이게끔 할 때 앞서 말한 능화能化가 가능하다. 정성을 쏟는다, 지성이면 감천이다 라는 말은 이러한 성誠의 자성력을 말한 것이다. 지성至誠에 이른 자는 그 스스로 성덕性德을 이루어가고, 그가 이루는 길도 스스로 열린다.

성誠은 어떤 일에 집중되어 그 일을 움직이게끔 한다. 동動은 시간이고, 사물은 시간의 변화 과정을 겪고서야 이루어진다. 이루어지는 과정이 사물의 시작이요 끝이다. 성誠은 사물의 시작에서부터, 이루어지는 끝까지 간단없이 그 사물에 깃들어서 움직이게끔 해야 한다. 이것이 "성자물지시終誠者物之終始"이다. 그러므로 사물의 시始에서 종終까지 간단없이 움직이게끔 하는 성誠이 없으면 사물은 이루어질 수도 존재할 수도 없다. "성자천지도誠者天之道"라고 했으니 천도도 성誠이 아니면 도道로 행사할 수 없다는 것을 전제로(본보기로) 내건 다음, 성지자인지도誠之者人之道의 성지誠之를 군자라는 인격을 빌어 말하고 있다. 성誠은 성자誠者의 자성自成과 자도自道 그리고 물지종시物之終始를 모두 통괄한다. 특히 "성하지 않으면(不誠) 사물은 없다(無物)"라는 교훈은 군자가 명심하고 본받아야 할 귀중한 메시지다. 다음으로 군자의 성지誠之에 대해 말한다. 앞에서 지성至誠은 진성盡性하여 진물지성盡物之性을 하는 성誠의 파급효과를 말하고 있는데, 여기서도 그러하다. 이 세상은 공존하는 것이지 절연하여 고립하거나 독존하는 것이 아니다.

그러므로 정말로 성誠한 자는 자기 자성自成뿐 아니라 미루어 다른 사물도 이루어지게 한다. 이때 성기成己를 인仁이라 하고, 성물成物을 지知라 한다. 무슨 말인가? 인仁은 충忠으로 진기盡己하는 것이요, 지知는 서恕로 추기推己하는 것이다. 이것은 모든 생명이 본래 타고난 선한 덕성이다. 이 세상은 자타 내외 모두가 공능을 서로 주고받아 도우며 더 선해질 수 있게 하는 천지생성의 도道 속에서 그 이치에 따라 생존을 영위해 가는 것이 아닌가? 결국 모든 사물은 시공에 놓인 존재이므로, 이 성誠이 움직이게끔 하는 것도 중용中庸, 중화中和, 시중時中의 이치에 맞추지 않으면 안 된다. "성자천지도"와 "성지자인지도"의 다른 점이 바로 '성기성물成己成物', '합내 외지도合內外之道', '시조지선時措之宣'에 있다는 것이다.

◎ 강의

이미 의역에서 할 말을 다 했으므로 여기서는 생략한다.

7) 제26장

原文

① 故至誠無息, 不息則久, 久則徵, 徵則悠遠, 悠遠則博厚, 博厚則高明. 博厚所以載物也, 高明 所以覆物也, 悠久所以成物也. 博厚配地, 高明配天, 悠久無疆. 如此者不見而章, 不動而變, 無爲而成, 天地之道, 可一言而盡也. 其爲物不貳, 則其生物不測. 天地之道, 博也, 厚也, 高也, 明也, 悠也, 久也.

② 今夫天, 斯昭昭之多, 及其無窮也, 日月星辰繫焉, 萬物覆焉. 今夫地, 一撮土之多, 及其廣厚, 載華嶽而不重, 振河海而不洩, 萬物載焉. 今夫山, 一卷石之多, 及其廣大, 草木生之, 禽獸居之, 寶藏興焉. 今夫水, 一勺之多, 及其不測, 黿鼉蛟龍魚鼈生焉, 貨財殖焉.

③ 詩云 維天之命, 於穆不已. 蓋曰, 天之所以爲天也. 於乎不
顯, 文王之德之純. 蓋曰 文王之所以爲文也, 純亦不已.

◎ 주자주

① 지성至誠에는 허가虛假도 없거니와 간단間斷도 없다. 구久는 오랫동
안 중中(未發之中)에 있었다는 뜻이요, 징徵은 그것이 밖으로 발한 것이다.
이는 모두 그 징후와 상태가 밖으로 감지되었음을 말한 것이니 정현이 지
성至誠의 덕德이 사방으로 드러났다고 말한 것이 이것이다. 중中에 있는 것
이 오래되면 밖으로 나타난다. 그것이 더욱 멀고 오래되면 무궁해진다. 멀
고 오래되었기 때문에 축적된 정도가 광박廣博하고, 심후深厚하다. 넓고 두
텁기 때문에 그가 발한 것은 높고 크고도 광명光明하다. 유구悠久란 곧 유
원悠遠을 말하는데, 안팎을 모두 들어 말한 것이다. 유원하면 하늘은 높고
땅은 두터워진다. 높고 두터우면 멀고 오래된 것일 수 있다. 이는 성인의
덕德이 천지와 더불어 그 공용功用을 같이한다는 말이다. 다음은 성인과 천
지가 동체同體임을 말한 것이다. 현현하지 않아도 아름다운 광채가 드러난
다고 함은 땅에 짝해서 말한 것이요, 움직이지 않아도 변한다는 것은 하늘
에 짝해서 말한 것이다. 그리고 하지 않아도 이루어진다는 것은 무강無疆
에 짝해서 말한 것이다. "생물불측生物不測" 이하의 구절은 다시 천지가 지
성무식至誠無息하는 공용功用을 말한 것이다. 천지의 도는 한마디로 다할
수 있으니, 성誠일 따름이다. 둘이 아니라 함은 성誠하기 때문이다. 성誠하
기 때문에 쉼이 없고(不息) 물을 많이 낳기(生物) 때문에 헤아릴 수 없다는
것이다.

② "금부천今夫天" 이하의 구절에 대한 주를 보자. 소소昭昭는 경경耿耿

이니 조그마한 불빛을 말한 것으로 이는 어느 한 곳만을 가리켜 한 말이다. "급기무궁及其無窮"이란 제12장에서 "급기지야及其至也"라고 말한 것과 같은 뜻이니 대개 전체를 들어서 한 말이다. 진振은 수收요, 권卷은 구區다.(이는 잘못된 것 같다. 振은 收가 아니라 流여야 하고, 卷은 區가 아니라 拳이어야 한다) '천天'·'지地'·'산山'·'수水'에 대한 네 문장은 모두 둘이 아니고(不貳) 쉼이 없음으로(不息) 말미암아 성대하고 능히 물物을 낳을(生) 수 있다는 뜻을 밝힌 것이다. 그러나 천지산수는 기실 누적됨으로 말미암아 커진 것이 아니니, 읽는 이들은 글로써 해쳐서는 안 된다.

③ 시詩는 『시경』 「주송周頌·유천지명維天之命」에 나온다. 오於는 감탄사, 목穆은 심원하다는 뜻이다. 불현不顯은 어찌 나타나지 않겠는가라는 말이다. 순純은 순일하여 잡스럽지 않다는(純一不雜) 뜻이다. 이 시를 인용해서 지성무식至誠無息의 뜻을 밝혔다. 정자가 말했다. "천도는 하염없다. 문왕의 순純 또한 천도와 같이 하염없다. 순純한즉 무이무잡無二無雜하다. 하염없으면 간단도 선후도 없는 것이다."

◎ 의역

① 그러므로 지성至誠은 한순간도 쉼 없이 영원을 향하는 시간의 지속성을 갖는다. 지성至誠의 작용이 간단없이 지속되면 그 사물의 적취積就가 오래되고, 오래되면 자연 그 안에 온축되었던 것이 충일充溢해서 밖으로 징험徵驗하게 된다. 그 사물을 징험할 수 있으면 이것은 멀리 퍼져 가고, 멀리 퍼져 가면 넓고 두터워진다. 넓고 두터우면 그 구조는 높고 밝은 공간을 갖게 된다. 넓고 두터우니까 만물을 실을 수 있고, 높고 밝으니까 만물을 덮을 수 있다. 그리고 그 공간에 담겨진 만물은 하염없이 천지운행과 시간의 지속변화에 따라 생성한다. 넓고 두터운 것은 땅의 개념이고 높고 밝은 것은 하늘의 개념이며 멀고 오래라는 것은 한없이 지속되는 시

간의 개념이다. 이러한 천지는 스스로 드러내려 하지 않아도 밝게 나타나고, 스스로 움직이지 않아도 변화하며, 스스로 하지 않아도 만물이 생성된다. 천지의 도道를 한 마디로 다한다면, 그가 물物이 됨은 둘이 아닌 하나(만유를 統攝한 一)며, 하나기 때문에 그 도道가 역사하는 만유생성萬有生成은 하염없다. 천지의 도道는 넓고, 두텁고, 높고, 밝고, 멀고, 오래되어 말하자면 무한대한 공간구조요, 무궁무진한 시간변화다. 거기에 담긴 만물은 무진연기無盡緣起를 하며 각자의 생生을 이루어간다.

② 저 하늘을 보라! 얼마나 많은 광채가 반짝반짝 빛나고 있는가? 무한대함에 이르러서는 해와 달, 별, 은하수들이 거기에 주렁주렁 매달려 있지 않은가? 그리고 그 성체星體들로 이루어진 둥근 공간이 지상의 만물을 덮어 주고 있다. 저 땅을 보라! 땅은 한줌 한줌의 흙이 모여 이루어졌다. 그리고 그것이 한없이 넓고 두터움을 형성하게 되면 오악五嶽을 싣고도 무겁다 아니하고 하해河海와 같은 큰 강이 흘러가도 조금도 새나감이 없다. 그리하여 그 산하대지山河大地에는 만물이 편안하게 모인다. 저 산을 보라! 산은 한주먹 한주먹만한 돌들이 많이 모여서 이루어졌다. 그리고 광대한 산야를 이루면 풀과 나무 들이 자라고 짐승과 새 들이 살며 금은보화 같은 보물이 매장되어 있다. 저 물을 보라! 한움큼 한움큼의 물이 많이 모여 이루어진 것이 강하다. 그 강이 헤아릴 수 없이 큰 하해河海를 이루면 거기에는 거북, 교룡, 어별魚鼈 들이 살고 풍부한 먹을거리를 늘려 준다.

③ 『시경』에 이르기를 "저 하늘의 운행이 영원하고, 하늘이 만물에게 주는 명命 또한 그침이 없으니……." 이 연원한 운행과 그치지 않는 생명의 전수, 이것이 하늘이 하늘이 된 소이所以(원인, 까닭)다. "오호라, 저렇게도 밝고 빛나게 나타나 있지 않은가? 문왕의 성덕聖德의 순수함이여!" 이것이 우리가 문왕文王을 문文이라고 칭송하는 까닭이니, 하늘의 명命이 영원하듯이 문왕의 덕지순德之純 또한 하염없지 않은가?

◎ 강의

제26장의 문장은 비교적 길다. 여기서는 3단계로 나누어 설명하기로 하겠다.

① 이 단락은 상당히 잘 짜인 우주 구조와 생성의 논리다. 직관적 논리와 시적 표현으로 되어 있지만 유교의 우주론으로서는 상당히 구색을 갖춘 문장이다. 논리전개 과정을 보면 시간의 지속성(不息之久)과 시간을 기준으로 한 유원 개념이 생기는데 이는 사실 공간 개념을 내포한다. 박후博厚와 고명高明은 상당히 광대한 구조공간을 설정 묘사하고 있다. 그 구조공간이 만물을 부재覆載하고 쉼 없이 운행하며 성물成物함을 논한 것으로 보아 오늘날의 우주 개념에서 크게 벗어나지 않는다. 본래 우주라는 말은 자사시대보다 뒤에 나온 것으로 안다. 그러나 우宇를 상하 사방 공간구조로 보고 주宙를 고왕금래古往今來하는 시간변화로 본 것과 『중용』의 이 문장 전개는 크게 차이가 나지 않는다. 거기다 만물의 생성까지 이야기하고 있으니 갖출 것은 모두 갖춘 소박한 『중용』의 우주론이라 규정해도 과언은 아닐 것이다. "박후배지博厚配地, 고명배천高明配天"에 '배配'자가 있어서 주희는 성인과 천지가 동체라고 했는데, 한번 생각해 볼 문제다.

② 천지산수天地山河에 대한 시적 묘사지만, 철학적으로도 중요한 논리를 지닌 듯하다. 흔히 우리는 전체 광대한 것으로부터 부분이 분화하여 파생되어 나오는 것으로 아는데, 여기에서는 거꾸로 소소한 것이 쌓이고 쌓여 천지산하가 이루어지는 것으로 되어 있어서 상당히 새로운 충격을 준다. 본래 『중용』의 논리에서 중요한 것이 "막현호은莫見乎隱, 막현호미莫顯乎微"다. 이는 은미함이 현현의 극치라는 말이다. 이러한 논리를 천지산하의 특성을 설명하면서 이용하였다는 것을 보면 이 논리 과정이 바로 『중용』에서 하나의 특수한 논리인 것 같아 깊이 연구해 볼 문제가 아닌가 한다.

③ 앞의 ① 단락에서 배천配天의 문제가 나왔는데 지성至誠의 도道는 실은 성인의 도道다. 도덕적 인격과 천덕天德의 합치를 말한 것이 유가 도덕론의 궁극적 귀결이다. 역사상 그 대표적 인물로 내세운 이는 요·순이 아니라 문왕이다. 『주역』 건괘 「문언전」에는 "대저 대인은 하늘과 더불어 그 덕과 합한다"(夫大人者, 與天地合其德)라는 구절이 있다. 따라서 천명天命의 "오목불이於穆不已"와 문왕지덕文王之德의 "순이불이純亦不已"를 내세운 것은 다음 장에서 성인지도聖人之道를 제기하는 실마리로 삼기 위한 것 같다.

6. 『중용』 제5강 성인의 도道

1) 들어가는 말 : 성인의 위상과 공덕

성인이란 어떤 존재인가? 유가는 하늘과 땅 사이에 있는 만유생명 가운데 인간을 가장 고귀한 존재, 만유를 거느려 천지의 생성을 대성시킬 수 있는 영장靈長이라고 스스로 인정하며 자부심을 갖는다. 그 증거로 인간은 천지간에 가장 빼어난 기품을 타고 났다는 '수기秀氣'설과 천지가 본래 가지고 있는 성덕性德(天地生物之心) 가운데 가장 순수한 심성을 품부 받았다는 '덕성德性'설을 내세운다. 수기와 덕성을 발휘하여 진정한 인간으로 대성한 사람을 성인(聖人은 成人(仁)과 같다)이라 한다. 공자는 역사상 실제로 그러한 위상까지 올라간 인물로 요순과 문왕, 무왕을 꼽았다. 그 가운데 인간의 덕성이 우리가 상상하고 직접 깨닫는 도덕인격을 구현한 자로는 주나라 문왕을 그 모범으로 내세운다. 공자 이전 삼대 때에는 내성內聖과 외왕外王을 일치하여 성인이 바로 왕천하王天下하는 인문세계 창조의 이상자, 설계자, 건설자, 경영자이자 인문생활의 모범이며 다른 이를 교화하는 자였다.

이러한 유가의 성인이 인문세계 건설의 터전을 잡은 것은 삼대에 형성한 소박한 우주공간이었으며, 그가 건설에 이용할 수 있었던 것도 하늘과 땅이 어우러져 구조한 공간 속에서 기후변화를 타고 생장수장하는 만물이었다. 유가가 다른 종교와 근본적으로 다른 점은 현실을 유일한 삶의 터전으로 긍정하고 모든 이상과 바람을 이 현실 안에서 구현하겠다는 철저한 입세간주의入世間主義라는 것이다. 유가는 결코 이 세상에서의 삶이 고달프다고 해서 이 세상이 아닌 상상의 어떤 천국이나 피안, 극락 같은 초자연, 초세간, 이미 모든 것이 충족되어 있는 신계神界, 불계佛界를 동경하지 않는다. 혹 그러한 이상세계가 있다 하더라도 아마 유가의 성인은 그런 곳으로 승화하는 것보다는 여전히 이 세상에서 사람의 덕성과 지혜와 능력으로 세상을 만유생명이 화해공류和諧共流할 수 있는 광장으로 만들어 갈 것을 고집할 것이다. 그러므로 내세종교와 의타종교가 주로 인간의 욕망과 인간세를 버리고 신이나 절대자에 귀의하여 고요한 신성세계로 승화하는 길을 택하는 것과는 달리, 유가는 현실과 같이 천지가 운행하고 역사해서 만물을 생성하는 활기찬 역동의 세계로 뛰어들기를 좋아한다.

이런 면에서 일반 종교들이 우주의 신성神性에 끈을 대어 신력神力을 빌어 초절超絶을 기원하는 것과는 달리 유가는 우주(天地)가 그 자체로 운행하고 생성하는 역동성을 타고 그것을 이용하여 자기 세계를 건설하려고 하였다.(神의 세계가 아닌 사람의 세계) 우주생명 가운데 가장 빼어나 천지의 역동을 감지하고 그 생성의 이치를 터득한 총명예지한 사람, 인간 속에서 오랜 생존시행을 겪으면서 온축된 인문정신이 발현된 사람이 성인이다. 그리고 그가 파악한 우주생명의 역동원리(精神)가 성誠이다. 다른 종교들이 우주 속에서 신성을 발견하고 그에 귀의하기 시작했다면 유가의 성인은 우주 속에서 성성誠性을 체득하여 그것을 인문세계 창조의 원동력으로 삼은 것이다.

농경생활을 기반으로 구축된 유가철학에서 보면, 농경사회는 일정한 공간에서 계절의 기후변화에 따라 생산하고 소비하면서 생을 영위한다. 여기서 크게 시야를 넓히면, 저 위에 해와 달이 오가고 별들이 이동하는 하늘과 발아래 밟고 서 있는 산하대지山河大地, 그 사이 공간을 떠돌아다니는 구름이 비를 데리고 대지를 적시면 식물들이 싹을 틔우고 성장한다. 하늘은 위에서 만물을 덮어 주고 땅은 아래에서 만물을 실어 준다. 천지는 하염없이 운행하고, 따라서 만물은 계절의 변화에 따라 생장수장한다. 이렇게 파악한 소박한 생존환경에 대한 생각은 의외로 원시인들이 천지만유天地萬有에 가지는 믿음과 의지로 발전했으며, 마침내 절대적 신앙으로까지 승화했다. 처음 무지몽매한 천지생명들에게 천지의 변화는 무서움 자체였을 것이다. 『주역』에서도 길흉吉凶은 변화에서 나온다고 했으니, 이 변화의 이치를 모르고 변화에 잘못 대응하면 생존이 어려워졌을 것이기 때문이다. 그러나 다행스러운 것은 우리가 생을 맡기고 있는 이 천지의 변화에는 궤도와 질서가 있는데 그것이 불변이라는 사실이다. 이 불변의 이치를 파악한 선민들은 이것을 지식화·지혜화해서 변화에 대응하고 적응하기 시작하였다. 이로부터 성인은 이 천지만유가 생명의 고해苦海가 아니라 생명을 향유할 수 있는 낙토樂土가 될 수 있다는 것을 깨달았다. 만일 이 세계의 변화가 뒤죽박죽 종잡을 수 없이 이루어져 제대로 대응할 수 없었다면 아마 유가도 별수 없이 다른 세계를 추구했을 것이다.

천지의 탄탄한 공간적 구조와 궤도적 운행, 질서 있는 변화 속에서 생명은 지속적으로 생식하고 시간은 면면하게 순환한다. 이러한 천지간에서 삶을 영위하는 인간들에게 제일 먼저 무한, 무궁, 순환반복, 사계절의 교체변화, 생명의 생식적 영원성 등 자기가 삶을 맡기고 있는 천지자연을 살피고 인식하는 것은 마침내 천지자연을 최고선, 있을 수 있는 것 중 가장 완만구족完滿具足한 것으로 보게 한다. 따라서 인간은 천지의 법칙과 정신을 배워 그것을 인간세에 원용해서 쓰면 인간세 역시 천지와 더불어 보합태화保合太和할 수 있을 것이라고 믿었다. 말하자면 선민들에게 있어 지知와 행行의 궁극적 모범은 천지의 질서운행, 하염없는 만물 생성이었던 것이다. 그리하여 유가에서 모든 인간의 이상(심지어 신앙이라고까지 할 수 있는)은 하늘을 아는 것으로부터 시작한다. 그리고 하늘을 알 수 있는 능력(德性) 또한 하늘에서 받은 것이다. 이(德性)를 자각하고 키워서 천지지도天地之道를 알고 본받고 실현하여 마침내 사람이 천지지도를 크게 이룬다는 사명까지 세우게 되니, 이것이 인도다. 이는 성인이 세운 길이며 사람들을 성취시켜 가는 교화·수행의 길이다.

혼히 유가를 인본주의라고 하고 인간을 우주경영자라고 하는데 여기에는 절대적인 조건이 있다. 인본人本의 인人은 천天에게서 받은 성덕性德을 완성한 도덕군자, 성인이어야 하고, 그 주의主義는 천지만유의 생명질서에 합의되는 행위여야 한다는 것이다. 맹자가 인仁은 사람의 가장 편안한 집이요, 의義는 사람의 가장 바른 길이라고 한 것은 이를 상징적으로 말한 것이다. 유가의 인본주의는 절대 천심天心과 덕성德性을 저버리고 다른 무엇에(예를 들어 怪力亂神 같은) 의지하거나 인간 마음대로 이론을 만들고 기술을 개발해서 인간 중심으로 세계를 개조하는 사상체계가 아니다.

인간의 최초 스승은 천지자연이다. 옛 성인이 체득한 천지자연의 원동력은 성誠이다. 그래서 성誠은 하늘의 도道라고 한 것이다. 천지자연은 그 자체로 이미 성誠하기 때문에 그가 운행 생성하는 이 세계는 그대로 궤도적이고 질서가 있으며 화해和諧롭다. 그에 비한다면 인간세상은 아직 미완성의 성誠이기 때문에 혼란과 고난이 일어난다. 그러므로 이러한 인간세상을 완만한 인간세상으로 만드는 길은 하늘의 성誠을 배우고 실천하는 것이다. 이것이 사람의 길이라고 하는 '성지誠之'다. 『중용』에서는 '지성至誠'과 '지성至聖'이라는 용어를 상당히 무겁게 모든 문제나 이론에서 핵심처럼 쓰고 있다. 글자 그대로 풀이한다면 지성至誠은 "성誠에 이르다"는 것이다. 혼히 지극한 정성이라고 풀이하는데 그럼 지극이란 무엇인가? 궁극 목표점에 도달했다는 말이 아닌가? 그렇다면 지성至誠 '성지誠之'에서 '지之'가 '지至'로 변한 것이다. 간다는 것은 아직 목표에 도달못했다는 것이고, 목표에 도달하면 지之는 그쳐야 한다. 그래서 지至는 지止와 같이 쓴다. 여기서 궁극목표를 '일一'이라고 할 때, 와서 그친 것이 '정正'이다. 그러니까 '지성至誠'은 인간이 추구한다는 '성지誠之'의 성誠이 천지도天之道인 성誠과 일치했다는 말이다. 다음으로 '지성至聖'을 보자. 이것도 일반적으로 지극한 성인이라 풀이하는데, 이는 잘못 이해하면 성인에게도 층차가 있는 것으로 오해하기 쉽다. 따라서 지성至聖을 지성至誠처럼, "시호사이종호성始乎士而終乎聖"함에 따라 인간이 하늘에서 받은 덕성德性을 진성盡性(率性)하여 군자, 현인, 성인에 이르렀다는 것으로 인간으로서의 대성을 의미한다고 보는 게 좋을 듯하다. 결국 '지성至聖'과 '지성至誠'은 하나의 인격으로 귀결되어 이른바 '내성외왕內聖外王'의 동일성을 갖게 된다.

『중용』 말미에 가서 제기되는 "성인지도聖人之道"의 도道는 결국 왕천하王天下의 도道가 된다. 거기에 절대권위를 실어 특정화·절대화한 "유천하지성唯天下至誠"이니 "유천하지성唯天下至聖"이니 하는 말은 지성至聖만이 지성至誠하고 지성至誠한 지성至聖만이 천하경륜天下經綸, 즉 왕천하의 사명을 다할 수 있다는 유가 인본주의에 대한 일종의 제한이며 경각이다. 혼히 유가의 정치는 덕치德治, 예치禮治라고 한다. 그런데 『중용』에서는 왜 특별히 성인지도聖人之道로써 천하의 대경대본大經大本을 경륜함을 특별히 말하고 있는가? 같은 유가정치철학에서 본다면 여기에는 상당히 원천적인, 철학 이전의 유가정치의 정신적(도덕적) 뿌리가 있다. 인간에서 대성한 지성至聖은 천天을 향해 승화하지 않고, 그 자신의 천덕天德을 인간세상에 관주하는 쪽으로 방향을 전환한다. 그래서 "성인지도聖人之道"에 와서는 지성至

聖, 지성至誠 앞에 '천하'라는 용어가 붙어 나온다. 이는 왕천하와 경륜하는 천하의 대경대본을 성인이 다시 세운다는 것이다. 여기에 유가의 성인과 도가의 성인의 각기 다른 취향을 발견할 수 있다. 도가의 성인은 자연으로 돌아가는 자세를 취하는데 유가의 성인은 역시 인간세상인 천하·국가·가정·인생을 지향한다.

앞에서도 말했지만 이에 이르면 '성지誠之'는 성誠되어 가는 지之에서 성誠을 인간세상에 관주시켜 실천하려는 '성지誠之'로 그 방향이 전환되었음을 잊어서는 안 된다. 아마도 맹자가 "사성자인지도思誠者人之道"라고 한 것은 이 혼돈을 막기 위해서였는지도 모른다. 앞으로 유가의 정치철학을 연구한다면 그 도덕정치의 궁극적 근원, 성인지도聖人之道와 천하의 대경대본을 경륜함은 바로 『중용』 말미에 나오는 27~33장을 뿌리로 삼지 않으면 안 된다.

2) 제27장

原文

大哉聖人之道, 洋洋乎發育萬物, 峻極于天. 優優大哉, 禮儀三百, 威儀三千.

待其人而後行, 故曰苟不至德, 至道不凝焉.

故君子尊德性而道問學. 致廣大而盡精微. 極高明而道中庸. 溫故而知新, 敦厚以崇禮.

是故, 居上不驕, 爲下不倍. 國有道, 其言足以興. 國無道, 其默足以容. 詩曰 旣明且哲, 以保其身, 其此之謂與!

◎ 주자주

준峻은 높고 큰 것이다. 이는 도道의 한계가 지극히 크고 넓다는 것이다. 우우優優는 충족하고 여유 있다는 뜻이다. 예의禮儀는 경례經禮를 말하고 위의威儀는 곡례曲禮를 말한 것이니, 이는 도道가 지극히 작고 틈 없는 데까지 들어간다는 말이다.

지덕至德은 그 사람을 말하고, 지도至道는 위의 양절兩節(禮儀三百, 威儀三千)을 말한 것이다. 응凝은 모여든다, 이루어진다는 뜻이다.

존尊은 공경하고 받들어 모신다는 뜻이다. 덕성德性은 내가 하늘로부터 받은 바의 정리正理다. 도道는 말미암는다는 것이며, 온溫은 따뜻하게 데운다는 것이다. 고故는 기성학문이니 때때로 복습함으로써 새로운 지식을 발견하는 것이다. 돈敦은 두터운 것을 더 두텁게 덧대는 것이다. 존덕성尊德性이란 그것을 마음에 간직하고 도체道體의 광대함에 확충해 가는 것이요, 도문학道問學은 이미 안 지식을 미루어 도체道體의 미세한 데까지 이르게 하는 것이다. 이 둘은 수덕修德, 응도凝道의 큰 실마리다. 추호만한 사의私意에도 가려지지 않고 추호만한 사욕私欲에도 얽매이지 않아, 그 이미 아는 바에 함영하고 그 이미 능한 바에 돈독하다. 이는 모두 존심存心에 속하는 것으로 이치를 분석함에 호리毫釐의 차도 생기지 않고 일을 처리함에 과불급의 오류가 생기지 않도록 한다. 사물의 뜻을 미루어 정리하면 날로 그 모르던 것을 알게 되고, 예절을 익혀서 그에 맞게 행동하면 날로 그 삼가지 못하던 바까지 삼가게 된다. 이는 모두 치지致知에 속하는 것이다. 대개 존심存心하지 않으면 치지致知할 수가 없고 또 존심하는 자는 치지하지 않을 수 없다. 그러므로 이 "존덕성이도문학尊德性而道問學"에서 "돈후이숭례敦厚以崇禮"까지의 다섯 구절은 대소大小가 서로를 밑천으로 삼고 수미首尾가 서로 응하여 성현이 가르치는 것 가운데 덕에 들어가는 방법이 이보다 상세한 것이 없으니 배우는 자들은 마땅히 마음을 다해야 할 것이다.

◎ 의역

위대하도다. 성인의 도道여! 그가 만물을 계발하여 문화창조에 쓰이도록 적재적소에 쓰는 것이 마치 하늘과 땅이 넓디넓으나 만물을 덮고 실음에 그 어느 하나도 소외하지 않고 생성하는 것과 같다. 이토록 성인의 도道는 하늘과 땅의 도道와 그 광대함을 같이한다. 반대로 성인이 인간의 심성을 교화하고 행위를 규범함에 있어서는 미세한 문제까지 살피고 따져서 경례삼백經禮三百과 곡례삼천曲禮三千이라는 인간세상에 나름대로 필요한 예절 법도를 만들었다.

물론 이러한 법도와 예절이 생겨나기 위해서는 그것을 실행할 수 있는 사람이 나오기를 기다려야 한다. 하늘에서 품부 받은 덕성德性을 온전하게 성취한 자가 아니면 광대하고도 미세한 성인의 도道를 성공하기 어렵기 때문이다.

그러므로 군자는 우선 하늘에서 받은 덕성을 극진히 수행 준수해야 하고, 다음으로 나를 둘러싸고 있는 천지만물을 연구하여 그것을 문화창조에 옳게 쓰이도록 학문의 길을 열어 나가야 한다. 이것을 이론적으로 말하면, 사람(성인)의 활동영역은 하늘과 땅 끝 간 데까지 광대함의 극치를 기하고 그러면서도 내면세계의 이치와 성능을 한 치의 어긋남 없이 정밀하게 다해야 한다. 이는 인간과 만물의 횡적 관계, 특히 진성盡性-진기성盡己性-진물성盡物性하여 찬화贊化하는 과정을 말한다. 다음은 한없이 높은 사람의 정신과 이상의 세계가 밝은 지혜, 광명의 경지를 추구해 가되 현실을 진화시키는 중용의 도道에 알맞게 이용해야 한다. 역사는 미래를 지향하지만 마치 수레바퀴가 돌면서 수레를 앞으로 가게 하는 것처럼 옛 것을 버리지 말고 다시 음미함으로써 새로운 지식을 도출하고 일상생활의 예의

범절과 지혜를 돈독하게 함으로써 더욱 차원 높은 문화(풍속)를 창조해 갈 것이다.

그러므로 윗자리에 있다고 교만하지 말 것이며 아랫자리에 있으면서 윗사람을 거스르지 말 것이니, 모두는 각자 처하고 소속된 자리와 영역에서 그에 알맞은 기능을 다해야 한다. 그러나 세상이 어찌 이상대로만 되겠는가? 사람이 살아가다 보면 안정된 시대도 있고 혼란스러운 세상도 있는 법. 어찌 정도正道만 고집하랴. 나라에 도道가 있으면 성인의 말씀이 사람들을 깨우쳐 일어나게 할 것이요, 나라에 도道가 없으면 성인의 가르침은 침묵하지만 없어지거나 끊어지지 않고 은둔하였다가 새 세상이 되면 다시 태동하여 사람을 교화시킬 것이다. 그러므로 흥興도 중요하지만 난세의 용容도 중요하다. 『시경』에 "세상 이치에 밝아 자신과 자신이 처한 시대를 파악한 철인哲人은 미래의 세상에 쓰이기 위해 자기 자신을 보호할 줄 안다"고 하였으니 성인의 도道는 밝음과 어두움의 양면을 타고 넘어가는 중용의 길인 것이다.

◎ 강의

여기서는 두 가지만 이야기하고자 한다. 하나는 존덕성尊德性과 도문학道問學의 학문방법이고, 하나는 '명철보신明哲保身'의 출처 문제다.

유가는 사람이 사람을 다스리고 가르치며, 이끌어 가는 인간 자신이 인간 자신의 문제를 풀어 가는 이인치인以人治人의 논리를 가진다. 유가에서의 사람은 전지전능한 신에 의해 구원 받고 신에 의존해서 문제를 풀어 가는 의타적인 존재도 아니요, 이미 크게 깨달은 성불자의 도움으로 적정寂靜을 찾아 안주하는 해탈적인 존재도 아니다. 그저 세상의 일과 문제에 둘러싸여 그 안에서 떠밀려 살아가는 실존적 존재인 것이다. 사람은 신이 아니므로 불완전하며 미숙하고 어리석은 존재다. 그러나 존심양성存心養性하면 지식도 갖추고 능력도 기르며 또한 지혜롭게 영명靈明한 세계를 관조하는 신명神明의 경지까지도 체득할 수 있다. 여기에는 선천적 선성善性과 후천적 달덕達德을 인정하므로 무엇보다도 존덕성尊德性과 도문학道問學 양면이 병존한다. 따라서 사람이 사람을 다스리고 가르친다고는 하지만 가르치고 다스리는 위치에 선 사람은 진성盡性과 달덕達德을 어느 정도 성취한 사람, 즉 현자요 성인일 수밖에 없다.

수기치인修己治人에서 기己와 인人의 관계는 같은 사람이지만 기己가 이미 천도를 지향하여 성취한 사람이라면, 인人은 아직은 아니지만 기에 끌려가다 보면 그 역시 성인·성현이 될 수 있는 사람이다. 그러므로 유가가 말하는 "사람이 사람을 다스린다"는 명제에서 '사람'은 서로 동일한 '인人'이지, 신인神人처럼 같아질 수 없는 다른 존재가 아니다. 유가가 말하는 인간은 자기를 절대자나 유일자와 관계 짓지 않는다. 만유와의 횡적 피차 관계로 보기 때문에 자신과 만유의 공능을 모두 합할 때 다른 종교에서 말하는 신의 경지니 불의 경지니 하는 온전한 세계에서의 일대화해一大和諧를 이룰 수 있다고 본다. 따라서 개인의 해탈을 말하는 소승불교에서의 행위가 아닌 오직 대동세계, 공존공향共存共享의 세계만을 상정하므로 고립된 개인은 존재할 수가 없다.

그래서 유가의 인간 성취에는 존덕성과 함께 필요 불가결하게 도문학이 따라붙는다. 의타종교의 경우 신앙(즉 尊德性)만으로 종교의 목적을 달성할 수 있지만 유가의 성인에게는 현실을 경륜하는 또 다른 사명(사업)이 있기 때문에 천하경륜을 위한 학문의 세계가 꼭 필요하다. 이렇게 볼 때 존덕성과 도문학은 인간의 수행공부修行工夫에 있어서 하나요, 둘일 수 없다. 그런데 뒷날 성리학자들은 이를 나누어 보면서, 무엇이 먼저고 무엇이 뒤인지 혹은 무엇이 더 중요한지 등 이분법적으로 분석하였다. 시간 과정의 선후를 따진다면 그야 존덕성이 앞이요 도문학이 뒤라고 할 수 있겠지만, 일련一連의 생명성취 과정에서 본다면 도문학이 존덕성을 촉진시킬 수도 있고 존덕성이 도문학의 영역을 유도할 수도 있다. 궁극적으로는 하나의 인격 생명 속에서 일치하는 공부工夫임이 틀림없으므로 구태어 나누는 것이 무슨 의미가 있겠는가? 이 장에서 말하는 "존덕성이도문학尊德性而道問學"의 '이而'자는 '말 이을 이'보다는 등호로서의 상호 의존성·보완성·상승성·완결성 등 불가분의 의미를 지닌다고 보는 게 옳을 것이다.

다음으로 '명철보신明哲保身' 문제를 이야기해 보자. 흔히 이 명철보신을 소극적인 처세관, 좀 나쁘게 말하면 현실도피·운둔 등으로 폄하한다. 만일 직선사관이나 단절의 시간관에서 본다면 이는 분명 세상을 버리고 운명에서 도망가는(棄世逃命) 태도로 간주할 수밖에 없을 것이다. 그러나 천운天運의 순환, 사계의 교체, 역사의 흥망성쇠가 이루어지는 농경문화에서의 세계관에서 볼 때 자연계는 물론 인간 역사도 어쩔 수 없이 일치일란一治一亂, 일기일폐一起一廢하는 것이 정리定理다. 따라서 내년의 봄을 맞이하기 위해 동면으로 들어가는 것처럼 난세를 피해 명철보신하는 것은 소극이나 도피라기보다 오히려 현명하지 않은가? 명철明哲한 사람이 그 명철함을 쓰지도 못하고 죽는다는 것은 얼마나 무의미한 손실인가? 그리고 더욱 중요한 것은 난세에 명철한 사람이 거기에 가담하면 의롭지 못한 소인들은 그들로써 자신의 불의를 엄폐하고 정당화하여 명맥을 연장하니 결국 난세를 조장하는 꼴이 되고 만다. 우리는 명철한 이들의 현실 참여가 가져온 악과惡果를 군사정권 유신정치에서 경험했다. 공자는 "위태로운 나라에는 들어가지 말고, 어지러운 나라에는 머물지 말며, 천하에 도가 있으면 나아가 명철明哲을 실현하고, 천하에 도가 없으면 운둔하여 다음을 기다려라"라고 말하였다. 이것이 유가 처세관의 기본 논리다.

3) 제28장

子曰 愚而好自用, 賤而好自專. 生乎今之世, 反古之道. 如此者,
  烖及其身者也.
非天子, 不議禮, 不制度, 不考文.
今天下車同軌, 書同文, 行同倫. 雖有其位, 苟無其德, 不敢作禮
  樂焉.
雖有其德, 苟無其位, 亦不敢作禮樂焉.
子曰 吾說夏禮, 杞不足徵也, 吾學殷禮, 有宋存焉. 吾學周禮,
  今用之, 吾從周.

◎ 주자주

예禮란 친소귀천親疎貴賤이 서로 접하는 절도다. 도度는 품제品制요, 문
文은 서명書名이다.

정현이 말했다. "예악은 반드시 성인이 천자의 위位에 있을 때만 제정
할 수 있는 것이다."

기杞는 하나라 유민이 사는 곳이요, 징徵은 증거다. 송宋은 은나라 유민
이 사는 곳이다. 하·은·주 삼대의 예禮에 대해서 공자는 일찍부터 배운
바가 있어 말할 수 있으나, 다만 하례夏禮는 이미 오래되어 고증이 불가하
고 은예殷禮는 비록 그 후적은 남아 있으나 당세의 상황에 맞지 않는다.
오직 주례周禮만은 덕德도 있고 위位도 있는 주천자周天子가 지은 것으로 당
시에도 쓰이고 있었는데, 공자는 자신이 덕德은 있으나 위位가 없으므로

주례周禮를 따를 뿐이라고 한 것이다.

◎ 의역

공자께서 말씀하셨다. "어리석은 자일수록 자기 맘대로 세상을 꾸려 나가기 좋아하고, 천한 자일수록 자기만을 내세워 많은 사람이 따라 주기를 바란다. 지금 세상에 태어났으면서 옛날서부터 전해 내려오는 도道를 거스르는 자가 있다. 이러한 자들은 시행착오에 걸려 손해를 볼 것이다."(이 대목을 주희를 비롯한 많은 학자는 "지금 세상에 태어났으면서 옛날로 돌아가려는 자가 있으니, 그들은 재앙이 몸에 미칠 것이다"라고 해석한다. 그렇다면 '溫故而知新'은 어떻게 되며, 공자는 왜 삼대의 문화를 집대성했는가? "古之道"는 선민들이 오랜 세월 삶의 시행착오를 거치면서 터득하고 찾아낸 검증된 길을 말한다. 그것을 따라야 하나 버려야 하나? 생각해 볼 문제다)

천자의 위位에 있는 자가 아니면 예절을 정定하지 못하고 제도를 만들지 못하며 문서를 고증하지 못한다. 천자만이 예절을 짓고 제도를 만들며 문헌을 고증한다. 이는 천하의 모든 질서와 풍습과 제도를 하나로 통일하기 위해서다.

지금의 세상은 이것이 무너져서 수레는 그 궤가 같지 않고, 책은 그 글이 같지 않으며, 행위는 그 질서가 같지 않다.(아마도 여기에는 '同'자 앞에 '不'자가 빠진 것 같다. 秦漢 이후 사람이 뺀 것이 아닌지? 사람들은 同軌, 文, 倫을 들어 『중용』이 秦代 이후 작품이라고 하는데, 나는 오히려 '不'자를 뺀 것으로 보아 주나라의 중심이 무너지고 제후들이 마음대로 禮, 制, 文을 만들어 천하의 동일성이 무너지고 분열되었음을 안타까워한 말이 아닌가 한다. 이어서 다음 문장을 읽어보면 이것을 짐작할 수 있다)

비록 그 위位에 있다 하더라도 덕이 없으면 감히 예악을 제정할 수가 없고, 비록 그 덕은 있으나 그 위位가 없으면 역시 감히 예악을 제정하지 못한다.

공자가 말씀하시지 않았던가? "나는 하례를 말할 수는 있으나 기杞만 가지고는 증거가 부족하고, 은례를 배웠으나 그것은 시대에 맞지 않는다. 주례를 배워 보니 그것이 현세에 쓰이는지라 나는 주나라 예를 따르겠노라." 말하자면 공자 같은 덕德이 있는 성인도 천자의 위位에 있지 않았으므로 예악을 제정하지 않고 주나라의 예악을 따른다는 말이다. 여기에는 자사가 여전히 주나라의 종주성宗主性을 인정하고 천하의 문명 유형이 통일되기를 바라는 염원을 담은 거 같다.

◎ 강의

여기서는 고증 문제를 두고 이야기해 보자. 제28장에서 "금천하차동궤今天下車同軌, 서동문書同文, 행동륜行同倫"이라는 구절이 들어 있어 청대학자 유월兪樾은 진시황 이후에야 동궤同軌, 동문同文이 이루어졌으므로 『중용』이 진시황 이후의 작품이라고 의문을 제기했다. 많은 의고학파 학자는 이것을 놓칠세라 『중용』의 저작연대를 일제히 진한 이후로 내려 잡기 시작했다. 내가 알기로는 여기에 대해서 아무도 반론이 없는 것으로 안다. 심지어 내가 동의하고 많은 학설을 인용하는 서복관 교수도 이 장은 『중용』과 무관한 문장이 끼어든 것이라고 배제시키고 있다. 그러나 나는 생각을 달리한다. 왜 새로운 문장을 써넣은 것으로만 생각하고 원래 있던 글에서 글자를 빼낸 것으로는 생각하지 못하는지? 사실 자사시대에는 천하가 혼란스러워 각 제후국마다 전장제도를 만들고 각 지역마다 풍속이 다르며 심지어 언어 문자까지 다른 지경에 이르러 차불동궤車不同軌, 서불동문書不同文, 행불동륜行不同倫이라고 한 것을, 진한시대 학자들이 "금천하今天下"를 보고 '불不'자를 뺀 것은 아닌지? 전체 문맥의 흐름으로 보아 나의 이런 견해도 하나의 설로 제기될 만하다고 생각한다. 따라서 이 장은 배제할 것이 아니라 예악제정 문제 연구의 중요한 자료가 될 수 있으므로 유보하는 것이 옳을 것 같다.

4) 제29장

王天下有三重焉, 其寡過矣乎!

上焉者, 雖善無徵, 無徵不信, 不信民弗從. 下焉者, 雖善不尊,
    不尊不信, 不信民弗從.

故君子之道, 本諸身, 徵諸庶民, 考諸三王而不繆, 建諸天地而
    不悖. 質諸鬼神而無疑, 百世以俟聖人而不惑.

質諸鬼神而無疑, 知天也. 百世以俟聖人而不惑, 知人也.

是故, 君子動而世爲天下道, 行而世爲天下法, 言而世爲天下則.
    遠之則有望, 近之則不厭.

詩曰 在彼無惡, 在此無射, 庶幾夙夜, 以永終譽. 君子未有不如
    此, 而蚤有譽於天下者也.

◎ 주자주

여씨呂氏가 말하기를 삼중三重이란 세 가지 중요한 정책으로 의례儀禮,
제도制度, 고문考文이니 이는 오직 천자만이 행할 수 있는 것이다. 그러한
즉 나라에는 다른 정치가 없고 집집마다는 다른 풍속이 없어 사람들은 잘
못을 덜 저지를 것이다.

상언자上焉者란 당대當代의 왕 이전, 즉 하·은의 예禮를 말하는데, 이는
비록 우수하기는 하나 너무 오래되어 상고할 길이 없다. 하언자下焉者란

성인이지만 하위下位에 있는 사람으로 공자와 같이 비록 예禮에 밝기는 하나 존위尊位에 있지 않기 때문에 신행信行이 어렵다는 뜻이다.

"군자지도君子之道"의 군자는 천하를 다스리는 자를 가리킨 것으로 그 도道란 곧 의례, 제도, 고문의 일을 말한다. "본저신本諸身"이란 자신에게 덕德이 있는가를 확인하는 것이요, "징저서민徵諸庶民"은 백성이 믿고 따르는가를 시험하는 것이다. 건建은 세운다는 것이니 여기에 세운 것을 저쪽을 통해서 참고하는 것이다. 천지는 도道요, 귀신은 조화造化의 자취다. 백세百世 이후의 성인을 기다려도 의혹됨이 없다는 것은 성인이 다시 나온다 해도 나의 말을 바꾸지 않을 것이라는 확신이다.

지천知天, 지인知人은 그 이치를 안다는 것이다.

동動이란 언言과 행行을 겸해서 말한 것이요, 도道는 법法과 칙則을 겸해서 말한 것이다. 법法은 법도法度요, 칙則은 준칙準則이다.

시詩에서 말한 '차此'는 "본저신本諸身" 이하 여섯 가지 일을 가리킨다.

◎ 의역

천하를 다스리는 데는 세 가지 중요한 정책이 있으니 의례, 제도, 고문 세 가지다. 이를 분명하고 엄격하게 제정해서 백성들로 하여금 믿고 따르게 한다면 잘못을 범하는 백성이 적을 것이다. 의례, 제도, 고문 세 가지 일에 있어서 먼 옛날 하·은 시대에도 그 시대에 맞는 좋은 문화가 있었으나 너무 오래되어 상고할 길이 없다. 실증實證이 없으면 믿을 수가 없고, 믿을 수가 없으면 백성은 따르지 않는다.

또한 성인이라 할지라도 천자의 위位에 나아가지 못해 하위下位에 있는 사람은 비록 그가 삼중三重에 밝다 해도 존귀하지 않으면 믿지 아니하고 믿지 아니하면 역시 백성이 따르지 않는다.

그러므로 군자가 천하를 다스리는 길은 먼저 자신의 덕성德性(良心)에

물어보아 옳다 싶으면 다음으로 백성에게 물어보고, 백성이 옳다 하면 이
번에는 다시 하·은·주 삼대의 정치에 물어보고, 거기서도 어긋남이 없
으면 천지에 맞서서 어긋남이 없는가를 확인하고, 다음은 음양변화의 귀
신에게 물어봐서 의혹이 없어야 하고, 마지막으로 백세 이후의 성인이 다
시 나와도 자신이 세운 치도治道가 의혹을 받을 리 없다는 미래까지 확신
을 가질 때 비로소 치도를 세우고 왕천하王天下에 들어가는 것이다.

음양변화의 귀신에게 물어봐서 의혹이 없다는 것은 천天을 알았다는
뜻이요, 백세 이후의 성인이 다시 나와도 자신이 세운 도道를 바꾸지 않을
것이라는 확신은 인人을 알았다는 뜻이다.

그러므로 군자는 움직이면 그것이 바로 세상의 길이 되고, 행하면 그
것이 바로 세상의 법法이 되며, 말하면 그것이 바로 세상의 법칙이 된다.
멀리 있는 사람은 그러한 군자를 흠모하고 그와 같아지려고 바라보며, 가
까이 있는 사람은 아무리 그의 위엄에 눌려 어려워도 친근히 다가가고 싶
을 뿐 억압이나 염증을 느끼지 않는다.

『시경』에 이르기를 "저기에 있는 사람도 나를 미워하지 아니하고, 여
기에 있는 사람도 나를 싫어하지 아니하네. 밤낮으로 몸가짐을(정치에 임하
기를) 경건히 하고, 정치에 임하기를 근신하며, 백성 대하기를 자애롭게 하
니 그 영광 영원하리로다" 하였으니 천하를 다스리는 군자가 이같이 하지
아니하고서 일찍이 천하의 영명令名을 얻은 자는 없었다.

◎ 강의

인륜질서인 예악을 제정하는 일, 정치질서인 제도를 규정하는 일, 모든
일을 기록하고 문서화해서 징험으로 삼아 미래를 열며 오늘을 거울삼아
경계하게 하는 일은 왕천하王天下의 삼중사三重事다. 이것은 성덕聖德과 존
위尊位에 있는 자만이 제정할 수 있는 치도治道의 근본이다. 이는 왕천하의

성패를 가늠하는 막중한 일이므로 크게 의심이 들(難) 때는 먼저 자신의 덕성에 물어보고, 대신들에게 물어보고, 백성에게 물어보고, 나아가 과거 사람이 살아온 오랜 경험의 역사에 물어보고, 천지신명에게 물어보고, 음양변화의 귀신에게 물어보고, 과거뿐만 아니라 미래에 다시 성인이 나온다 해도 바꿀 수 없을 것이다 하는 진리에 대한 확신이 설 때 비로소 군자지도君子之道(治天下之道)로 확정해야 한다. 이 교훈은 성인에게 왕천하가 얼마나 어렵고, 두렵고, 막중한 일인가를 깨우쳐 주는 대목이다. 그리고 만민 위에 군림한 군주는 일거수일투족, 말 한마디 행동거지 일체가 바로 백성의 모범이 되어 교화기능을 한다. 자기의 행동거지 하나하나가 얼마나 어렵고 조심스럽겠는가? 그러므로 왕천하는 군자삼락君子三樂에 들어가지 못한다고 한 것이다. "서기숙야庶幾夙夜, 이영종예以永終譽"라고 했다. 백성 위에 군림한 자, 천하의 온갖 궂은 일과 어려운 일을 처리해야 하는 문제의 해결자가 어찌 삼가고 또 삼가고 경건하고 또 경건하지 않을 수 있겠는가?

5) 제30장

原文

仲尼祖述堯舜, 憲章文武. 上律天時, 下襲水土.

辟如天地之無不持載, 無不覆幬. 辟如四時之錯行, 如日月之代明.

萬物竝育而不相害, 道竝行而不相悖. 小德川流, 大德敦化. 此天地之所以爲大也.

◎ 주자주

조술祖述이란 멀리 그 도道를 종宗으로 한다는 것이요, 헌장憲章이란 가까이 그 법法을 지킨다는 것이다. 율천시律天時란 자연의 운행을 본받는다는 것이며, 습수토襲水土란 일정한 이치에 따라 내외內外를 겸兼하고 본말本末을 합合해서 말한 것이다.

착행錯行은 사시四時가 교체 순환함을 말한 것이니 이는 성인의 덕德을 비유한 것이다.

하늘은 위에서 만물을 덮고 땅은 아래서 만물을 싣는다. 그 사이에서 만물이 생장하면서 서로 해치지 않고 춘하추동 사시가 교체하고 해와 달이 대행하면서 서로 어긋나지 않는다. 서로 해치지 아니하고 서로 어긋나지 아니함은 소덕小德의 천류川流와 같은 이치요, 함께 길러지고 함께 행해져 (並育並行) 서로 해치지 않고(不相害) 서로 어그러지지 않는(不相悖) 것은 대덕大德의 돈화敦化와 같은 이치다. 소덕小德이란 전체全體의 부분이요, 대덕大德은 만수萬殊의 본本이다. 천류川流란 강의 흐름이 맥락을 분명히 하고 밖으로 발함에 궁진함이 없다는 것이다. 이는 천지의 도道를 말한 것으로 위 글의 뜻을 비유해서 밝힌 것이다.

◎ 의역

공자께서는 중국의 역사문화를 멀리는 당우唐虞시대의 요순을 시발로 서술하셨으며 가까이는 주나라 문왕·무왕의 도덕입국과 예악 문물을 중국 문화의 원시 기조로 정리하셨다. 뿐만 아니라 공자께서는 위로는 하늘의 운행법칙과 계절의 변화를 삶을 영위해 가는 시간생활의 과정표로 삼으셨고, 아래로는 땅의 형세, 즉 산하대지의 안배와 만물이 생장수장하는 이치를 터득하여 거기서 농경의 지식과 기술을 익혀 갔다.

비유컨대 공자의 도는 하늘과 땅이 위에서 만물을 덮어 주고 아래서 만물을 실어 주어 어느 하나 받쳐 실어 주고 덮어 감싸 주지 않은 것 없이 공평무사하고 포용 무육하는 것과 같고, 마치 춘하추동 사시가 엇갈리지만 일정한 순환궤도를 돌아 항상하고 영원하며 해와 달이 번갈아 바뀌면서 날이 가고 달이 가고 한 해가 가듯 그 영원한 운행을 멈추지 않는 것과 같다.

총명예지한 공자께서는 만물이 어우러져 생장하면서도 서로 충돌하거나 마찰하지 않고 어우러져, 천지가 운행하고 일월이 대명하며 춘하추동 사시가 교체 순환하는데다 하염없이 지속되는 영원한 도道가 하나도(한번도) 어긋나지 않은 채 질서정연하게 짜여 운행되는 것을 간파하여 그것을 인간이 살아가는 도덕의 기본 원리로 정립하고 인간세상에 펴기 시작했다. 이것이 소덕小德으로 나타나면 천류川流의 불식不息과 맥락의 분명함과 같이 일용사물지도가 되고, 대덕大德으로 나타나면 도덕의 근본을 돈화하여 문명창조의 이상을 펴는 왕천하의 경륜을 넓혀 간다. 이것이 공자께서 중국 삼대 문화를 집대성하면서 터득한 천지가 위대한 까닭이다. 그리고 그 까닭은 바로 공자에 의해서 인류생존人類生存의 기본 원리로 인문화하게 된다.

◎ 강의

이 장은 자사가 그의 할아버지 공자의 철학사상을 간단한 몇 구절의 문장으로 개괄한 대목이다. 간단하다고 하였지만 깊이 음미해 보면 거기에는 공자사상의 전모가 압축적이면서도 분명하게 정리되어 있어 가히 공자철학의 강요綱要라고 할 만하다. 공자의 사상을 알 수 있는 다른 경전에서는 주로 공자사상에서 일용사물지도의 면, 다시 말하면 인생관·도덕윤리를 부각하였다. 그가 하늘과 땅의 도를 체득하고 그려낸 우주관, 자연관, 가치관 같은 비교적 형이상학적인 영역은 개발되지 않고 묻혀져 있었던 것이다. 자사는 아마도 공자의 위대한 우주관(천지를 단위로 한 농경문화의 우주관)이 발전적으로 전해지지 않을까 근심해서 여기 성인의 도道를 말한 대목에서 자기 할아버지의 철학의 강요綱要를 과감하게 밝힌 것으로 보인다.

『중용』의 앞부분에서 중용中庸, 중화中和, 시중時中을 말할 때는 그 실증적인 대표 인물로 순임금을 내세웠고, 중간에 "군자지도君子之道"에 대한 정치철학에서는 "문무지정文武之政"을 내세웠으며, 뒷부분에 "지성무식至誠無息"을 말할 때는 "문왕지덕지순文王之德之純"을 내세웠다. 그런데 첫머리에 "조술요순祖述堯舜, 헌장문무憲章文武"라고는 했지만 엄격히 말하면 요순은 인물을 중심으로 하는 소박한 정치를 대표한다. 즉 선양제도에 의해 천하를 다스리는 중심 인물이 선임되는 이를테면 정치에서의 인륜적인 면이 위대할 뿐 아직 개관적이나마 형이상학적 우주관이나 그것을 근거로 해서 창출한 인문정신의 기조는 세워지지 못했다. 그리고 문왕과 무왕의 경우 문왕의 덕지순德之純에서는 천덕天德과의 합일은 확인되지만, 그것이 구체적으로 인문세계를 창진하는 찬화참천贊化參天의 진성지천지인盡性知天知人까지는 현현되지 못했다. 더욱이 무왕을 헌장했다고는 하나 무왕은 (내성內聖을 문왕으로 볼 때) 외왕外王의 공능은 있으나 일찍 죽었기 때문에 기실 외왕의 대표 인물로는 주공을 내세워야 마땅할 것이다. 여기에 인간이 "위로는 천시를 본보기로 삼고, 아래로는 수토를 따르며"(上律天時, 下襲水土) 천지자연 사이에 농경을 영위하여 살아가는 생존의 도道까지를 제시하는데, 특히 "함께 길러져 서로 해치지 않으며 함께 행해져 서로 어그러지지 않는다"(並育不相害, 並行不相悖)는 우주 사이의 만유가 화해공류하는 생기대도生機大道를 제기한 이는 공자가 첫 번째다.

아마도 자사가 『중용』 말미에서 공자를 거론하고 다음으로 천하지성天下至聖을 커다란 우레가 울리는 것처럼 절규하며 『중용』을 마무리한 데는 나름대로의 의도가 있어서였다고 생각한다. 주희가 "(자사가) 도학이 전해지지 않을까 두려워 짓게 되었다"(憂道學之失其傳而作)라고 말한 것은『중용』의 저작 동기를 정확하게 지적한 듯하다. 따라서 사실『중용』은 천지를 단위로 한 공자의 우주관·인생관·도덕관·가치관을 적요摘要하게 정리해 놓은 책으로 보아야 한다.

이제 다시 한번 이 장을 음미해 보자. "공자께서는 중국의 역사문화를 요순으로부터 써 내려오셨고, 주나라 문왕과 무왕에 이르러서는 거기서 중국 문화의 기조 틀을 발견하기 시작하셨다." 이 대목은 공자가 하·은·주 삼대의 문화를 집대성했다는 공자철학사상의 연원을 말로써 정한 것이다. 공자학은 결코 어떤 신귀神鬼나 초자연적인 조물 혹은 절대자에게서 계시를 받는 것이 아니라, 삶의 역사 속에서 살면서 경험하고 관찰한 소박한 생존의 지능을 키우고 오랜 인간의 행위와 느낌을 통해 자기를 성찰하여 객관세계를 인지(感通)하면서 성숙한 덕성으로 천지만유라는 구체적인 차별·분별의 세계가 아닌 전체대용의 경지를 체득함을 말한다. 공자 스스로도 말했다. "하늘이 나에게 덕을 주었다."(天生德於予) 이는 "천명지위성天命之謂性"의 선행논리로서 덕성을 자각하여 천지자연 만유의 모든 운행과 생성의 정신과 이치를 체인하기 시작함을 말한다. 삼대 3천여 년 동안 이루어진 인간 삶의 지적 온축은 어떻게 보면 공자라는 총명예지한 덕성(體)에 집의集義되었고, 그것은 다시 인문세계 창조의 대경대본大經大本으로 재편성되고 재온축되어 인도人道로 돌출해 나온 것이다.

공자는 또 "오십이지천명五十而知天命"이라고 말했다. 공자는 50년이라는 긴 생명의 생존여과 과정을 거치면서 (『중용』의 개념으로 말하면) '솔성率性'의 길을 걸어서 천명을 알기에 이르렀다는 것이다. "천명을 알았다"(知天命)는 것은 곧 천도와 성명性命이 자기 덕성德性의 내원이자 또 자기 덕성이 찾아가야 할 구극경지라는 것을 깨달았다는 말이다. 이에 비로소 천도와 인도 사이에 가교가 놓여졌다고 보아야 한다. 이러한 성덕性德과 지능을 갖춘 공자는 미루어 "상률천시上律天時, 하습수토下襲水土"라는 천지우주관을 체인할 수 있었던 듯하다. 만일 공자가 삼대 문화를 집대성할 수 있었던 생존의 지혜와 천덕天德을 깨닫고 거기서 열린 감통력感通力이 없었다면, 즉 무지몽매했다면 아마도 '률律'한 것은 종교적 계율이요, '습襲'한 것은 종교적 신앙이었을 가능성이 높다. 말하자면 모든 인식의 주체라고 할 수 있는 내가 무지몽매한 상태로 천지자연과 산하대지山河大地를 대한다면 (천지 변화를 만나 놀라움에 일어난다는) 원시 미신종교의 영역으로 들어갈지도 모른다는 말이다. 그러므로 공자의 천지우주관은 천덕天德을 '솔성率性'해서 지천명知天命할 만큼 지식·지혜·영각靈覺 등이 성숙한 뒤에 전개된 것이므로 그것은 밝고 정확하며 진실하다. 오히려 천지도 가지고 있지 못한 인간의 문화창조 능력까지 자연발생적으로 온축되어 밖으로 드러날 수 있었다고 보인다.

이어서 "비여辟(譬)如"라는 말을 덧붙였는데 내 생각으로는 '천지天地' 앞에 붙은 비여辟如를 생략하고 소덕小德 앞에 '인이因而'나 혹은 '소이所以'를 넣었으면 한다. 왜냐하면 "천지지무불지재天地之無不持載, 무불복주無不覆幬", "사시지착행四時之錯行", "일월지대명日月之代明", 이것이야말로 농경문화에서 형성된 천지우주관의 기본 구조기 때문이다. 따라서 먼저 기본 구조 원리를 파악한 다음, 그것을 인도人道로 재구성한 것으로 비여辟如를 써야 한다. 그런데 천지우주관 구조의 실체를 그대로 공자의 덕행(주희는 "此言聖人之德"이라고 주를 달았다. 이에 따라 많은 학자가 이 구절을 공자의 德行이라고 풀이한다)으로 비유하였으니, 천도를 먼저 말하고 그에 근거한 인도를 말하는 것처럼 천지天地, 사시四時, 일월日月을 먼저 이야기했어야 한다. 이 구절이 『주역』 건괘 「문언전」의 "부대인자夫大人者, 여천지합기덕與天地合其德"이라는 천인합덕을 말한 것으로 본다면 비여辟如 대신 오히려 직설적으로 합덕이라는 용어가 더 어울릴 것 같다. 하여간 이 '천부지재天覆地載', '사시착행四

時錯行', '일월대명日月代明'은 공자의 천지우주관에서 선명한 기조임이 틀림없다.

그 다음에 갑자기 무게와 차원이 다른 대문장이 각인되어 나타난다. 바로 "만물병육이불상해萬物並育而不相害, 도병행이불상패道並行而不相悖"다. 앞의 천지·사시·일월 구절이 천지자연의 운행질서라면 이 구절은 생기광장生機廣場에서 만유생명萬有生命들이 생존하는 질서를 말한 것이다. 인간의 도덕질서에서 기본은 여기에 근거한다고 보인다. 이 구절은 천지·사시·일월의 질서를 파악한 뒤 상당한 지적 감통력의 성숙과 영활靈活이 얻어진 뒤라야 터득할 수 있는 초감각의 대상경지다. 인지人知는 여기에 이르러서야 비로소 천지의 진면목과 진정신眞精神을 체인해 냈다고 할 수 있기 때문이다. "만물병육이불상해萬物並育而不相害, 도병행이불상패道並行而不相悖." 이는 유가가 현실주의일 수 있고, 또 인간의 이상을 현실 속에서 실현할 수 있다는 신심의 근거가 된다. 앞의 천지·사시·일월의 운행질서는 이 세계의 영원성과 불변하는 질서를 믿게 하였고, 뒤의 '불상해不相害', '불상패不相悖'에서 보이는 만유의 생존질서에서는 만유생명이 화해공유和諧共有하는 보장을 확인할 수 있어 입세간入世間의 의지를 더욱 자극 유인한다. 이러한 천지운행질서와 만유생명질서를 터득하여 인도人道의 기조로 삼았다는 것은 공자 철학의 위대함이라 하지 않을 수 없다.

다음으로 대덕大德을 본본本으로 보고 소덕小德을 분分으로 본 주희의 견해는 특이하나 나는 그 해석을 따른다. 흔히 대덕과 소덕을 군자와 소인의 덕으로 구분해서 설명하기도 하는데, 여기서는 그와 궤를 달리한 체용體用면에서 大와 소小를 구분지어서 설명하여 천지우주관에 더욱 합당한 것 같다. 끝으로 "차천지지소이위대야此天地之所以爲大也"라고 결론짓는데, 여기에는 "이것이 공자가 위대한 까닭이다"라는 해석을 가했으면 한다.

6) 제31장

原文

唯天下至聖, 爲能聰明睿知, 足以有臨也, 寬裕溫柔, 足以有容
也. 發强剛毅, 足以有執也. 齊莊中正, 足以有敬也. 文理密
察, 足以有別也.

溥博淵泉而時出之. 溥博如天, 淵泉如淵. 見而民莫不敬, 言而
民莫不信, 行而民莫不說.

是以聲名洋溢乎中國. 施及蠻貊, 舟車所至, 人力所通, 天之所
覆, 地之所載, 日月所照, 霜露所隊, 凡有血氣者, 莫不尊親.
故曰配天.

◎ 주자주

"총명예지聰明睿知"란 태어나면서 아는 바탕(質)이요, 임臨은 위에서 아래를 굽어보는 것이다. 관유온유寬裕溫柔 이하 네 구절은 인의예지의 덕德이다. 문文은 문장이요, 리理는 조리條理요, 밀密은 상세함이요, 찰察은 밝게 분별하는 것이다.

부박溥博은 두루 펼쳐져서 넓게 트였다는 뜻이요, 연천淵泉은 고요하고 깊고 뿌리가 있음이다. 출出은 발현이니, 다섯 구절(聰明睿知, 足以有臨也……文理密察, 足以有別也)의 덕이 마음속에 충적되어서 때로 밖으로 발현함을 말한 것이다. 그 덕이 마음에 충적된 것이 극성해서 자연스레 발현하면 나밖에 있는 모든 것이 중절中節되어 화和를 이룬다.

"주차소지舟車所至"이하는 사람이 이를 수 있는 온 누리를 말한 것이요, 배천配天은 성인의 덕德이 미치는 바가 지극히 광대해서 하늘과 같이 넓다는 뜻이다.

◎ 의역

앞의 장이 공자의 천지우주관과 만물생존 그리고 천지를 본받은 성인의 공덕功德이 인간세에 파급되는 교화의 공덕을 종요롭게 피력한 것이라면, 이 장에서는 주로 공자와 같은 성인이 갖추어야 할 성자기상聖者氣像과 그가 인간변화에 미치는 광범위한 영역 그리고 그가 다른 이들에게 진정에서 우러나오는 존경과 애대愛戴를 받는 까닭을 역시 종요로운 문장으로 설명하고 있다. 그러므로 제30장이 공자의 천지우주관, 즉 천도天道에 대한 체인이라면 이 장은 그 체인을 통해 인간으로 대성한 성인이 자신의 덕성을 온 누리 사람, 만유에 베푸는 인도人道에 대한 설명으로 볼 수 있다.

오직 지극한 경지(성취)에 이른 성인만이 총명예지한 지식, 능력, 지혜, 인격, 교화의 힘 등을 갖추었으므로 온 누리 사람과 만물에 하나의 천덕天德을 대신해서 세상을 교화하고 인문세계를 창진하는 위치에 나아갈 수 있다.(인간과 만유에 군림할 수 있다) 그러면 어떻게 자기가 갖춘 덕성德性을 발휘해서 인간과 만유를 교화하고 성물成物하는가? 성인은 천지의 생물지심生物之心을 마음으로 하기 때문에 한없이 너그럽고 넉넉하며 온화하고 부드러워서 그 품 안에 포용되지 않는 것이 없다. 또한 성인은 천지의 강건한 정신(기품)을 갖추고 있기 때문에 역동적이고 강건하며 굳세고 지속적이어서 모든 일을 확실히 장악해서 끝까지 추진한다. 또한 성인은 몸가짐을 신神 앞에 임하듯 마음을 재계齋戒하고 제사를 지내듯 장중莊重하며 행동거지가 중용과 중화에 알맞아 중정中正하므로 그를 바라보는 사람은 모두 그를 존숭하고 경외한다. 그리고 성인은 학문을 연마하여 세상의 이치를 정밀히 살피고 사리事理를 분명히 해서 혼돈을 막으며 만물의 조리條理

를 헷갈리지 않도록 밝힌다.

이렇게 성인이 갖춘 덕성과 지혜와 교화공능敎化功能은 주편원만周偏圓滿하고 온오심원溫奧深遠하며 그가 발함에 광대무변廣大無邊하여 다다르지 않는 곳이 없다. 마치 깊은 연못과 같고 심원하고 넓은 바다와 같아서 광대하다. 이에 성인의 덕은 하늘의 덕과 일치한다. 그러한 성인의 덕이 발현하면 백성들은 모두 그를 존경하여 가지런해지기를 원하고(見賢思齊), 그가 언어·문자로써 교화하면 백성들은 그를 하늘처럼 믿으며, 그가 행동으로 백성들에게 베풀면 백성들은 마치 단비를 맞이한 듯 기뻐한다.

그리하여 그의 영향력은 한 가정, 마을, 고을, 국가를 넘어서서 교화력이 사방의 미개국까지 파급되어 하나의 문명권으로 포용 확충한다. 배와 수레가 이르는 곳, 사람의 발길이 다다르는 곳, 하늘이 덮고 땅이 실은 천지지간天地之間, 해와 달이 비치는 곳, 이슬과 서리가 내리는 곳에서 무릇 혈기와 생명을 지닌 자 어느 하나 서로 친애하고 어우러져서 생을 구가하지 않는 자 없으니 이것이 곧 성덕聖德이 천덕天德과 짝했다고 하는 것이다.

◎ 강의

『중용』서두에서 제기한 삼대 명제, "천명지위성天命之謂性"의 '성性', "솔성지위도率性之謂道"의 '도道', "수도지위교修道之謂敎"의 '교敎'. 이 3대 명제는 성인이 나타남으로써 비로소 인문세계의 창진 실체로 등장한다. 즉 천명의 성性을 솔성(盡性)해서 지성至聖의 경지까지 다다른 인간은 그가 갖춘 도덕적 인격과 총명예지한 지혜 그리고 학문을 통해 터득한 천하사물의 이치, 자신이 온축한 덕성을 자연계에서 인간세계(문명세계)로 지향해 가는 길(道)을 열어 가는 원동력으로 삼는다. 이것이 이른바 지성至誠이다. 이 지성至誠을 성지誠之 또는 사성思誠하게 하는 인간으로 성취시키는 것이 수도지위교의 '교화'다.

말하자면 "천명지위성"의 '성性'만으로는 인문세계를 설계하거나 건설하여 향유할 수 있는 문명인간의 탄생은 불가능하다. 이것이 솔성지위도의 '도道'를 통해 진성지성盡性至誠했을 때 문명창조의 길과 그 창조 주역인 성인이 나타나게 된다. 성인 한 사람의 성취만으로는 문명 설계는 가능할지 모르나 건설과 공동 향유는 있을 수 없다. 그러므로 성인은 그 덕성공능德性功能을 인간교화라는 보편인간의 공동지선共同至善과 대동생존大同生存으로 확충해 나아가야지 그렇지 않으면 인문세계 창진은 공상이 되고 만다. 여기에는 물론 인간성취뿐만 아니라 개물성무開物成務라는 진물성盡物性을 통한 찬천화육贊天化育까지도 포함해야 한다. 그럴 때 비로소 천지의 대성大成이라는 궁극적인 목적을 달성할 수 있다. 『중용』의 마지막에 가서 지성至聖의 존재를 특별히 기록한 것은 그의 출현과 역사役事가 있고서야 인도人道의 과정 전부가 개통되어 달도達道할 수 있기 때문이다. 요언하면 성인이 탄생되어 인문세계를 창진하는 길의 모든 과정이 열리면 그 길을 모든 인류와 생명 있는 자, 물성物性을 가진 만물이 함께 걸어감으로써 궁극적으로는 천지의 대성도 가능해진다는 것이다.

7) 제32장

> 原文
>
> 唯天下至誠(至聖 포함), 爲能經綸天下之大經, 立天下之大本,
>   知天地之化育. 夫焉有所倚?
> 肫肫其仁, 淵淵其淵, 浩浩其天.
> 苟不固聰明聖知, 達天德者, 其孰能知之?

◎ 주자주

경륜經綸이란 실을 다스리는 일을 넓혀서 천하를 다스리는 것을 말한다. 경經은 실마리를 여러 갈래로 나누는 것이고, 륜綸은 같은 것을 모아서 합치는 것이다. 또한 경經은 강상綱常과 같은 말이니 대경大經이란 인간오륜人間五倫을 말한 것이고, 대본大本은 모든 생명 존재가 하나의 광장으로 모여든 전체를 말한 것이다. 오직 성인의 덕德만이 지성무망至誠無妄하므로 인륜人倫에서 각기 그들이 가지고 있는 성능性能과 당위當爲를 다할 수 있으며 그는 천하 후세에 그대로 법法이 되어 따르게 되니 이른바 경륜이 그것이다. 천지만물의 성능이 회통화합滙通和合해서 이룬 전체광장全體廣場에는 조금도 개인적인 사사로운 욕망이나 작위가 개재될 수 없으니(개재되면 이미 全體가 아니다. 이때 전체에는 전부라는 뜻과 함께 온전한 體, 순전한 상태라는 뜻도 있다) 천하지도天下之道의 천변만화千變萬化가 모두 여기서부터 나온다. 그래서 대경은 경륜이라 하고, 대본은 정립定立이라 한 것이다. 천지의 화육을 이루게 한다(돕는다)고 한 일련의 진성盡性 과정에서 지성무망至誠無妄함은 여천지참與天地參처럼 일종의 묵계로서 성誠과 성지誠之와의 일치를 의미한다. 비단 듣고 보아야 알 뿐만 아니라 모두 지성무망한 천덕天德의 자연스런 공용功用(流露)이니 어찌 그 밖의 다른 어떤 신물神物 같은 데 의존해서 이루어질 문제이겠는가?

순순肫肫은 지극히 정성을 다하는 모습이니 천하를 경륜하는 마음가짐과 자세를 말한 것이고, 연연淵淵은 지극히 고요한 깊이를 형용한 것이니 천하의 대본을 정립定立하고 천하만물이 유출由出함에 부족함이 없음을 말한 것이다. 호호浩浩는 광대무변廣大無邊함을 형용한 것이니 만물을 화육하는 공용이 미치지 않은 곳(사물)이 없음을 말한 것이다.

정현은 말하기를 "오직 성인만이 능히 성인을 안다"고 하였다.(나의 생각으로는 여기서 말한 知는 성인을 아는 知가 아니라 "經綸天下之大經, 立天下之大本, 知天地之化育"의 지知가 아닌가 한다. 정현의 주해는 다시 생각해 볼 필요가 있다)

◎ 의역

오직 천하의 지성至誠스런 지성至聖만이 천하의 대경을 경륜할 수 있고, 천하의 대본을 건립할 수 있으며, 천지의 화육을 도울 수가 있다. 성인이 지성至誠에 힘입는 것 외에 따로 그 무엇에 의존할 수 있겠는가?

성인은 오직 천성의 순수한 정감인 인仁에 간절히 하고,(經綸天下之大經의 마음가짐과 자세) 천도天道의 심원한 뿌리(根本)를 찾아 깊디깊은 유출을 이끌며,(立天下之大本) 천지화육의 무불부재無不覆載와 더불어 성공聖功을 더해 개물성무開物成務함으로써 천지대성天地大成을 이루게 돕는다(知天地之化育).

진실로 총명예지하여 천덕天德, 지성至誠에 이른 성인이 아니고서야 어찌 이러한 경륜대경經綸大經, 정립대본定立大本, 참찬화육參贊化育이 가능하겠는가?

◎ 강의

이 장은 사실상 『중용』의 총결론에 해당한다. 『중용』은 천天이 인간 만물에게 품부한 '성性'의 명제에서부터 시작한다. 물론 여기서는 인간에게 부여한 '인성人性'을 지정한 것이지만 중간에 가서는 물성物性의 존재도 인도人道를 실현하는 데 불가결한 것임을 배제하지 않는다. 이 '성性'은 다음에는 덕德의 개념과 합해져서 천덕天德이니 지덕至德이니 하는 말로 대체되어 쓰인다. 다만 '성性'의 공능功能면을 말할 때면 덕성德性 또는 성덕性德이라는 말로 바꾸어 쓰는 것이 내용을 이해하는 데 친근하다. 하늘이 만물을 생생할 때는 생존할 수 있는 기본 능력으로 '성性'을 부여한다. 그 부여된 '성性'은 다시 생을 가진 자에 의해 자기 계발로 이어져야 한다. 생생은 생生

하면서 완성된 것이 아니다. 성취할 수 있는 기본을 하늘로부터 받았으므로 그 능력(본능이라고 해도 좋다)을 계발하여 성취하는 것은 하늘로부터 생生을 받은 자의 몫이다.

여기에는 인간도 예외일 수 없다. 어떻게 보면 인간이야말로 그 어떤 만유생명보다도 하늘이 준 성덕性德을 자연스럽게 계발(이를테면 循理와 같은)할 뿐만 아니라 인간이라는 특수 생명 존재의 위상을 세울 수 있다.(이를 만물의 영장이라고 해도 좋을 것이다) 오히려 그렇게 대성한 인간이 천지의 화육을 도와 인문세계를 창진함으로써 천지의 대성까지 이루는 천지의 경영자로 등장한다. 요언하면 인간이, 인간이 세운 길인 인도를 밟아가는 힘은 성덕性德을 키울 수 있는 모든 가능성을 다하는 데서 나온다. 공자가 자기 개인의 인간 성취 과정을 "십유오이지우학十有五而志于學, 삼십이립三十而立, 사십이불혹四十而不惑, 오십이지천명五十而知天命, 육십이이순六十而耳順, 칠십이종심소욕불유구七十而從心所慾不踰矩"라고 하였다. 여기서 인생의 길인 인도로 들어가는 최초의 과정은 '학學'이다.『논어』는 첫머리에서 학學과 습習으로써 부여받은 성덕性德의 모든 가능성을 최대한 계발해야 함을 말한다. 순리적인 성덕을 보유할 뿐 아니라 학學과 습習이라는 순도의 교教로써 이루어지는 솔성率性, 즉 진성공부盡性工夫가 절대적으로 필요한 것이다.

이것이 동물을 포함한 만유생명이 하늘로부터 받은 성性을 성취해 가는 것과 근본적으로 다른 면이다. 인간만이 가능한, '학學'으로써 하늘로부터 받은 성性에 인위적인 공덕功德을 더하는 천성인성天性人性의 승화는 인간의 존재를 문화창조가 가능한 존재, 그래서 천지의 미완성을 완성으로 이끌 수 있는 존재로 특별히 임명하여 마침내 천지와 더불어 삼재三材의 하나가 되는 위치까지 올려놓은 것이다. 이것이 "천명지위성"에 이어서 "솔성지위도"로 인도人道를 설정한 근본적인 이유다.

공자는 자기 개인의 인생 성취 과정을 말한 다음, 인간으로 대성한 자, 대인군자大人君子, 현자성인賢者聖人이 해야 할 공덕功德으로 "지어도志於道, 거어덕據於德, 의어인依於仁, 유어예遊於藝"를 말했다. "지어도"는 『중용』의 "솔성지위도"의 도道일 수도 있고, 불가수유리不可須臾離하는 인간 생존의 인도일 수도 있다. 그렇다고 천도로 복귀하는 이를테면 자연주의자들이 말하는 자연으로 다시 돌아가는(復歸於自然) 도道는 아니다. 이 도道는 하늘이 준 성덕性德에 후천적으로 인위적인 학덕學德을 부가하여 성인의 공덕功德에 의하여 인도를 설정하고 지향하는 일종의 목표(목적론적)로서의 도道가 분명하다.

물론 이 인도의 궁극적인 내원과 절대적인 준거는 천도지만 결코 자연 그대로의 천도가 아님은 분명하다. 그러기에 인도가 성취될(達德配天) 때 천도는 자연적 도道에서 만물을 화육하여 달덕천達德天하는 가치론적 의미를 내포하는 대생大生, 광생廣生, 생생불이生生不已의 천지지도天地之道로 자리매김하게 된다. 이것이 유가가 인간을 만물의 영장, 천지의 대성자로 자신 있게 임명하여 천이 자연천 외에 도덕천이라는 위대한 내미를 갖게 하는 결과기도 하다.

공자는 "지어도" 다음으로 그 도道를 향해 인간을 움직이게 하는 힘으로 덕德을 고집했다. "거어덕", 덕德에 의거한다는 이 말은 인간 자신이 자신의 힘으로 솔성率性·수도修道해서 축적하고 계발한 성덕性德으로 도道라는 목표를 향해 걸어가겠다는 것이다. 제32장에서 "어찌 의지할 바가 있겠는가?"(夫焉有所倚) 하는 말은 바로 이 "거어덕"이 있기 때문에 그 어떤 외적 힘에 의존하지 않고 자신 있게 자립自立, 자재自在, 자력自力, 자행自行, 자성自成, 자향自享함을 선언하는 말이기도 하다. "거어덕" 다음으로 공자는 "의어인"을 말했다. 인仁은 심정心情의 순수본능, 이를테면 맹자가 말한 "배우지 않고서도 할 수 있고"(不學而能), "생각하지 않고서도 알 수 있는"(不慮

而知) 양능·양지의 가장 원천적 정감의 샘이다. 이는 자기 내면에서 온축되어 인온氳氳되는 것이기도 하지만, 중내中內에만 머물지 않고 밖을 향해 자연스럽게 드러나는 발외發外 본능을 갖고 있다. 이것이 『주역』「계사전」에서의 '적연부동寂然不動' 경지에서 발하는 "감이달통천하지고感而達通天下之故"의 순수감정이 밖으로 드러나는 것이다. 그리고 이 인仁은 근본적으로 '사랑 애'(愛)의 형태로 작용하여 나와 나의 주위 생명이 평화적인 관계를 맺게끔 하고, 더 나아가 자기를 희생하고 남을 위하는 행위를 하게끔 한다. 이것이 애인愛人이다. 인仁은 다시 일관적으로 미루어 생각하여 충서忠恕까지 그 범위를 확충한 나머지 마침내 천지간의 만유생명과 공생공존共生共存하는 애물愛物로까지 확충된다.

그러므로 여기서 말한 "의어인"은 인간 자신의 성덕性德과 그 성덕을 외부로 확충하는 심덕心德의 원천으로 인仁을 내세운 것이다. 따라서 인仁은 애인愛人과 애물愛物, 나아가 애천愛天을 모두 포괄하다고 보아야 한다. 앞에서도 말했지만 성인은 성인 자신만으로는 참천화육參天化育하는 인문세계를 창진할 수 없다. 성인은 반드시 많은 인간을 역군役軍으로서 문화창조에 참여 가능한 존재로 솔성수도率性修道할 수 있도록 교화해야 한다. 이것이 유교가 대동사회를 지향하는(『禮記』, 「禮運」, "大道之行也, 天下爲公") 절대불가결한 과정이다. 또 인문세계 창진은 인간만으로는 성취가 불가능하므로 역시 물성物性을 계발하여 '개물성무開物成務'의 길을 열어 만물도 인문세계 창조, 즉 천지를 대성하는 데 참여시켜야 한다. 그러므로 대동사회란 인간만의 화해공류가 아니라 천지간에 생이 깃들어 있는 모든 존재를 하나도 빠짐없이 참여시켜 일체一體의 인仁으로 동화同和한 하나의 커다란 생기광장이다. 따라서 "거어덕", "의어인"를 거쳐 다다른 "지어도"의 세계는 제32장에서 말한 "순순기인肫肫其仁, 연연기연淵淵其淵, 호호기천浩浩其天"의 광대무변한 무한생존공간無限生存空間이요, 무궁생성시간無窮生成時間의 합치, 즉 천지우주인 것이다.

　이제 결론을 말해 보자. 주희는 "중용은 무엇을 위해 쓰였는가?"하고 자문한 다음 자답하기를 "(공자의 손자) 자사가 (그 할아버지의) 도가 후세에 제대로 전해지지 못할까 근심해서 지은 것이다"라고 하였다. 이에 의하면 『중용』은 자사가 공자의 진정한 모습의 도를 세상에 전하기 위해 쓴 것이 분명하다. 말하자면 『중용』은 공자의 도道 전모를 심도 있게 피력한 책이라는 것이다. 공자의 도가 『중용』의 앞이나 중간 부분에서는 특정적으로 나타나진 않았지만, 뒷부분에 오면서 호방하고 중후한 문장으로 지성至誠의 도와 지성至聖의 도道를 드러내면서 "아, 이것이 공자라는 지성至聖의 도道구나" 하는 자각과 감명을 받게 된다.

　『중용』은 정자의 해제(其書始言一理, 中散爲萬事, 末復合爲一理)에서도 알 수 있듯이 처음에는 하나로 집약된 근본적 리理를 제기했다가, 중간에 가서는 하나의 이치가 만사로 나누어지는 과정과 이치, 그리고 그에 맞추어 생존하는 중용적 군자와 그가 이루어가는 개인·가정·사회·국가·천하 등 정치적인 면까지를 구명하여 설파하였다. 마지막에 가서는 하늘의 도道인 성誠과 사람의 도인 성지誠之를 내세운다. 인도의 성지誠之는 마침내 성을 거느리고(率性) 도를 닦는(修道) 인간의 노력으로 천도인 성誠과 일치하는 지성至誠에 이른다. 이 지성至誠을 갖춘 인간이 대성해서 지성至聖이 되며 그는 지성至誠의 추동推動으로 진기성盡己性, 진인성盡人性, 진물성盡物性을 이루어 마침내 찬천화육贊天化育을 이루고 인문세계를 창진하며 천지를 대성에로 이끄는 천지경영의 주역으로 등장한다.

　이제까지 역사상 나타난 인물 가운데, 유가가 이상으로 삼아 지향하는 인도의 완만구족한 철학적 설계와 건설방법 그리고 건설된 뒤 천하만유와 더불어 공존공향共存共享하는 생명의 성취감까지를 구상한 성인으로는 공자를 능가할 만한 이가 없다. 다 아는 바와 같이 공자는 '위位'를 얻지 못한 성인이다. 말하자면 내성內聖이기는 하나 외왕外王이 불가능한 성인이었던 것이다. 그래서 그랬는지 자사는 중간 부분에서 문무로 대표되는 유가의 정치이념・구조・모델까지 제기했으면서, 말미에 지성至誠과 지성至聖의 합덕으로 창진되는 달도세계達道世界에 이르면 유가정치의 형태를 그 차원을 넘어서 상당히 자연적 생명질서에 가까운 도덕왕국으로 말하고 있다.

자사의 생각은 이랬던 것 같다. 인간 중심으로 이루어지는 치국평천하治國平天下의 외왕外王 정치는 군자가 할 수 있는 것이지만 궁극적인 인문세계의 설계도인 일대一大의 생기광장에서 생을 가진 모든 만물이 화해공류하는 도덕왕국은 오직 지성至誠을 갖춘 지성至聖만이 실현가능한데, 이를 구상하고 설계하여 실천의 길을 모색하고 교화의 모범을 보인 이가 바로 공자라는 것이다. 『중용』은 성誠의 철학이요, 성자聖者의 기상이요, 지성至聖의 길이다. 성誠은 천도에 있어서 궤도와 원칙에 따라 영원불변한 운행을 지속하며 변화의 시간을 타고 생생하며 이어지는, 넓고 두터우며(博厚) 높고 밝으며(高明) 멀고 오래된(悠久) 말하자면 무한한 원동력이다. 또 인도人道에 있어서의 성誠은 진인성・진물성으로 찬화참천贊化參天하는 성덕性德을 움직이게끔 하는 강인한 생명력이다.

나는 어디선가 만일 유교를 종교라고 한다면 그 교리의 핵심은 성誠이다라고 말한 적이 있다. 중용은 성誠의 철학이요, 성인의 길은 "천하의 대경을 경륜하고 천하의 대본을 세우며 천지의 화육을 알 수 있는"(經綸天下之大經, 立天下之大本, 知天地之化育) 인문세계 창진과 그를 통한 천지대성을 이루는 우주경영의 도道다. 공자가 공자다운 이유는 바로 이 『중용』에서 적시摘示한 천지우주론에서 찾아볼 수 있다는 것이 내가 중용을 공부하고 난 마지막 심득心得이다.

8) 제33장

詩曰 衣錦尙絅. 惡其文之著也, 故君子之道, 闇然而日章, 小人
之道, 的然而日亡. 君子之道, 淡而不厭, 簡而文, 溫而理, 知
遠之近, 知風之自, 知微之顯, 可與入德矣.

詩云 潛雖伏矣, 亦孔之昭. 故君子內省不疚, 無惡於志, 君子之
所不可及者, 其唯人之所不見乎.

詩云 相在爾室, 尙不愧于屋漏. 故君子 不動而敬, 不言而信.

詩曰 奏假無言, 時靡有爭. 是故君子 不賞而民勸, 不怒而民威
於鈇鉞.

詩曰 不顯惟德, 百辟其刑之. 是故 君子篤恭而天下平.

詩云 予懷明德, 不大聲以色. 子曰 聲色之於以化民, 末也. 詩曰
德輶如毛, 毛猶有倫. 上天之載, 無聲無臭, 至矣.

◎ 주자주

앞의 장에서는 성인의 덕德이 그 극성함에 다다른 것을 말했는데, 여
기서는 다시 하학下學, 입심立心의 처음을 말하기 시작했다가 그것을 미루
어 지극함에 이르는 것을 예를 들어 피력하였다. 시는 『시경』 「위풍衛風 ·
석인碩人」, 「정풍鄭風 · 풍丰」에 나온다.(「위풍」에서는 "衣錦褧衣"라고 했고, 「정
풍」에서는 "衣錦褧衣, 裳錦褧裳"이라고 했으니, 여기에 인용된 "衣錦尙絅"과는 약간 차
이가 있으나 크게 보아 뜻은 통한다. 참고로 「위풍 · 석인」의 시는 위나라 莊公의 아름
다운 아내 莊姜을 노래한 것이고, 「정풍 · 풍」의 시는 어떤 여인이 결혼을 후회하는 심

정을 노래한 것이다. 말하자면 본래의 시는 여기서 말하고자 하는 도덕수양의 의미와는 관계가 없는 듯하다) 경綱은 경襋과 같으니, 겉옷(襌衣)을 말한다. 상尙은 가加한다는 의미로, 비단옷이 너무 튈까 봐 겉옷을 받쳐 입는다는 뜻이다. 옛날 학자는 위기지학爲己之學을 했기 때문에 그 뜻을 세움이 이 상경尙絅과 같았다. 겉을 가리자 그 속이 어두워 들여다보기 어렵고, 또 밖으로는 드러나지 않으나 속에는 빛나는 비단옷을 입었으므로 천천히 그 빛이 은은하게 드러난다는 것이다. 담淡, 간簡, 온溫은 겉옷을 밖에다 껴입었다는 것이니, 은은하게 문채가 드러나는데 그 문채 속에는 또 조리條理가 갖추어 있다는 말이다. 문채 속에 조리가 갖추어져 있다는 말은 중요하다. 말하자면 비단의 진정한 미美는 그 속에 담겨 있는 조리, 즉 사람으로 말하면 도덕적 인격이 된다. 소인은 이와 다르다. 겉으로는 폭발적으로 문채가 드러나지만 사실 그 속에는 실미實味가 없으므로 처음에는 화려하게 빛나다가도 그 화려함이 말미암아서 나와야 하는 속이 비어 있기 때문에, 빛은 점점 강도를 잃고 어두어져 간다. 먼 데는 가까운 데서부터 시작한다는 말은 '말미암는 바'(所由)가 가까운 자신에게 있음을 비유한 것이고, 바람이 불어가는 것 또한 자기에서부터라는 말 역시 모든 것의 출발점은 자신에게 있음을 강조한 것이다. 밖으로 드러나기 위해서는 자기 안에 드러날 만한 것이 먼저 온축되어 있어야 하는데, 이것이 제2장에서 말한 "막현호은莫見乎隱, 막현호미莫顯乎微"다. 미微는 자기 안에 있어 세상에 아직 드러나지 않은 것이다. 이것이 충실充實해지면 자연스럽게 밖으로 드러난다. 그러므로 밖으로 드러내려 억지로 꾸미지 말고 자기 속에서 덕성德性을 온축 충실히 하는 데 힘쓰라는 것이다. 이것이 입덕入德하는 정도正道다.

두 번째 시는 「소아小雅·정월正月」에 나온다.(이는 東周 초기 주나라가 점점 쇠퇴해 갈 때 나온 시다) 이 시는 앞의 글에 이어서 나온 것으로 막현호은莫見乎隱과 막현호미莫顯乎微를 증명한다. 구狄는 비도덕적인 행위를 했을 때

양심의 가책을 받아 일어나는 마음의 병이다. 무오어지無惡於志는 자기 마음이 양심의 가책을 받지 않는다는 뜻과 같다. 이는 군자가 홀로 삼가는(愼獨) 일이다.

세 번째 시는 「대아大雅·억抑」에 나온다.(이는 衛나라 武公이 스스로를 경계하기 위해 지은 시다) 상相은 서로 본다는 뜻이다. 옥루屋漏는 사방이 막힌 집 안에서 서북쪽으로 빠끔히 티어 보이는 하늘을 말한다. 이 구절 역시 앞 구절의 의미를 이은 것이므로 군자가 계신공구戒愼恐懼함은 언제 어디서나 잠시도 방임할 수 없다는 몸과 마음가짐을 강조하는 것이다. 군자가 말하고 행동하지 않아도 사람들이 공경하고 믿고 바라는 것은 그 군자의 도덕 수행이 충실하여, 온축되었던 것이 이미 드러나기 시작했기 때문이다. 옛날 사람들은 그 자신들이 순수했기 때문에 도덕군자의 내실적 인덕과 소인들의 허세적인 뽐냄을 정확하게 감지할 수 있었다. 다음은 그 효과를 증명하는 시다.

네 번째 시는 「상송商頌·열조烈祖」에 나온다.(烈祖라 함은 위대한 공적〔偉烈〕을 이룬 祖上이라는 뜻이다. 이것이 「商頌」에 실려 있으므로 열조는 湯임금을 가리키는 것으로 보인다. 즉 탕임금을 제사지낼 때 부르는 노래라고 보면 된다) 주奏는 이쪽에 있는 것을 어떤 중요한 대상에게 받들어 올리는(아뢰는) 것을 말한다.(『시경』에는 奏가 아닌 假으로 되어 있다) 군자의 은미한 덕과 홀로 삼가는(愼獨) 공부가 안으로 충실하고 나아가 밖으로 은은히 드러나면, 군자는 신명을 감격시키는 현현력見顯力을 갖는다. 군자의 이러한 지성至誠과 경건敬虔을 말하거나 행동하지 않아도 사람들은 스스로 그렇게 되기를 간절히 바라고 익힌다. 위威는 두려워한다는 뜻이며, 부월鈇鉞은 도끼와 칼로 옛날 형구刑具의 일종이다. 백성은 도덕군자를 보면 견현사제見賢思齊하고자 가까이하지만, 한편으로는 그의 위엄에 스스로 감복하여 무기를 들고 위협하거나 형벌로 벌 주는 물리적인 힘을 가진 자보다 더 두려워하고 자숙한다는 것이다.

다섯 번째 시는 「주송周頌·열문烈文」에 나온다.(「周頌」에 실려 있으므로 열문은 文王을 가리키며 이는 그를 제사지낼 때 부르는 노래다) 불현不顯은 제26장에서 나온 말이다. 여기서는 그것을 빌려다가 유심현원幽深玄遠하다는 의미를 부여한 것이다. 천자가 불현한 덕德이 있어 제후들이 그것을 본받아 실천하면 그 불현(隱微)은 결과적으로 더욱 깊고 멀리 파급되어 가는 효과를 갖는다. 독독篤은 돈후하다는 뜻이다. 독공篤恭은 경덕敬德을 불현하고 내심에서 더욱 온축하고 충실하게 한다는 것이다. 그렇게 하면 천하에 평화가 찾아온다는 것은 결국 손 하나 까딱하지 않고서도 천하인天下人에 의해 천하가 스스로 알아서 자연스레 화평의 길을 찾아간다는 뜻이니, 이는 곧 성인의 지덕至德이요, 중용의 극치한 공용功用이다. 어찌 전장제도典章制度에 의존해서만 평천하가 되겠는가? 그보다 근본적으로 중요한 것은 치자治者 즉 왕천하王天下하는 지성至聖의 도덕적 인격에서 우러나오는 감화력感化力이다.

여섯 번째 시는 「대아大雅·황의皇矣」에 나온다. 일곱 번째 시는 「대아·증민烝民」, 여덟 번째 시는 「대아·문왕文王」에 나온다.("여회명덕予懷明德" 구절은 上帝가 문왕에게 이르는 말로 되어 있으니 予는 상제인데, 문왕의 不顯之德도 이에 속한다고 볼 수 있다) 한 마디로 말해서 불현지덕不顯之德을 가진 사람은 크게 소리치거나 특수하게 화려한 모습을 드러내지 않아도 백성이 스스로 감화하므로 이것이 도덕정치의 근본이 된다. 성색聲色을 요란하게 하고서 백성의 이목을 끄는 것은 정치의 말단에 속하는 일이다. 그러나 지덕至德의 불현不顯은 형적이 없어서 감지感知는 되나 여전히 그만한 경지에 이르지 못한 사람에게는 파악이 어렵다. 그래서 다음으로 「증민烝民」의 시구 "덕유여모德輶如毛"를 들고 있다. 말하자면 덕德을 모毛로 비유할 때, 터럭이 비록 가볍고 눈에 잘 보이지 않을 정도로 미세하지만 그 역시 형적形

迹이 있기는 마찬가지 아닌가? 그렇다면 이 시는 지덕至德을 형용하는 데 문제가 있다.(물론 인격이 미숙한 서민들에게는 그렇게라도 해서 덕의 의미를 음미하는 실마리로 삼을 수는 있겠지만) 그래서 마지막으로 「문왕」의 "상천지재上天之載, 무성무취無聲無臭"라는 구절을 인용한 것이다.

이 제33장은 자사가 앞장에 있는 극치의 말이 가지는 근거를 돌이켜 내 마음의 근본을 구하고 다시 하학下學, 위기爲己, 신독愼獨의 공부로부터 시작해서 미루어 독공이천하평篤恭而天下平이라는 성극盛極에 이르는 과정을 피력했다. 그것을 찬양함에 "무성무취無聲無臭에 이른 뒤에야 그만둘 것이다"라고 하였으니 이에 이르러서는 언어의 도道가 끊어지게 된다.(공자가 "天何言哉 四時行焉, 百物生焉, 天何言哉"라고 하지 않았던가?) 마지막 이 장은 여지까지 말씀의 요약이고 상징적인 의미를 빌어 반복해 가며 타이르고 있으니 사람을 교화하려는 마음이 지극히 깊고 간절하다. 배우는 자들이여! 어찌 마음을 다하여 공부에 매진하지 않을 수 있겠는가?

◎ 의역

『시경』에 이르기를 "문채 나는 비단옷을 입을 때는 그 문채가 너무 튀지 않도록 얇은 겉옷을 입는다"라고 하였다. 문채가 너무 드러나 남의 눈을 현혹시킬까 두려워서다. 군자의 도는 마치 비단옷을 입고서도 겉옷을 입어 그 문채가 밖으로 드러나지 않는 것과 같다. 그러므로 군자의 명성은 그리 쉽게 퍼져 나가지 않는다. 그가 입은 옷이 드러나지 않아 그 속에 무엇을 품고 있는지를 가늠할 수 없어서다. 그러나 그와 오래 같이하거나 그를 유심히 살펴보면 점점 그가 품은 보물 같은 덕성德性이 은은히 빛나기 시작한다. 그 빛은 그윽하고 충만한 곳에서 흘러나오기 때문에 빛이 나올수록 점점 광대해진다. 이것이 군자의 신독공부愼獨工夫요, 위기지학爲己之學의 효과다. 반대로 소인은 이와 다르다. 소인은 속에 온축한 보화도 없으면서 외모만 화려하게 치장하여 사람들의 이목을 단번에 끈다. 그리고 사람들의 부러움과 선망을 받는다. 그러나 그 빛은 오래가지 못하고 그대로 머물러 있으므로 오래될수록 빛이 바래 어두워진다. 내면세계에 계속 유출할 수 있는 인격적 돈후함이 없기 때문이다. 군자의 도는 이와 같이 담담하여 무미건조한 것 같으나 소박하고, 자기를 특수한 존재로 여기려 들지 않기 때문에 서민들과 부담 없이 어울려 실증을 사지 않으며, 행동거지가 소박하고 단순한 것 같으나 거기에는 일정한 예절이 스며 있어 번잡하거나 혼란스럽지 않다. 몸가짐이 온화하고 물질적으로는 쓸쓸할 정도로 가난한(貧寒) 것 같지만 그 속에는 세상의 모든 이치와 사람의 도리가 무엇인지를 따지는 학문적 지식과 처세, 세상을 다스리는 경륜과 지혜가 차곡차곡 쌓여 있다. 먼 곳에 가려면 한 걸음부터 시작하는 도리와 바람이 어디서부터 불어와 어디로 가는지의 파급관계도 알아서, 모든 것에 출발 기점이 되는 자신부터 먼저 다스린다. 또 자기 자신의 내면세계를 충실히 하면 언젠가는 반드시 크게 드러나게 된다는 '미지현微之顯'의 도리를 알기 때문에 은미隱微와 신독愼獨을 입덕入德의 문門으로 삼는다.

또 『시경』에 말하기를 "잠겨 있는 것이 비록 엎드려 움직이지 않으나 마침내 이미 드러나 있는 그 어느 것보다도 밝고 크게 드러난다"라고 하였다. 그러므로 군자는 먼저 자기 내면을 살펴서 병폐가 없어야 하고, 특히 군자가 추구하는 정도正道에 어긋나지나 않을까 하는 양심의 가책을 느껴야 한다. 그러므로 군자 스스로도 가장 다스리기 어려운 것이 바로 아무도 모르고 보이지 않는 그곳을 자기 양심으로 비추고 반성하고 지키는 일이다.

『시경』에 또 말했다. "그대가 사방이 막혀 아무도 엿볼 수 없는 방 안에 있을 때도 자기 양심을 속여 도덕에 어긋나는 부끄러운 짓을 하지 않는다면, 결국은 아무리 막혀 있는 집이라도 서북쪽으로 빠끔히 트인 공간을 통해 보이는 저 하늘 대하기가 부끄럽지 않을 것이다." 이렇게 자기가 자기를 지키는 사람은 행동으로 보여 주지 않아도 사람들은 존경하고, 말로 자기 뜻을 표현하지 않아도 사람들은 믿고 따른다.

또 『시경』에 말했다. "조용히 천지신명에게 자기의 경건함을 바치면 신명神明은 감격하고, 묵묵히 마음의 진실로 대하니 사람들은 그와 쟁집爭執하지 않는다." 그러므로 군자(治者)는 상을 주지 않아도 백성들은 더욱 자기를 채찍질하고, 형벌을 가하지 않아도 백성들은 형벌 이상으로 군자를 경외하여 스스로 법도와 예절을 지킨다.

『시경』에 또 말했다. "천자가 지덕至德을 품고도 현현하지 아니하면, 제후들은 불현지덕不顯之德을 본받아 자기 자신의 인격도야에 힘쓸 것이다." 이렇게 제후들을 지덕至德으로 감복시킨다면 그것은 두 손을 한데 모으고 조용히 서 있으면서도 그를 바라보는 이들에게 깊은 교화를 주는 것과 같으니 이것이 곧 요란하게 정치를 논하지 않고도 천하를 태평하게 다스릴 수 있는 결과가 되지 않는가?

또 『시경』에 이르기를 "나는 밝은 덕을 품었기에, 크게 소리치거나 환하게 문채를 드러내지 않아도 그 이상의 효과를 걷을 수 있다"라고 하였다. 이 시를 읽고 공자께서 말씀하셨다. "내재덕성內在德性이 아닌 외재성색外在聲色을 가지고 백성을 다스리는 것은 교화의 가장 뒤지는 방법이다." 또 『시경』에 이르기를 "덕德은 가볍고 미세하기가 터럭(秋毫之末)과 같다"라고 하였다. 터럭은 아무리 가볍고 미세하여도 형적이 있으니 가려낼 수 있다. 정말 지덕至德을 터럭에 비유할 수 있을까? 『시경』에 이르기를 "천지신명이 역사役事함이 소리도 없고 냄새도 없고, 도대체 불현不顯이라 감통感通할 길이 없네"라고 했으니 오히려 지덕至德은 바로 이런 것이 아니겠는가?

◎ 강의

이 장은 『중용』의 마지막 장이다. 앞장의 강의에서 나는 제32장이 바로 『중용』 전체의 결론에 해당한다고 하였는데, 그 다음에 이 장이 더해져 있는 것이다. 일종의 후렴 여운으로 보는 것이 어떨까 한다. 『중용』 앞부분에서 중용을 말하면서 연거푸 열 장이 "자왈子曰"로 되어 전적으로 공자의 말을 많이 인용하였는데, 이 마지막장에서는 『시경』의 구절이 여덟 군데나 나온다. 모두 『중용』 제1장 불가리不可離의 인도를 말하면서 제기한 유가 인격수양의 기초 명제인 신독愼獨과 현현은미顯現隱微와 계신공구戒愼恐懼의 문제를 시적 언어를 빌려 재삼 강조하고 있다. 지성至誠, 지성至聖의 천하경륜과 같은 거창하고 벅찬 감회를 주는 호방한 대문장 말미에 다시 원초적인 수양공부론으로 돌아가는 듯한 글이 붙여졌다는 것은 나름대로 특별한 의미를 지닌다.

결국은 천하경륜의 문제가 다시 한 사람의 개인적인 솔성率性과 수도修道 공부라는 원초적이고 근본적인 문제로 되돌아간 것이다. 주희가 마지막에 한 말처럼 '진심盡心'의 문제가 모든 것의 핵심으로 집약된다. "막현호은莫見乎隱, 막현호미莫顯乎微"라고 한 것처럼 은미로부터 모든 것이 시작되어야 한다는 마지막 경고로 『중용』을 마감한 것이다. 그 거창했던 지성至誠, 지성至聖의 대업이 '진심盡心' 문제로 되돌아왔다는 데 지대한 교훈이 담겨 있다.

마지막으로 맨 처음에 나온 시구 "의금상경衣錦尙絅"을 다시 한번 음미해 보자. 노출을 가리는 문화, 이것이 동양의 미덕이다. 철학과 문학에서부터 예술 심지어 경제, 상업, 나아가 전쟁의 논리에서도 이 '의금상경'은 지대한 교훈으로 지켜져 왔다. 불현不顯의 지덕至德과 위기지학爲己之學 같은 유가의 도덕론도 결국은 상경문화尙絅文化로 포장된다. 노출을 가리고 속으로 파고들어 아름다운 보물을 감추어 두었다가 은근하고 조용하며 은미하게 쓰는 것 또한 용用의 미덕이다. 예술 경지에 있어서도 높고 그윽한 경지는 화려하게 드러나는 것보다 도리어 소박한 자연으로 돌아가는 것을 극치로 안다. 현란의 극치는 자연으로 돌아가는 것이라는 말이 그것이다.

　동양의 산수화를 보라. 그 아름다운 산수는 거의 반 이상 구름과 안개 아니면 멀고 은미한 발묵으로 엄폐해 버린다. 그런데 그 은은하고 고졸古拙함이 오히려 시선을 머물게 하고 사색으로 내면세계를 더듬게 하지 않는가? 도덕론에서 내면세계에 온축된 덕성을 찾는다는 말과 같이 서화의 감상 또한 외형보다는 중통中通의 화의畵意를 찾아보라는 것이다. 시인 이백이 "저 조화력을 잡아 지켜서 나의 신통으로 삼는다"(攬彼造化力, 持爲我神通)라고 한 것처럼 보이지 않는 형적形迹 저쪽에 있는 조화와 의미의 세계를 감지할 수 있게 하는 것이 상경문화의 특징이다.

　지금 동양의 이러한 상경문화는 상업광고 같은 노출과 가식, 조작, 선동 문화에 압사되어 빛을 잃었다. 『중용』에서는 중화, 시중도 중요하지만 이 상경이라는 내실의 미美를 찾으라는 교훈 또한 중용문화의 또 다른 일면이라고 말하고 싶다.

제3부 『대학』 강의

1. 들어가는 말

1) 『대학』의 저작연대와 저자의 문제

(1) 저작연대의 문제

청말민초에 불어닥친 거센 의고풍에 몸을 움추린 선진제자학先秦諸子學 연구가들은 모두 옛날 서책들의 저작연대를 대폭 내려 잡아 많은 고사고 전古史古典이 진한지제秦漢之際로 밀려 내려왔다. 그 중 가장 뚜렷하게 공감 대를 형성했던 책이 『대학』이다. 이러한 견해를 앞에 나서서 주장하고 글 을 써서 많은 학자에게 결정적인 영향을 준 사람이 중국 대륙에서 철학계 를 주도한 풍우란이고, 또 한 사람은 대만에서 중국 철학 사상계를 주도한 서복관이다. 풍우란은 고증학에 밝은 학자가 아니어서 그런지 『대학』의 저작연대를 내려 잡은 자세한 고증학적 설명은 없다. 다만 저자 문제에 대해서는, 주희가 책 속에 "증자왈曾子曰"이라는 단서를 포착하여 증자 또 는 증자문인의 작이라 한 것이나 왕백王栢이 자사子思의 저작이라고 하는 것 모두 억측일 뿐이라고 일축한다. 반면 일본학풍의 영향을 받아 고증학에 밝은 서복관은 저작연대를 진한지제로 보는 이유와 저자에 대해 상당히 상세하게 설명하고 있다. 이제 그 대략을 소개하면 다음과 같다.

"『대학』의 저작연대 문제를 해결하기 위해서는 먼저 『대학』이라는 용어가 언제부터 쓰이기 시작했는가를 살펴보는 것이 순서다. 내가 상고해 본 바로는『시詩』,『서書』,『역易』,『의례儀禮』,『주례周禮』,『좌전左傳』,『국어』,『논어』,『노자』,『묵자』,『맹자』,『장자』등의 주요 고전에서는 대학이라는 명사가 보이지 않는다. 원시유가의 서책 가운데 고대 학교의 교육제도를 상세하게 이야기한 것으로는『맹자』가 으뜸인데, 그가 말하는 '학學'은 삼대三代가 공유했던 '학學'으로서 학습하는 행위에서 학습하는 장소의 의미까지를 포함한다. 이것이 학교의 준말인 '학學'의 시초가 아닌가 한다. 정식으로『대학』이라는 이름이 나타나는 것은『예기』의「대학」외에「제의祭義」,「왕제王制」,「학기學記」및『대대기大戴記』의「보전保傳」등이다. 그리고 '대학'을 '태학太學'이라고 하여, 대인지학大人之學을 가르치는 최고학부라는 의미의 '태학'은 서한 초기에 이르러서야 유행하였다." 그리고 "『대학』의 특성에서 볼 때 나는 진나라 통일 후 서한정부가 수립되기 전의 작품으로 본다. 오늘날로서는 알 수 없는 어떤 위대한 유학자가 법가에 반항하기 위해 유가의 사상을 계획적으로 종합정리해서 교본으로 만든 것이 아닌가 한다. 당시 진나라 정치는 법가사상을 이념으로 하고 있어 유학자들은 자기가 전승받은 정치사상을 포함한 모든 학설을 '대학'이라는 교육체계 속에 집어넣어 현실정치와의 직접적인 충돌을 피하면서 단절 없이 전수하고자 한 것으로 보인다. 아마도 이것이『대학』을 말한 시초가 아닌가 한다."

이상과 같은 주장들은 20세기 후반기까지 상당 기간 동안 학계를 지배했으나 20세기 말엽에 접어들면서 비판을 받기 시작하였다. 특히 곽점초간이 발굴되면서 점차 무너져 저작연대는 춘추 말 전국 초로 올라가고 자사가 썼거나 그 문인의 작품일 것이라는 전통적 긍정으로 돌아서기 시작하였다. 서복관 교수는 '대학'이란 용어가 고전이 아닌 서한 이후의 작품에서 보이기 시작했다고 했는데, 갑골문 연구가에 의해 '학學'자는 벌써 은나라 갑골문에 나오며 당시 학교교육도 상당히 발달해 있었다는 연구보고가 나왔다. 갑골문의 '학學'자는 𦥑이다. 이는 회의會意와 상형象形을 합친 것으로 爻는 가르치는 자와 배우는 자 사이의 교류로 뒷날 본받는다는 '효爻'자의 원형이며 𠖁는 배움의 집이다. 가르치고 배우는 학습활동과 그 장소인 집을 의미해서 만든 글자라면 '학學'자의 자원은 갑골문시대까지 올라가야 한다.

삼대三代에 이미 교육제도의 원형이 갖추어졌다는 증거는 『예기』「왕제」에 "은인양국로어우학殷人養國老於右學, 양서로어좌학養庶老於左學"(유학자들은 右學을 大學으로 左學을 小學으로 본다)이라는 전고典故가 말해 준다. 그렇다면 주희가 「대학장구서」에서 "삼대(하·은·주)가 융성했던 시기에 교육제도가 점차 갖추어져서 왕궁, 도시, 시골거리 등에 모두 배움의 집이 있었다"라고 한 말은 억측이라 하더라도 어느 정도는 맞는 말이 아닐 수 없다. 그리고 『대학』의 '평천하平天下'라는 말을 두고 진시황이 천하를 통일한 이후의 작이라는 근거로 보는데, 지금 『대학』의 내용을 보면 역사적 사실기록과는 관계없이 시공을 초월한 하나의 이상론을 띠는 철학이론을 담고 있으므로 얼마든지 진시황이 천하를 통일하기 이전에도 나올 수 있는 정치이상의 목적어로 보는 것이 타당할 것이다.

곽점초간이 나온 이후 이를 연구한 결과로 나온 곽기의 『곽점죽간여선진학술사상』에 의하면, 『대학』을 춘추 말 전국 초에 자사문인들이 자사의 『중용』에 이어서 쓴 책이라고 미루어 판단하고 있다. 그러니까 『대학』이 자사와 맹자 사이, 『중용』과 『맹자』사이의 약 기원전 400년경에 자사학파가 쓴 책이라는 것이다. 그가 이렇게 판단하는 근거는 다음과 같다. "그러면 『대학』이라는 책은 어느 시대 어떤 사람에 의해 쓰여졌는가? 곽점 초묘에서 나온 죽간의 형제形制와 사상 내용으로 볼 때, 「대학」, 「존덕의尊 德義」, 「유성有性」, 「구심求心」, 「육덕六德」 다섯 편은 모두 한 사람의 손에서 나왔다(쓰였다)고 보인다. 이들이 모두 곽점초묘에서 (처음) 발견되었다면 『맹자』보다 연대가 앞선다는 것에 의심할 여지가 없다. 그 사상은 막바로 '천명天命'사상을 이어받고, 자사사상을 발전시킨 것으로 보인다."(곽기는 지금의 『중용』이 「子思子」와 『중용』을 합친 것으로 본다. 합치기 이전의 「자사자」를 지금의 제1장인 天命으로 시작하는 것으로 보고, 이를 '天命'사상이라 하며 『중용』과 구분하고 있다. 『대학』의 사상이 『중용』을 이은 것이 아니라 '천명'을 이었다는 것은 이런 배경에서 나온 말이다)

(2) 저자의 문제

이미 앞에서 최근에 나온 학설에 『대학』의 저작연대와 저자의 문제가 새롭게 제기되다 보니, 이왕의 학자들이 주장했던 학설이 대부분 무너지고 있어 여기서 다시 옛날 학설을 재론한다는 것은 좀 맥빠진 이야기가 될지 모르겠다. 하지만 학문에서는 현재의 학설을 이해하는 데 과거의 역사(학설)를 섭렵해야 한다는 과정 또한 중요하다. 거기에 더욱 중요한 것은 현재에는 설득력을 갖는 학설도 언제 어떤 새로운 자료가 나와서 수정되거나 무너져 버릴지도 모른다는 신중함을 잃지 않는 자세다.

『대학』의 저자 문제를 처음으로 거론한 사람은 한대 학자 가규賈逵다.(AD 30~101) 그는 "공자의 손자 공급孔伋(子思의 이름)은 은나라 후예 미자微子의 봉지封地인 송宋에 궁거窮居할 때 그의 할아버지 공자의 학문이 끊어지고 제왕의 치도治道가 매몰될까 우려해서 『대학』을 지어 '경經'으로 하고『중용』을 지어 '위緯'로 하였다"라고 하였다.

그런데 이러한 전설이 있음에도 정현鄭玄(127~200)은『예기목록禮記目錄』에서 자사가『중용』을 지었다는 말은 하지만『대학』의 저자에 대해서는 말이 없다. 정현의 이러한 영향 때문인지『중용』은 육조시대부터 이미『예기』에서 따로 발췌하여 특별하게 관심을 갖고 연구하기 시작했지만『대학』은 사뭇 묻혀 있다가 당나라 때 유학자 한유韓愈(768~824)에 이르러서 비로소 그 중요성이 평가되기 시작했다. 한유는 그의 저서『원도原道』에서 요-순-우-탕-문무-주-공-맹으로 이어지는 유가의 도통道統을 논하면서『대학』팔조목을 수신修身에서 평천하平天下에 이르는 유도儒道 실천의 원리라고 특별히 기록하였다. 그리고 한유는 유교의 부흥을 위해서 불도를 배척해야 한다는 입장이었기 때문에 바로『대학』에서의 정심正心·성의誠意를 통해 수신에서 치국·평천하로 이어가는 과정이, 불·도에서 인간세 특히 인간윤리를 저버리고 자연에 귀의하거나 극락왕생을 추구하는 도피적이고 초월적인 수심공부와는 다르다는 점을 내세워 척불이론의 주요 근거로 삼았다.

이것이 송대 성리학자들이『대학』을 중시하여 이른바 '사서四書'로까지 올리게 되는 계기가 아닌가 생각한다. 한유가『대학』을 중시하는 것과 마찬가지로 이고李翶(772~841)도『복성서復性書』에서『중용』과 더불어『대학』,『주역』의 이론에 근거해서 유가의 심心, 성性, 정情의 수양법을 논할 때(여기에는 다분히 禪佛의 영향을 받음) 특히『대학』의 '격물치지格物致知'를 중시하여 철학적 이론의 실마리를 열었다. 송대에 이르러 이정二程과 주희는『대학』을『중용』과 더불어 중시하니 해제와 장구서를 짓고 주를 내어 본격적인 연구에 들어갔다. 여기서 정이천은 "『대학』은 공자의 유서遺書요, 초학자가 입덕하는 문"이라고 하여 유교경전의 위상을 세웠으나 저자에 관해서는 이야기하지 않았다. 그러다가 주희에 이르면『대학』의 문장 속에 "증자왈曾子曰"이라는 구절이 있는 것을 포착(전문 제6장), 마침내『대학』은 공자의 말씀을 증자曾子가 술述하고 그 문인이 기기記했다고 단언하였다.(右經一章, 蓋孔子之言而曾子述之. 其傳十章則曾子之意, 而門人記之也)

　주희의 이러한 논단은 한번 깊이 생각해 봐야 한다. 그것은『중용』을 분명히 자사의 작이라고 하면서도 증자曾子를 언급하지 않았다는 것이다. 다 아는 바와 같이 자사는 증자의 제자다. 그렇다면 자사도 증자에게 전수 받았을 텐데, 왜『중용』에서는 "증자의 뜻을 문인이 기록하였다"(曾子之意, 而門人記之也)라는 말을 안했을까? 생각건대 (내가 늘 하는 이야기지만) 자사는 증자나 그 문인들이 기록했다는『논어』에 대해서 만족하지 못하여『중용』과 같은 심오한 천지우주론, 도덕성성설道德誠聖說을 쓴 것 같다. 그리고 같은 공자사상이, 증자 계열을 통해 자사로 이어지고 그 제자로 또 전해지면서 이번에는 자사의 문인들이『중용』을 이어서 유가에서 도덕을 실천하는 목적론으로『대학』을 써서 내성외왕內聖外王의 학문을 완성시킨 것이 아닌가 한다. 그럴 경우 증자 계통의 실천지혜는 다시 자사의 문인(역시 증자 계열)에 의해 정리 발휘되었다고 볼 수 있을 것이다. 그래서 여기서는 같은 증자의 문인인 자사를 언급하지 않고, 그저 증자문인의 기술이라고 한 것 같다.

　하여간 주희가『대학』을 증자와 증자문인들의 기술이라고 단언한 것이 많은 비판을 받기는 했으나, 곽점초간이 나온 뒤 자사학파의 문헌과 자사 특유의 사상(『중용』을 비롯해서)이 확인되면서 주희의 주장은 억측이면서도 맞는 추측이 된 것 같다.『대학』을 자사의 문인들이『중용』의 천명사상을 이어서 전개한 도덕실천의 목적론이라고 할 때 (비록 시간적으로는 멀어지지만) 공자의 말을 증자가 술述하고 그 문인이 기기記했다고 하는 것은 크게 보아서『대학』이 자사문인의 작품이라는 말과 그렇게 동떨어진 것은 아니기 때문이다.

2) 『대학』 해제 ─ '사서'와 『대학』, 주희와 『대학』

(1) '사서'와 『대학』

다 아는 바와 같이 공자는 하·은·주로 일컬어지는 중국 고대 역사 문화를 집대성한 최초의 중국 고문헌 정리자다. 그는 『논어』 「술이」에서 "나는 옛날의 문헌을 서술하기는 하였으나 거기에 나의 뜻을 임의로 집어 넣는 창작행위는 하지 않았으며, 그저 옛 것을 좋아하고 귀중히 여겨 그것을 진실로 믿고 진실 그대로를 전한다"(述而不作, 信而好古)라고 하여 사실상 공자의 학술사상을 뚜렷하게 특징 지우지 않았다. 일반적으로 공자가 집대성한 고대 문화는 그가 제자들을 가르치는 데 교재로 편찬한 『시』·『서』·『예』·『악』을 대표로 하며, 공자가 저술한 것으로 『춘추』, 그리고 만년에 연구하여 종래의 복서역卜筮易을 유문역儒門易, 즉 의리역義理易으로 그 위상을 바꿔놓은 『역전易傳』이 있다. 공자 이후 이를 합하여 '육경六經'이라고 하였다. 공자가 중국 고대 문화를 최초로 집대성하고 거기에 자기의 학설을 첨가하지 않았다면 육경 가운데 특히 『시』·『서』·『예』·『악』 사경은 공자 특유의 것이 아니요, 더욱이 유가만의 고전도 아니다. 이것은 중국 선민들의 공명혜共命慧적 유산으로 제자백가의 어느 학파, 어느 누구에게도 공유하는 것이라 보아야 한다. 이런 의미에서 나는 공자를 유가의 창시자로만 보지 말고 제자백가의 공동 시조로 보자는 공자 위상의 격상을 주장한 바 있다.(이러한 주장은 청말민초의 학자 劉師培가 먼저 제기하였다)

만일 육경을 제자백가가 공유하는 경전으로 본다면 제자백가의 다른 학파와 구분할 때 내세울 수 있는 유가만의 경전으로는 (현재 일반화된 서책을 중심으로) 『논어』, 『맹자』, 『순자』가 있을 뿐이다. 송대 이후 유가

경전의 정요精要로 내세우는 『중용』, 『대학』을 포함한 이른바 '사서四書'는 후대에 와서 이루어진 것이며 이것도 다른 학파와 엄격하게 구별되는 학술사상 체계를 갖춘 실질적인 유가만의 경전이라고 할 수 있다. 그런데 송나라 유학자들이 '사서'를 정할 때 공자와 맹자를 중심으로 사상적 도통을 세우느라 그랬는지는 몰라도, 『순자』를 뺀 것이 불공평하고 사상체계의 원만함을 기하는 데도 큰 결함이라고 여겨 나는 『순자』를 포함한 '오서五書'를 주장한 바 있다. 공자가 고문헌을 집대성하여 학문기반이 되는 고전으로 산정刪訂 정리해 놓은 이른바 육경은 진시황의 '분서갱유'라는 학술사상 말살정책에 의해 불태워진다. 그것의 복원은 한대에 가서 이루어진다. 이러한 작업 도중 내용면에서도 많은 착란을 가져와 중국 고전에 대한 고증 작업은 학문연구의 선결 작업으로 중시되었다. 이때 육경이 유가 소속의 경전으로 특정 지워진 것이다.

여기서 좀 길지만 진시황시대 이사李斯의 말을 들어 분서焚書하게 된 연유를 알아보자.(『史記』, 「秦始皇本紀」)

승상 이사가 아룁니다. 지금 천하는 통일되었습니다. 통일된 정부에서 나가는 법령은 하나여야 합니다. 이 법령이 한 번 나가면 백성은 이에 따라 농공農工에 힘써야 하고, 학자들은 법령을 학습하여 사사로운 학설을 세우는 것을 엄금해야 합니다. 지금 여러 학생은 지금을 스승으로 삼지 아니하고 옛것을 배우며 그것으로 지금의 정부법령을 비난, 백성을 현혹하고 있습니다.…… 옛날 천하가 산란散亂하고 통일될 수 없었던 것은 제후들이 다투어 자기 주장(법령)을 하고, 학설은 모두 옛것을 말하면서 지금의 법령을 비난하여 차질을 가져오고 허언을 꾸며 진실(실제)을 어지럽히는데 사람들은 그들의 사학私學을 좋다 하여 나라에서 정한 법령을 무시하기 때문이었습니다. 지금은 황제가 온 천하를 장악하고 흑백을 가려 천자(一尊)의 자리가 정해졌습니다. 그런데도 사학들은 서로 어울려 법교法敎를 비난하고, 나라에서 법령이 내려가면 각기 자기 학설로 법령을 논란하여 집에 들어가서는 심복하지 아니하고 나가서는 여론을 조성하니, 그 언론의 주동자가 되면 이름나고 법령과 다른 주장을 하면 어진 이로 추대 받아 학자들이 다투어 백성을 선동하여 비방을 일삼고 있습니다. 이를 엄금하지 아니하면 임금의 권세는 위에서 떨어지고, 당여黨與들이 아래에서 조성되어 올라올 것입니다. 청컨대 사관을 시켜 진기秦記가 아닌 것은 모두 불태워 버리고 박사 관직에 있는 자가 아니면서 감히 시서, 백가의 서적을 소장하고 있으면 모두 색출하여 태워 버려야 합니다. 그리고 이후로는 우연히라도 시서를 말하는 자가 있으면 저자에 효수하고, 옛것으로 오늘을 비난하는 자는 멸족滅族하며, 관리로서 그것을 보고 알았으면서도 검거하지 않는 자는 같은 죄로 벌해야 합니다. 여기에 제외되는 서책은 의약, 복서, 농경에 관한 것과 법령서로 국한하고, 이런 것은 관리가 스승이 되어 가르치도록 해야 합니다.

이렇게 해서 『시』·『서』·『예』·『악』 등 공자가 정리 산정한 고전은 불태워졌다. 얼마 안 가서 진나라가 망하고 한나라가 들어섰는데, 진시황 때의 '협서령挾書令'은 한나라에 들어와서도 한참 있다가 풀어져 분서에서 복구까지 한 세대가 지나버렸다. 이것의 회복은 복생과 같이 기억하고 있는 것을 필서하는 방법, 흩어져 있는 문헌의 수집 등 여러 방면에서 진행되었다. 백여 년 뒤, 한무제가 동중서의 건의를 받아들여 제자백가를 물리치고 유가를 독존獨尊하면서 『시』·『서』·『예』·『악』·『춘추』는 유가경전으로 자리 매김되어 이른바 '오경五經'박사라는 학문관제가 생긴다. 그 가운데 예경박사禮經博士 후창后蒼의 문하에 대덕戴德과 대성戴聖이라는 학자가 있었는데(이들은 숙질간으로 뒷날 숙부 덕은 大戴, 조카 성은 小戴로 구별해 불렀다) 대덕은 분서갱유 이후 흩어진 선진 이래의 예禮에 관한 자료를 수집해서 예경禮經을 복원하였다. 그런데 이것이 만족스럽지 못하다 하여 조카인 대성이 다시 정리하고 편찬하여 지금의 『예기』가 탄생하게 되었다. (『예기』에는 대덕의 것과 대성의 것 두 가지가 전해진다. 전자를 『大戴禮記』, 후자를

『小戴禮記』라 구분한다)

　『대학』과 『중용』은 본래 『소대례기』에 끼어 있었던 하나의 편이었다. 『중용』은 제31편, 『대학』은 제42편. 널리 알려진 바와 같이 『예기』는 옛 예제禮制와 예의禮義, 그리고 구체적인 예절禮節, 예기禮器 등 일용사물의 도를 담은 것으로 중시되었다. 그러나 앞에서도 언급한 것처럼 그 중에서도 『중용』은 유가의 정신이론으로 여겨져 일찍부터 학자들에게 특대를 받아 『예기』에서 따로 취급되었으나 『대학』은 당말에 와서야 중시되었다. 특히 배불척도排佛斥道의 강력한 이론과 사상으로 내세워져 성리학이론 형성의 기초가 되었다.

　이렇게 성리학 형성의 기초 이론 사상이 된 『중용』과 『대학』은 마침내 이정二程에 의해 각기 단행본으로 취급되었다. 이를 계승한 주희는 여기에 『논어』, 『맹자』를 합쳐서 이른바 '사서四書'라는 유교 대표 경전의 묶음을 만들었다. 그리고 주희는 『중용』과 『대학』에 장구章句로 분류한 서문을 써서, 그 학문적 가치를 높이고 하나의 연구 서적으로 체계를 갖추는 데 일생의 정력을 쏟았다. 뭐라뭐라 해도 『중용』과 『대학』은 주희에 의해 대아大雅의 당堂에 오를 수 있었으며, 그만큼 주희의 해석이 주류적 권위를 갖는 것도 사실이다.

(2) 『대학』과 주희

　『대학』은 서명 그대로 통치자를 교육하는 정치인 수양과 정치이념·목적·실천과정의 기조를 세운 제왕학의 정치서로서, 혹은 유교 본래의 도덕목적론을 담은 인간이 기본적으로 수행해야 할 수행공부서로서 유교 철학 전반에 걸친 학문 과정의 기본 입문서라는 두 견해가 병행하여 왔다. 최초로 『대학』의 성격을 규정한 이는 전한시대 말 문헌의 정리를 주도했던 유향이다. 그는 『대학』이 유교의 정치이념과 교육수행의 기조를 겸론하고 있다 하여 그의 『별록別錄』에서 『대학』을 통론류通論類에 넣은 적이 있다. 아마도 이때는 정치서냐 도학서냐 하는 구분이 없었던 것 같다. 당말 송초로 오면서 『대학』의 중점적인 성격을 특정 짓는 견해들이 나오는데, 앞에서 말했듯이 한유는 『중용』의 형이상학적 요소를 노불에 가깝다고 여겨서 그랬는지, 특히 『대학』의 형이하학적이고 현실적인 특징을 들어 노불을 공격하는 이론 근거로 삼았다. 이고는 정치적이거나 노불배격의 취향보다는 철학서로서의 의미를 부여하여 유교이론의 철학화에 가장 유력한 학설로 이용하였다.

『대학』을 제왕학의 정치서로 특정 짓기 시작한 것은 북송 초기의 일이다. 대표 학자로 증공曾鞏(1019~1083)의 경우 『대학』을 『서경』의 홍범구주와 함께 치도治道의 근본 이론을 세운 책이라 규정지었으며, 사마광司馬光(1019~1086)은 『대학광의大學廣義』를 저술하였는데 특히 『대학』을 제왕이 심성心性을 수양하여 정치를 통해 그것을 실현하는 길과 방법을 제시한 책이라 했다. 범조우范祖禹(1041~1098)는 『제학帝學』을 저술하여 상고시대 복희로부터 송대 신종에 이르기까지 역대 군왕들의 정교政敎를 논하면서, 『대학』의 이른바 삼강령 팔조목(명명덕으로부터 평천하에 이르는) 기조가 요-순-문무-주공으로 전수된 도통의 내용이요, 제왕학의 원리라고 하였다. 이렇게 보면 본래 『중용』과 『대학』 특히 『대학』에 대한 관심과 위상 정립은 이정·주희 이전 북송시대에 이미 이루어졌던 것 같다.

그런데 『대학』의 출처근원을 공자에 두고 이것을 공자학의 입덕지문入德之門으로 차원 높은 자리매김을 한 것은 이정부터다. 그리고 그것을 이어받아 '사서'를 구성하여 본격적인 연구를 가하면서 기왕에 있었던 여러 설을 물리치고 유교 도덕철학의 근본에 위치시킨(어떻게 보면 독점한 것 같은) 이는 주희(1130~1200)다. 주희는 1163년 효종孝宗 앞에 나아가 『대학』

의 격물치지론格物致知論을 강의했다고 한다. 이때 주희의 나이는 33세였다. 제왕 앞에 나아가 격물치지를 강론할 수 있을 정도라면 늦어도 20대 말이나 30대 초부터 본격적으로 『대학』을 연구하여, 이때는 이미 『대학』에 대한 주제 파악이 이루어졌을 것이다. 따라서 자기 나름대로의 정리 복안도 섰던 것으로 안다. 사실 주희는 『대학』을 바로 세우는 것을 자기의 일생 사업(사명)으로 다짐했던 것 같다. 그리하여 1168년 그의 나이 39세 때 『대학장구大學章句』의 저술에 들어가고, 6년 뒤인 1174년(45세)에는 『대학장구大學章句』와 『대학혹문大學或問』의 초고를 지었으며, 이후 그것을 계속 검토하고 수정하는 데 심혈을 기울였다.

『대학』이라는 하나의 학문 테마를 가지고 일단 원고가 완성되면 그대로 마무리 짓는 것이 아니라 그것을 계속 탐구하고 수정하는 주희의 학문 태도는 가히 존경을 넘어서 감탄을 금할 수가 없다. 그의 『대학』 연구는 1189년(60세)에 이르러서야 「대학장구서」를 쓰면서 일단락되었다. 장장 30여 년의 세월을 한 테마를 가지고 물고 늘어진 셈이다. 어찌 경탄하지 않을 수 있는가? 그는 이것으로도 마음을 놓지 못했는지, 계속 연구하여 1194년(65세) 광종光宗의 시강侍講이 되었을 때는 『대학』을 진강進講하였다. 제자인 황간黃幹이 쓴 주자행장에 의하면 1200년 죽기 전까지도 『대학』의 성의장誠意章에 손을 댔다고 하며 그것이 절필絶筆이었다고 하니, 주희와 『대학』의 관계는 가히 숙명적이라 할 수 있고 『대학』 즉 주희라는 등식이 성립될 만하다 생각한다. 『주자어류』에서 주희는 "내가 대학에 기울인 노력은 매우 크다. 사마광이 『통감通鑑』을 쓰고 나서 '나의 평생정력平生精力이 모두 이 책에 있다'라고 했는데, 내가 『대학』에 쏟은 정력도 그와 같다" 했으니 주희의 평생의 정력이 『대학장구』에 있다 해도 과언이 아닐 것이다.

(3) 『대학장구』의 내용 문제

다 아는 바와 같이 『대학』은 원래 경經이니 전傳이니 장절章節이니 하는 구분이 없었다. 주희는 『중용장구』와 『대학장구』를 내고 주석을 붙이면서 그런 분장 작업의 실마리를 이정二程에다 대고, 그 서문에서도 중국 성학聖學의 도통道統이 이정에 와서 확립되고 그것을 자기가 이어받았다고 밝히고 있다. 이것은 일정 부분 선배 학자들에게 책임을 돌려 학문적 부담을 완충시키는 면도 있다고 보이지만 한편으로는 자기의 업적을 선현에게로 돌리는 면도 있으며, 특히 후학들에게 학맥의 중요성을 강조하고 사생師生의 의를 몸소 실천한 것이라고도 생각된다.

그런데 주희의 『대학장구』와 『중용장구』는 다른 면이 있다. 앞에서 강의한 『중용』의 경우에는 장구를 분류하고 주석을 붙이고 요의要意를 피력하기는 했으나 문장(原文)에 직접 손을 대어 고치거나 자기 나름의 가필加筆을 하지는 않았다. 그런데 『대학장구』는 장구를 나누고 주석하는 데 그치지 않고, 본문을 교정校正하고 편차를 변동시켜 경經 1장과 전傳 10장으로 나누었다. 뿐만 아니라 전문傳文 제5장의 경우 "대개 격물치지의 뜻을 해석한 것인데 지금은 망실되었다" 하여 스스로 문장을 지어 '보망장補亡章'이라 이름하였고, 뒷날 논란의 핵심으로 떠오른 것으로서 '친민親民'을 '신민新民'으로 고치기도 하였다. 어떻게 보면 지나치다고 할 정도로 자의적인 해석을 가한 것이다. 물론 앞에서도 말한 바와 같이 주희에게 『대학』연구는 필생의 사업이었던 만큼 그만한 심득과 자신감이 있어서 성학聖學의 미비점을 보완한다는 사명감을 가졌겠지만, 오늘날의 학문 상식으로는 좀 평지돌출이 아닌가 하는 느낌도 있다.

『주역』을 '역경易經'과 '역전易傳'으로 구분하는 데도 나타나듯이 유가는 성인의 말씀이나 글을 '경經'이라 하고 후학인 현인들의 해석적인 글을 '전

傳'이라 했다. 주희는 이것을 자증自證하려는 듯 경 1장에 여언餘言을 달아 "경일장經一章은 공자의 말씀을 증자가 언술한 것(凡 205자)이고 전십장傳十章은 증자의 뜻을 문인들이 기록한 것(凡 1546자)이다"라고 확실하게 구분하고 있다. '경'은 『대학』의 총강령이고 '전'은 그에 대한 부연설명이라는 뜻이다. 이른바 명명덕明明德・친민親民・지어지선止於至善의 삼강령三綱領과 격물格物・치지致知・성의誠意・정심正心・수신修身・제가齊家・치국治國・평천하平天下의 팔조목을 '경經'에다 소속시키고, 다음 "증자의 문인들이 기록했다"라고 하는 '전傳' 10장을 삼강팔목三綱八目의 원초적 해석으로 본 것이다.

학문에는 언제나 반론이 있게 마련이다. 주희 개인의 의도가 상당히 개입된 『대학장구』에 대해 정식으로 이의를 제기하고 나온 이가 있으니 바로 왕수인이다. 왕수인은 『대학』 편차의 임의적인 변동, 격물치지에 대한 권위적 보가補加, 친민親民을 신민新民으로 바꾼 것 등, 주희가 손댄 부분을 대부분 부정하며 『대학』을 원래의 모습대로 되돌릴 것을 주장했다. 옛날 주자학이 관학으로 세를 과시할 때는 왕수인의 주장이 큰 힘을 얻지는 못했으나, 지금은 양명학의 입장에서 『대학』을 연구・이해하려는 학풍 또한 활발히 일고 있으므로 주희의 『대학』 해석은 새로운 평가를 받게 될 것이다.

3) 「대학장구서」 번역

다음은 주희가 쓴 「대학장구서大學章句序」 전문全文을 번역한 것이다. 이 서문을 읽어 보면 『대학』에는 없는, 옛날부터 내려온 교육제도의 내용과 연변 과정을 일목요연하게 알 수 있다. 비록 그 역사적 정확성이 어느 정도인지는 확인할 수 없지만 유교의 교육과 도덕실천의 과정을『대학』
에 묶어 학문적으로나마 전하게 했다는 점에서, 주희의 공덕은 그에 대한
후세의 추숭만큼이나 지대하다고 생각된다. 한 학자에 대한 추숭은 무엇
인가 그만한 공덕이 있어서 이루어지는 것이지 일시에 정치적으로 조작해
서 될 수 있는 것이 아니라고 볼 때, 주희의『대학』연구는 누가 뭐라 해
도 독보적이라고 인정하지 않을 수 없다.

『대학』이라는 책은 옛날 대학에서 학생을 가르치던 법法(교육내용)이다. 대개 하
늘이 사람을 냄에 '착한 성性'(본연지성)을 갖추지 않은 사람이 없는데, 그 기질
을 부여받은 것이 각기 달라 혹 하늘로부터 부여받은 성선性善을 깨닫지 못하
고 본연지성을 온전히 하지 못하는 이가 많았다. 이에 총명예지하게 태어난
성인聖人이 솔성率性하고 수도修道해서 그 성性을 온전히 발휘함으로써 임금과
스승이 되어 사람들로 하여금 그 본래의 성선性善으로 돌아가게 하니, 바로 복
희·신농·황제·요·순이시다. 이분들은 하늘의 명命과 리理를 자각하여 그
것으로 사람이 살아가는 대경대법大經大法을 만들고, 그것을 책임지고 시행
하는 직능으로 사도司徒(학생을 가르치는 스승)의 직책과 전악典樂(사람의 정서와 예
속을 관장하는)의 관직을 설치하셨다.
하·은·주 삼대三代의 융성한 시대에는 그러한 법제가 점차로 갖추어져 왕궁
과 국도를 위시해서 여염집 거리에 이르기까지 학교가 없는 곳이 없었다. 그리
하여 사람이 태어나 여덟 살이 되면 왕공 이하부터 서민의 자제에 이르기까지
모두 소학小學에 들어가서 물 뿌리고 비질하고 사람 응대하는 법, 나가고 물러가
는 행위의 절도, 노래하고 춤추고 활 쏘고 말 타고 글을 쓰고 숫자를 셈하는
것 등을 익히도록 하였고, 열다섯이 되면 천자의 자식을 비롯하여 공경, 대부,
원사의 큰 자식, 또한 서민의 준수한 자제에 이르기까지 모두 대학大學에 들어
가 이치를 궁구하고 도덕을 수행하며 백성을 다스리는 도리를 배우게 하였다.
이것이 바로 학교교육에 있어서의 크고 작은 영역, 그리고 그 배우는 과정 및
계제를 제도화한 연유인 것이다.
무릇 학교를 설치하는 목적이 이렇게 깊고 넓으며 가르치는 방법과 절차가 이

와 같이 상세하였다. 또한 그 가르치는 내용은 임금이 몸소 수행하고 실천하면서 심득한 것이요 민생의 일상과 인륜을 떠난 것이 아니어서, 세상 사람들은 모두 배우지 않고서도 자기의 타고난 성분이 어떤 것이고 맡은 바 직분이 무엇인지를 스스로 깨달아 알게 되었다. 이것이 옛날 위로는 정치가 올바르고 아래로는 풍속이 아름다웠던 태평한 시절의 모습이니, 후세 사람들이 감히 미치지 못하는 바다.

주나라가 쇠퇴하면서 어질고 성스러운 임금이 나오지 않자, 학교의 설치와 운영이 방만해져서 교화가 끊어지고 풍속이 문란하게 되었다. 이때에 공자 같은 성인이 나시어, 비록 군사君師의 지위를 얻지 못해 정치와 교육을 직접 시행하지는 못하셨으나 홀로 선왕들의 법도를 상고하고 본받아 그것을 언교言敎와 신교身敎를 통해 후세에 전하셨다. 곡례曲禮, 소의少儀, 내칙內則, 제자직弟子職 등의 여러 편은 본래 「소학小學」에 속하는 지엽적이고 평범한 내용이며, 이 「대학大學」은 소학에서 배우고 익힌 것을 기초로 해서 밖으로는 그 규모를 계속 확충해 가고 안으로는 교과 내용의 절목을 세분화한 것이다. 이른바 공자의 가르침을 받은 삼천제자三千弟子 가운데 이러한 공자의 교학 내용과 규모와 취지를 배우지 않은 이가 없건만, 그 중에서도 증자曾子가 홀로 그 종宗을 얻어서 전의傳義를 지어 그 뜻을 밝히고 전하였다.

그 후 맹자가 죽자 그 전수가 끊어지니, 책은 비록 있으나 그것을 아는 이가 드물었다. 비록 속유俗儒들이 고전을 암기하고 사장詞章을 짓는 등 학습의 양은 소학小學보다 몇 배 더했으나 실제의 일용사물에는 쓰이지 못했고, 불교와 도교 같은 이단의 허무적멸한 이론과 교조敎條는 그 고심현묘高深玄妙함이 대학大學을 능가했으나 인간세를 구제하는 데는 오히려 방해가 되었다. 또한 백가百家의 중기衆技가 나와 출세를 지향하여 권모술수를 부리는 가운데 그 사이에서 혹세무민하고 인의仁義의 길을 막는 자들이 뒤섞여 나오니, 군자로 하여금 유도儒道(大道)의 요의要義를 듣지 못하게 하고 소인들로 하여금 다스림과 교화의 은택을 입을 수 없게 만들었다. 그리하여 사람들이 혼매해지고 풍속이 병들며 문명이 침체해졌으니, 당말오대唐末五代에 이르러서는 말세의 현상이 극에 달했다.

천운天運은 순환하는 것, 그래서 가면 되돌아온다고 했던가? 오대五代의 쇠퇴기를 마감하고 송宋나라가 일어나 문명과 학문 교화에 힘쓰니, 이에 비로소 진정한 유학자들이 배출되었다. 하남정씨河南程氏 두 선생께서 나시어 위로 맹자의 전수를 이어받으며 비로소『대학』을『예기』에서 떼어 내어 하나의 책으로 만드시니, 당시 구성하고 있던 성리학의 정신과 이론의 기조로 삼아 선양하고 그 편차를 정돈하며 진의眞義를 밝혀내셨다. 이에 오랫동안 묻혀 있던『대학』의 진면목이 드러나, 옛날 대학大學에서 대인大人(治者)을 가르치던 내용과 실천 과정이 공자가 지은 경經과 증자가 전수한 전傳을 통해 찬연히 세상에 밝혀지게 되었다.

나(주희)는 비록 불민하지만 다행히 그분들을 사숙私淑할(程顥는 1032~1085, 程頤는 1033~1107이니, 주희와는 한 세기의 시간거리가 있다. 그래서 私淑이라 한 것이다) 수 있었고 또 전해 들은 바가 있었다. 이 책을 적는 중에 늘 돌아보면서 상기하고 음미하기를 게을리 하지 않았으나, 그래도 혹 놓친 것이 있지 않나 두렵다. 스스로 고루함을 무릅쓰고 자료를 모아 편집하면서 사이사이에 나의 뜻을 삼가 집어넣어 망실되거나 미비하다고 여겨지는 부분을 보가補加하였으니, 뒤에 오는 학자들의 지정指正을 기다릴 뿐이다. 나의 작업이 외람되고 분수에 넘쳐서 죄를 모면할 길이 없다는 것을 모르는 바 아니나, 백성을 교화하고 풍속을 아름답게 하려는 국가의 대계大計와 자신을 수양하고 사람들을 편안케 하려는 학자들의 사명에 조금이라도 도움을 줌이 있을 것이라는 믿음에서 이 서문을 쓰노라!

순희淳熙 기유己酉(1189, 주희 60세) 2월 갑자甲子
신안인新安人 주희가 서序하다

4)『대학』과『맹자』·『순자』의 관계

『대학』과『맹자』·『순자』와의 관계는『대학』의 저작연대를 어떻게 잡느냐에 따라 달라진다. 근대 학자들처럼 진한지제秦漢之際로 잡는다면『대

학』이『맹자』와『순자』의 영향을 받아 이루어진 것으로 보는 것은 당연지사로, 다만『순자』와『맹자』중 어느 쪽의 영향을 더 많이 받았는지가 부각될 뿐이다. 그러나 주희나 왕수인 같은 이전 시기의 학자들은『대학』을 증자 계열의 제자들이 공자의 사상을 기술한 것으로 보므로, 여기에서는 거꾸로『대학』의 학문사상을『맹자』나『순자』가 어떻게 계승했는지가 문제시된다. 앞에서도 언급한 바와 같이 곽점초간에 대한 연구 결과로 제시된,『대학』은 자사학파 후학들의 저작이요『중용』의 사상을 계승한 것이라는 판단에 따른다면 역시 주희나 왕수인처럼『맹자』·『순자』가 오히려『대학』의 영향을 받았다고 보게 된다. 대체적으로는『순자』보다『맹자』가『중용』과『대학』의 사상을 많이 계승하였다고 이해하고 있다. 여기서는 이제까지 있었던 이러한 논의들 중 대표적인 견해 몇몇을 열거한 뒤 나의 견해를 밝혀 보기로 하겠다.

(1) 주희:『대학』에서『맹자』로

우선 주희의 주장을 보자. 유교의 도통을 중시하는 주희는 어느 정도의 무리를 감수하면서까지 공자의 정통은 맹자에게로 이어졌다고 확정한다. 아마도 그래서 맹자의 철학사상과는 범주가 다른 순자를 도통에서 제외하고 사서四書를 정할 때도『순자』를 넣지 않은 것 같다. 그렇다면『대학』은 단연 맹자가 이어간 것으로 볼 수밖에 없다.

주희는 「대학장구서」에서, 장차 치도治道에 나아갈 천자·제후·공경 등의 자제들을 대학大學에 입학시켜 궁리·정심·수기치인의 도를 배우게 한 것은 복희·신농 등의 먼 옛날부터 내려온 교학敎學의 전통으로, 이것이 어지러워지자 공자가 선왕先王의 법을 수집하여 학생들에게 가르쳤으며 증자가 그 종지를 얻어 전하였는데 맹자가 죽은 뒤로는 그 대의大義가 밝혀지지 못했다고 말한다. 그러다가 북송 때 이정二程 형제가 나와 『대학』을 『예기』에서 분리해 내어 유교철학(교육)의 기본 고전으로 삼으면서 약 천오백 년 동안 단절되었던 도통을 다시 이었다는 것이다.

(2) 풍우란·모종삼: 『순자』에서 『대학』으로

그런데 의고풍에 의해 『대학』의 저작연대를 진한지제로 내려 잡게 되자, 이제는 『대학』이 『맹자』나 『순자』의 영향을, 특히 당시에 순자학의 영향이 컸던 것을 감안하여 주로 『순자』의 영향을 받아 쓰인 것이라고 보는 학자가 많아졌다. 그 대표적인 학자가 풍우란, 모종삼이다.

풍우란은 그의 『중국철학사』에서 『대학』뿐만 아니라 『중용』도 진한지제의 작품이라고 보았으나, 『중용』은 언급하지 않고 유독 『대학』만을 지칭하여 『순자』의 영향을 받은 저술이라고 하였다. 『대학』이 『순자』의 영향이라고 보는 이유는, 『순자』에는 예禮에 대한 언급이 많은데 지금 우리가 보는 『예기』 편들의 태반이 순자의 관점에서 예를 말하고 있고 『대학』 역시 『예기』 중의 한 편이라는 것이다. 그러므로 풍우란은 『대학』의 이른바 '대학지도大學之道' 역시 순자학의 관점에서 해석해야 한다고 주장하면서 "『대학』의 대부분은 순자학이다"라고 단언하였다.

모종삼 역시 유사한 주장을 펴고 있는데, 특히 그는 주희와 왕수인이 『대학』 첫 구절의 '명명덕明明德'을 향내적 존양으로서의 '복성復性' 또는 '귀심체歸心體'의 과정으로 본 것과는 달리, 덕행德行 즉 향외로 발현해 나가는 행위라고 보았다. 이는 전통적 해석과는 자못 다른 새로운 주장이다. 그는 다음과 같이 말한다. "「요전堯典」·「강고康誥」에서 말하는 '덕德'이나 '준덕峻德'은 모두 '덕행'을 가리키는 말이다. 그때는 더욱이 본유의 심성心性에 대해서는 의식하지 못했던 것 같다. 『대학』에서 인용한 고전의 내용 또한,

덕행에서 다시 마음속으로 진일보하여 본유의 심성을 추구해 감을 말하고 있지도 않은 듯하다. 그러므로 우리는『대학』이 다만 교육제도를 말한 것일 뿐이지 결코『논어』·『맹자』의 생명지혜를 계승해서 논한 것은 아님을 분명하게 알아야 한다. 물론 유가의 교육제도나 교의敎儀에도 유가의 철학사상이 함섭되어 있지만, 공자나 맹자의 생명지혜를 직접 계승한 것은 아니다.”“『대학』은『논어』·『맹자』·『중용』·『역전易傳』과 동일한 계통이 아니고, 또한 동등한 차원에서 서로 주고받으며 논한 것도 아니다. 『대학』은 이들과는 다른 계열(단서)에서 온 것으로, 유가 교의의 초기 단계를 말한 책(또는 유교 교의를 처음 제기한 책)이라고 보아야 한다.”

이렇게 풍우란과 모종삼은『대학』을 주회가 말하는 원시유가의 도통 계열인『논어』·『중용』·『맹자』·『역전』등과는 궤를 달리하는 순자학의 계승으로 파악하고 있다.

(3) 서복관:『맹자』에서『대학』으로

『대학』의 저작연대에 대해서는 위의 두 학자와 견해를 같이하면서도 그 학문사상에 있어서는 여전히 전통적 견해 즉 주회의 맹자계열설을 고수하는 경우도 있으니, 바로 서복관의 입장이 그러하다. 그는 다음과 같이 주장한다.

“전국 말엽에서 서한 초기에 이르는 시대의 사상은 모두 종합적인 성격을 띠고 있다.(전목의 설에 따르면, 무릇 한 시대가 마감할 때에는 모든 학설이 일단 발전을 멈추고 종합 집성되는 저술들이 나온다고 한다) 그렇다면『대학』이 순자학의 영향을 받았을 것이라는 생각은 당연하다. 그러나 그 주요 내용을 논한다면 분명히 맹자사상 계열의 영향을 더 많이 받았다고 보아야 할 것이다. 맹자와 순자는 다 같이 예의禮義를 말하면서도 그 취향은 달랐다.

맹자는 다분히 내재심성상에서 예를 말했고, 순자는 외재적 역사문화의 소산으로 예를 말했다. 『대학』은 맹자의 심心을 주재로 하는 계통에 속하는 것으로, 외재 법수法數를 주재로 하는 순자 계열에 속하는 책이 아니다. 이로 볼 때 『대학』이 비록 순자의 영향을 받았다고는 하지만 그것은 부차적이고 지엽적이므로, 그 주요한 입각점은 마땅히 맹자학에 있지 순자학에 있지 않다. 따라서 『대학』에 대한 해석은 그 관점을 맹자를 배경으로 해서 설정해야 한다."

(4) 『대학』이 『중용』을 계승했다고 보는 입장

현대의 이른바 신유가라고 불리는 위의 세 학자 풍우란, 모종삼, 서복관은 곽점초묘에서 나온 죽간 자료의 존재를 모른 채 세상을 떴다. 그들이 살아서 자사학파의 원시자료를 보았다면 어떻게 되었을까?

아무리 학자가 국경을 초월하고 이념을 초월한다고 해도, 그 시대사조의 광류狂流에는 어쩔 수 없이 휩쓸려가게 마련이다. 앞의 여러 설을 보건대 신유가들 역시 의고풍에 밀려 정립된 '진한지제秦漢之際'라는 시간 단위에 갇혀 있는 듯한 감이 역력하지만, 이것이 어찌 그들의 허물이겠는가? 따지자면 중국 선진시대 문헌자료의 고증과 판본 문제에 대한 논의에 참가했던 학자들치고 과오를 범하지 않은 자가 누가 있겠는가? 한때 의고풍에 휩쓸려 우선 고전의 진위를 문제 삼고 새로운 견해를 제기하는 학자만이 참신한 학자요, 고전문헌을 고집하는 신고信古의 학자는 시대에 뒤떨어진 인물로 취급받았다. 그런데 지금 의고풍이 잠잠해지고 새로운 자료들이 지하에서 속출하자, 대세가 역전하여 의고풍의 거센 바람에 꺾였던 고문헌들이 속속 복권되고 있다. 어떤 학자의 "대고待考"(더 두고 생각해 보자)라는 명언을 새삼 떠올리게 된다.

이미 초간자료 연구에 의해『대학』이 자사자학파의 작품으로 추단되었다면, 그것을 따르는 학자가『대학』을『중용』의 계승으로 보게 되는 것은 당연한 귀결이다. 앞에서도 언급한 바 있지만, 이런 주장을 하는 학자로는 초묘에서 나온 죽간 자료를 직접 연구하여『곽점죽간여선진학술사상』을 써낸 곽기가 있다. 그는『대학』의 성서연대成書年代는『순자』보다 빠르고 심지어『맹자』보다 빠르다고 단정하면서, 그 사상을 보면 '천명天命'(『중용』)과의 혈연관계가 가장 밀접하다고 하였다. 그 이유는 우선 두 책의 문체가 비슷하다는 것이다.『중용』과『대학』의 문체는 비교적 간단한 의론체로 되어 있고 문투가 상당히 질박하다. 또한 두 책은 모두 책머리에 전편全篇을 총괄하는 강요綱要를 먼저 제기한 뒤 그것을 구체적으로 논술해가는 방식을 택하고 있는데, 이러한 방식은 바로 선진 시기의 저술 관습이라는 것이다. 곽기는『대학』의『중용』계승에 대한 좀 더 구체적인 언급에서,『대학』의 사상은『중용』의 수삼구首三句 중 "수도지위교修道之謂敎"와 "자명성自明誠" 등의 사상을 계승 발전시킨 것이라고 하면서 마땅히 '천명'(『중용』)을 배경으로 해서『대학』을 해석하고 그 사상의 성격을 판단해야 한다고 강조하였다. 나 역시 이 주장에 동의하는 입장인데, 다만 그 사상 성격에 있어서『중용』과『대학』의 철학적 영역과 사상적 경지의 다른 점을 부가해서 지적해 두고자 한다.

곽기가 명시했듯이『대학』은『중용』의 일정한 사상 영역(修道之謂敎, 自明誠 등)을 계승하였는데, 이때 '솔성지위도率性之謂道'나 '자성명自誠明' 같은『중용』의 다른 주요 영역이 제외됨으로써 두 책은 그 체계나 경지에서 상당히 차이 나게 되었다는 것이 나의 주장이다. 나는『중용』강의를 먼저 한 다음 이『대학』을 강의하고 있다. 솔직히 말해서『대학』에 넘어오면『중용』의 그 웅혼하고 광대무변한 천지우주론이 인간 중심의 정치논리 쪽으로 편협해지고 '솔성수도率性修道'에 있어서도 내면적 온축을 통한 현현보다는 외향적 덕행과 지식 추구 쪽으로 나아가고 있어, 지성至誠과 지성至 聖의 극치보다는 형이하학적 대상에 집중되는 듯한 느낌을 받는다. 『중용』 중간 부분의 '군자지도君子之道'와 '애공문정哀公問政'에서 제기된 구경九經, 오 달도五達道, 삼달덕三達德, 군자지도사君子之道四, 박학博學・심문審問・신사愼 思・명변明辯・독행篤行, 혈구지도絜矩之道 등의 이론은 그대로 『대학』에 계 승되었지만, 『중용』 말미에 나오는 지성지성至誠至聖이라는, 인간 중심의 평천하적 정치이론을 초월하여 이른바 '천하의 대경大經을 경륜하고' '천지 의 화육에 참여하는' 천지만물을 일체로 하는 위대한 '성誠의 철학'은 오히 려 묻혀 버렸다는 아쉬움을 떨쳐 버릴 수가 없다. 다시 말하면, 천지만물 을 일체로 하는 지성지성至誠至聖의 우주적 이상(聖人之道)은 인간 중심의 정 치적 범주(천하국가) 속에 설정된 지선至善이라는 정치이념(大人之學)으로 한 정되고 위축되어 버렸다는 것이다.

2. 『대학』 경문 강의

　주희는 『대학』을 크게 경經과 전傳으로 나누어 장구章句를 분정分定했다. 여기에 거듭 주희의 의도를 밝히면, 그는 "경經 1장章은 대개 공자의 말을 증자曾子가 언술한 것이고 이어지는 전傳 10장은 증자의 뜻을 문인들이 기록한 것이다. (『예기』 42편에 있던) 구본舊本에는 자못 착간錯簡된 것이 있어, 지금 정이천程伊川이 정定한 바를 따르고 다시 경문을 상고해서 별도로 다음과 같이 서차序次한다"라고 하였다. 이러한 주희의 설정에 대해서는 논란도 있으나, 그것이 『대학』 연구를 크게 오도하기보다는 오히려 후학들이 갈피를 잡고 체계적으로 접근해 가는 데 도움을 주고 있다고 생각된다. 따라서 여기서의 강의는 왕수인이 복원한 고본 『대학』의 체제를 따르지 않고, 여전히 주희의 경전분류經傳分類와 장구차서章句次序에 의거하여 진행할까 한다.

1) 『대학』의 삼강령

原文
大學之道, 在明明德, 在親民, 在止於至善.
知止而后有定, 定而后能靜, 靜而后能安, 安而后能慮, 慮而后
能得.
物有本末, 事有終始, 知所先後, 則近道矣.

◎ 주자주

○ 정자가 말하기를 "친親은 마땅히 신新으로 읽어야 한다" 하였다.

'대학大學'이란 대인大人(도덕인격을 갖춘 군자로서, 백성을 교화하고 다스리는 위치에 있거나 그 위치에 나아갈 사람)의 학문이다. '명明'은 무엇을 밝힌다는 뜻이고, '명덕明德'이란 사람이 태어날 때 하늘로부터 얻은 성性(心)으로서 허령불매虛靈不昧(아무 장애도 없는 텅 빈 것이지만, 그것은 그저 고요한 아무 기색도 없는 죽은 공간이 아니다. 그 속은 환히 밝아서 영활한 작용이 태동한다)하여 천하의 모든 이치를 갖추고 만사만변萬事萬變에 대응하는 공능을 말한다.(여기에서 문장 그대로 번역하면 性[心]은 이미 衆理를 갖추고 있어 萬事에 대응하는 공능을 갖추었다고 풀이할 수 있을 것 같은데, 기실 이 具衆理應萬事의 理가 '本具한 것'이냐, '바깥의 사물과 접촉함으로써 얻고 깨달은 지식에 의해 축적된 후천적인 것'이냐의 논란이 일어나게 된 실마리가 바로 여기에 있으므로 주의가 필요하다) 다만 사람의 본연지성은 기품氣稟에 구애되고 인욕人欲에 가려져서 때로는 혼매昏昧해지기도 하는데, 그러나 그 본체(본연지성)의 밝음은 한순간도 꺼짐(밝음 자체가 없어짐)이 없으므로 학자들은 마땅히 그 발하는 바에 따라 되밝혀서 처음(본연

제3부 『대학』 강의 309

지성 그대로 있을 때)으로 돌아가야 한다.

'신新'이란 옛것을 개혁하고 새것에 따른다(革舊從新)는 뜻이니, 본래의 명덕明德을 되밝힌 뒤 그것을 다시 미루어서 아직 그러지 못한 사람들에게 미침으로써 그 사람들로 하여금 역시 오염된 때를 씻고 명덕을 되찾게 한다는 것이다. '지止'는 반드시 거기에 이르러 멈추어서 다른 곳으로 옮겨가지 않는 것을 말하며, '지선至善'이란 일(事)이나 이치(理)의 마땅함(當然)이 극치에 이른 것을 말한다. 즉 '지어지선止於至善'이란 명명덕明明德과 신민新民이라는 지향이 지선至善의 경지에 전일집중專一集中되어 조금도 한눈을 팔거나 흔들리는 일이 없다는 뜻이다. 반드시 이렇게 되어야만 천리天理의 극치에 이르고 인욕人欲의 사사로움이 없게 된다. 명명덕明明德, 신민新民, 지어지선止於至善, 이 셋은 『대학』의 삼강령三綱領이다.

○ '후后'는 후後와 같다.

여기서의 '지止'란 마땅히 멈추어야(止) 할 경지 즉 지선至善의 소재를 말한다. 그 멈출 바를 안즉 뜻이 추구해 갈 방향과 목표가 정해지게 된다. '정靜'은 마음이 하나의 목표와 경지에 집중해서 망동妄動함이 없는 상태요, '안安'은 자기가 처한 바에 안주해서 자유自由, 자재自在, 자적自適한 상태다. '려慮'는 안정安靜(安定)된 심心이 어떤 대상에 대해 정밀하고 상세하게 사려하고 구상하는 심의 작용을 말하는데, 여기서는 삼강령 실천의 방법과 과정, 내용 등을 모색하는 것을 말한다. '득得'이란 그 지향하고 머물 바를 알았다는 뜻이니, 바로 삼강령의 길 즉 '대학지도大學之道'를 깨달았다는 뜻이다.

○ 명덕明德은 본本이 되고 신민新民은 말末이 되며, 멈출 곳을 아는 것(知止)은 시始가 되고, 능히 그것을 얻는 것(能得)은 종終이 된다. 본本과 시始는 먼저 할 바고 말末과 종終은 나중 할 바니, 이는 위 두 구절의 뜻을 마무리한 것이다.

◎ 의역

○『대학』에서 배우는 내용과 배우는 방법, 그리고 배워서 갖춘 도를 세상에 펴는 과정과 목표는 어떤 것인가? 우선 사람이 하늘로부터 받은 명덕明德을 세상에 밝히기 위해서는, 앞서 이것을 깨달아 수행교학修行敎學하는 길을 닦아 놓은 성인의 가르침에 따라, 먼저 백성들을 교화하고 다스리는 위치에 나아갈 대인大人(인격을 겸한 통치자)이 되어야 한다. 그렇게 자기의 명덕을 되밝혀 도덕군자가 된 다음, 그 대인이 모범을 보여 아직 명명덕明明德하지 못한 사람들을 교화해 가야 한다. 그리하여 사람들이 명명덕해지면 다시 그 사람들은 명덕을 세상에 펴려는 대인의 뜻을 받아들여 거기에 동참하게 되는 것이다. 말하자면, 명명덕어천하明明德於天下하겠다는 이상은 어느 성인聖人 한 사람이나 통치집단의 몇몇 사람이 가진 힘만으로 이루어질 수 있는 것이 아니다. 거기에는 반드시 사회의 모든 구성원이 명덕明德을 밝히고 천하사天下事에 관심을 가져서 온갖 필요한 영역의 기능을 담당할 수 있는 능력까지 갖추어야 한다. 이것이 대인(통치자)들이 백성을 교화성문敎化成文하게 하는 사명의 소재이자 무엇보다도 우선해야 할 실천 과제다.

그러므로 제2단계라고 할 수 있는 친민親民이나 신민新民은 어느 쪽이든 모두 필요조건이라 할 수 있다. 친민親民은 간단히 말해서 백성을 사랑하고 백성 편에서 생각하며 명명덕明明德의 주체를 대인만이 아닌 모든 인간세 구성원으로 설정하는 것이다. 그러나 거기에는 결국 성인이 인도人道를 열어서 인문세계를 창달해 가는 것과 같은, 어떤 지도자가 나와서 사람들이 한마음 한뜻으로 목표를 향해 갈 수 있도록 이끌어 주는 정치적 역할이 없을 수 없다. 그러한 지도자는 끊임없이 백성을 교화하고 지식과 기능을 훈련시켜야 한다. 이런 면에서 보면 교화란 사람들을 새로운 인간으로 태어나게 해 주는 신민新民의 가장 기조가 되는 방법이다. 그런데 독단과 사욕에 사로잡힌 위정자들은 개인의 욕망을 달성하기 위해 '신민'을 수단으로 악용할 수도 있다. 이때 신민은 "나를 따르라"는 구호처럼 심한 경우 눈과 귀를 닫은 채 오직 명령에만 복종하는 인간으로 백성들을 개조시켜 버리기도 한다.(역사상 이러한 新民의 악용은 많이 나타났다) 그렇기 때문에 신민新民은 반드시 친민親民이 전제되어야 한다. 친민이 바탕이 되어 인간세 구성원 모두가 명덕明德을 밝히고 일심동체가 되어 명명덕어천하明明德於天下에로 나아간다면 유교정치의 이상 목표인 지선至善의 경지에 도달하는 것은 어렵지 않을 것이다. 지선의 경지에 도달하겠다는 의지를 가지고 지선이라는 목표에 전일집중하려면 그 어떤 어려움이 있더라도 좌절하거나 동요하지 않고 매진해야 한다.(止於至善의 止를 주희는 이렇게 '옮기지 않는다'는 뜻의 不遷, 不移로 해석하고 있으나 나는 좀 다르게 생각한다. 이는 다음 강의 때 설명할 것이다)

○ 지어지선止於至善의 지止를 확인하고 그 길을 안 뒤라야, 의지意志가 한군데로 집중되고 하나의 목표를 향해 오로지하게 된다. 이것이 정定(방향정립)이다. 방향이 정립되면 마음은 맹자의 '구방심求放心'처럼 수습되고 하나로 모아져서(精神一到) 다시는 산만하게 움직이지 않는다. 마음의 고요를 찾은 것이다. 이것이 정靜이다. 마음이 정靜을 찾으면 마치 바람이 자고 아무것도 물을 흔들지 않는 연못처럼 고요해져서 '명경明鏡'이 된다. 이 정심명경靜心明鏡의 경지에서는 심신心身은 물론이고 주위의 모든 것도 자기 본래의 상태로 들어가 안주安住한다. 이것이 '안安'이다. 모든 것이 자기가 머물 곳을 찾아서 안주하기 때문에 '안'의 상태에서는 만유가 자기의 정확한 모습 그대로 있게 된다. 정靜이 심의 명경明鏡 상태(인식주체 혹은 能知者의 최선의 상태)를 위한 조건이라면, 안安은 나를 포함한 주위 모든 것의 안주를 말하므로 능지심能知心은 물론이고 소지경所知境의 실상實相까지도 모두

포함한 안安이다. 려慮는 맹자의 "심의 관능은 사려하는 것이다"라는 말에서와 같은, 심의 인식작용을 말한다. 능지심이 명경이 되고 소지경이 실상을 드러낸다면 그 인식행위의 결과는 정지정견正知正見, 명지명각明知明覺이 될 것이다. 그리고 이러한 려慮의 작용을 통해 삼강령三綱領의 실천 방법과 과정을 정확히 파악할 수 있게 될 것이다. 이것이 바로 능득能得이다.

○ 천지의 운행에는 사시四時가 교체 순환하는 궤도와 항상성이 있고, 만물의 변화생성에는 공간적 안배의 주객상반성主客相伴性과 시간의 선후상수성先後相隨性이 있다. 흔히 이를 질서秩序라고 하는데, 이때 질秩은 공간안배상의 불상해不相害라는 어울림을 말하고, 서序는 시간진행상의 불상패不相悖라는 이어감을 말한다. 이와 같이 물物은 본本과 말末이 있고 사事는 시始와 종終이 있다. 이 본말이 전도되고 종시가 뒤바뀌면, 물은 물로 이루어질(成物) 수 없고 사는 사로 이루어질(成事) 수 없다. 그러므로, 무엇을 관찰하건 무엇을 만들어 가건, 먼저 파악해야 할 것은 본말종시를 알아서 사물事物의 선후나 진행 과정을 설정하는 일이다. 이 예비적 선결조건을 충족시켰다면 완성으로 가는 길은 정도正道나 정리正理에서 그다지 벗어나지 않을 것이다. 근도近道라는 말은 '도에 가깝다'라고 풀이할 수도 있고 또 '도에 접근해 가다'로 해석할 수도 있다. 여기의 '본말本末', '종시終始', '선후先後'라는 개념은 이후 삼강령을 실천하는 과정에서 일의 성패를 좌우하는 절대조건으로 등장한다.

◎ 강의

어려서 가숙家塾에서 한학을 공부할 때 선생님께서 "조밥『논어』, 풋나물『맹자』, 차돌『중용』, 덤부사리『대학』"이라고 말씀하셨던 기억이 난다. 사서四書 각각의 성격과 특징을 비유를 들어 말씀하신 것이다.

『논어』는 늘 "자왈" 하고 시작해서 앞뒤가 서로 연결도 안 되면서 올

올이 헤어진 것이 마치 근기 없는 조밥이 알알이 흩어지는 것과 같다는 뜻이다. 숟가락질에 능한 사람은 그래도 한 알도 흩뜨리지 않고 입에 떠 넣을 수 있지만, 숟가락질이 서투른 아이들은 밥을 흩뜨릴 수밖에 없다. 이와 마찬가지로 아이 때는 『논어』가 전하는 전체 대의를 잘 파악할 수 없으므로, 『논어』는 나이가 들어서 다시 음미하며 읽으라고 한 것이다.

『맹자』는 왜 풋나물인가? 풋나물이란, 겨울 내내 절인 김치나 깍두기 등 묵은 음식만 먹다가 봄이 되어 산과 들에 새로 돋아난 푸성귀를 뜯고 캐다가 만든 것이다. 얼마나 맛이 개운한가? 모든 유교 경전이 딱딱하게 틀에 박혀 상당히 권위적이고 제지어가 많은 데 비해 『맹자』는 첫 대목부터가 위정자를 직접 비판, 공격하는 것이어서 자못 참신하고 상쾌하다. 게다가 풋나물이란 연하고 생생함 그 자체여서 새로운 정감을 불러일으킨다. 묵은 것을 그대로 따르고 받아들이는 것이 아니라, 새 봄과 함께 새로운 세상을 호흡하는 것이다. 『맹자』에는 틀에 박힌 가치관의 전도를 시도하는 '민귀군경民貴君輕'과 같은 면이 있는가 하면 역성혁명의 선동으로까지 보이기도 하는 '방벌放伐'이라는 면도 있으며, 또 '진심盡心'·'지성知性'·'지천知天'과 같이 궁리수신窮理修身의 면을 강조하거나 존심양성存心養性해서 성性의 선핵善核을 확충대화擴充大化할 것을 강조하는 등 유교 교육기능의 중요성에 대해 언급한 면도 있다. 확실히 유교 경전 중에서는 숨이 확 트이는 듯하다. 게다가 그 문장 또한 호방하다. 옛날 어떤 선생이 학생에게 "『맹자』를 천 번 읽으면 목구멍에서 탁 하는 소리가 난다"고 하셨다 한다. 그 학생은 이 말을 곧이곧대로 믿고 천 번을 읽었는데, 탁 소리가 나기는커녕 오히려 목이 쉬어 말소리도 안 나올 지경이 되었다. 이에 "선생님의 가르침에 미혹됨이 큽니다"라는 장문의 편지를 써서 보냈는데, 그 내용이 마치 도도히 흘러가는 대하장강의 흐름과도 같았다고 한다. 그런데 선생의 답이 의외였다. "너의 그 도도한 문장과 선생에게 감히 도전하는 기개, 그 기상, 그 대무외의 도덕적 용기가 바로 '탁' 소리니라" 하셨다는 것이다.

그러면 『중용』은 왜 차돌 중용인가? 책이란 읽으면 거기서 의미를 파악하고 진미를 맛볼 수 있어야 하는데 『중용』은 초학자로서는 통 그 맛을 느껴 볼 수가 없다. 속담에 소뼈는 고면 골수록 진국이 우러난다고 했는데, 『중용』은 소뼈 같은 깊은 맛을 간직한 책도 아니요 그저 차돌같이 딱딱하기만 하니 솥에다 삶아 아무리 우려내도 그저 차돌 맛 그대로다. 맹물 그대로의 맛인 것이다. 앞에서 『중용』 강의를 했지만, 글쎄 듣는 이들이 그것을 얼마나 음미했을지? 여전히 차돌 삶은 물을 마시듯 아무 맛도 못 느꼈는지도 모를 일이다. 그와 같이 『중용』은 그 참맛을 우려내 맛보기가 어려운 책이라는 뜻이다.

그런데 덤부사리 『대학』이라니? 어려서 『대학』을 읽을 때는 그 문장이 간결하기도 하거니와 삼강령三綱領이니 팔조목八條目이니 해서 논리정연하게 체계가 잘 잡혀 있는 책 같았기에 덤부사리라는 말이 잘 이해되지 않았다. 덤부사리란 무엇인가? 칡넝쿨, 으름넝쿨 등이 뒤엉켜 실마리를 찾기 어려운, 그래서 정돈이 불가능한 분운상紛芸象을 말한다. 겉보기에 『대학』은 아주 정연하지만 그 속에 담긴 내용은 서로 뒤얽혀 있어 갈피를 잡기 어렵다는 것이다. 이제 자라서 학자가 되고 다시 『대학』을 연구하다 보니 그 선생님께서 『대학』을 덤부사리라고 비유한 데에는 다 이유가 있다는 것을 새삼 깨닫게 되었다.

① '대학지도'란 어떤 것인가?

대학지도大學之道에 대해서는 주희의 「대학장구서」에 이미 자세하게 밝혀져 있다. 주희는 『대학』의 역사적 연원과 발전 과정, 문화의 발전과 더불어 그 교육의 내용이나 수준이 더욱 충실해진 점, 신분제도에 따라 교육 수혜자의 자격과 교과 내용이 달라짐(사회적 위상과 직능에 따라 분류됨)으로써 '소학小學'에 대비해서 '대학大學'이라고 불렸으며 그 중 대학은 통치계급들의 자제를 가르쳐 다음 통치자로서의 자격을 갖추도록 하는 일종의 도덕수양 교육임을 밝히면서 그러한 대학의 정치이념과 교육내용도 아울러 정리해서 설파하고 있다. 특히 주희는 교육의 연원을 복희, 신농, 황제에까지 소급해 올라감으로써 인간의 역사가 시작될 때부터 교육이 인간의 역사와 문화에서 갖는 추동력을 크게 부각시켰으며, 그러한 학문과 교육의 마지막 코스인 '대학'이라는 교육기관과 그 교육내용의 중점을 제시하고 있다. 주희는 말했다. "대학은 내면세계에서의 도덕적 자아를 완성하고 천하사물의 이치를 궁구하며 그로부터 나아가 천하 경영과 인문세계 건설의 지능知能을 탐구하고 개발하는 학문의 전당이며, 특히 천하를 경영할 장래의 대인군자大人君子들에게 먼저 수기修己를 한 다음 치인治人해야 한다는 정치이념과 실천의 선후 과정을 가르치는 인류 최고의 학부를 말한다." 이러한 '대학', '대학지도'에 대한 정의에는 이의가 없어서, 왕수인도 여기에는 동조하고 있다.

『중용』에서는 군자君子가 나오고 그보다 더 높은 경지의 성인聖人이 바로 나오는데, 『대학』에서는 『중용』에는 없던 '대인大人'이란 말이 주체적 인물로 등장한다. '대인'이란 말은 『논어』에도 나오는 말로, 대단히 광의적이고 포괄적인 개념이다. 흔히 '대인군자大人君子'로 함께 붙여 쓰기도 하는데, 여기에는 도덕인격이 일정 수준에 들어간 성현의 지위에 가까이 이른 자, 또 치천하治天下·화민성속化民成俗하는 치자治者, 교화敎化의 자격과 위상을 가진 자 등의 의미가 들어 있다. 그런데 '대인'의 의미를 최고로 높여 정의한 사람은 주희와 왕수인이다. 주희는 『논어』「계씨季氏」에 있는 "외대인畏大人"의 주에서 "대인은 성인聖人이다"라고 높였으며, 왕수인은 "대인은 천지만물을 자기의 몸과 일체로 보는 인자仁者"라고 하여 천지만물일체지인天地萬物一體之仁을 갖추고 실천하는 자로 보았다.

한편 '군자君子'란 기본적으로 유덕지인有德之人을 말하는데, 치천하治天

下·화민성속化民成俗하는 교화 주체로서의 의미를 포함하고 있다. 치천하治天下하고 치인治人하는 것은 군자의 중요 기능이지만, 사실 치천하나 치인이란 그리 쉬운 일이 아니다. 어떻게 천하가 한 사람이 치리治理하는 대상이 될 수 있으며 어떻게 똑같은 사람이 제재制裁와 교도敎導의 대상이 될 수 있는가? 평등관이라고 할까, 자연인의 입장에서 볼 때 그것은 수긍하기 어려운 면이 있다. 그래서 유교에서는 "선비로부터 시작해서 성현에 이른다"(始于士而終于聖)라는 과정을 설정함으로써 개별 인간의 성취 정도에 차등을 두어 같은 사람이라 할지라도 선각선지자先覺先知者와 후각후지자後覺後知者가 있음을 분명히 하면서, 사람이 성취해야 할 궁극적 경지로서 성현을 제시하여 인간 성취의 모범(모델)으로 삼은 것이다. 이렇게 되면 같은 사람 속에서 치천하治天下니 치인治人이니 하는 치자治者나 교자敎者와 피치자나 피교육자 사이의 관계들이 형성되는 것을 나쁘게 바라볼 리가 없다.

이러한 입장에서 유가는 치자, 교자의 조건으로 대인군자를 내세워, 먼저 수기修己한 다음에야 치인治人·치천하治天下를 한다는 선내성후외왕先內聖後外王의 절차를 강조한다. 말하자면, 사람이라면 마땅히 천하를 경당經當할 자격이 있어야 하며, 그렇지 못한 사람에게는 천하의 중심이니 만물의 영장이니 하면서 천하만물을 요리할 자격이 있을 수 없다는 것이다. 도덕적 인격, 학문과 독행을 거친 경론經論, 백성들의 애대愛戴함이나 존경 등이 있고서야 비로소 치자의 위位에 나아갈 수 있다는 것은 유가의 엄격하고 절대적인 조건이었으며, '대학'은 그러한 인물을 길러 내는 실천의 과정을 말하는 것이었다. 『대학』의 첫머리에서는 "대학의 길은 명덕明德을 되밝히는 데 있고, 백성들을 친애親愛하고 한층 높은 식견과 지능을 갖추도록 이끌어서 명명덕어천하明明德於天下하는 대도大道에 동참하게 하는 데 있으며, 그리하여 마침내 유교가 이상으로 하는 지선至善의 경지 즉 이상적인 문명·문화의 세계에서 머물게 하는(삶을 영위하고 향유하게 하는) 데 있다"라고 말했다. 그러니까 대학지도大學之道에는 바로 이 삼강령이라는 과정적 단계와 목표가 있는 것이다.

② '명명덕'에 대한 논란

흔히 명명덕明明德을 밝은 덕을 되밝힌다라고 해석하는데, 여기에는 문제가 많다. 깊이 파고 들어가 일일이 따져 보면 여러 견해가 나올 수도 있기 때문이다. 덤부사리『대학』이라는 비유도 여기에서 나오게 된 것 같다.

우선 전통적인 성리학자인 주희와 왕수인의 해석을 보면, 그들은 이 단락을 수기修己의 과정으로서 향내向內적 존심양성의 수도修道 차원의 것이라고 해석하여, 그 결론은 복기초復其初 즉 본연지성本然之性을 회복하는 것 혹은 심체의 본연으로 돌아가는 것이라고 본다. 본연지성 외에 기질지성氣質之性 또는 인욕지사人欲之私를 들면서 마치 유리창을 닦아 내어 속의 광명이 그대로 밖으로 드러나게 하듯이 본연지성의 명明을 가리는 기품氣稟과 사욕私欲의 장애를 없애는 것을 명명덕明明德의 첫 번째 명明으로 해석하고 있다. 이는 명명덕의 첫 번째 '명'을 향내向內적 수도修道로 본 것이다. 그런데 현대의 이른바 신유가新儒家들, 특히 풍우란, 모종삼, 서복관 등은 명덕明德을 덕행德行으로 보아서 첫 번째 오는 명明을 "밝은 덕행을 향외向外로 발양하고 시행하며 실천한다"는 뜻의 명明으로 해석하고 있다. 그 취향이 전혀 다름을 알 수 있다.

주희는 말한다. "명덕은 본성을 가리켜 말한 것이고, 앞의 '명'은 이를 되밝히는 것이다. 명덕이란 사람이 하늘로부터 받은 것으로 허령불매해서 중리衆理를 갖추고 만사萬事에 응하는 것이다. 그런데 이것이 기품氣稟에 구애되고 인욕人欲에 가린즉 때로는 어두워져서 선악의 구분이 어려워지지만, 그 본체의 밝음은 한시도 꺼져 있는 때가 없다(밝음 그대로를 간직하고 있다). 학자들이 그 본성이 발하는 바에 따라 밝혀 가면 드디어 본래의 광명을 찾아 그 처음 상태로 되돌아갈 수 있다." 이것이 바로 주희의 명명덕明明德

을 향내복초설向內復初說로 보는 근거다. 왕수인도 대체적으로 이와 같은 논리를 주장한다. 그는 말한다. "명명덕明明德의 명덕明德은 심체心體를 가리켜 말한 것이다", "대인은 천하만물을 자기 몸같이 일시동인一視同仁하는 사람이다. 천하는 하나의 집이요, 중국은 그 집 속의 한 가족이다. 형체를 달리했다고 해서, 그 다른 형체를 기준으로 너와 나를 구분하는 자는 소인이다. 대인이 천하만물을 일체로 보는 것은 어떤 가르침이 밖으로부터 주어져서가 아니고, 바로 그 마음의 '인仁'이 나의 마음속으로부터 그렇게 유로流露해 나온 것이다. 대인의 마음만이 그런 것이 아니라 원래는 소인의 마음도 그렇지 않음이 없는데, 다만 스스로 자기를 모든 것에서 구별해 내어 작은 자기로 만든 것이다. 어린이가 우물에 빠지려는 것을 보고 그것을 구해 주어야지 하는 불인지심不忍之心이 발동하는 것은, 인심仁心이 나와 그 아이를 일체가 되게 했기 때문이다. 이렇게 미루어 나아가 초목草木, 와석瓦石 등 모든 천하만물을 사랑하고 생의生意를 느끼며 어우러져 정감을 나누게 되는데, 이 또한 인심이 천지만물과 나를 일체가 되게 하기 때문이다. 이는 실로 천명의 성으로부터 자연스레 우러나오는 소령불매昭靈不昧한 인심이 그렇게 감동케 만든 것이다. 이것이 명덕이다." 물론 주희의 이성적(理)인 것보다는 왕수인의 감성적(仁)인 것이 더욱 광범하고 범신론적이기는 하지만, 명덕을 본성으로 보아서 명명덕을 복초심復初心하는 수도修道로 보는 것은 둘 다 마찬가지다.

주희, 왕수인의 이러한 복초설은 명명덕明明德이라는 화두를 '대학지도大學之道'에서 분리 독립시켜서 본다면 전통적이고 일반적인 도덕수양론의 기조에서 어긋나지 않는 모범 답안이다. 그러나 여기에서의 명명덕은 분명 대학지도의 제1단계에 속하는 명제다. 대학지도는 다 아는 바와 같이 유교의 도덕논리에 정치논리를 접목시켜 향외적 실천 과정을 논한 것이다. 말하자면 그 글의 모든 취향은 밖으로 향한 도덕이상의 실천논리라는 것이다. 분명하고 결정적인 근거는 "고지욕명명덕어천하자古之欲明明德於天下者"(옛날의, 명덕을 천하에 되밝히려는 이)라는 대목이다. 이로 볼 때 이 명명덕의 논리는 내심內心 문제로 복초復初하는 것이 아니라 외발外發해서 평천하平天下라는 거창한 목표를 향해 나아가는 것이다.

이러한 논리전개의 방향성에서 본다면 주희와 왕수인의 생각은 수단이 목적이 된 방향전도며, 명덕을 덕행으로 보아야 한다는 신유가들의 견해가 옳다. 모종삼 교수는 "명덕은 내재심성을 가리킨 것이 아니라 외재덕행을 가리킨 것"이라 하였고, 서복관 교수는 "대학의 이 위치에서의 명덕은 대체적으로 명지明智의 행위를 말한 것으로, 심을 가리키는 것이 아니다. 그러므로 명명덕明明德의 명명은 자기 명지明智의 행위를 미루어 가서 밝힌다는 뜻이지, 자기의 심을 추명한다는 뜻이 아님이 분명하다"라고 하였다. 거듭 말하지만 이것이 대학지도라는 특설 범주 안에서 제기된 문제라는 점에서 볼 때 신유가들의 해석이 옳다고 할 수 있다는 것이다.

그러나 다시 그 근본으로 돌아가 보면 신유가들의 학설에도 문제는 있다. 왜냐하면, 무릇 도덕심성의 문제를 논할 때는 그 원초적 문제 즉 기질지성이나 인욕지사로 인해 생기는 본성이나 본심의 혼매와 혐오가 문제가 된다. 이것을 인정하는 한, 모든 외향적 전개에 앞서 내심의 정리라는 수양공부의 문제가 그 어떤 조치보다도 선결해야 할 과제로 대두하게 되는 것이다. 그러므로 대학지도에서 제기된 문제가 제아무리 향외적 덕행의 논리라 할지라도, 그에 선행하여 명덕을 복초復初 행위로 보는 본심의 정립 과정이 반드시 있어야만 한다. 설사 논리전개의 방향에서 일시적으로 반대 방향으로 역행하는 논리가 있다손 치더라도 도덕심성의 순수 정확한 실체를 일단 세워 놓은 다음에 출발(논리전개)해야 하는 것이다. 그렇지 못하면 『중용』의 "천명지위성天命之謂性"에서처럼 천天의 성격에 대한 아무런 규정도 없이 거두절미하고 곧바로 갖다 쓴 격이 되고 마는데, 『대학』 첫머리 '명명덕明明德'의 덕이 그런 것이라면 이는 『중용』의 지덕至德, 천덕天德, 대덕大德, 달덕達德 등의 개념을 배경에 깐 채 아예 그에 대한 논의를 접어놓고 출발하는 것이다. 이렇게 기초 설정도 불충분한 데서부터 거창한 평천하의 논리 뿌리를 댈 수는 없지 않은가?

이에 나는 앞의 향내, 향외의 두 설을 합쳐 서로의 통로를 열어 줄까 한다. 사실 신유가의 학설도 이미 이야기한 바와 같이 그렇게 덕행 쪽만 강조하다 보면 덕성 자체가 실종되어 사상누각의 논리전개가 될 우려가 없지 않다. 앞에서도 이에 대해 잠깐 언급한 기억이 나는데, 그래서 나는 '명명덕明明德'에서 두 개의 '명明'을 모두 동사로 보자는 생각이다. 말하자면, 명덕明德의 명明은 주희나 왕수인의 복초復初 논리의 심성존양으로 보고, 명명덕明明德에서 앞의 명明은 신유가들이 말하는 덕행의 향외발현으로 보자는 것이다. 이때 명덕의 명은 이중적 변화를 가져온다. 즉, 명덕明德의 명明은 동사로서 본성(心)의 덕을 '밝히는' 것이 되고, 그 수덕修德의 과정이 끝난 명덕明德은 덕을 닦은 후의 복초復初된 성性(心) 즉 '밝은 덕'으로서 이때의 명은 형용사가 된다. 그리고 명명덕에서 앞의 명은 덕행을 전환하거나 성誠을 성지誠之하는 공능으로, 명덕을 온 천하에 확충대화擴充大化하는 실천행위(정치적 전개, 추동력 등)로 볼 수 있지 않을까 생각한다.

③ '친민'과 '신민'에 대한 논란

친민親民과 신민新民의 논쟁은 『대학』에서 가장 두드러진 문제로서, 특히 주자학과 양명학 간의 불화가 가장 심화되어 나타나는 부분이다. 정이程頤는 본래 고본 『대학』에서 '친민親民'으로 되어 있던 것을 '신민新民'으로 보아야 한다고 했는데, 이를 주희가 그대로 이어받아 그의 『대학장구』에서 아예 '신新'자로 바꾸어 버린 것이다. 어떤 학자의 말에 따르면, 『대학』에는 친민親民에 관한 이야기가 많고 전래적으로 『중용』에서도 친민親民이 많이 나오는 데 비해 신민新民이라는 개념은 전무한 상태이므로, 이 '대학지도大學之道', '명명덕어천하明明德於天下'의 과정에서는 '신민新民'의 개념이 절대적으로 필요하다는 생각에서 친親자를 신新자로 바꾸었다고 한다. 그럴 법한 생각이다. 주희 역시 명명덕明明德의 명明이 결과적으로는 신민新民하는 것이라고 강변하는데, 명명덕어천하明明德於天下의 진행논리는 옛 모습을 바꾸어 새로운 사람, 새로운 세상으로 변화시키는 것이므로 대학지도의 논리에 '신민新民'의 개념이 필요한 것도 사실이다. 그래서 주희와 왕수인의 사상을 절충하려는 사람은 친민親民, 신민新民의 양면을 모두 합해서 보는 것이 한층 원만하다고도 말하는데, 여기서는 우선 주희와 왕수인이 신민新民과 친민親民에 대해 어떤 견해를 가졌던가를 살펴보기로 하였다.

먼저 언뜻 보기에는 주희의 신민설新民說이 주장의 근거도 있고 논리의 전개도 타당한 듯 보인다. 전문傳文 제2장의 '석신민釋新民'에서 인용한 글을 보자. "은나라 임금 탕湯이 쓰는 세숫대야에는 '날로 새롭고 나날이 새롭게 하라. 쉬지 말고 계속해서 또 날로 새롭게 하라'라는 명銘(마음에 새기라고 훈계하는 글)이 새겨져 있다. 또 「강고康誥」에는 '백성을 새롭게 교화해서 새로운 삶을 영위하도록 이끌어 가라' 하였고, 『시경』에서는 '주나라가 비록 오래된 나라이나 그 세상을 영위해 가는 길은 언제나 새로워서 늘 천명을 새롭게 받아들이고 있다' 하였다."(湯之盤銘曰, 苟日新, 日日新, 又日新. 康誥曰, 作新民. 詩曰, 周雖舊邦, 其命維新) 이는 친민親民이 신민新民의 오기誤記일 수 있다는 것이다. 따지고 보면 시간의 흐름이란 새롭고 새로운 것에로의 진행이다. 옛것은 가고 새로운 것은 오는 것이다. 이 고고신신故故新新은 특히 시간변화에 관심이 컸던 중국 사상에서는 진리와 통하는 말이며, 이는 인간세에서도 마찬가지다. 교육한다는 것은 어둠을 걷어 내고 밝은 지식을 심어 주는데, 이 교육을 통해 사람은 새로워지는 것이다. 교육 자체가 신신고고新新故故하는 과정 아닌가? 진리를 깨닫게 하는 지식뿐만 아니라, 도덕수양의 공부도 마찬가지다. 이른바 개과천선改過遷善의 개改와 천遷은 곧

신新을 가져오고 신新으로 나아간다는 뜻이다. 신민新民은 이렇게 생활 전반에 걸친 새로운 발전을 의미한다. 유가가 내세우는 인문세계의 창진이라는 것도 모두 인간과 세상을 새롭게 하자는 것이 아닌가? 따라서 신민新民이라는 말이 『대학』의 취지에 위배될 리 없다.

정치행위, 특히 옛날 학문이 보편화되지 않고 정치가 교육이나 교화를 겸해서 행사하던 시대에서 정치라는 말은 교화敎化, 교도敎導, 심지어 교정矯正이라는 권위적 의미를 띨 때가 많았다. 주희는 말한다. "이른바 명덕明德이란 사람마다 똑같이 하늘에서 얻은 것으로 나만의 독점물이 아니다. 옛날 우리가 다 같이 물욕에 가려진 바 되었을 때는 지금의 현우賢愚가 갈라진 것처럼 그렇게 분명하지 않고 서로 비슷비슷한 처지였다. 지금 내가 다행히도 명덕을 얻고서 아직 명덕을 못 얻은 중인衆人들을 보니, 다 같이 하늘의 명을 받았으면서도 명덕을 깨닫지 못하여 향상심이 없고 누추하고 천박한 데 처해 있으면서도 스스로 헤어날 지능을 가지지 못하였으니, 이 얼마나 불쌍하고 안타까운 일인가? 이 때문에 내가 스스로 명덕한 것을 미루어 그들에게 미루어 가서 옛(舊) 더러움에 오염된 것(여기서 '옛'이란 '新'의 반대 의미로서 가치하락을 뜻함)을 씻어 버리고자 하니, 이것이 이른바 백성을 새롭게 한다는 것이다." 나는 대학지도大學之道의 '명명덕어천하明明德於天下'의 논리에서 볼 때 주희의 주장은 결코 치국평천하에 위배되지 않는, 상당히 설득력 있고 발전적이며 역동적인 논리라고 평가하고 싶다. 다만, 원문에 친親으로 되어 있었다면 친민親民으로 우선 해석한 다음 거기에 부가해서 신민新民의 사상을 전개하는 편이 좋지 않았을까 한다. 그랬더라면 후세의 끈질긴 소모논쟁은 없었을 것이 아닌가?

그러면 왕수인의 주장은 어떠한가? 친민親民의 당위성을 강조하는 왕수인 역시 고전의 말을 들어 자신의 논리를 입증하려 한다. "「강고」에 말하기를 '통치하는 군자는 마치 백성을 벌거숭이 어린아이 보호하듯 하라.

마음의 정성을 다해서 구하면 비록 꼭 들어맞지는 않는다 하더라도 크게 벗어남은 없을 것이다'하였다. 또『시경』에 이르기를 '군자의 즐거움이 무엇인가? 바로 백성의 부모가 되어 백성을 자식처럼 돌보는 것이다. 백성들이 좋아하는 것을 좋아 하게 해 주고 백성들이 싫어하는 것을 없애 주는 것, 이것이 백성의 부모 되는 길이 아닌가?"(康誥曰, 如保赤子, 心誠求之, 雖不中不遠矣. 詩云, 樂只君子, 民之父母, 民之所好 好之, 民之所惡 惡之, 此之謂民之父母) 모두 친민親民의 뜻을 밝힌 것이라는 주장이다. 왕수인은 그러한 친민親民이 확충되면 평천하平天下에 이르는 것임을「요전堯典」의 말을 빌려 증명한다. "요임금께서는 밝은 덕을 밝히시어 구족九族(혈연 중심)을 친애하시니 구족이 모두 화목하고, 구족이 화목하자 이것이 추급推及되어 백성들이 윤리질서를 자각해 갔고, 백성이 개명하니 이것이 추급되어 천하가 평화로워졌다. 그 복은 모두 어디로 돌아갔는가? 백성들이다. 교화된 백성들은 풍년과 태평을 노래한다."(克明俊德, 以親九族. 九族旣睦, 平章百姓. 百姓昭明, 協和萬邦. 黎民, 於變時雍) 여기에서 왕수인은 '극명준덕克明俊德'은 명명덕明明德이요 '이친구족以親九族', '평장백성平章百姓', '협화만방協和萬邦'은 친민親民이라고 보았다.

이외에도 친민親民에 대한 전고典故는 많다.『논어』「헌문」에서 자로가 군자(통치자)의 일에 대해 묻자 공자는 "자기 자신을 수양해서 도덕인격을 갖춘 다음 남을 평안하게 해 주고 백성을 평안하게 해 주는 것"(修己而安人, 安百姓)이라고 했다.『맹자』에서는 "그 사랑하는 바로부터 아직 사랑하지 않는 바에 이르게 하라. 내 부모를 부모로 모시는 것을 미루어 남의 부모도 부모처럼 모시고, 나의 자식을 사랑하는 것을 미루어 남의 자식을 내 자식 사랑하듯 하라. 그러면 천하는 다스리지 않아도 저절로 평화스러워질 것이다"(以其所愛至其所不愛, 老吾老以及人之老, 幼吾幼以及人之幼)라고 했다. 이렇게 평천하의 길로 가는 데 있어서 친민은 인간관계에서의 평화 핵으로서, 확충대화될수록 가치가 배가된다. 그것을 진실되게 실천하기만 한다면 그보다 쉽고 보람 있는 정치행위는 없다.

친親은 '인仁'의 최초의 추급推及이다. 명덕明德을 밝히는 길도 이 인仁에 의존해야 한다. 공자가 '사어四於'를 말하면서 지어도志於道 다음에 거어덕據於德을, 거어덕 다음에 의어인依於仁을 둔 뜻을 상기할 필요가 있다. 왕수인은 친민親民을 명덕明德의 제1단계로서 '인仁의 확충'이라고 보았다. 그는 말했다. "왜 백성을 친애해야 하는가? 명덕明德을 밝힌다는 것은 천지만물 일체의 체體를 세움이요, 백성들을 친애하는 것은 천지만물을 일체되게 하는 용用의 진실한 내용이다. 그러므로 명명덕明明德의 명明은 백성을 친애하는 데서부터 전개되고 백성을 친애하는 것은 바로 명명덕의 용이 되는 것이다. 그 인친仁親은 나의 부모로부터 시작해서 천하의 부모에 미치니, 이것이 인仁의 작용이다.······ 나의 형제를 사랑함을 미루어 남의 형제를 내 형제처럼 사랑하는 것은 인仁이 자연스레 흘러나와 미치는 것이다. 인仁이 바로 나의 형제와 천하의 형제를 일체로 되게 하는 것이다. 이것이 또한 명덕이 온 누리에 밝혀진 결과요 효과다. 군신君臣, 부부夫婦, 붕우朋友, 산천山川, 귀신鬼神, 초목草木, 조수鳥獸 등 천지간에 있는 모든 것이 친애하면 일체의 인仁에 이르는 것이니, 명덕明德의 명明이야말로 평천하에로의 근본 추동력(이를 『중용』의 '명성明誠'으로 보는 이도 있다)이다." 요언하면, 명덕을 밝힌다는 것은 일체의 인仁을 미루어 나가는 것으로, 이는 사람이 가지고 있는 사랑의 정감(仁)을 복주輻輳의 핵으로 삼아 나에서 시작해서 혈친血親에로, 이웃에로, 사회국가로, 온 인류에로 미루어 가고, 그로부터 더 나아가 자연만물이나 천지귀신에 이르기까지 온 누리에 충만케 하는 것이다.

여기에서 다시 『중용』 제31장 마지막 부분에 있는 태평천하의 구가를 노래한 시적 표현을 옮겨 친민親民의 존의存意를 극대화해 보기로 하자. "배와 수레가 이르는 곳, 사람의 발길이 닿는 곳, 하늘이 만물을 덮고 땅이 만물을 실어 포근히 감싸고 있는 우주 시공時空의 전체 범주, 해와 달이 비추는 곳, 서리와 이슬이 내리는 곳, 무릇 혈기血氣를 가진 자, 이 세상에서 생명을 영위하는 자, 그 어느 하나도 이 천지만물일체지인天地萬物一體之仁의 분위기에 도취되어 서로 존경하고 친애하지 않는 자 없으니, 이것을 배천配天이라고 한다."

④ '지어지선'에 대한 해석

주희는 집주에서 '지어지선止於至善'의 '지止'를 반드시 도달해야 할 목표(至善)에 이르러서 거기에만 전일집중專一集中하는 뜻이라 했고, 지선至善을 사리事理의 당연한 극칙極則이라고 했다. 또 왕수인도 지선至善을 명덕明德·친민親民의 극칙이라고 했다. 이는 지止를 이미 이루어진 살기 좋은 환경에서 삶을 향유하는 '거주居住'로 보지 않고 어떤 목표를 향해 가는 '지之'(가다)자의 의미로, 또 향해 가서 그 목표에 도달했으면 거기에 안주해서 다시는 옮기지 않는 고정적인 의미의 '지止'로 본 것이다. 그렇다면 지선至善은 이상이나 목표가 되고 지止는 거기에 이르러 정착하는 것이 되는데, 이는 여전히 추구하는 과정에 있는 것으로서 결과는 아니다. 그래서 어떤 이는 명명덕明明德은 수행공부를 말하고 친민親民은 공부의 효과를 말하며 지어지선止於至善은 표준을 말한 것이라고 한다. 그러나 이런 학설에 대해 나는 동의하지 않는다.

'대학지도'라는 일련의 추구 과정에서 볼 때, 명명덕을 도덕적 자기 수행으로 보는 것은 수긍이 가나 친민을 효과로 보는 것은 성급한 결론이다. 앞에서도 말했지만, 명덕을 향내적 수양공부로 보고 명명덕을 명덕의 향외적 목적 지향으로 본다면 친민은 그 추구 과정에서의 확충 및 대화大化(맹자의 大而化之의 준말)의 관절關節적 핵심(仁)이자 복사輻射적 추급(忠恕)이라고 보아야 하지 않을까? 만일 친민을 효과로 보게 된다면 이미 친민에서 과정이 끝나는 것이 되는데, 친민 그 자체가 바로 평천하는 아니지 않은가?

친민을 효과로 보는 것은 지어지선을 결과로 보지 않고 여전히 목표나 이상적 표준으로 보는 것 같은데, 본래 그것을 추구해 갈 때라면 그것이 목표요 표준인 것이 사실이지만 이미 거기에 도달했다면 이는 이미 실현된 평천하의 경지다. 따라서 여기서의 지止는 거居의 뜻으로 보아야 할 것이다.

지선至善이란 어떤 것인가? 지至는 '이르다'의 뜻이다. 어디에 이르렀는가? 궁극적인 목표에 이르렀다는 것이다. 그 목표는 바로 '선善'이다. 말하자면 지선至善이란, '지극한 선'이라 풀이할 수도 있겠지만 더 알맞게 풀이하자면 '지극한 선에 이르렀다'가 될 것이다. 궁극적으로 지극한 선에 이르렀다면 지선이란 곧 왕필이 『노자주』에서 말한 것처럼 있을 수 있는 것 중 최고의 경지(생존환경)인 것이다. 근래에 와서 최고선最高善이라는 말을 많이 쓰는데, 최고란 그 이상의 더 좋은 선은 없다는 뜻이니 지선은 곧 최고선을 말한다고 할 수 있다.

그러면 여기서 더 따지고 들어가 보자, 무엇이 '선善'인가? 앞에서도 선에 대한 정의를 내린 바 있는 것으로 기억되는데, 선악에 대한 원초적인 가치판단은 '삶'(生)을 기준으로 내려진다. 즉, 삶을 이롭게 하는 것은 선이고 삶을 괴롭게 하거나 심지어 죽게까지 하는 것은 악이다. 삶을 선하게 하는 데는 많은 조건과 내용이 갖추어져야 한다. 한 생명이 이 세상에서 살아간다는 것은 쉬운 일이 아니다. 하나의 인간을 인간생명의 기본 단위로 볼 때, 그 생명 단위는 비록 작지만 그가 인간생명이라는 조그만 단위를 영위해 가기 위해서는 천지우주라는 거대한 존재 단위가 만유생명을 생성 영위해 가는 데 갖추어야 할 조건과 내용을 똑같이 구비해야 한다. 비록 그 양적인 면에서는 지소至小하겠지만……. 그 많은 조건과 내용을 일일이 거론할 수는 없으므로 여기 유가에서 말하는 대학지도에서의 명명덕어천하明明德於天下하는 실천 과정에서만 보자면, 그것은 바로 '친민親民'이라는 관절적 단계다. 여기서의 조건과 내용이란 무엇인가?

우선 조건에 대해서 보면, 만유생명(인간도 예외 없이)은 이 천지우주라는 거대한 공간과 시간을 객관적 존재환경으로 삼아 그 속에서 살아가는 '~에 놓인 존재'이므로, 그 공간 안배에서는 타재와의 조화를 이루어야 하고 또 시간을 타고 흘러감에 있어서는 농경이 춘하추동의 교체순환에 적응하듯이 시간변화의 절주節奏와 리듬에 맞추어 살아가야 한다. 산다는 것은 생명의 지속이며 자기 시간을 만들어 진행해 가는 과정이다. 살아 있다는 것은 숨 쉬는 것이요, 숨 쉬는 것은 생명 시간의 창출이다. 시간을 상당히 추상적으로 생각한 인도인들은 찰나刹那니 겁劫이니 하는 인간의 감각으로는 측정이 불가능한 시간 단위를 말하였지만, 중국의 원시농경민들이 파악한 시간은 고작 해야 해가 오가는 일日(하루), 달이 찼다가 기우는 월月(달), 세공歲功이 이루어지는 년年(해) 정도에 그친다. 특히 년年은 시간의 순환이 시작되고 끝맺고 또 시작하는 단위로서, 그 이상의 단위는 설정하지 않고 그저 거기에 숫자만 더해서 백 년, 천 년, 만 년 하는 식으로 계산할 뿐이다.

앞에서 산다는 것은 숨 쉬는 것이라고 한 것처럼, 흔히 숨을 쉬는 것을 생명 시간의 기본 단위로 보아서 일식一息이니 무일식지간단無一息之間斷이니 하는 말들을 한다. 우리말에 '한 식간'이라는 말이 있다. 숨을 돌린다는 말인데, 이것은 오늘의 시간 단위로 보면 15분 즉 일각一刻이다. 사람이 일을 하다 지쳤을 때 호흡을 가다듬어서 기력을 회복하는 데 필요한 시간 거리를 말한 것이다. 어쩌다 논의가 옆길로 빠져버린 것 같은데, 하여간 천지간에 사는 생명들은 천지의 공간 안배와 시간 흐름에 맞추어 살아가야 한다. 마치 태아의 배꼽이 모태에 연결된 것처럼 문명 창진에 있어 인간은 자연에 생명줄을 대고 있으므로, 이 자연의 시간에 맞추어진 것이 인간의 생존 시간이며, 이것이 바로 역曆이다. 옛말에 "순천자존順天者存, 역천자망逆天者亡"이라고 했는데, 여기서 말한 천天의 원초적 의미는 시간이다. 즉 변화라는 것이다. 그러니까 순천順天이라 함은 곧 적변適變(변화에 알맞게 적응함)을 말한다. 요언하면 자연과의 조화, 이것이야말로 삶의 절대 불가결한 조건인 것이다.

다음 내용을 생각해 보자. 여기서는 말을 줄이기 위해, 역시 유가가 내세우는 인간 생존의 양대 필수 덕목을 중심으로 말해 보자. 양대 기본 덕목이란 곧 '인仁'과 '의義'다. 대학지도의 제2단계인 '친민'의 내용은 바로 이 두 덕목의 내적 온축과 외적 발현이다. 내가 주희의 '신민新民'과 왕수인의 '친민親民' 둘 다를 포함해야 한다고 주장한 것은 바로 이 인仁과 의義라는 두 덕목을 내용으로 갖추어야 비로소 지선至善이 될 수 있다고 믿었기 때문이다. 주희는 '지선至善'을 천지우주의 객관적 운행원리와 변화법칙, 그리고 본연지성(理) 등을 고려한 듯 '사리事理의 당연함의 극치極致'라고 하였고, 왕수인은 '마음이 천리의 순일純一함과 일치된 극칙極則'이라고 하였다. 주희의 정의가 '천리에 맞아듦'이라면, 왕수인은 '인심仁心에 의한 천지만물의 일체화'다. 하나는 외리外理를 중시한 것이고 하나는 내심內心을 중시한 것이다. 이 내외의 심리心理를 합쳐야 도덕인격은 원만해질 수 있다.

이것을 다시 심心과 물物로도 나누어 볼 수 있는데, 심은 인간이 도덕적 존재일 수 있는 근거지만 동시에 인간 역시 물질적 존재임을 부정할 수 없으므로, 지선至善의 내용에는 이 심과 물이 원만구족圓滿具足해 있다. 왕수인의 '친민'에서는 주로 인심仁心의 자연스런 유로流露를 통한 천지만물의 일체화를 말하고 있고, 주희의 '신민'에서는 인간이 도덕적 존재인 이상 내심內心의 수행은 기본적이지만 그에 못지않게 중요한 것은 천지만물의 이치를 궁구해서 새로운 문명·문화 창진의 환경을 만들어 가는 것임을 말하고 있다. 주희의 '신민'에서 강조하는 것은 오늘의 생존환경에 만족하고 머물러 있을 것이 아니라 끊임없이 새로운 것을 추구함으로써 더 나은 내일을 창진하기 위해 힘써야 한다는 것이다. 심이 중요한 만큼 물도 역시 중요하며, 지선至善이 되기 위해서는 심과 물을 모두 구족해야만 하는 것이다. 『중용』의 '구경九經'에서도 친친親親과 더불어 '재용족財用足'을 말하고 있지 않은가?

흔히 유교정치가 덕치德治를 이야기한다고 해서 물질을 소원히 하는 면이 있다고 하는데, 이것은 크게 잘못된 생각이다. 공자도 족식足食, 족병足兵을 말했고, 맹자는 항산恒産이 있어야 항심恒心이 있다고 말했으며, 관자管子는 의식衣食이 족해야 예의를 안다고 하지 않았던가? 『서경』「대우모大禹謨」에서 말한 '육부六府'란 무엇인가? 금金, 목木, 수水, 화火, 토土, 곡穀, 모두가 사람이 살아가는 데 필요한 물질들이다. '삼사三事'란 또 무엇인가? 정덕正德, 이용利用, 후생厚生이다. 생존의 기본 철학(生之道)이 선(正德) 다음에 그 생존의의와 가치에 유익하게 물질을 씀(利用)으로써 비로소 '삶'을 풍요롭고 의미 있게(厚生) 할 수 있는 것이다. 어찌 심만 중시하고 물을 경시하는 것이 유가사상이요 지선至善의 내용이겠는가?

살기 좋아야 모여들고, 먹을 것이 있어야 머물러 산다. 그러니까 지어지선止於至善은 지선至善한 생존환경에서 머물러 산다고 해석하는 것이 옳을 것이다. 지선至善은 표준이 아니라 여기서는 최고선의 생존환경인 것이다. 『시경』에 "왕도王都를 중심으로 한 이 풍요롭고 살기 좋은 천 리 땅, 우리 백성들이 모여들어 삶의 터전을 열고 생명을 이어가며 평화롭게 살아갈 인간세여라"(邦畿千里, 惟民所止)라는 시가 있다. 이 시를 읽고 공자가 감탄하며 말했다. "어디엔가 머물러 산다는 것은 생명을 가진 존재로서는 가장 중요한 선택이다. 가장 알맞은 삶의 터전이 어디며 무엇인가를 알아서 거기에 머물러 산다는 것은 타고난 본능의 문제다. 보라, 무심코 날아다니는 꾀꼬리도 가장 알맞음을 찾아서 깃들이지 않는가? 그래, 사람이 저 꾀꼬리만도 못할 수야 있는가?"(詩云, 緡蠻黃鳥, 止于丘隅. 子曰, 於止 知其所止. 可以人而不如鳥乎) 이 지어지선止於至善의 '지止'는 분명 '거居'의 의미를 띤다. 그렇다면 그것은 무엇을 찾아간다는 의미의 '지之'는 아니다. 따라서 지선至善은 목표나 표준이 아니라 실재하는 삶의 좋은 환경을 말한 것이요, 거기에 사는 것이 바로 인간의 바람이자 이상적 욕구며 대학지도의 궁극적 목표인 평천하인 것이다.

⑤ '지지'에서 '능득'까지 – 삼강령의 실천방법 모색

대학지도의 삼강령은 그대로 하나의 강령일 뿐이다. 요샛말로 하면 '슬로건'과 같은 것이다. 그러므로 이것을 실천으로 옮기려면 구체적인 계획 즉 설계도, 방법론, 공사진행 과정(스케줄) 등이 필요한데, 이 대목은 삼강령에서 팔조목으로 이어지는 과정에 대한 인식의 태도와 사역자使役者로서 명심해야 할 문제들을 교훈적으로 제시하고 있다.

대학지도大學之道의 목표는 정해졌다. 그것은 '지어지선止於至善'하는 것이다. 지지이후知止而后라는 말에서의 '지지知止'는 바로 '지어지선에 대한 인식(확인)'이다.

목표가 서면 그것에로 접근해 가는 길과 방향이 정해진다. 이것이 '유정有定'이다. 지어지선의 목표는 나와 동떨어진 먼 곳에 있는데, 내가 그곳을 향해 서게 됨으로써 비로소 방향이 설정되면서 그곳으로 가는 길이 대강이나마 잡혀진다.

그런데 그 다음이 중요하다. 목표가 설정되고 방향이 정해지고 가는 길이 대충 짐작된다고 해서 곧바로 행동을 개시하는 것은 금물이다. 동물처럼 직사반응을 하지 말고, 그 문제를 나의 사유 영역으로 가져와서 사유를 거친 다음 행동으로 나아가는 것이 이성적 인간의 행위기 때문이다. 그래서 그 다음 오는 것은 '능정能靜'이다. 공자가 '지어도志於道'한 다음에 '거어덕據於德'할 것을 말한 것과 같은 맥락이다.

능정能靜 이후의 능안能安, 능려能慮, 능득能得은 모두 문제를 나 자신에게로 돌려서 연구하고 모색하는 과정으로, 공자의 '거어덕據於德'에 해당한

다고 볼 수 있다. '거어덕據於德'이란 무엇인가? 자기 반성이나 자기 성찰, 즉 자기가 가지고 있는 모든 것에 대한 점검이요 확인이다. 내가 저 목표에 갈 수 있는가? 갈 수 있다면 나 자신의 힘만으로 가능한가, 아니면 다른 누구의 도움을 받을 것인가? 길은 어떻게 닦을 것이며, 나 혼자 갈 것인가, 누군가와 동행할 것인가? 준비할 것은 무엇이고 미리 알아야 할 지식은 무엇인가? 이러한 일련의 성찰 과정이 바로 거어덕이다. 그러므로 능정能靜은, 『맹자』의 "학문의 길은 다름 아닌 흩어진 마음을 수습하는 것이다"라는 말처럼, 또한 『중용』의 "진실로 지극한 덕이 아니면 지극한 도가 응집되지 않는다"라는 말처럼, 그저 잠자듯 안으로만 침잠하는 무상무념의 선정禪定이 아니라 일체의 사유능력을 동원하는 수습, 응집의 작업인 것이다.(앞의 고요한 연못이 명경을 이루는 예를 포함해서)

그렇다면 정이후靜而后에 오는 능안能安은 어떻게 해석해야 하는가? '안安'이라는 글자를 풀이해 보면, '宀'는 집 즉 실室이고 그 속에 여인女人이 주인으로 들어앉았으니 여자가 시집가서 자기의 '실室'을 가짐으로써 종일이종從一而終할 수 있는 생生의 안주安住를 얻었다는 뜻이다. 이때 실室은 마음의 집, 즉 신명지사神明之舍다. 이 신명의 집(神明之舍)에 나의 내적 능력과 나의 바깥에 있는 객관적 정보 자료들이 모여드는 것이다. 이러한 안安은 안按으로 보아도 되는데, 안按은 어떤 문제(대상)에 대한 확인 작업으로서 사려思慮를 가능하게 하는 것이기 때문이다.

다음에 사려思慮 문제가 나오는데, 사려는 대상과 나의 사유능력과 여러 지식자료로서의 정보가 모아져야 가능하다. 그렇지 못하면 그것은 공상空想이 된다. 공자도 말하지 않았던가? "생각만 하고 배우지 않으면 위태롭고, 배우기만 하고 생각하지 않으면 얻는 것이 없다"라고……

능정能靜해서 능안能安하면 비로소 사려(慮)가 가능해진다. 능려能慮란 무엇인가? 무엇에 대해서 사려한다는 것인가? 물론 그것은 '지어지선止於

至善'이다. 그런데 여기에는 그 앞의 '명명덕'과 '친민'이 함께 사유대상이된다. 일련의 과정에서 이것은 우리가 반드시 딛고 가야 할 과정이기 때문이다. 모든 것은 이 능려 과정에서 정리되고 여과되고 조절되고 취사되고선택된다. 그래서 능려는 종합판단의 기능으로서 중요하다. 능정도 능안도 모두 이 능려를 위해 존재했던 것이다.

그 다음 능려의 결과로 얻어진 것이 능득能得이다. 능득은 결과물이기때문에 반드시 내용이 있어야 하는데, 여기서는 그저 얻었다(得)고만 말하는 데 그칠 뿐 더 이상은 말하지 않았다. 왜 그랬을까? 생각건대, 능려해서 능득한 내용은 거창한 체계로 되어 있으며 그 체계를 지탱하는 논리또한 극히 정밀하기 때문에 여기서는 온전히 다 털어놓을 수 없었던 것이다. 그래서 이것은 다음의 팔조목八條目에 가서 구체적으로 드러난다. 말하자면 능려能慮에서 얻은 능득能得의 내용이 바로 팔조목인 것이다.

⑥ 본말, 종시, 선후의 문제

능려能慮에서부터 능득能得으로 이어지는 삼강령은 그저 슬로건에 그칠 뿐이요, 팔조목 역시 하나의 설계도에 불과하다. 아직도 행동 단계에는들어서지 않은 것이다. 그것은 실천이나 행동으로 이어졌을 때 비로소 완성을 말할 수 있다. 그런데 행동에는 행동 나름의 질서가 필요하다. 무엇부터 먼저 손대고 무엇을 나중에 할 것인지 그 선후 과정을 잘 안배해야하고, 또 무엇이 근본이고 무엇이 지엽인지 그 일의 경중을 잘 가려야 한다. 그렇게 시작과 끝을 분명히 해서, 그 시작이 탄탄하고 기초가 잘 되어있으면 다음 일의 진행이 순탄하고 쌓아올린 것이 무너지지 않는다. "공든 탑이 무너지랴"라는 말이나 "시작이 반"이라는 말은 시작의 중요성을잘 나타내 주는 명언들이다. 끝맺음 또한 중요하다. 우리 주변에는 일을다해 놓고도 끝을 맺지 못해서 모두가 허사로 돌아가 버리는 경우가 허다하다. 속담에 "낫가리가 천이라도 주저리가 으뜸"이라는 말이 있다. 낫가리의 천千은 일의 과정이고, 마지막의 주저리는 마침, 마무리를 말한다. 낫가리가 천이나 된다 하더라도 마지막 주저리 하나를 놓지 않거나 잘못 놓게 되면 빗물이 스며들어 낫가리는 썩고 만다. 그래서 『중용』에서도 "성誠은 물物의 종시終始이니, 불성不誠이면 무물無物이다"라고 했다. 처음에 시작할 때도 성誠(功을 들임)으로써 기초를 쌓고 전 과정을 조금의 쉼도 없이 내내 성誠으로써 추동하며 마무리에서도 그 성誠이 꼭 붙어 있어야만 결국 성물成物할 수 있게 되는 것이다.

서양철학에서는 "존재한다는 것은 이성적인 것이다"라고 말하지만, 이 말은 동양 쪽에서는 "무릇 존재(成物)한다는 것은 성誠을 다한 것이다"라고 바뀌게 된다. 본말本末, 종시終始, 선후先後 등을 아는 것은 일을 진행하는 데 있어 반드시 선행되어야 할, 어쩌면 일 전반의 성패가 달렸다고까지 할 수 있는 주요 계획의 하나며, 또한 일의 능률과 효율을 높이는 데도 빼놓을 수 없는 필수조건이다. 옛날 시골에서는 일꾼을 평가할 때 제일 먼저 따지는 것이 일의 두서頭序를 아느냐 하는 점이었다. 농경에도 본말, 종시, 선후의 두서가 있다. 이 두서를 모르면 아무리 열심히 일해도 농사일을 뒤죽박죽으로 만들어 실패하고 만다. "지소선후知所先後, 근도의近道矣"라고 했다. 흔히 도가 통했다고 말하는데, 그 내용인즉 일에 대한 두서는 파악한 사람이라는 뜻이다. 그래서 도는 멀리 있는 것이 아니라 바로 가까이 자기에게 있다고 하는 것이다.

그러면, 여기서의 본말, 종시, 선후는 어떻게 판별해야 하는가? 대학 지도인 삼강령을 놓고 볼 때, 명덕明德은 본本이요 시始요 선先이 되고 명명덕明明德은 말이요 종이요 후後가 되는데, 다시 친민親民에 대해서는 명명덕이 선이 되고 본이 되며 친민은 후가 되고 말이 된다. 그리고 친민이 추동력을 가지고 지어지선止於至善에로 확충대화하는 데 있어서는 친민이 선이요 시며 지선至善은 후요 종이다. 결국 여기서의 본말, 종시, 선후는 고정적이고 결정적인 것이 아니다. 특히 동양의 순환논리에서 볼 때, 종終은 그냥 종으로 끝나는 것이 아니라 다시 바로 다음의 시始가 되기 때문이다. 다만 도덕수양론에 있어서의 본말은 분명하다. 수기치인修己治人할 때의 경우, 수기修己가 본이요 선이요 시며 치인治人이 말이요 종이요 후라는 것은 불변의 원칙인 것이다.

다음 팔조목을 열거할 때는 '선先'이라는 말만 쓰고 있는데, 사실 이 일련의 선후 과정은 하나의 연결 과정에 불과하기 때문에 여기서의 선先은 가치의 경중이나 우선순위의 선택 문제와는 다르다. 왜냐하면, 일련의 과정에 놓여 있는 각각의 단락은 선후좌우의 연결관계를 통해서만 자기 완성을 이룰 수 있기 때문이다. 궁극적으로 한 단락의 완성은 전체의 완성 속에서만 찾아질 수 있는 것이다. 만일 궁극적 성취가 평천하지어지선平天下止於至善이라면 평천하지어지선이 달성되었을 때 명명덕明明德이나 친민親民, 수신修身, 제가齊家, 치국治國이 모두 의의와 가치를 가질 수 있는 것이지, 어느 한 단계에서 끝나 버린다면 그것은 아무런 의미도, 가치도 없는 공허한 것이 되고 만다. 『중용』에 "군자가 도를 따라 행하다가 중도에서 중단하는 일도 있는데, 나는 아무리 어려운 일이 있어도 그렇게 중단할 수 없었다"라는 공자의 말이 있고, 또 "성誠은 한 일의 처음에서부터 마칠 때까지 시始와 종終을 이어주는 길이니, 그래서 시는 종과 만나 성물成物하게 되는 것이다. 만일 시와 종 사이에 성誠이 있지 않다면 그 일은 성사될 수 없다. 그러므로 군자는 '성지誠之'(誠을 추동해 감)를 귀히 여기는 것이다"라는 말이 있다. 이 대목에서 덧붙여 말하고 싶은 것은, 본과 말, 종과 시, 선과 후를 나누어 파악하는 것도 물론 중요하지만 더욱 중요한 것은 그것들이 반드시 '성지誠之'하는 역사役事를 통해 서로 연결되어야 한다는 것이다. 그러할 때 본은 본으로 말은 말로서의, 종은 종으로 시는 시로서의, 선은 선으로 후는 후로서의 자기 위상과 기능·가치를 구현할 수 있게 될 것이다.

2) 『대학』의 팔조목

原文

古之欲明明德於天下者, 先治其國. 欲治其國者, 先齊其家. 欲
　齊其家者, 先脩其身. 欲脩其身者, 先正其心. 欲正其心者, 先
　誠其意. 欲誠其意者, 先致其知. 致知在格物.
物格而后知至, 知至而后意誠, 意誠而后心正, 心正而后身脩, 身
　脩而后家齊, 家齊而后國治, 國治而后天下平.
自天子以至於庶人, 壹是皆以脩身爲本. 其本亂而末治者否矣. 其
　所厚者薄而其所薄者厚未之有也.

◎ 주자주

○ 치治는 평성平聲이다. 뒤에 오는 치治도 이와 같다.

"명명덕어천하자明明德於天下者"란, 온 천하사람으로 하여금 모두 그 명
덕明德을 되밝히게(其顯하게) 한다는 말이다. 심心은 일신一身의 주재요 성誠
은 진실이요 의意는 마음이 발해서 지향하는 바다. 그 마음이 발하는 바가
진실되면 그가 하고자 하는 일이 스스로 만족스러워져서 스스로를 속임이
없다. 치致는 목표에 미루어 이르게 한다는 뜻이요, 지知는 인식이다. 나의
지식을 끝까지 궁구해 가면 나의 지知가 다하지 않음이 없다.(즉, 모르는
것이 없다는 뜻) 격格은 '이르다'의 뜻이고 물物은 사事와 같으니, 사물의 이
치를 궁구해 가면 그 추구하는 바(극치에까지 이르고자 함)가 이루어지지 않

336　김충열 교수의 중용대학강의

음이 없다. 이 여덟 가지는 대학의 조목(八條目)이다.

○ 여기서의 치治는 거성去聲이다. 뒤에 오는 치治자도 마찬가지다.

물격物格이란 물리物理의 지극함이 이르지 않은 곳이 없다는 뜻이요, 지지知至란 내 마음에 아는 바가 닿지 않음이 없다(모두 안다)는 뜻이다. 이렇게 지식이 충만해지면 의意 또한 진실·충만해지고, 의가 진실·충만해지면 심心도 바로 서게 된다. '수신修身' 이상은 명명덕明明德의 일(단계)이요 '제가齊家' 이하는 신민新民의 일이다. 사물事物이 격格해지면 지知가 지극해지니, 곧 지止할 바를 아는 것이다. '의성意誠' 이하는 모두 지止할 바를 얻는 차례를 말한다.

○ 일壹은 일체一切라는 뜻이다. '정심正心' 이상은 수신의 과정이요, '제가齊家' 이하는 그것을 확충해 가는 과정이다. 수신위본修身爲本의 본本은 몸이요, 소후所厚(중시할 바)는 가家다. 이 두 구절(其本亂而末治者否矣, 其所厚者薄而其所薄者厚未之有也)은 앞의 두 구절의 뜻을 매듭지은 것이다.

◎ 의역

○ 삼강三綱의 마지막인 '지어지선止於至善'에 이르고자 하는 자 즉 명덕明德을 천하에 되밝혀서 평천하平天下를 이루고자 하는 자는 반드시 그 과정을 차례로 밟아서 추구해야 한다. 과정을 밟지 않고 일약등천一躍登天하는 법은 없다. 그러므로 옛날 명덕을 천하에 밝히려는 목표를 세운 사람은 그에 앞서 천하의 구성요소가 되는 각각의 나라(제후국)를 다스려야 했고, 그 나라(國)를 다스리고자 하는 사람은 그에 앞서 나라를 구성하고 있는 하급 단위인 가家('家庭'으로서의 家의 의미도 있지만, 정치조직으로 볼 때는 '大夫의 家'로 보기도 한다)를 먼저 정돈해야 했으며, 가家를 정돈하려는 자는 그에 앞서 자기 몸부터 닦아야 했다. 그런데 몸의 주재자는 심心이므로 몸을 닦기 위해서는 먼저 마음부터 바르게 해야 하고, 의지가 성실해야 마음을 정

定(正)하게 할 수 있으므로 마음을 바르게 하려면 먼저 그 뜻을 성실·진실되게 해야 한다. 그리고, 그 뜻을 진실되게 하려면 나의 밖에 있는 이치를 유감없이 갖추어야 하므로, 뜻을 진실되게 하려는 자는 먼저 그러한 지식을 축적해야 한다. 그렇다면 지식은 어떻게 해서 충족되는가? 그것은 외재사물의 이치를 궁구해서 그 이치가 내 안에 들어오게 하는 것이다.

○ 앞의 문장은 결과로부터 소급해서 근원 쪽으로 올라가고 있는 데 비해 이번 문장은 반대로 근원에서부터 결과에로 진행·확충해 가는 논리를 취하고 있다. 앞 문장의 마지막 구절은 '치지재격물致知在格物'이었기 때문에 이 문장은 격물格物 문제로부터 시작하는데, 격물格物을 뒤바꾸어 물격物格이라고 했다. 용어마저도 선후를 전도한 것으로, 이는 매 단락이 이미 이루어졌다고 정해 놓은 듯하다. 그래서 앞의 문장에서 중요한 동기를 부여하던 '욕欲'이니 '선先'이니 하는 말이 여기서는 빠졌다.

사물의 이치를 궁구한 뒤라야 지식이 내 속에 쌓이게 되고, 지식이 충족해져야 활연관통해서 뜻을 어디에 지향하고 전일專一할 수 있게 되며, 뜻이 이렇게 전일집중하고 성실하게 되어야 뜻을 주재하고 소통·조정하는 심心이 그 위치를 바르게 정定할 수 있게 된다. 지知, 의意, 심心은 한 몸에 내재해 있으니, 심이 신身의 주재라고는 하지만 지知나 의意 또한 마찬가지로 신身이라는 집 속에 들어 있다. 그래서 신身을 신명지사神明之舍라고 하는 것이다. 치지致知, 성의誠意, 정심正心이 몸 안에 좌정하면 이것이 바로 신수身修다. 여기서 '신身'은 팔조목의 가운데에 위치한다. '신'에서 근원 쪽으로 가면 지知·의意·심心이 되고 지향하는 목표 쪽으로 가면 제가齊家·치국治國·평천하平天下가 된다.(서복관 교수는 '致知在格物'을 팔조목에서 빼고 칠조목을 주장한다. 그렇다면 身은 바로 이쪽의 셋과 저쪽의 셋의 한가운데에 위치하는 셈이다) 신수身修하면 다음에는 가제家齊가 이루어지고, 가제家齊하면 치국治國이, 치국治國하면 천하평天下平이 각각 순차적으로 이루어져 나간다.

○ 팔조목八條目 가운데 가장 관절적인 단계가 바로 수신修身(身修)이다. 그리고 실제로 행동의 주체가 되는 것도 신身이다. 그래서 이 단락에서는 '수신修身이 근본'이라는 말을 강조하고 있다. 즉, 저 위의 천자로부터 아래의 서민에 이르기까지 누구를 막론하고 사람들은 하나같이 수신修身을 근본으로 삼는다는 것이다. 그리고 이 근본의 중요성을 더 강조하기 위해 다음에 "그 근본이 문란한데도 말단이 다스려지는 법은 없고, 또 중요한 문제를 소홀히 한 채로 소홀히 해도 될 문제가 두터이 되는 경우도 없다"라는 말을 덧붙이고 있다.

◎ 강의

앞의 삼강령에 대한 문제의식을 능려能慮, 능득能得으로 다시 확대해서 설계한 도표가 팔조목으로, 팔조목은 그대로 진행의 과정이 된다. 팔조목의 '목目'이 되는 격물格物, 치지致知, 성의誠意, 정심正心, 수신修身, 제가齊家, 치국治國, 평천하平天下는 유가정치의 기본 틀이다. 맹자는 「이루상離婁上」에서 "천하의 근본은 나라에 있고, 나라의 근본은 집에 있으며, 집의 근본은 몸에 있다"라고 설파하였는데, 이러한 그의 천하사상은 『대학』이 설정해 놓은 기조에서 출발한 것 같다.

첫머리 "고지욕명명덕어천하자古之欲明明德於天下者"라는 말에서 '옛날의 인물'이란 누구를 가리키는 것일까? 주희는 「대학장구서」에서 복희, 신농, 황제를 거론하였지만 이들은 교육의 실마리를 열었을 뿐 대학지도大學之道를 개명하는 데까지는 이르지 못했으므로, 그것은 결국 공자의 "조술요순祖述堯舜, 헌장문무憲章文武"라는 말에 특거特擧된 제왕들을 가리키는 것으로 보인다.

유가의 정치는 덕치주의를 표방한다. 오늘날과 같이 헌법, 법률, 규정 같은 객관 기준에 의해 정치가 집행되는 것이 아니라, 도덕수양이 가장 잘

되고, 가장 높은 수준의 지식과 기능을 갖춘 인간의 심성(仁)에서 흘러나오는 정서(親愛)와 천지만물의 이치를 본받은 도덕질서에 따라서 모든 정치 행위가 베풀어지는 것이다. 그러니까 덕치德治는 곧 인치仁治인 것이다. 정치조직도 마찬가지여서, 그것은 객관적 사회조직이 아니라 일종의 윤리조직이다. 윤리질서는 도덕심성으로 유지되어 가는 것이지, 객관적 규제법에 의해 지켜지는 것이 아니다. 그러므로 가정조직과 윤리의 확대인 천하국가는 기본적으로 도덕군자에 의해 다스려지는 것이 원칙이다. 그리고 거대한 천하국가사회를 하나의 윤리질서를 가지고 유지하기 때문에, 이러한 천하국가에 몸담고 있는 구성원은 바로 도덕적 인격을 갖추고 윤리질서를 지키는 자라야 한다.

유가가 백성의 교화를 정치의 본연이요 정치의 선결요건이라 보는 것은, 바로 오늘날 민주주의가 민주시민을 기르는 것과 같다. 그 교화의 내용은 주로 도덕심성의 문제고, 일용사물지도가 그 부수적 내용이다. 앞에서 "저 위의 천자로부터 아래의 서민에 이르기까지 모두가 수신을 근본으로 해야 한다"라고 한 것은 덕치주의의 성패가 바로 치자와 피치자가 모두 도덕윤리의 신봉자, 실천자가 되느냐 못 되느냐에 달려 있기 때문이다.

그런데 팔조목의 설계도를 보면, 수신修身이 근본인 것은 움직일 수 없는 약정이지만 삼강령에서는 볼 수 없었던(주희의 新民에는 포함된 것으로 보지만) '물物'이 중요한 명제로 나타난다. '격물치지格物致知'의 설이 그것이다. "욕명명덕어천하欲明明德於天下"의 실천 과정에서 수신의 시발 덕목으로 격물치지가 나오는 것이다. 이는 정심正心, 성의誠意보다도 선결되어야 할 조목으로 등장한다. 이것으로 미루어 볼 때, 삼강령인 명명덕明明德의 명덕明德에는 본래 내적인 심성수양만이 아니라 격물치지적 요소도 함께 갖추어져야 함을 뒤늦게나마 깨닫게 된다. 주희나 왕수인은 이 명덕明德을 본연지성本然之性, 본심本心, 일체지인一體之仁 등 순수도덕심성의 문제로만 보았지만, 막상 팔조목을 들여다보니 그것이 아니었다.

　본래 '덕德'은 성性의 공능으로서 이미 하늘로부터 받은 선한 것이어서 그 밖의 것은 기다릴 필요가 없다(得於天而不待於外者, 謂之德)는 의미에서 '득得'자와 같이 쓰기도 한다. 그렇다면 거기에 '명明'(동사로서의)을 덧붙이는 것은 군더더기다. 그러나 이제 그러한 '덕'의 심성적 요소에다 '사물事物'적 요소를 부가시키려고 하자니 자연히 '명明'이 필요해진 것으로 보인다. 즉, 명덕明德은 특히 격물치지적 요소를 덕에 부가시키는 행위로서의 명明으로 사용되었으리라는 생각이다. 그렇지 않고서 어떻게 수신修身의 조건 순서에서 격물치지格物致知가 성의誠意, 정심正心 앞에 놓일 수 있는가? 생각건대, 명명덕어천하明明德於天下라는 최종 목적은 한 사람의 도덕수양에 그치는 것이 아니라 명덕을 천하에 펴서 평화平和의 천하를 만들자는 거대한 이상이기 때문에 물질, 물리, 지식, 기능 등의 도덕 외적조건을 배제할 수 없었던 것이다. 그래서 '덕본재말德本財末'이라고 해서 전통적으로 유학자들이 소홀히 하고 경시하던 물질세계의 문제가 등장하게 되자, 그에 대한 해석이 구구각각이 된 것이다. 사실 이 팔조목을 해석하는 데 있어서 수신, 정심, 성의의 도덕조목에는 특별한 이론이 없었는 데 비해 유독 격물치지의 문제만이 크게 논란이 된 이유가 여기에 있다. 여기서는 팔조목 중 수신 등의 문제는 일단 접어 두고 논쟁의 핵이 되었던 격물치지 문제에 대해서만 집중적으로 논의해 보기로 하겠다.

　한대漢代의 학자 정현鄭玄은 "지知란 선악이나 길흉의 종시終始를 알아내는 지식행위고, 격格이란 밖에 있는 것(理)이 나의 마음속에 지식으로 오게 되는 것(神之格思 같은)이다. 지知에는 생명(德性)의 지와 인식의 지가 있다. 생명의 지는 내재덕성의 수양에 의해 자각되는 것이고, 인식의 지는 객관사물을 궁구해서 그 이치를 나의 지식으로 하는 행위다. 사물事物을 절대적 인식대상으로 하는 격格은 또한 '격'하는 자(인식주체)의 특별한 관심에 따라서 달라지기도 한다. 지知적 추구가 선에 집중되면 선의 리理가 이르고 악에 집중되면 악의 리가 이르는 것과 같이, 사람이 무엇에 대해 격물하느냐에 따라 얻어지는 것이 다르다"라고 하였다.

주희는 특히 객관적 이치를 탐구하는 지식으로 격물치지를 중시하여 이것을 학문의 기본 방법으로 삼았다. 주희에 의하면, '격格'은 '이른다'는 뜻(주체인 나의 인식행위가 지식대상인 객관사물로 가서 그 대상이 지니고 있는 理를 찾아오는 것)이고 '물物'은 '사事'와 같다.(여기서 '物은 事와 같다'는 말은, 어떤 物이 일단 지식의 대상이 되었을 때는 반드시 事와 연관해서 탐구해야 한다는 뜻이다. 物이 物 그대로기만 하다면 인간이 특별히 지식의 대상으로 삼을 필요가 없다. 사람이 한 物을 지식의 대상으로 삼을 때는 목적이 있어야 하는데, 이것이 바로 事다) 또한 '치致'란, 여기의 것을 미루어서 저쪽의 궁극 목적에 이르게 하는 지식의 확충 작업을 말한다. '보망장補亡章'에서 "천하사물에 나아가, 이미 알고 있는 이치를 바탕으로 더욱 그 이치를 궁구하여 그 극치에 이른다"(卽凡天下之物, 莫不因其已知之理, 而益窮之, 以求至乎其極)라고 한 것이 그 예다. '지知'는 지식이다. 천하사물의 이치를 아는 것이다. 이는 치致라는 추극推極 과정을 통해 이루어지는 것으로, "사물의 이치를 궁구하는 노력이 오래되면 하루아침에 활연히 천하사물의 이치를 꿰뚫어 알게 되어, 여러 사물의 안과 밖, 정밀한 근본과 지엽적인 것 등이 나의 지식 속에 들어오지 않음이 없게"(至於用力之久, 而一旦豁然貫通焉, 則衆物之表裏精粗無不到) 된다.(천하만물의 이치는 한꺼번에 모두 알 수 없으므로 이미 아는 지식의 힘을 바탕으로 해서 아직 모르는 것을 궁리해 가야 한다. 그렇게 확충해 가다 보면 인식능력이 점차 증대되어 마지막에는 직접인지의 대상이 될 수 없는 것까지도 알 수 있게 된다. 이것이 활연관통이다. 일단 활연관통하면 만물의 겉과 속, 현상과 본질이 모두 지식으로 받아들여진다)

왕수인은 주희와 상반된 각도에서 격물치지를 해석한다. 주희가 주로 객관사물의 리를 지식대상으로 한다면, 왕수인은 만물일체지인萬物一體之

仁, 양지良知(心) 등으로써 격물치지를 해석한다. 그는 말한다. "사람들은 치지致知를 '지식(객관지식)을 확충하는 것'으로 해석하는데, 그런 것이 아니다. 치지란 내 마음에 있는 양지를 극진히 하는 것을 말한다. 양지란 무엇인가? 맹자가 말한 '배우지 않아도 알고 해 보지 않아도 능한 것'이요, 심의 사단四端과 같이 생각을 기다리지 않고도 드러나는 도덕심의 유로流露다. 이것을 자각하고 확충해서 맹자가 말한 진심盡心, 지성知性, 지천知天하는 확대의 극치가 바로 치지다. 격格은 맹자가 말한 '격정格正'의 뜻이 있으니 바르지 못한 것을 바르게 하는 도덕적 힘을 말하고, 물物은 사事와 같다. 무릇 의意가 발하고 지향하는 데에는 반드시 그 대상인 사事가 있으니, 이 '의가 있는 바의 사'(意所在之事)를 물物이라 한 것이다." 이러한 물物에 대한 해석은 주희와 크게 다르지 않다. 그런데, 왕수인과 같이 해석한다면 격물치지格物致知가 수신修身의 최초 전제조건이 된다는 것에 대해서는 크게 의아해할 필요는 없겠지만 결국 팔조목은 심心 일색이 되어 버리고 만다. 수신 이후의 제가, 치국, 평천하라는 외발外發 과정에서 과연 심만으로 천하사天下事가 성취될 수 있을 것인지? 한번 반성해 보지 않을 수 없다.

삼강령을 이어서 "지지이후유정知止而后有定"이 나오듯이, 다음 문장에서는 팔조목이 열거된 뒤에 "물격이후지지物格而后知至"가 나온다. 이는 앞의 팔조목을 거꾸로 열거한 것으로 보이는데, 팔조목이라는 설계도를 볼 때 지지知至에서 천하평天下平으로 나아가는 논리전개는 옳다. 다만 문제가 되는 것은, 이 대목에서는 심의 수양 문제가 모든 것의 시단始端으로 나와야 할 터인데 의외로 '물격物格'이 팔조목 실천 과정의 첫 단추로 등장한다는 점이다. 왕수인처럼 격格을 격정格正, 물物을 의소재意所在의 사事, 지知를 양지良知(仁心)로 본다면 몰라도, 주희 식의 사유 유형에서 볼 때는 얼른 납득이 가지 않는다. 이에 대한 서복관 교수의 다음 말은 우리에게 중요한 점을 시사한다.

"실천적인 행위는 반드시 객관사물과 서로 맞아들어야 한다. 이것이 바로 팔조목의 단서가 지식 문제로부터 발전한 이유다. …… 『대학』의 이른바 '物물'은 천하天下, 국가國家, 신身을 가리킨다. 우리가 팔조목을 실천하는 데 절실한 지식은 천하天下, 국國, 가家, 신身을 평平, 치治, 제齊, 수修하는 '事사'에 관한 것이다. 그런데 세상에 떠도는 지식들이 모두 이러한 특수 목적에 완전히 부합하는 것은 아니다. 특히 종교의 경우, 이러한 현세간에 적용되는 지식은 법장法障이니 지장知障이니 해서 거부된다. 뿐만 아니라 제자백가의 지식체계 중 명가名家의 경우는 언어유희와 궤변을 일삼고 견백이동堅白異同 같은 논리를 위한 논리로 일관하여 실제 일용사물에 필요한 지식이 숨겨져 있다. 어떤 특수 목적을 세우고 그것을 실천하려면 그 목적과 방법에 맞는 지식이 새로 강구되어야 하며, 비슷하게 맞는 지식이 있다 하더라도 다시 검정되고 재구성되어야 한다. 이러한 요구에서 격물치지가 팔조목의 시발 단계로 놓이게 된 것이다."

이처럼 목적을 가진 지식의 필요성에 의해 제기된 것이 격물치지라면 당연히 그 해석의 폭이 좁아지고 내용이 분명해진다. 사실 여러 논란이 일어날 필요가 없는 것이다. 격格을 인식행위로 보고 물物을 인식대상으로 본다면, 우선 그 인식대상은 천하天下, 국國, 가家, 신身이므로 이를 '物물'이라고 한 주희의 해석은 옳다. 그리고 평平, 치治, 제齊, 수修하는 인식 내용, 실천방법의 모색을 '事사'로 본 것 또한 정곡을 찔렀다고 할 수 있다. 여기서의 지식 추구는 수신, 제가, 치국, 평천하에 필요한 지식을 추구하는 것이므로 다음에 오는 '치지致知'는 온갖 지식을 추구해서 지식의 극치에 이른다는 뜻이 아니라 평, 치, 제, 수하는 데 필요한 지식을 극대화하는 것이라고 보아야 한다. 그런데 주희는 너무 방만하게 지식체계를 흩뜨리고 부풀려 놓아서, 마치 천하의 온갖 지식을 무부진無不盡, 무부도無不到한 것처럼 만들었다는 오해를 사기에 알맞다. 하지만 지식을 극치에까지 미루어 이르게 하는 것이 치지致知라는 주희의 해석을 그대로 받아들일 경우, 팔조목의 첫 조목인 물격이후지지物格而后知至에서의 지지知至는 그런 것이 아닐 것이다. 이는 분명 천하, 국, 가, 신이라는 물物을 격格해서 얻은 지식의 체계화, 실용화를 말한 것이다. 그렇다면 치致 또한 확대나 극치가 아니라, 지식을 평천하의 사업에 응용할 수 있도록 정리, 논리화하는 일종의 지식정제知識精製 작업이라고 보아야 할 것 같다. 실제로『대학』의 전문傳文들은 그렇게 전개되고 있다.

3. 『대학』전문 강의

　　주희가 고본 『대학』의 착간을 발견하고 경문經文과 전문傳文을 분류하고 장구를 나눈 데 대해서는 『대학』 고문을 읽어본 사람이면 누구나 수긍할 수 있을 것이다. 분명 착간된 것이 사실로 확인되기 때문이다. 그런데 석연치 않은 면도 있다. 나의 생각으로는 전문 제5장의 "차위지본此謂知本, 차위지지지야此謂知之至也"에서, "차위지본此謂知本"은 본래 삼강령의 마지막 구절인 "……소홀히 해도 될 문제가 두터이 되는 경우는 없다"(而其所薄者厚未之有也) 뒤에 이어진 구절로서 "수신위본修身爲本"에 대한 마무리라고 여겨진다. 그러므로 이 구절은 원래대로 경문 마지막에 환원시키는 것이 좋을 것 같다. 이는 다음과 같은 이유 때문이다.

　　제5장 "차위지지지야此謂知之至也"의 앞에 빠진 단락이 있는 것은 분명해 보인다. 그 다음 제6장의 문구가 "소위성기의자所謂誠其意者"임을 감안할 때 여기에는 '격물치지格物致知'에 관한 부분이 있어야 하기 때문이다. 따라서 비록 논란은 있다 하더라도 주희가 이 '격물치지'장이 망실되었다고 확신하여 보망장補亡章을 써넣은 것은 후학으로서는 매우 다행한 일이라 여

겨진다. 그의 예리한 안목과 정확·충실하려는 학구적 노력이 존경스럽기만 하다. 주희는 죽기 전까지도 『대학』의 '성의誠意'장을 가지고 반추·궁구했다고 하였는데, 아마도 이 격물치지에 관한 보망장을 말한 것이 아닌가 생각된다. 그런데 보망장의 마지막 글이 "차위지지지야此謂知之至也"이므로, 주희가 보망補亡한 부분은 "차위지본此謂知本"과 "차위지지지야此謂知之至也" 사이의 한 단락임에 틀림없는 것이다. 그럴 경우 "차위지본此謂知本"은 경문經文에 속하는 것이어야 하지 않겠는가? 혼매함을 무릅쓰고 감히 의심난 것을 피력해 본다.

전문傳文은 모두 열 장으로 되어 있다. 이는 주희의 업적이다. 그는 전문을 열 장으로 분류한 이유를 설명하여 "고본古本은 자못 착간된 곳이 많아서, 정이천程伊川이 정해 놓은 바에 따라 경문을 다시 상고하고 전문에 대해서는 별도로 다음과 같이 차서를 지웠다" 하였는데, 고본 『대학』을 읽어 본 사람이라면 누구나 주희의 전문에 대한 장구서차章句序次를 두고 갈피를 잘 잡은 역작이라 평할 것이다. 옛날 서당 선생님이 『대학』은 덤부사리와 같이 헝클어진 책이라고 하신 것은 아마도 고본 『대학』을 지칭하신 것으로 보인다. 주희의 장구서차 작업이 없었다면 『대학』은 여전히 덤부사리로 남아 앞뒤의 문장, 문맥이 헝클어져 있을 것이다. 그러므로 여기서는 금본今本 『대학大學』 즉 주자장구본朱子章句本의 체계를 택하고, 왕수인의 고본대학설은 참고는 하되 따르지 않는다. 어차피 고본 『대학』을 따른다 하더라도 문맥이나 문장의 헝클어진 부분을 연구해서 삼강령, 팔조목의 서차대로 바로잡는 작업을 해야 할 터인데, 결국 그러한 작업은 주희의 장구서차 범위를 벗어나기 어려울 것이기 때문이다.

전문의 서차는 경문의 문맥(논리전개)을 그대로 따른 것 같다. 즉 앞에 대학지도大學之道인 삼강령을 먼저 전의傳意한 다음에 팔조목을 기술하고 있는데, 이는 경經 1장은 공자가 말한 것이고 전傳 10장은 증자의 뜻을 문인들이 기술한 것이라는 견해에 따른 것이다. 여기서 감히 또 한 마디 덧붙이자면, 전문 제1장에서 제4장까지는 삼강령에 대한 것으로 증자의 뜻인 것 같고, 다음 제5장에서 제10장까지는 팔조목에 관한 것으로서 그 문인들의 기술이라고 보인다.(제1~4장은 『서경』이나 『시경』을 인용한 것이 많은 데 비해 제5~10장은 그렇지 않기 때문이다) 그런데 이러한 주희의 견해를 받아들이면서도 석연치 않은 점이 있으니, 그것은 초간楚簡이 발견된 이후에 그에 대한 연구를 토대로 해서 『중용』은 자사子思의 작이요 『대학』은 자사의 문인들이 『중용』을 이어서 저술한 것이라는 새로운 학설이 나왔기 때문이다. 이 새로 나온 학설에 의한다면, 이제는 『대학』 경 1장의 말미에 부기附記된 주희의 말을 다음과 같이 수정해야 하지 않겠는가 하는 생각이 든다. "우右는 경經 1장이다. 대개 공자의 말씀을 자사가 옮긴 것이고, 그것을 전傳한 10장은 자사의 뜻을 문인들이 기술한 것이다." 이렇게 수정하고 나면, 그 외 장구서차의 분류나 내용에는 아무것도 꺼릴 것이 없을 듯하다.

◆ 삼강령의 전문

1) 전문 수장: '명명덕'에 대한 해석

原文

康誥曰, 克明德.
大甲曰, 顧諟天之明命.
帝典曰, 克明峻德.
皆自明也.

◎ 주자주

○ 강고康誥는 『서경』「주서周書」의 편명이다. 극克은 능能자와 같다.

○ 대大는 태太로 읽는다. 시諟는 시是의 옛말이다.

태갑太甲은 『서경』「상서商書」의 편명이다. 고顧는 항상 돌아봄, 즉 지켜본다는 뜻이다. 시諟는 차此와 같은 뜻인데, 혹은 심審(살핀다)의 뜻이라고도 한다. 천지명명天之明命은 하늘이 나에게 명하여 품부하신 것을 내가 덕으로 삼은 것이다. 이것을 늘 돌아보고 살피면 언제나 덕이 밝음을 유지할 수 있다.

○ 준峻은 서경에는 준俊으로 되어 있다.

제전帝典은 『서경』「우서虞書」의 첫째 편인 '요전堯典'을 말한 것이다. 준峻은 높다, 크다의 뜻, 즉 위대하다는 뜻이다.

○ 인용한 고전들을 결론지은 것으로, 스스로 하늘로부터 받은 성덕性德의 밝음을 되밝힌다는 뜻이다.

◎ 의역

『서경』의 「주서周書·강고康誥」에 말하기를 "너의 그 하늘이 주신 명덕을 저버리지 말고 무엇보다도 우선해서 되밝히는 데 힘쓰라" 하였고, 「상서商書·태갑太甲」에서는 "하늘이 명부命賦하신 명덕을 늘 살피고 되돌아보라(反省)"라고 하였으며, 「우서虞書·요전堯典」에서는 "그 높고 크고 위대한 덕을 어떤 것과도 싸워 이겨 지키고 밝혀야 한다"라고 하였다. 이러한 옛 경전의 말은 모두 스스로 하늘로부터 받은 밝은 덕이 가려져서 어두워지지 않도록 늘 자신을 이기고 어려움을 극복해서 되밝히라는 가르침이다.

◎ 강의

이는 삼강령의 첫 단계인 명명덕明德에 대한 해석이다. 해석이라기보다는 대학지도에서 첫 단계로 내세운 것에 대한 전거의 제시라고 보는 것이 옳을 것이다. 그런데 그 증거로 내세운 전고典故는 모두 옛날 창업주들의 글 속에 나오는 명언名言이다. 연대순으로는 가까이에서 먼 데로 되어 있다.

「강고康誥」는 주나라 무왕이 그의 아우 강숙康叔(이름은 封)을 위후衛侯로 봉하면서 훈계한 글이다. 그 앞뒤 문장을 보면 다음과 같다. "왕은 이렇게 말씀하였다. 제후의 우두머리인 짐은 사랑하는 동생 봉封에게 말하노라, 명심할지어다. 하늘이 명하신 덕德과 업業을 크게 발휘하시어 이 나라를 세운 아버님 문왕文王께서는, 정치에 임하실 때면 무엇보다도 먼저 자신의 덕을 밝히시어 그것으로 백성을 교화하는 것을 우선하시고, 따르지 않는 백성을 벌주실 때에는 혹여 나의 명덕과 교화가 잘못돼서인가 반성하시고 벌주는 것을 삼가고 삼가셨느니라."(王若曰, 孟侯朕, 其弟小子封, 惟乃丕顯考文王, 明德愼罰)

또, 「상서商書・태갑太甲」은 탕임금을 도와 은나라를 세우는 데 큰 공을 세운 이윤伊尹이 탕임금의 아들이자 다음 보위를 이은 태갑太甲에게 올린 글이라고 한다. 그 글이 위작僞作이라는 논란도 있지만, 이 인용문이 「태갑」에서 나온 것인 만큼 그 글을 살펴보기로 하자. "이윤이 글을 지어 올리기를, '선왕이신 탕임금께서 하늘이 명령하신 밝은 덕을 되밝히시니, 천지귀신의 명을 받들어 나라를 세우고 종묘를 여심이 어디서나 언제나 조금도 경건・숙목하지 않음이 없으셨습니다. 하늘이 그 위대한 덕을 알아보시고 대명大命을 내리사, 만방萬邦을 어루만지고 평안케 하셨습니다' 하였다."(伊尹作書曰, 先王顧諟天之明命, 以承上下神祇, 社稷宗廟, 罔不祇肅. 天監厥德, 用集

大命, 撫綏萬邦) 신하인 이윤은 왜 감히 태갑에게 이런 글을 올렸는가? 여기에는 유가정치철학의 군신지의君臣之義에 대한 사실적 교훈이 담겨 있다. 태갑이 왕이 된 후 방탕무도해지자 이윤은 태갑을 왕위에서 끌어내려 멀리 추방해 버렸다. 신하로서 감히 방벌放伐을 한 것이다. 이후 태갑이 3년 동안 반성하고 자수自修하여 새사람이 되어 돌아오자 이윤은 다시 태갑을 왕위에 올리면서 이 글을 지어 훈교한 것이다. 이윤은 역적인가, 충신인가? 이윤에게 진실한 충심忠心이 있었기에 가능했던 일이다. 후세에 오면서 이런 아름다운 이야기는 다시없다. 한 번 방벌되었다가 다시 복벽復辟한 예는 없는 것이다.

「요전堯典」은 유가정치철학에서 가장 이상적 정치가로 표출되는 요堯임금에 대한 기록이다. 「요전」의 주요 내용은 다음과 같다. "큰 덕(峻德)을 크게 밝히시어 구족九族을 친애하시고 잘 다독거리셨다. 구족이 화목해지자 이것이 모범이 되어 이웃에 퍼지고 온 나라 백성들이 본받으니, 백성들은 사람이 살아가는 도리를 깨닫고 밝아졌다. 이것이 더욱더 퍼져 나가 온 세상이 서로 어울리고 평화스럽게 되었다. 요임금의 덕교德敎에 감화된 아래의 백성들은 모두 자신을 변화시킴으로써 자연의 변화는 물론 인간관계의 변화에도 잘 적응해서 화평한 분위기에 도취되었다."(克明峻德, 以親九族. 九族旣睦, 平章百姓. 百姓昭明, 協和萬邦. 黎民, 於變時雍) 준덕峻德은 "그 덕의 밝은 빛은 온 누리를 덮었고, 그 정성을 다하는 정치교화의 성취는 천지귀신을 감격시키는 데까지 이르렀다"(光被四表, 格于上下)를 상징하는 말로, 이런 최고의 형용은 요임금에게만 쓰는 말이다. 그렇게 형용된 이가 있다면 이는 참칭僭稱이다. 유가정치의 이상으로 요순지치堯舜之治를 내세우는 것은 바로 인류 역사상 나타난 덕치의 최고 모델이기 때문이다. 대학지도에서 명명덕의 전고와 궁극적 지표가 여기에 있는 것이다.

이 장에서 마지막으로 인용한 「요전堯典」의 명덕은 요임금이 직접 표출한 명명덕明明德과 그 최선의 결과인 지어지선止於至善을 이야기한 것이다. 그러나 앞의 두 인용문은 군위君位에 있는 치자治者의 명덕을 이야기한 것이 아니다. 「강고康誥」의 경우는 상급자에 의한 교시敎示적 의미의 명명덕明明德을 말하고 있고, 「태갑太甲」의 경우는 실덕한 치자의 반성反省과 자수自修를 강조하면서 실덕자도 반신이성反身以誠하면 다시 명덕이 되밝아질 수 있다는 역사적 증거를 제시해 준다는 데 각별한 의미가 있다.

요언하면, '제전帝典'(堯典)의 인용문은 아직 국가라는 형체가 갖추어지지 않은 상태에서, '요'라는 도덕인격자 개인에서부터 혈연 단위조직인 친인親姻가족의 윤리관계적 조직과 그것을 이웃한 향리, 그리고 그 확대인 백성, 국가, 천하로 이어지는 전체 조직의 확대 과정에서의 '도덕의 보편화' 즉 교화정치의 성취를 긍정적으로 제시하고 있는 것으로 보인다. 이것은 다음 팔조목의 궁극적 성취인 평천하平天下의 역사적 전례를 내세워 신심信心을 갖게 한 것이라고 할 수 있다.

다음은 방벌放伐의 문제인데, 유가정치철학에 있어서 은탕殷湯의 방벌하걸放伐夏桀이나 주무왕周武王의 방벌은주放伐殷紂를 정당화하는 『맹자』의 방벌사상은 덕치德治를 보호하는 일종의 극약처방과 같은 마지막 수단으로서, 그 불가피성이 강조되는 면이기도 하다. 주周의 건국 자체가 방벌(易姓革命)로 이루어졌으므로 종래 천명天命의 영항성永恒性은 미상성靡常性으로 대체된다. 천天의 명命으로 나라를 다스리는 유덕자有德者가 부덕不德을 자행할 경우 천은 가차없이 그 명을 회수하여 다른 유덕자에게 나라를 맡긴다는 것이 '천명미상天命靡常'의 사상이다. 이 천명미상의 사상은 결과적으로는 왕위王位에 나아갈수록 더욱 명명덕明明德을 위해 진력해야 한다는 강력한 정치적 교훈성을 띠게 된다. 그렇기 때문에 서주西周 초의 군왕들은 "소심익익小心翼翼, 명명덕明明德"을 제일의 수칙으로 삼았던 것이며, 또 그렇기 때문에 "주수구방周雖舊邦, 기명유신其命維新"이라는 말이 가능했던 것이다.

특히, 실덕자失德者의 재득덕再得德(得德을 得民이라고도 함)은 명명덕明明德의 또 다른 면으로서 중요한 의미를 지닌다. 주희는 늘 "본래 하늘로부터 받은 덕은 밝지 않음이 없는데 이것이 기품氣稟과 사욕私欲에 가리어 혼미해진다"고 하여 그것을 되밝히는 수행修行의 작업이 불가피함을 강조하였는데, 「태갑」 재득덕再得德의 전고는 비록 기품과 사욕에 가려졌다 하더라도 본래의 명덕은 여전히 그대로 있으므로 수행거구修行去垢 작업만 있다면 복성復性(復初)할 수 있다는 반신이성反身以誠과 변화기질變化氣質의 가능성을 열어 놓고 있어, 유가의 교화정치의 유효성을 증명해 주고 있다. 이런 의미에서 「태갑」의 "고시천지명명顧諟天之明命"은 유가의 도덕정치 특히 교화정치에 있어서 중요한 교훈이 된다고 여겨진다.

그리고 처음에 인용한 「강고」는 아직 미숙한 정치 초년생에게 주는 기성 정치인의 교시로, 개국자의 입국立國 정신과 창업創業의 어려움을 일러줌으로써 안일함에 빠지기 쉬운 후계군왕後繼君王들을 경계한 글이다. 이는 선성先聖에 대한 계지술사繼志述事의 직무를 일깨운 명언이라 하겠다. 흔히 말하는 것처럼 창업도 어렵거니와 수성守成은 더욱 어렵다는, 정권(국가명맥) 수호의 중요성을 명심시키는 목적에서 인용된 것으로 보아야 할 것이다.

이상과 같이 볼 때, 욕명명덕어천하자欲明明德於天下者에 있어서의 명명덕明明德은 세 가지의 주요 내용을 간직한 것이라 하겠다. 첫째는 창업주의 명명덕이고, 둘째는 수성자의 명명덕이고, 셋째는 실덕失德에서 반기反起하는 복초復初에로의 명명덕이다.

전傳의 제1장(釋明明德)은 간단한 몇 구절의 고전 인용만으로 끝났지만 그것이 내포하고 있는 교훈은 실로 지대하다. 이런 의미에서 마지막 구절 "개자명야皆自明也"에는 그 스스로 명명덕明明德하는 것이라는 뜻 외에도 이

러한 세 가지 명명덕을 명심해야 한다는 명지明知·명각明覺의 교훈도 있
는 것으로 보인다.

2) 전문 제2장: '친민'(신민)에 대한 해석

湯之盤銘曰, 苟日新, 日日新, 又日新.
康誥曰, 作新民.
詩曰, 周雖舊邦, 其命維新.
是故, 君子無所不用其極.

◎ 주자주

○ 반盤은 목욕하는 그릇(세숫대야나 목욕통)이요, 명銘은 그 그릇에 이름
이나 내용을 새겨 자신을 경계하는 글이다. 구苟는 진실(誠)이다. 탕임금은
사람이 그 마음을 깨끗이 씻는 것을 목욕탕에서 몸의 때를 씻어 내는 것에
비유하여 그 목욕 그릇에 새겨 두었다. 진실로 능히 매일 그 옛날 오염된
때를 세척해서 스스로 깨끗한 새로운 사람이 된즉, 그 새로워진 자신이
다시는 오염되지 않도록 날마다 더욱 새롭게 닦고 닦아서 조금도 틈을 보
이지 않는 것을 말한 것이다.

○ 사람들을 고무시켜서 떨쳐 일어나게 하여 그들 자신을 새롭게 거듭
나게 한다는 뜻이다.

○『시경』「대아大雅·문왕文王」에 나온다. "주나라가 비록 오래된 나
라이나, 나라를 경영하는 사람들이 나날이 새로운 마음가짐과 새로 세운

나라처럼 소심익익小心翼翼하며 삼가고 또 삼가기 때문에 그 나라의 명맥이 마치 새로 일어난 나라처럼 참신하고 '초심初心 그대로'(천명을 받을 때의 마음 그대로) 있다."

○ 왕(통치자) 자신의 새로운 마음가짐과 백성들을 늘 고무・진작시켜서 구태에 의연하지 않고 새로운 삶을 찾아 일어나 일함을 말한 것이니, 이는 모두 '지어지선止於至善'하고자 함이다.

◎ 의역

은나라의 창업주 탕임금이 목욕하는 그릇에는 다음과 같은 내용의 글이 새겨져 있다. "정성스레 나 자신의 마음 다스리기를 날마다 몸의 오염된 때를 씻어 내듯이 하면 마음(몸)이 새로워질(깨끗해질) 것이며, 이러한 세심거구洗心去垢(마음을 세척하고 때를 벗기는 일) 작업을 날마다 계속하면 다시는 오염되지 않고 마음이 늘 새로운 듯 상쾌해질 것이다. 새로운 마음은 새로운 일을 찾아서 더욱 새로운 삶을 모색할 것이며, 따라서 백성들도 날로 새롭게 교화될 것이다." 또 「강고康誥」에서는 "백성을 새로운 미래를 위해 노력하도록 고무 격려하고 새로운 정치를 따라오도록 떨쳐 일어나게 한다"라고 하였다. 『시경』에는 이르기를, "주나라가 비록 천명을 받은 지 오래된 나라이나 그 천명은 처음 명을 받을 때와 마찬가지여서 아직도 새로 명 받은 듯 조금도 진부해지지 않았다"라고 하였다. 나라를 다스리고 백성을 교화하는 자리에 있는 군자君子(통치자)는 이러한 왕 스스로의 새로워짐을 기약하고 그로써 백성을 새롭게 교화하는 방법(政道의 要方)을 쓰지 않는 바가 없다. 즉 정치란, 자신이 새로워지고 백성을 새롭게 교화시키는 길이다. 정치가 베풀어지는 영역은 언제 어디서나 마음에서부터 행하여 문명을 새롭게 창진해 나가는 것을 본령으로 삼는다.

◎ 강의

모든 생명은 새로워짐을 살아 있다는 것의 증거로 삼는다. 자연의 순
환 반복과 기계적・물리적 진행은 동일반복의 연속이지만 생명은 이와 다
르다. 생명은 동일반복을 싫어한다. 생명은 '새로운 세계(경지)를 추구'(공간
의 이동)하는 본성이 있고, 환경을 거스르고 극복하려는 의지적 활력이 있
으며, 변화를 추구하고 새로운 생명의 광장을 열어 가려는 개척정신이 있
다. 그러므로 정치에서 자신自新과 신민新民은 그 자체가 활력소가 된다.

이 장의 '신新'에도 역시 세 가지의 서로 다른 면이 있다. 첫 번째 인용
된 탕임금의 「반명盤銘」은 통치자 스스로의 자신自新이고, 두 번째 「강고康
誥」의 인용문은 통치자 스스로가 명명덕明明德한 다음 친민親民하는 것과 마
찬가지로 자신自新(自新은 어떤 면에서는 明明德과 같은 단락으로 볼 수도 있다)을
미루어 펴 가서 백성들도 새로워지게 하는 것이다. 이때 '신新'의 내용은 도
덕적 차원에만 머무는 것이 아니라, 일용사물지도 전반에 걸친 새로운 지
식이나 학문, 물질의 생산을 위한 새로운 기술이나 방법, 요령 및 새로운
생존환경의 개척 등 문명의 창진에 필요한 모든 것을 포함한다. 이러할 때
비로소 "주나라가 비록 옛 나라지만 그 명은 날로 새로울 뿐이다"라는 의
미에 부합할 수 있다. 흔히 기명유신其命維新을 '소심익익小心翼翼, 유수기덕
維守其德'하는 것으로 아는데, 이는 잘못이다. 사실 소심익익하는 도덕적 수
양만으로는 한 나라의 생명이 신진新進할 수 없다. 도덕적 수양이라는 것
은 사실상 구태의연한 방법과 논리 범주를 벗어나지 않는다. 그러므로, 세
번째 유신維新의 신新은 통치자와 백성이 모두 함께 문명・문화의 진화 향
상을 추구하는, 즉 모든 인류가 함께 인간세계, 인간 생존환경의 발전을
추구하는 '신新'인 것이다.

이 장에서는 주로 신민新民을 논하고 친민親民이 감추어진 감이 있으나,

기실 통치자가 아무리 자신自新하고 욕명명덕어천하欲明明德於天下해서 신민新民을 한다 해도 인간관계의 기본인 '인심仁心'이 감통하지 않고 모든 사람(백성)의 협화協和가 없으면 실효를 거두기 어렵다. 그러므로 신민新民, 작신민作新民, 계기자신지민繼起自新之民의 내막에는 자연히 '친민親民'이라는 범애사상이 함축되어 있다는 것을 잊어서는 안 된다.

이러한 면에서 본다면, 이 '석신민釋新民'장에는 위에 인용된 일신日新(自新), 작신민作新民, 유신維新의 세 전고에다가 전傳 제10장의 "품격 높은 통치자는 백성의 어버이로 자처한다. 그래서 백성이 좋아하는 것을 좋아할 수 있게 해 주고 백성이 싫어하는 것을 없애서 싫어하는 것이 생겨나지 않도록 예방한다"(詩云, 樂只君子, 民之父母, 民之所好 好之, 民之所惡 惡之, 此之謂民之父母)라는 구절과 전 제9장의 "백성 대하기를 마치 자기의 어린이 보호하듯 해서 마음속으로부터 진실로 백성을 보호한다면, 비록 이상정치의 정곡은 맞추지 못하더라도 거기에서 크게 벗어나지는 않을 것이다"(康誥曰, 如保赤子, 心誠求之, 雖不中不遠矣)라는 구절을 포함시켰으면 좋았으리라는 생각이 든다. 만일 '신민' 속에 '친민'이 들어 있지 않다면 백성들의 호오와 관계없이 통치자가 스스로의 호오를 기준으로 정책을 설정하여 백성들이 거기에 따라오도록 독려할 것이기 때문이다. 이렇게 되면 민본民本, 위민爲民의 정치가 아니라 위군爲君정치, 구민驅民(백성몰이)정치, 더 심하면 독단독재의 정치가 된다. 아무리 도덕적 논리에서 하자가 없다 해도 백성이 원하지 않는 정치라면, 이는 도덕적 강제나 강압의 독재가 되어 어떤 면에서는 객관적 제도를 기준으로 하는 법치만도 못할 수 있다. 유가의 도덕정치가 때로 권위주의정치 혹은 백성을 몰아붙이고 유도하는 사민使民정치로 비판받는 것은 이 때문이다. 그러므로, 주희의 신민新民에는 반드시 왕수인의 친민親民이 공존해야 한다고 강조하고 싶다.

3) 전문 제3장: '지어지선'에 대한 해석

詩云, 邦畿千里, 惟民所止.

詩云, 緡蠻黃鳥, 止于丘隅. 子曰, 於止, 知其所止. 可以人而不
如鳥乎?

詩云, 穆穆文王. 於緝熙敬止. 爲人君止於仁, 爲人臣止於敬, 爲
人子止於孝, 爲人父止於慈, 與國人交止於信.

詩云, 瞻彼淇澳, 菉竹猗猗. 有斐君子, 如切如磋, 如琢如磨.
瑟兮僩兮, 赫兮喧兮. 有斐君子, 終不可諠兮. 如切如磋者, 道
學也. 如琢如磨者, 自脩也. 瑟兮僩兮者, 恂慄也. 赫兮喧兮
者, 威儀也. 有斐君子, 終不可諠兮者, 道盛德至善. 民之不能
忘也.

詩云, 於戲, 前王不忘. 君子賢其賢而親其親, 小人樂其樂而利
其利. 此以沒世不忘也.

◎ 주자주

○『시詩』「상송商頌·현조玄鳥」에 나온다. 방기邦畿는 왕이 있는 서울
근교를 가리킨다. 지止는 거주居住한다는 뜻이니, 모든 사물은 각기 그가
마땅히 거주해야 할 곳이 있음을 말한 것이다.

○'민緡'은『시경』에 '면緜'으로 되어 있다.

『시』「소아小雅·만면蠻緜」에 나온다. '민만緡蠻'은 새 울음소리, '구우丘
隅'는 숲이 우거진 언덕의 나뭇가지 또는 한적한 모퉁이를 말한다. '자왈子

曰' 이하는 공자가 시를 논평한 말이니, 사람도 마땅히 지止할 바에 처할
줄 알아야 한다는 뜻이다.

○ '於緝'의 '於'는 '오烏'로 발음한다.

『시경』「대아大雅·문왕文王」에 나온다. 목목穆穆은 심원하다는 뜻, 오
於는 아름다움을 한탄한 말, 집緝은 계속하다, 희熙는 광명光明이다. 경지敬
止란, 경건하지 않음이 없이 그 지止할 바에 편안하다는 뜻이니, 이 시를
인용해서 성인聖人의 지止가 지선至善하지 않음이 없다는 것을 말하고 있
다. 시에서 지止하는 다섯 가지(仁, 敬, 孝, 慈, 信)는 지止의 조목 중에서 특히
두드러진 것으로, 학자들이 그 정미한 함의를 궁구하고 유추해서 나머지
지엽적인 것까지도 다 궁구한다면 천하사天下事에 있어서 모두 그 '지'할
바를 알아서 의심할 바가 없게 된다는 것이다.

○ '澳'은 어於와 육六의 반절(욱)이다. '록菉'은 『시경』에는 '록綠'으로 되
어 있다. '猗'는 협운叶韻으로 '아'로 읽는다. '僩'은 하下와 판版의 반절(한)이
다. '喧'은 『시경』에는 '咺'으로, '諠'은 '諼'으로 되어 있는데 모두 황況과 만
晚의 반절(한)이다. '恂'을 정현鄭玄은 '준峻'으로 읽었다.

『시』「위풍衛風·기욱淇澳」에 나온다. 기淇는 물 이름이고, 욱澳은 물굽
이를 말한다. 의의猗猗는 아름답고 싱싱한 모습, 비斐는 문채가 아름다운
모양이다. 절切은 칼로 톱질하는 일, 탁琢은 송곳으로 구멍을 뚫는 일이니,
모두 물건을 마름질해서 어떤 형질을 만들어 내는 작업을 말한다. 차磋는
줄이나 대패 같은 것으로 모양을 다듬고 고르는 일, 마磨는 모래나 돌, 사
포 같은 것으로 가는 것이니, 모두 어떤 물건을 윤택하게 하는 공정을 말
한 것이다. 뼈나 뿔을 다스리는 자는 자르고 또 마름질하며, 옥과 돌을 다
스리는 자는 쪼고 또 간다. 이는 모두 그 다스림에 순서가 있으며, 그 순서
에 따라 정교함을 더해 감을 말한 것이다. 슬瑟은 엄밀嚴密한 모양이요, 한
僩은 근엄하고 굳센 성질이요, 혁한赫喧은 밝게 드러나 활짝 핀 모양이요,

한諠은 잊어버림(忘却)을 뜻한다. 도道는 '말하다'의 뜻이요 학學은 강습토론 하는 일이며, 자수自修는 성찰극치省察克治하는 공부를 가리킨다. 이것은 시를 인용해서 명명덕明明德하여 지어지선止於至善하는 과정을 밝힌 것으로, "도학자수道學自修"는 그 말미암을 바로서의 근거를 말한 것이요, "준율위 의怐慄威儀"는 도덕인격자의 용모와 안팎의 늠름한 모습을 형용한 것, 즉 그 성실과 아름다움을 찬탄한 것이다.

○ '於戱'의 음은 '오호嗚呼'요 '樂'은 '락洛'이다.

『시경』「주송周頌・열문烈文」에 나온다. 오호於戱는 감탄사다. 전왕前王 은 문왕文王과 무왕武王을 말하고, 군자君子는 후현후왕後賢後王을 가리키며, 소민小民은 후민後民이다. 이는 전왕前王이 신민新民하고 지어지선止於至善해 서 천하후세로 하여금 어느 하나도 그 처할 바에 처하지 않음이 없도록 하였으니, 사후에도 사람들이 그 은덕을 사모하여 세월이 오래될수록 더 욱 잊지 않고 찬탄함을 노래한 것이다. 이 두 절의 시는 그 맛이 심장深長 하므로 마땅히 익혀 완미할 것이다.

◎ 의역

○『시경』에 말했다. "현賢과 능能을 구비한 훌륭한 임금이 다스리는 나라, 이 문명이 깃들어 있는 천리강산은, 우리 백성들이 삶을 구가하고 하염없이 새로움을 추구하는 삶의 터전일세."

○『시경』에 말하기를 "저 노래하는 조그마한 꾀꼬리를 보라. 저와 같 은 미물도 자기가 어디에 깃들여야 하는지를 알아서, 높은 언덕 숲 속에 은밀한 보금자리를 마련하고 있지 않은가?" 하였다. 이 시를 읽고 공자께 서 말씀하셨다. "머무른다는 것, 자기가 어디에 머물러야 하는지를 알아 서 그 알맞은 곳에 머무르는 것, 이는 미물인 새들도 잘 알고 있는데 하물 며 사람이 새만도 못해서야!"

○『시경』에서 말하였다. "아아, 거룩하신 문왕이시여! 영원히 잊혀지지 않고 밝은 성자의 기상氣像으로, 경건하고 숙목하게 우리 마음속에 머물러 게시네. 남의 임금이 되어서는 인仁에 머물고, 남의 신하가 되어서는 경敬에 머물고, 남의 자식이 되어서는 효孝에 머물고, 남의 어버이 되어서는 자慈에 머물고, 나라 사람들과 사귐에는 신信에 머물지어다."

○『시경』에서 말했다. "저 기수淇水의 물굽이 언덕을 보라. 푸른 대숲이 저렇게도 무성하지 않은가? 저 아름다운 군자를 보라. 무성한 대나무를 자르고 다듬고 쪼고 갈듯 자기 몸을 닦아서 온화하면서도 위엄 있으니, 속의 덕기가 겉으로 은은히 드러나서 아름다움과 그윽함이 풍겨나도다. 저 도덕이 충만하고 지선至善을 갖추신 군자님, 백성들은 그를 영원토록 잊지 못하고 사모하네."

○『시경』에 이렇게 말했다. "오호라, 앞서 가신 임금님을 잊지 못함이여. 군자가 어진 이를 어진 이로 숭배하고 어버이를 어버이로 친애하니, 백성들은 낙토樂土에서 살며 삶의 유익함을 누리도다. 비록 죽어서 그 몸이 사라졌다 해도 백성들은 선왕의 은덕을 영원히 잊지 못하니, 군자의 다스림이 지어지선에 이르면 그 공은 영원히 백성들 마음속에 살아 있는 것이다."

◎ 강의

지어지선止於至善, 백성들이 지선至善의 경지에서 삶을 영위한다는 것, 여기서 지선한 경지란 어떤 세계인가? 유가가 말하는 도덕적 지선인가, 종교에서 말하는 천국이나 극락 즉 사람들이 생각하고 동경하는 천상의 세계인가? 아니다. 여기서의 지선이란, 대학지도大學之道에서 말하는 지선 즉 현세간에서 인간의 힘으로 건설할 수 있는 이상세계(인간세의 至善)를 말한다. 고답적이고 신비스러운 그런 경지가 아니라, 일상 속에 살아 있는 어쩌면 극히 평범한 세계다.

설사 종교에서 제시하는 천국이 있다고 하자. 그러면 유가의 인간들은 그 천국을 동경은 하겠지만, 거기에 가서 살 생각은 하지 않을 것이다. 그 곳은 신이 창조하신 세계로 신이 주인이요, 인간은 나그네나 종으로 살아야 할 것이기 때문이다. 극락세계도 마찬가지다. 그것이 인간 삶의 활력소는 될 수 있겠지만 역시 인간의 상상일 뿐이라고 본다. 유가의 입장에서는 현세간을 벗어나는 초절은 결코 있을 수 없으므로, 그러한 방외의 세계는 바람의 대상이 될 수 없다. 공자가 말한 대로 이 인간세를 버리고서 인간이 갈 수 있는 곳은 없다. 인간은 인간세 속에서 이상을 실현시키고 스스로의 힘으로 삶을 영위함으로써 존귀해질 수 있는 것이다. 어떤 외적인 힘에 의해서 산다는 것은 인간의 자기 폄하요 궁극적으로는 자기 부정이다. 그러므로 '지어지선止於至善'이라는, 인간 이상을 실현하는 실제행위인 정치에서의 궁극 목표는 결코 순수도덕적 개념이나 종교적 초월세계가 아니며, 그것은 바로 평천하平天下를 내용으로 한다.

유가에 있어서 평천하의 범주는 가정을 단위조직으로 해서 확대된 향당鄕黨, 주려州閭, 국가國家다. 국가란 무엇인가? 다음은 방동미 교수가 제시한 국가의 네 가지 기능이다. ① 국가는 인문 생활을 원만하게 실현해 가는 현존체면서 끊임없이 미래를 지향해 가는 문화창진의 생기광장生機廣場이다. 모든 중대한 정치행위는 국민 모두의 안전하고 행복한 생활이 보장되도록 강구되어야 한다. ② 국가는 정치적·경제적·군사적인 외형조직을 갖추고, 그러한 조직을 바탕으로 한 발 더 나아가 도덕적 이상을 실현할 수 있는 발판(터전)이 되어 주어야 한다. ③ 국가는 하나의 원만하고 우아한 학교가 되어, 국민들로 하여금 문화적인 소양을 함양하여 각자가 가진 잠재능력을 최대한 발휘할 수 있도록 교화·육성해야 한다. ④ 국가는 하나의 문화가치를 계속 제고提高해 가는 창조의 터전으로서 국민들로 하여금 평등한 기회를 갖고 공민으로서의 의무를 충실히 수행하게 하는 동시에, 개인마다의 특수한 재질을 충분히 발전시켜 문화 이상을 실현하는 창조활동에 적극 기여하도록 해야 한다.

국가는 현세간 속의 국가요, 삶의 일체를 포괄하는 생존현장이다. 초월도 초절도 허용되지 않는 이미 주정註定된 세간이다. 이러한 국가의 내미內味를 억지로 순도덕적 지선이나 종교적 지선으로 만들려 한다면 그것은 이미 현세간이 아니요 인간세가 아니다. 정치적 범주에서 벗어난 비현실적 세계가 되어 버리는 것이다. 이는 유가의 천하국가관이나 인문문화창진관에서는 있을 수 없는 세계며, 지선至善이라는 것이 그러한 지향이나 경지라면 유가정치는 설 곳이 없다. 그것은 유가정치로서는 이룰 수 없는 세계기 때문이다. 요언하면 『대학』의 지선至善은 인간이 보편적이고 자연스러운 삶을 영위하는 데 모든 것이 도움이 되고 개체의 삶 또한 온 천하 생명들의 삶에 선善이 되는 '공동선共同善의 조성'을 가리킨다. 그리고 모든 생명에게는 그 나름의 가장 편안하고 알맞은 삶이 있으므로 지선至善의 기준은 획일적이어서는 안 된다.

전문에는 『시경』의 "방기천리邦畿千里, 유민소지惟民所止"라는 시와 "민만황조緜蠻黃鳥, 지우구우止于丘隅"라는 시가 연속해서 인용되어 있다. 백성이 머물러 사는 곳은 방기천리邦畿千里지만, 꾀꼬리가 깃들여 사는 곳은 나무숲으로 뒤덮인 높은 언덕배기다. 각자가 지止하는 곳이 같지 않음을 보여 주는 대목이다. 『장자』에서도 말했듯이, 사람들은 새를 새장에 가두어 두고 모이와 물을 주면서 그 새가 힘들게 멱식覓食 행위를 하지 않고 편안히 살아간다고 착각할지 모르지만 새는 언제나 그 갇힌 새장을 벗어나고 싶어한다. 새장은 새가 머무를 곳이 아니기 때문이다. 마찬가지 논리로, 사람이 고생하지 않고 살 수 있는 천국과 극락이 있다고 하자. 그러면 사람들은 거기서 살기를 원할까? 인간 역시 새와 마찬가지로 천국, 극락을 벗어나 인간세로 회귀할 것을 염원할 것이다. 그러므로 대학지도에서의 지선은 현세간의 인간이 정치행위를 통해 건설하고 안주하고 향유하는 경지이지, 순수도덕이나 초월적 종교가 제시하는 의미의 경지는 아닌 것이다.

다음, 『시경』「대아·문왕」에서 인용한 시는 인간관계 속에서 추구하는 지어지선止於至善을 열거함으로써 역시 지선의 획일화를 배제하고 있다. 인간이 하늘로부터 타고난 덕성을 가장 모범적으로 구현한 사람으로 문왕을 내세우는데, 그 문왕은 어디에 지止하였는가? 천지생명의 영원지속(緝), 천지정신을 최대한 확충하는 문화창진(熙), 모든 생명이 어우러져 서로 친애하고 존경하고 협화하는 도덕왕국(敬), 여기에 문왕의 지어지선이 있었던 것이다. 그러나 저 아래에 있는 백성이 문왕의 지어지선과 같을 수는 없다. 각자에게는 그 나름의 지어지선이 있기 때문이다. 그래서 "임금으로서는 인仁에 지止하고, 신하로서는 경敬에 지止하고, 자식으로서는 효孝에 지止하고, 부모로서는 자慈에 지止하고, 사람들과 사귐에는 신信에 지止하였다"라고 한 것이다. 그러니까, 대학지도에서 마지막으로 제시한 '지선至善'이란 기실 모든 존재가 각기 그 지止하고자 하는 바(居)를 제공할 수 있는, 모든 선을 갖춘 소통광장이어야 한다. 모든 존재가 각기 자기가 지止하고자 하는 거선지居善地를 찾아 지止할 수 있도록, 요구되는 모든 선을 계속 창출하는 것이 치국평천하의 궁극적 기능인 것이다. "성동린우性同鱗羽, 애지산하愛止山河"라고 했던가? 천지우주란 어떻게 보면 바로 모든 생명이 지어지선하는 선의 광장인 것이다. 굴을 파고 거기에 먹을 것을 물어다 저장하고 알을 낳고 생식해서 생명을 이어가는 개미에게 있어서는 그 개미굴이 바로 지어지선이다. 지선을 이렇게 개방하고 확대해석할 때, 바로 유가정치가 현세간을 떠나지 못하는 이유가 된다. 만일 지선을 인간 중심의 순수도덕성이나 종교적 최고선으로 해석한다면 이는 『대학』에서 지향하는 지선이 아니다.

다음에 인용된 "첨피기욱(오)瞻彼淇澳, 녹죽아아菉竹猗猗"의 시는 여기 지어지선止於至善의 해석에 소속시킬 것이 아니라 명명덕明明德에 소속시켜야 하지 않나 생각한다. 주희도 주에서 "석지이명명덕釋之以明明德"이라는 말을 하면서 지어지선보다는 도학道學과 자수自修를 말하는데, 여기에 주의한다면 나의 주장이 어느 정도 설득력을 지닐 것으로 믿고 감히 이의를 제기해본다. 다음에 인용된 "오호於戲, 전왕불망前王不忘"의 시도 오히려 친민親民(新民)의 해석에 소속시켰으면 좋았으리라 보인다.

4) 전문 제4장 : '본말'에 대한 해석

 子曰, 聽訟吾猶人也, 必也使無訟乎! 無情者, 不得盡其辭. 大畏
民志, 此謂知本.

◎ 주자주

유인猶人은 다른 사람과 다를 바 없다는 뜻, 정情은 사실事實이다. 이는 공자의 말씀을 빌려서 성인은, 사실무근한 말을 하는 사람으로 하여금 감히 그 허탄한 말을 못하도록 할 수 있음을 말한 것이다. 대개 나의 명덕明德이 이미 밝아지면 자연히 백성들의 심지心志를 외복畏服시키게 되기 때문에 송사訟事는 그것이 일어나기 전에 스스로 없어진다. 이 말을 보면, 본말本末과 선후先後를 알 수 있을 것이다.(이 장은 古本에서는 止於信 다음에 잘못 놓여 있었다)

◎ 의역

공자께서 말씀하셨다. "송사訟事를 판가름하는 것은 나도 다른 사람과 다를 것이 없지만, 송사가 없어지게 하는 데는 나는 남과 다르다." 사실무근한 일을 가지고 허황된 말로 꾸며서 송사를 벌이는 자가 있는데, 성인은 명덕明德으로써 백성을 외복畏服시키기 때문에 성인이 다스리는 세상에서는 감히 그런 거짓말을 할 수 없다. 거짓말을 할 수 없다면 송사는 일어나지 않는다. 성인의 다스림과 교화를 입은 백성은 일의 사실과 허탄함을 밝게 분별할 줄 아는데, 송사를 일으키려는 사람도 그런 여론의 힘을 알고 두려워하기 때문에 이미 송사는 송사 이전에 해결된다. 그러므로 사무송使無訟하게 되는 것이다. 이것이 공자와 일반사람들이 송사를 처리하는 데 있어 다른 점이다. 이를 일러 근본을 안다고 한다.

◎ 강의

『주역』 송괘訟卦에 "날조하지 않으면 송사가 이루어지지 않는다"라고 했다. 일의 잘잘못은 객관적으로 이미 판결, 분별되어 있는 것이다. 그러함에도 이것을 가지고 송사를 벌이는 것은, 어느 한쪽이 사실을 거짓으로 꾸며서 분별을 어렵게 호도하는 데서 생겨난다. 그러므로 송사를 없애는 근본적인 방법은 자기 양심에 따라 일의 잘잘못을 판단하여 잘못이 있으면 용서를 빌고, 또 자기가 잘했다 하더라도 상대방을 이해하고 용서하는 것이다. 이러면 백성들 스스로가 송사를 해결하는 것이 되므로 다스리는 자가 간여할 필요가 없다. 덕으로 백성을 다스리고 교화하면 백성들도 일의 잘잘못을 스스로 가릴 수 있는 명덕과 지혜가 생기고 정직한 심성으로 돌아가게 되니, 그 결과 백성들은 양심을 저버리고 거짓을 꾸며서 잘못을 잘한 것인 양 오도하는 일을 하지 않는다. 이것은 모두 성인의 덕치德治와 덕교德敎에 힘입은 것으로, 정치의 근본이 된다. 그래서 이것을 지본知本이라고 한 것이다.

이것은 송사를 정치행위의 중요한 예로 든 것이다. 송사의 처리를 공명정대하게 하는 것도 중요하지만, 더욱 중요한 것은 그러한 송사가 일어나지 않도록 근원을 막는 것이며, 그것이 덕교라고 했다. 『논어』「안연顔淵」에는 이런 기록이 있다. "공자께서 말씀하셨다. 한마디로 딱 잘라 옥사獄事(송사)를 처리할 수 있는 사람은 자로子路일 것이다. 자로는 남에게 응낙한 일에 대해서는 묻어 두는 일이 없다."(子曰, 片言可以折獄者, 其由也與! 子路無宿諾) 이에 따르면 자로는 청송聽訟에 능한 사람이다. 그러나 공자는 그러한 자로의 능력을 칭찬하면서도, 그보다 더 중요하고 근본적인 것은 덕치와 덕교를 통해서 아예 송사가 일어나지 않도록 그 근본 원인을 막아 버리는 것이라고 강조했다. 송사가 없는 세상, 형벌이 불필요한 세상을 '형조刑措'(형벌이 쓸데없어서 놓아 버렸다는 뜻, 형벌무용론이다)라고 한다. 『사기史記』「주본기周本紀」에서는 서주西周 성왕成王과 강왕康王의 치세 약 40년을 형조刑措의 시대라고 했다. '형조의 시대'란 바꾸어 말하면 덕치, 덕교가 실효를 거둔 성덕지세盛德之世라는 말이다. 덕은 치본治本이요 법은 치말治末이라는 말이 여기에서 나왔다.

◆ 팔조목의 전문

주희는 전문傳文 제10장의 부기附記에서 "무릇 앞의 4장은 삼강령三綱領의 지취를 통섭해서 논했고, 뒤의 6장은 팔조목八條目의 공부를 세밀하게 논했다"라고 하였으니, 이에 따라 앞의 4개장을 삼강령의 전문으로 분류 강의한 데 이어 제5장 보망장부터는 팔조목의 전문으로 강의하겠다.

1) 전문 제5장: '격물치지'에 대한 해석

此謂知之至也.

〔右傳之五章. 蓋釋格物致知之義, 而今亡矣. 閒嘗竊取程子之義
以補之曰: 所謂致知在格物者, 言, 欲致吾之知, 在卽物而窮
其理也. 蓋人心之靈, 莫不有知, 而天下之物, 莫不有理. 惟於
理有未窮, 故其知有不盡也. 是以大學始敎, 必使學者卽凡天
下之物, 莫不因其已知之理, 而益窮之, 以求至乎其極. 至於
用力之久, 而一旦豁然貫通焉, 則衆物之表裏精粗無不到. 而
吾心之全體大用, 無不明矣. 此謂物格, 此謂知之至也.〕

◎ 주자주

이 구절의 앞부분은 결문缺文이 되었다. 이 구절은 그 결론에 해당하는
부분이다.

〔주희의 부기: 위는 전문傳文의 제5장에 해당한다. 대개 격물치지格物致
知의 뜻을 해석한 것인데, 지금 그것이 망실되었으므로 삼가 정자程子의 뜻
을 받아들여 그 결문을 다음과 같이 보완한다. "이른바 '치지致知는 격물格
物에 있다' 하는 것은, 나의 지식을 이루고자 하면 사물에 나아가 그 이치
를 궁구해야 함을 말한 것이다. 대개 인심의 영명靈明함은 알지 못하는 것
이 없고, 천하의 사물은 이치를 가지고 있지 않음이 없다. 다만 그 이치를
아직도 궁구하지 못한 것이 있기 때문에 그 지식에 미진함이 있는 것이다.
이에 대학에서 가르치기를, 반드시 학생들로 하여금 천하사물에 나아가

이미 알고 있는 이치를 바탕으로 더욱 그 이치를 궁구하여 극치에 이르도록 하는 것이다. 이렇게 사물의 이치를 궁구하는 노력이 오래되면 하루아침에 활연히 천하사물의 이치를 꿰뚫어 알게 되어 여러 사물의 안과 밖, 정밀한 근본과 거친 지엽의 것이 나의 지식 속에 들어오지 않음이 없게 되고 내 마음의 전체대용全體大用이 밝아지지 않음이 없게 된다. 이것을 일러 물격物格이라 하니, 이것이 지知의 지至이다.")]

◎ 강의

앞에서도 말했지만 이 장은 결문된 것이 사실인 것 같다. 그리하여 주희는 정이의 뜻을 받들어 그 보망문補亡文을 써서 끼워 넣는다고 했다. 나는 보망문을 쓰는 일 자체에 대해서는 이의가 없다. 누구든지 그 작업을 해야 한다고 보기 때문이다. 평생을 『대학』 연구에 몰두한 주희 같은 대학자가 쓴다는 것은 오히려 환영하고 존중할 일이다. 다만 보망장을 읽고 느낀 것은, 이 또한 모매한 짓인 줄 알지만, 주희가 문제의 소재를 잘못 파악한 것 같다는 생각이다.

만일 이 주희의 글이 격물치지에 대한 일반론이라면 탓할 것이 없다. 주리론자들의 인식논리가 대개 그러하지 않은가? 그들은 그 나름의 논리틀을 가지고 있는데, 그것을 비판한다는 것은 다른 차원의 문제가 된다. 그런데 앞에서 여러 번 강조한 것처럼, 『대학』은 특수한 목적으로 쓰인 책이다. 뚜렷한 목적이 있어서 쓴 것이란 말인데, 그래서 천지지도天地之道니 인도人道니 하는 도의 일반론적 개념을 내세우지 않고 '대학지도大學之道'를 말하고 있는 것이다. 대학지도란 곧 유가의 도덕목적론, 구체적으로 정치목적론이다. 흔히 말하는 유가의 평천하 과정인 '수신修身, 제가齊家, 치국治國, 평천하平天下'라는 이상정치 실현의 목적과 과정을 논한 책이라는 것이다. 그렇다면 여기의 격물치지는 일반 논리로 해석해서는 안 되지 않겠는가? 예를 들어 주희는 격물格物의 물物을 '범천하지물凡天下之物'이라고 규정하고 있는데, 과연 그러할까? 정치이상의 실현을 위한 목적론이라면 그 목적을 위해 나타나는 대상들이 '물物'이 되어야 한다. 즉 성의誠意, 정심正心, 수신修身, 제가齊家, 치국治國, 평천하平天下의 의意, 심心, 신身, 가家, 국國, 천하天下가 '물'이 되고 성誠, 정正, 수修, 제齊, 치治, 평平은 치지致知의 내용이 되어야 하는 것이다.

　　나의 이런 주장이 일리가 있다면 주희의 보망장이 잘못 쓰인 것임을 인정해야 할 것이다. 그동안 주희의 이러한 일반론적 해석(모방) 때문에 격물치지를 둘러싼 논쟁이 얼마나 많았던가? 물론 일반론적 격물치지에 대한 논란은 얼마든지 있을 수 있고, 앞으로도 더 전개될 수 있다. 그러나 대학지도 안에서 말하는 격물치지는 분명 특수 목적 아래 기술된 것이므로 이 범주를 벗어난 논쟁은 불필요하다고 본다.

2) 전문 제6장 : '성의'에 대한 해석

> 原文
>
> 所謂誠其意者, 毋自欺也. 如惡惡臭, 如好好色, 此之謂自謙, 故
> 　君子必愼其獨也.
> 小人間居爲不善, 無所不至. 見君子而后, 厭然揜其不善, 而著
> 　其善. 人之視己, 如見其肺肝 然, 則何益矣. 此謂誠於中, 形
> 　於外, 故君子必愼其獨也.
> 曾子曰, 十目所視, 十手所指, 其嚴乎!
> 富潤屋, 德潤身. 心廣體胖, 故君子必誠其意.

◎ 주자주

○ 앞에 있는 '오惡'자와 '호好'자는 모두 거성去聲(동사)이다. '謙'은 곧 '慊'이다.(滿意, 滿足의 뜻)

'성기의誠其意'는 자수自修의 첫 번째 작업이다. '무毋'는 금지를 나타내는 말이고 '자기自欺'는 선을 행하고 악을 제거하는 데 있어 마음에서 발하는 바가 충실(진실)하지 못한 것이니, 그것을 아는 것이 바로 무자기毋自欺다. '겸謙'(慊)은 쾌의快意, 만의滿意, 만족의 뜻이다. 독獨은 남이 모르는 바지만 자기만은 아는 상태를 말한 것이다. 말하자면, 자수自修하는 자가 선을 행하고 악을 제거해야 함을 안다면 마땅히 진실로 그 노력을 다해서 자신을 속이는 일을 금지해야 하며, 그리하여 악을 미워함이 더러운 냄새를 싫어하듯이 하고 착한 것을 좋아함이 좋은 빛깔을 좋아하듯이 해야 한다는 것이다. 이는 모두 버릴 것은 결연히 버리고 구할 것은 반드시 얻음으로써 자기 만족을 가져옴을 말한다. 구차하게 밖으로부터의 사역에 따르고 남을 위해 행해서는 안 된다. 그런데 그가 진실한가 그렇지 않은가는 남이 알 수 없는 바로서 오직 나만이 홀로 아는 것이므로, 반드시 근신하여 그 기미幾微를 살펴야 한다.

○ 한閒의 음은 한閑이다. 염厭을 정현鄭玄은 염黶이라고 읽었다.

한거閒居는 아무도 없이 혼자 있는 것, 염연厭然은 누가 볼까 봐 슬며시 감추는 모습으로, 소인배가 남몰래 악을 저질러 놓고는 그것을 감추려 하는 것이다. 소인은 선이 무엇이고 어떻게 해야 하며 악이 무엇이고 어떻게 버려야 하는지를 모르는 바 아니면서 실제로 노력하지 않다가, 악이 이른 뒤에야 그 악을 감추려 하지만 악은 끝내 감추어지지 않고 남을 속여 거짓 선을 행하고자 하지만 마침내 속일 수 없으니 무슨 이익이 있겠는가? 이것이 바로 군자가 무겁게 자신을 경계하여 반드시 홀로 있을 때 삼가는 까닭이다.

○ 증자의 말은 앞 구절의 뜻을 밝히기 위해 인용한 것이다. 비록 아무도 볼 수 없는 그윽한 곳에 홀로 있다 하더라도 그 선과 악을 감출 수 없음(사람들의 눈과 손가락이 언제 어디서나 주목하고 지적하지 않음이 없기 때문에)이 이와 같다는 뜻이다. 심히 두려워해야 할 일이다.

○ 반胖은 마음이 편안하고 몸이 자유롭다는 뜻으로, 재물이 많으면 집이 윤택해지고 심성의 덕을 쌓으면 몸이 윤택해진다는 것을 말한다. 마음에 부끄러움과 가책이 없으면 세상이 넓고 크고 너그럽고 평탄하게 자기 앞에 열려서 용신容身이 늘 편안하고 자유로워진다. '덕의 윤신潤身'이란 바로 이런 것이다. 대개 적선積善을 하여 마음속에 꽉 차면 자연스레 밖으로 나타나게 되는 것이 또한 이와 같다는 뜻이니, 이 말을 덧붙여서 결론으로 삼은 것이다.

◎ 의역

이른바 그 뜻을 정성되게 한다는 것은 자기 스스로를 속이지 않는 데서부터 시작하는 것이니, 마치 나쁜 냄새를 싫어하고 좋은 빛을 좋아함과 같다.(이것을 왕수인은 良知, 良能의 구체적 발현이라고 했다) 악을 미워하고 선을 좋아하는 것은 순수정감에서 흘러나오는 판단이므로 여기에는 조금의 거짓도 끼어들 수 없다. 이것을 일러 자기 만족이라고 한다. 그러므로 군자는 반드시 홀로 있을 때를 삼간다.(여기의 '獨'에는 '홀로'라는 뜻도 있지만, 동시에 '良心'과 같은 자기 자신의 속마음을 말한다고 볼 수도 있다. 즉 스스로 자기 행위의 선악을 판단했을 때 양심을 속일 수도 없거니와 그 양심의 가책을 스스로가 받게 됨을 말한다)

소인들은 아무도 보지 않는 곳에 혼자 있을 때는 자기의 사사로운 욕망을 위해 거침없이 악을 행하다가 군자를 만나면 그만 양심의 가책을 받아 슬그머니 그 악을 감추고 착함을 드러내고자 가식을 떠는데, 사람들은 벌써 폐와 간을 들여다보듯 훤히 그 속마음을 읽고 있으니 그 가식, 사기, 거짓된 행동이 무슨 소용이 있겠는가? 그러므로 마음속이 정성스러움으로 차 있으면 억지로 드러내려 하지 않아도 자연스레 넘쳐 흘러나와 그 언행 일체가 정성스러워진다고 한 것이다. 그러므로 군자는 홀로 있을 때 삼가고 자기의 양심으로 자기 자신을 지켜야 한다. 증자가 말했다. "열 사람의 눈이 너를 보고 있으며, 열 사람의 손가락이 너를 가리키고 있다." 이 얼마나 삼엄한 말인가? 홀로 있다고 해서 모든 것을 감출 수는 없다. 홀로 있을수록 삼엄한 감시가 있음을 늘 명심해야 할 것이다.

◎ 강의

팔조목의 첫 단계인 격물치지는 지知에 속하는 문제로서 행위 이전의 과정이고, 여기 성의誠意의 단계는 주체를 행동으로 이끌어 내는 첫째 단계로서 지식에서 행동으로 옮겨지는 과정이다. 성誠을 글자 그대로 풀이한다면 의지意志를 목표에 집중시켜서 간단없이 있는 힘과 정성을 다해서 추구해 가는 것이다. 따라서 성誠은 그 자체로는 진실무망이요, 하나의 목표를 위해 행위를 하는 것(誠之)은 항구성과 역동성을 띤 성실한 노력이다. 『중용』에서 성誠이란 사물事物의 처음에서 끝까지 진행의 전 과정을 꾸준히 밟아서 연결하는 추동력이라 하여, 그러한 성誠이 아니면 사물이 이루어질 수 없다고 했다.

격물치지에서 평천하로 가는 과정은 멀고도 복잡하다. 단계도 많지만 그 내용도 실천하기에 어려운 것들이다. 격물치지 다음에 온 이 '성의誠意' 역시 '물지종시物之終始'라는 과정에서 보면 하나의 과정에 국한되는 것이 아니라, 정심正心, 수신修身, 제가齊家, 치국治國, 평천하平天下의 전 과정을 추동해 가는 원동력인 것이다. 의意는 단순한 지향의 의미만 갖지만, 거기에 성誠이 붙으면 엄청난 의지력, 정신력, 극복력, 개척력 등, 목표에 도달하기까지 필요한 모든 것을 갖추고 일왕매진하는 힘을 갖게 된다. 그래서 팔조목에서는 격물치지에 이어 행위의 첫 단계로 성의를 둔 것이다. 대학지도의 평천하라는 이미 정해진 목표에 도달하기 위해서는 추동력의 충전이 필요한데, 그것이 바로 물物의 종시終始를 꿰뚫어 성成에 이르게 하는 '성誠'이라고 할 수 있다.

그러면 '성기의誠其意'의 성誠은 어떤 것인가? 『중용』에서 말하기를 "성신誠身하는 데 길이 있으니 선善에 밝지 않으면 정성되지 못하다. 성誠은 하늘의 길이요, 성지誠之는 사람의 길이다"라고 했는데, 이 '성신誠身'이라는 말이 『대학』의 성의誠意와 크게 다르지 않다고 보인다. 『중용』의 말을 성기의誠其意에 적용시켜 논한다면, 그 뜻을 정성스럽게 하는 데 가장 우선되는 문제가 선과 악을 밝게 분별하는 것이라는 말이 된다. 왕수인이 말하는 양지良知도 그 본래 기능이 선악을 판단하는 것이라고 했다. 그러면 성기의誠其意에서 왜 선악 판별이 우선하는가? 의意가 어떤 목표를 향해 가는 길은 여러 갈래가 있을 수 있고 가는 방법도 여러 가지일 수 있다. 그러나 거기서 목표에 제일 가깝고도 평탄한 길은 하나일 것이며, 그 목표까지 자신의 의지를 추동하는 최선의 방법 또한 하나일 것이다. 그런데 여기에서의 선을 단순한 도덕적 선악의 선으로만 보지 말고, 실제 사실과 연결시켜서 그 본래의 의미인 생生을 이롭게(利) 하는 등의 어떤 목표를 향해 가는 데 있어 가장 유익한 길과 방법의 선으로 보아야 한다. 이상 목표인 평천하로 가는 데 어떤 길을 택하고 어떤 방법으로 이행할 것인가를 선택하는 것은 출발 직전에 놓여 있는 팔조목의 제2단계인 '성의'의 가장 중요하고도 절대적인 문제다.

그러면, 어떻게 결정하나? 전지전능한 신神에게 기도해서 계시를 받을 것인가, 아니면 복서卜筮 등을 통해 결정지을 것인가? 아니다. 이것은 자기 자신의 명덕明德, 성성誠性으로써 선택 결정하는 것이다. 그것이 왕수인의 경우는 양지良知요, 여기서는 성誠이다. 주희는 성誠을 진실무망眞實無妄이라고 했다. 이는 다른 말로 영명한 순수자아인데, 『대학』에서는 구체적으로 '무자기毋自欺'라고 했다. 양지는 선악을 정확히 판별하는 힘(知)이며, 영명한 순수자아는 바로 선악판별을 하는 지知의 주체다. 능지能知의 주체인 스스로를 속이지 않음으로써 정확하게 선악을 판별하여, '자아'에 의해 대응해서 나아가 마치 악취惡臭를 싫어하고 호색好色을 좋아하는 것처럼 악을 제거하고 선을 현양하는 적극적 행동으로 나아가게 되는 것이다. 이것이 성誠의 추동력이다. 의意가 선악을 판별하고 그 판별을 통해 지향이 결정되면 진실무망·의지집중·정신일도해서 목표를 추구해 갈 수 있다. 이처럼 생명의 활력은 성誠이라는 진실성과 추동성을 띨 때 물物의 종시終始를 일관통과一貫通過해서 성물成物되게 한다.

그러므로 군자가 반드시 홀로 있을 때 삼간다고 하는 데에서의 독獨은 이러한 성기의誠其意의 성誠, 무자기毋自欺에서 볼 때, 순수자아요 양지요 양심이요 영명한 지능知能을 가리킨다고 볼 수 있다. 이러한 양지와 양능은 하늘이 나에게 주어 갖추어진 것으로, 거악존선去惡存善할 때 그 명덕이 더욱 밝아져서 지향한 목표가 더욱 뚜렷해지고 나로부터 거기에 도달하는 길도 훤히 트이며 모색된 방법 역시 최선의 것이 된다. 그리하여 거기에 나를 밀고 가는 추동력 또한 간단없는 성실誠實이 되는 것이다. 거듭 말하지만, 행위의 첫 단계로 '성의誠意'를 내세운 것은 평천하에의 과정 전반을 관통하는 의지를 굳건히 세우기 위함이다. 의지가 정성스럽고 굳건히 선 뒤라야 제3단계인 정심正心이 가능한 것이다.

다음은 소인의 '자기自欺'를 말했다. 군자는 자기하지 않고 신독愼獨하는 자요, 소인은 자기하고 오독汚獨하는 자라는 것이다.(이는 앞의 문장과 정반대되는 면인데, 이 또한 인간세에서는 흔히 있을 수 있는 문제이므로 가벼이 넘어갈 수 없다) 그래서 여기서의 '성誠'은 거악양선去惡揚善하는 것이 된다. 주희도 주註에서 말했듯이, 소인이라고 해서 선악을 판별하지 못하는 것은 아니다. 똑같이 천명지성天命之性을 받았다면 소인이라 해도 역시 양지는 있을 것이다. 그러나 소인의 다른 점은, 그러한 양지와 양심을 저버렸다는 점이다. 소인이 양지양심을 저버리게 되는 때는 남이 못 보는 '독獨'의 때다. 소인은 독獨과 중衆의 구별이 심하다. '독'일 때는 행악行惡하다가 '중'일 때는, 특히 군자를 만났을 때는 엄악掩惡하고 거짓 양선揚善을 한다. 때문에 신독愼獨의 공부는 군자와 소인이 갈리게 되는 계기요, 선과 악이 혼동되고 가식假飾되는 동기의 갈림길이기도 하다. 여기서 진실을 속일 수 없다는 진리를 말한 것이 바로 '성어중이형어외誠於中而形於外'의 문제다. 이것은 중심中心이 지성至誠에 차 있으면 그것이 몸 밖으로 흘러나와 자연히 언어나 행동거지에 그대로 나타나고 또한 속이 빈 채로 겉으로만 성실한 체 가식을 하는 것도 이내 사람의 눈과 마음에 포착된다는, 사람들이 본래 지닌 (양지양심과 같은) 통찰력을 말하는 것이다. 그래서 이 문장의 마지막도 "그러므로 군자는 홀로 있을 때 삼간다"(故君子, 愼其獨也)라는 말로 끝맺고 있다.

다음으로는 증자의 말을 빌려 이 세상은 감추려야 감출 수 없이 환히 밝아서 은미한 것이 되레 크게 현현하다는 교훈을 말했다. 다만 열 눈(十目), 열 손(十手)에 그치겠는가? 백천만억의 눈과 귀와 손이 보고 듣고 가리킨다. 이것이 천청天聽이요 천시天視요 천각天覺이다. 어디에 숨을 곳이 있으며 숨길 곳이 있겠는가? 세상을 다 속인다손 치더라도, 나를 늘 지켜보는 양심양지는 바로 내 속에 있는데 어떻게 속일 수 있단 말인가? 이것이 '천청자아민청天聽自我民聽', 즉 나의 양지양심이 곧 하늘의 양지양심인 것이다. 그러므로 군자는 반드시 먼저 그 의意를 성실히 해야 한다. 요언하면, 사람이 성기의誠其意했을 경우, 이는 그 사람 개인을 떠나서 모든 사람의 뜻과 같아지고 천명과 일치하게 된다. 진정 '성기의'했다면 팔조목의 전

과정이 곧 천명이요 천심이요 만민의 일체지인—體之仁으로 설정된 것으로, 목표를 향해 나아가는 과정이나 방법 모두가 한 사람이 아닌 천하 만민만사萬民萬事에 공통적인, 누구나 수긍하는 보편타당한 것이 되었다 할 수 있을 것이다.

3) 전문 제7장 : '정심수신'에 대한 해석

原文

所謂脩身在正其心者, 心有所忿懥, 則不得其正. 有所恐懼, 則不得其正, 有所好樂, 則不得其正, 有所憂患, 則不得其正.
心不在焉, 視而不見, 聽而不聞, 食而不知其味.
此謂脩身在正其心.

◎ 주자주

○ 정이천은 '신유身有'의 '신身'은 마땅히 '심心'을 말한 것이라고 하였다.(修身의 身이 아니라, 身有所忿懥의 身을 말함) '忿'은 불弗과 분粉의 반절(분)이고, '懥'는 칙勅과 치値의 반절(치)이다. 호好와 락樂은 모두 거성去聲(동사)이다.

분치忿懥는 성냄, 노여워함이다. 이 네 가지 심리상태(忿懥, 恐懼, 好樂, 憂患)는 심心의 발용으로 사람으로서는 없을 수 없는 것이지만, 이런 심리작용이 일어났을 때 살펴서 조절하지 않으면 욕망이 동하고 정서가 격해져서 그 발용이 미치는 바가 간혹 정중正中을 잃게 되는 것을 막을 수 없게 된다.

○ 심心이 주재의 위치를 점유하고 있지 않으면 그 몸을 검속할 수 없다. 그러므로 군자는 반드시 이를 살펴서 경敬으로 가르치니, 그런 뒤라야

심이 항상 자기 자리를 잡아서 몸을 검속(혹은 自修)하지 않음이 없다.

◎ 의역

이른바 수신修身하고자 한다면 먼저 그 마음을 바르게 해야 한다는 것은, 마음에 성내고 노여워함이 있는 것은 곧 그 심心이 바르지 못하고 정위치하지 못한 것이기 때문이다. 성내고 노여워하는 마음, 두려워하고 겁내는 마음, 무언가에 빠져서 좋아하고 즐기는 마음, 근심과 걱정에 시달리는 마음 등은 모두 그 마음이 올바른 자리를 얻지 못한 것이다. 마음이란 어떤 존재인가? 심은 일신一身의 주재요 신명神明의 사택이다. 오관五官이 관능작용을 한다 하지만, 심의 의식작용이 빠진다면 관능기관은 대상을 감수하되 지각하지는 못한다. 그래서 심이 작용하지 않으면, 보아도 보이지 않고 들어도 들리지 않고 먹어도 그 맛을 알 수 없다. 이처럼 심이 부재하면 모든 것이 지知로 통섭될 수 없으며, 몸도 주재(행위를 使役하는 자)를 잃어서 행동의 조리와 갈피를 잡을 수 없게 된다. 이러한 심이 정위치하지 않고 방일산만放逸散漫하다면 수신修身은 불가능하다. 그렇기 때문에 수신하려면 먼저 그 마음을 바르게 해야 한다는 것이다.

◎ 강의

이는 유가의 일반적인 수행공부와 다를 것이 없다. 심心을 조존操存하지 않으면 일신이나 오관의 작용이 통섭·연관할 수 없으며 그 오관의 관능 자체도 제 기능을 하지 못한다는 이론은 『맹자』에서 상당히 발전적으로 제시되고 있다. 여기서는 성의誠意의 다음으로, 또 수신修身의 전제조건으로 제시된 정심正心이므로 두 면을 겸해서 해석함이 옳을 것이다. 거듭거듭 말하지만, 팔조목은 특수 목적을 위해 설정된 여덟 단락의 전반적 과정 속에서 각 단계가 점하는 위치와 기능이 무엇인가를 파악한 다음 논의해야 한다. 역시, 일반론에서 말하는 '정심正心'으로만 보아서는 부족하다는 말이다.

간단히 말하면, 앞의 성의誠意가 이미 목적을 정확히 지향하고 그에 따른 길과 방법 · 추동력 등을 모두 갖추었다면, 이제 정심正心은 그 성誠된 의意를 팔조목의 실천 당체(주체)인 신身에 접목시키는 역할을 해야 한다. 이미 의意가 성誠되었다면 심心이 그에 따라 정正해진다. 여기서 정正은 심의 정위치(立本)라는 뜻도 있지만, 정定의 의미가 강하다. 목표가 정해지고 모든 방도가 갖추어졌으므로 심이 안정을 기할 수 있다는 뜻이다. 심의 안정이란 무엇인가? 심은 출입이 무상無常하여 잡으면(操) 있고(存) 놓으면(放) 없다(無). 그러므로 맹자의 "구기방심求其放心"이라는 말처럼 흩어진 심을 하나(一心)로 모아야 한다. 이것이 바로 정定이다. 정定하면 곧 정靜하게 되니, 정靜하면 영지靈知의 측면에서는 명경明鏡이 되고 주재의 기능이라는 면에서는 일신을 검속할 수 있게 된다.

수신修身이란 무엇인가? 신身이 갖추어야 할 도덕적 · 지능적 · 행위적 기능을 심화 · 고양 · 확충하는 수련공부를 말한다. 공자는 『논어』의 첫머리에서 학學과 습習을 제시했는데, 공부란 이 학學과 습習을 합쳐서 말한 것이다. 그리고 수신修身이란, 바로 학습단련, 함양훈습을 거듭해서 몸에 익히는 것을 말한다. 이것은 심이 정靜해져야 비로소 가능하다. 그러한 수행공부를 주재하고 사역하는 것이 바로 심이기 때문이다. 이런 면에서 보면 앞의 성의는 이 제3단계 정심의 과정에 와서는 심의 주요 속성으로 부착되어, 신身을 수행修行하고 조정하고 행위를 하게 하는 주체가 되어야 한다. 이때 신의 주재는 의가 아닌 심이며, 의 또한 심의 지시와 검속을 받아야 한다. 즉 팔조목을 내면(本)에서 이끌어 가는 주재자는 심이며, 이 심에 의해 외면(末)에서 실현해 가는 당체는 신이라는 것이다.

4) 전문 제8장 : '수신제가'에 대한 해석

> ^{原文} 所謂齊其家在脩其身者, 人之其所親愛而辟焉, 之其所賤惡而辟
> 焉, 之其所畏敬而辟焉, 之其所哀矜而辟焉, 之其所敖惰而辟
> 焉. 故好而知其惡, 惡而知其美者, 天下鮮矣.
> 故諺有之曰, 人莫知其子之惡, 莫知其苗之碩.
> 謂身不脩, 不可而齊其家.

◎ 주자주

○ '辟'은 벽僻으로 읽는다. 오이惡而의 '오惡' · '오敖'와 '호好'는 모두 거
성去聲(동사)이요, 선鮮은 상성上聲이다.

인人은 중인衆人을 가리키고, '지之'자는 '어於'자와 같다. 벽辟은 편벽되
다는 뜻이다. 이 다섯 가지(親愛, 賤惡, 畏敬, 哀矜, 敖惰)는 사람이라면 본래 당
연히 가지고 있는 법칙이다. 그러나 일반사람의 감정은 오직 그가 지향하
는 바에만 치우치기 때문에, 성찰을 가하지 않으면 반드시 한쪽으로 치우
치는 과오를 범해서 몸을 닦는 데 방해가 된다.

○ '諺'의 음은 언彦이요, '碩'은 협운叶韻으로, 시時와 약若의 반절(삭)
이다.

언諺은 '속어'를 말한다. 사랑에 빠진 자는 사물을 밝게 보지 못하고
얻는 것을 탐내는 자는 싫어할 줄 모르니, 이는 편벽됨이 가져오는 폐해
다. 이렇게 되면 가제家齊를 이룰 수 없다.

◎ 의역

이른바 그 집안을 가지런히(齊) 하려면 먼저 그 몸부터 닦아야 한다는 말은 무엇인가? 대개 사람이란, 친애하는 사람에 대해서는 모든 것을 좋게 보아 객관성과 공평함을 잃고 맹목적인 사랑에 빠지며, 싫어하는 사람에 대해서는 무조건 천대하고 미워해서 역시 객관성을 잃고 그저 미워하기만 할 뿐이다. 또 두려워하고 존경하는 사람에 대해서는 아무런 비판 없이 맹목적으로 따르는 편벽됨이 있으며, 애처롭고 불쌍히 여기는 사람에 대해서는 한 번 마음을 쓰기 시작하면 헤어나지 못하고 그에 빠져 치우친다. 또 오만하고 게으르다고 여기는 사람이면 그를 폄하하는 데 혈안이 되어 객관성을 띨 줄을 모른다. 역시 중립성과 공정성을 잃고 편벽되다는 것이다. 따라서 그 사람의 좋은 면을 좋아하면서도 그의 나쁜 면이 무엇인가를 알고, 그를 미워하면서도 그의 좋은 점, 아름다운 면을 알아주는 사람은 이 세상에 아주 드물다. 그래서 속담에도 이런 말이 있다. "사람들은 자기 자식을 사랑할 줄만 알지 그 미운 점, 나쁜 점에 대해서는 알지 못하며, 남의 논밭에 난 곡식의 싹이 큰 것만 볼 줄 알지 자기 곡식의 싹이 큰 줄은 모른다."(우리 속담에 남의 밥그릇의 콩이 커 보인다는 말이 있다) 이러한 중용 中庸을 잃은 편벽됨은 수신修身의 공부가 되지 않은 자일수록 심하다. 그러므로 몸을 닦지 않고서는 집안사람들의 좋은 면, 나쁜 면을 모두 파악하여 잘 조절하고 다독거려서 집안을 화목하게 다스려 갈 수 없다고 한 것이다.

◎ 강의

이 장의 내용은 앞의 '석신민釋新民'장과 함께 보는 것이 좋을 듯하다. 앞의 석신민釋新民이 신민新民을 주로 밝혔다면, 이 장의 수신修身은 주로 친민親民 쪽에 무게를 두고 말하였기 때문이다. 어떤 이는 이곳 제가齊家의가家를 '대부大夫의 가家' 즉 정치의 최하 단위를 말한 것이라고 하지만, 내용으로 보면 역시 혈연집단인 가정 단위를 말한 것으로 보인다.

가정이란, 비록 혈연관계조직이라고는 하지만, 남녀노소 같은 성별·연령별에 따른 직능계급상의 차별이 기본적으로 존재하는, 인간관계에 있어 최초로 차별차등을 지니면서 어우러지는 인륜관계의 모임이다. 혈연관계, 사랑 등으로 맺어진 생존의 기본 단위라고는 하지만 이런 가정에도 친애하고 증오하고 외경하고 애증하고 오만하는 각기 다른 감정 표현이 있게 마련이다. 그것은 수신修身이 안 된 사람일 경우 더욱 심한데, 한 번 그러한 감정에 빠지면 헤어날 줄 모르고 더욱 편벽해져서 마침내는 가정불화를 일으켜 화목이 깨지는 일도 있다. 그래서 제가齊家는 먼저 그 가정의 가장을 비롯해서 모든 가족구성원이 이런 감정에 치우치지 않도록 자기 감정을 조절하는 능력을 지녀야 한다는 것이다.

가정은 지능이나 개성이 서로 다른 개체들이 처음으로 모여 사는 공간이다. 말하자면 식물의 온상과 같이 모든 인간관계의 기본 예절이나 기본 윤리관계가 처음으로 싹트고 성장하는 장소다. 여기서 형성된 감정 표현의 습성은 이후 사회에 나가서도 그대로 작용하기 때문에, 모든 인간관계, 특히 정감의 교류 및 표현 습관은 가정에서부터 길러진다고 보아야 한다. 유가의 오륜五倫 중 부부, 부자, 형제의 삼륜三倫은 모두 가정 내에서 태어나고 자라면서 길러지고 형성된다. 부자상하父子上下의 관계는 국가사회에서 군신상하君臣上下의 윤리가 되고, 형제피차兄弟彼此의 관계는 사회의 붕우장유朋友長幼의 윤리가 된다. 그러므로 수신修身은 가제家齊의 전제가 되고, 가제家齊는 사회국가 치리治理의 전제가 되는 것이다.

모든 행위의 기본 주체는 신身이요, 이 신이 처음으로 접촉되어 여러 가지 어려움을 겪는 훈련을 하는 장소가 가家다. '가'는 사회 구성의 기본 단위가 되는 기점基點(起點)이자 온상溫床으로 사회와 국가와 천하는 그러한

'가'가 더욱 많이 모이고 모여서 어울려 사는 세계다. 이처럼 가정은 사회·국가·천하의 핵이요 지대한 복사력輻射力을 갖는 진원震源이기 때문에, 가정의 여하如何는 바로 천하국가의 여하요 성패의 기인基因이기도 하다.

5) 전문 제9장 : '제가치국'에 대한 해석

所謂治國必先齊其家者, 其家不可敎, 而能敎人者, 無之. 故君子不出家, 而成敎於國. 孝者所以事君也, 弟者所以事長也, 慈者所以使衆也.

康誥曰, 如保赤子, 心誠求之, 雖不中不遠矣! 未有學養子而后嫁者也.

一家仁, 一國興仁, 一家讓, 一國興讓, 一人貪戾, 一國作亂, 其幾如此. 此謂一言僨事, 一人定國.

堯舜帥天下以仁, 而民從之, 桀紂帥天下以暴, 而民從之. 其所令反其所好, 而民不從. 是故, 君子有諸己而後求諸人, 無諸己而後非諸人. 所藏乎身不恕, 而能喩諸人者, 未之有也. 故治國在齊其家!

詩云, 桃之夭夭, 其葉蓁蓁. 之子于歸, 宜其家人. 宜其家人, 而后可以敎國人.

詩云, 宜兄宜弟. 宜兄宜弟而后, 可以敎國人.

詩云, 其儀不忒. 正是四國, 其爲父子兄弟足法, 而后民法之也. 此謂之國在齊其家!

◎ 주자주

○ 몸을 닦으면 집안을 교화시킬 수 있다. 효孝, 제弟, 자慈는 수신修身의 결과로 얻어진 덕목이다. 이것으로 가정을 교화한다. 그런데 국가사회에서 임금을 섬기고 어른을 섬기고 백성을 부리는 도道 또한 이를 벗어나지 않는다. 그러므로 위에서 가제家齊하게 되면 아래에서 교화가 이루어지는 것이다

○ 이는 『서경』의 말을 인용해서, 입교立敎의 근본이 서면 강제력을 빌리지 않아도 교화가 자연스레 행해짐을 밝힌 것이다. 즉 그 단초端初(근본)를 알아서 그것을 미루어 넓혀 가는 것이다.

○ 일인一人은 임금을 가리킨다. 기機는 발동이 말미암아 일어나는 기틀이며, 분僨은 넘어지고 없어짐, 즉 나라가 망한다는 말이다. 이 단락은 국가가 하나의 교화 광장이 되면 그 효과가 큼을 말하고 있다.

○ 이는 앞의 "일인정국一人定國"이라는 말을 이어받은 것이다. 나 자신이 선한 뒤라야 남의 불선을 꾸짖을 수 있고, 나에게 악함이 없은 뒤에야 남의 악을 바로잡을 수 있다. 이는 모두 나를 미루어 남에게 미치는 것이니, 이른바 '서恕'가 그것이다. 이와 같지 않으면 명령한 것이 되레 그 좋아하는 바에 어긋나 백성들이 따르지 않는다. 유喩는 깨닫게 하는 것이다.

○ 『시경』 「주남周南·도요桃夭」에 나온다. 요요夭夭는 앳된 아가씨의 발그레한 얼굴빛이나 풋풋하고 싱그런 모습을 말하고, 진진蓁蓁은 잎이 기름지고 무성한 모습을 말한다. 이는 복숭아꽃과 잎을 읊어 시집가는 아가씨의 아리따움을 감흥케 한 것이다. 지자우귀之子于歸는 그러한 묘령의 처자가 시집감을 말하는데, 귀歸는 출가出嫁의 뜻이다. 의宜는 알맞다는 뜻이니, 남편 및 시집 식구들과 화목하게 잘 어울림을 말한다.

○ 『시경』 「소아·요소蓼蕭」에 나온다.

○『시경』「조풍曹風・시구鳲鳩」에 나온다. '특忒'은 어긋나다, 틀리다는 뜻이다.

○ 위의 세 시는 모두 앞에서 말한 내용을 읊은 것으로 이 장의 결론에 해당한다. 그 의미가 심장하니 마땅히 침잠해서 음미할지어다.

◎ 의역

○ 이른바 나라를 다스리고자 하는 자는 반드시 먼저 집안을 다스려야 한다는 말은, 제 집안 하나도 교화하지 못하면서 남을 교화하는 일은 있을 수 없기 때문이다. 그러므로 군자는 집을 나서지 않고서도(사회활동을 하지 않고서도) 사회와 국가에 교화의 영향을 줄 수 있으니, 집안에서 부모에게 효도하는 자는 나아가면 임금에게 충성하고 형제간에 우애 있는 자는 나아가면 어른을 공경하며 자식을 사랑하는 부모는 나아가서 많은 사람을 사랑하고 지도한다.

○『서경』「강고」에는 "백성 돌보기를 자기 갓난아기 보호하듯 한다"라고 하였다. 이렇게 진심으로 백성을 위하는 마음이 있다면 비록 그 정치가 도에 꼭 들어맞지는 않는다 하더라도 크게 정도에서 벗어남은 없을 것이다. 자식을 낳아서 기르는 법을 배우고 난 이후에 시집갔다는 사람은 아직 보지 못했다.

○ 한 가정이 어질면 그것이 퍼져나가 한 나라에 어짊의 풍조가 일어나고 한 가정이 사양하면 그것이 퍼져나가 한 나라가 예양의 풍조를 일으키며, 또 반대로 한 사람이 탐학하면 그것이 유행하여 한 나라를 혼란하게 만든다. 영향을 주는 기틀이 이와 같다. 이를 일러 한 마디 그릇된 말이 일을 그르치기도 하고, 한 사람의 미덕美德이 한 나라를 안정시키기도 한다고 말한다.

○ 요임금・순임금은 인仁으로 천하사람들을 거느렸으므로 백성들이

즐겨 이를 따랐고, 걸왕과 주왕은 폭력으로 천하백성을 거느리니 백성들이 그것을 배우고 따랐다. 임금이 내리는 명령이 백성들 자신이 실제로 좋아하는 것이 아니면 백성들은 따르지 않는다.(여기서 오해가 있을 것 같아 일러둔다. 걸주가 폭력으로 천하를 거느리자 사람들은 모두 걸주처럼 포악해졌다. 그래서 그들은 포악을 좋아하고 포악한 걸주의 명령을 따른 것이다) 그러므로 군자는 그것이 자신에게 갖추어진 다음에야 남도 그것을 가지도록 바라며, 자신에게 허물이 없은 뒤에야 남을 책망하는 것이다. 자기 자신에 대해 충서忠恕를 간직하지 않은 자가 남을 용서하고 남을 깨우쳐 주는 경우는 없다. 그렇기 때문에 치국治國의 전제조건은 그 가家를 가지런히 하는 데 있는 것이다.

○『시경』에 읊기를 "복숭아꽃 불그스레 곱기도 하여라. 그 잎새 또한 짙푸르니 더욱 좋구나. 인물 곱고 마음씨 고운 아가씨 시집가는구나. 부덕婦德을 갖추었으니 시집 사람과 화목하게 어울리리" 하였다. 한 집안 사람들과 화목하게 지낸 뒤에야 비로소 이웃과 나라 사람들의 모범이 되어 교화시킬 수 있을 것이다.

○『시경』에 읊기를 "형은 형 노릇을 다하고 아우는 아우의 도리를 다할 때 집안이 화목해진다" 하였다. 형제가 화목한 뒤에야 집안이 가지런해지고, 집안이 가지런해진 뒤에야 나라 사람들을 교화시킬 수 있다.

○『시경』에 또 이렇게 읊었다. "그 행동거지가 예의에 어긋남이 없으니, 사방천지의 백성들을 바르게 교화할 수 있네." 아비와 아들, 형과 아우가 각기 몸을 닦고 집안을 가지런히 해서 남에게 본받을 만한 품행을 갖춘 뒤라야 백성들(사람들)은 그를 본받는다는 것이다.

○ 그러므로 이를 일러 치국治國을 하려면 먼저 제가齊家를 해야 한다고 말한 것이다.

◎ 강의

일반적으로 유가의 도덕수양론은 수신修身에 중심을 두고 있는데, 여기서는 가정 즉 제가齊家에 무게를 싣고 있다. 왜 그랬을까? 일반적인 순수도덕을 논하는 것이라면 당연히 수신修身(修心)의 문제에 치중했어야 했다. 도덕수양은 개인의 심성心性에 관한 문제기 때문이다. 그러나 대학지도에서 말하는 치국평천하治國平天下는 군체생활群體生活의 문제요 그 군체생활의 기본 단위는 '신身'이 아닌 '가家'기 때문에, 여기서는 '제가'에 무게를 싣지 않을 수 없었던 것이다. 또한 일반적 논리라면 군자가 곧바로 천하백성을 교화하는 것으로 되었을 텐데, 여기서는 군자라 하더라도 먼저 가정 안에서 혈연집단의 화목을 도모하고 나서야 이웃, 사회, 국가, 천하에로 교화를 펼 수 있다고 하여 반드시 '제가'라는 관절적 과정을 거쳐야 한다고 되어 있다. 이것이 팔조목에서 제가의 위상이요 관절적 기능인 것이다. 그러므로 가정은 도덕의 온상이요 사랑의 보금자리며, 인간을 배우고 이를 미루어서 사회·국가를 이해하고 치국·평천하에 적극 참여할 수 있게 해주는 교화의 시발점이다. 모든 기본은 바로 이 가정에서 길러져 밖(사회·국가)으로 확충되어 가는 것이니, 평천하의 성패는 각 가정의 성패에 달려 있다고 보아도 과언이 아닐 것이다.

일가一家는 교화의 기본 단위요 평천하·지어지선으로 가는 충전소다. 그래서 일가가 인仁하면 일국一國이 흥인興仁하고 일가가 양讓하면 일국이 흥양興讓한다고 했다. 그런데 이 '일가'는 수천만 개가 되므로, 여기서는 교화의 보편성을 말하지 않을 수 없다. 문장에서는 일가가 인仁하면 일국이 흥인興仁한다고 했는데, 이때의 일국이란 따로 '일국一國이라는 어떤 실체'를 말하는 것이 아니라 수천만의 가정이 모여서 이루어진 집합체를 말하고 있다. 그러므로 일국흥인一國興仁이란, 기실 온 나라 안에 있는 가정들이 인仁을 숭상하는 풍조가 일어난다는 뜻이다.

　　그런데 이 제가齊家에 못지않게 중요한 존재가 있으니 바로 '제왕帝王'이다. 문장에서는 또 일인一人이 탐려貪戾하면 일국一國이 작란作亂한다고도 했는데, 일인一人이란 누구를 가리키는가? 바로 나라를 다스리는 중추에 있는 자로, 그 또한 무시할 수 없는 교화의 소유출처所由出處(말미암는 곳)다. 다음 구절에서 요순이 천하를 인仁으로 이끌자 백성이 모두 인仁하게 되었고 걸주가 천하를 '포暴'로 이끌자 백성들이 모두 포악해졌다고 했으니, 이는 제가齊家가 가지는 교화의 영향력보다도 더 크다고도 할 수 있다. 그래서 유가는 정치조직과 교화가 말미암는 바인 '가정'의 모범으로 제왕가帝王家를 든다. 제왕가도 범인의 가정과 마찬가지로 부부, 부자, 형제 등 혈연으로 이루어진 집단이다. 따라서 제왕가 역시 제가齊家라는 내면적 온축에 있어서는 일반 백성의 가정과 다를 것이 없다. 제왕帝王(君子) 또한 가장이며 일가를 가지런히 하는 자기 성취가 있어야 하니, 바로 천하 교화의 모범이자 솔선수범하는 선행자가 되어야 하는 것이다. 결국 앞에서 막연하게 가정이 교화의 기본 단위가 된다고 한 것도 기실 구체적으로는 제왕가를 지칭한 것이라고 보아야 한다.

　　『시경』에서는 한 여자가 시집을 가서 그 집안을 화목하게 만든다고 하여 여자를 가정화합의 중심 인물로 등장시키고 있다. 여자가 시집을 간다는 것은 이성異姓(異性)적·이질적 조직에 있던 사람이 새로운 천지(환경)에 들어가는 것이다. 이 이성적 존재가 다른 조직 단위에 들어가 화목을 도모한다는 것은 바로 다양성의 조화가 가능함을 시사하고 있다. 그리고 한 여인이 시집을 간다는 것은 그 시집뿐만 아니라 여자의 친정 쪽 혈연집단과의 화목한 교류도 자연스레 이루어지는 것이므로, 혼인관계 역시 제가齊家의 한 특수 양태라고 할 수 있다. 혼인관계는 이질적 다양성이 각기 다른 공능들을 교류해서 사회를 이루고 국가를 영위하는 최초 단계의 참여(교섭)며, 그 어울림(宜室, 宜家, 宜兄宜弟)의 기본 공능인 것이다. 인류의 역사를 보면 남녀의 혼인관계가 예의법도의 차원을 넘어서 하나의 풍속으로 자리매김하게 된 뒤에야 비로소 가정이라는 군취생활의 기본 단위가 정립되어 사회니 국가니 하는 상위조직으로 확대되어 갈 수 있음을 확인할 수 있다. 제가의 문제를 말하면서 여자가 시집가서 한 가정을 화목하게 만드는 것을 시에서 읊은 것은, 그 아가씨의 앳되고 아름다움을 찬미하기 위해서가 아니라 그것을 하나의 시흥詩興 즉 말문을 여는 단서로 삼아 의실宜室, 의가宜家, 의형의제宜兄宜弟라는 제가의 내실을 구체적으로 시사하기 위해서다.

요언하면, 한 가정의 화목 즉 제가齊家는 『중용』에서도 말한 바와 같이 남녀부부의 사랑으로부터 이루어져 나간다. 가정은 사랑으로 맺어진 부부관계에서부터 이루어지는, 소우주라고도 일컬을 만한 것으로, 생명을 낳아 기르고 가르침으로써 사회의 일원으로 배양해서 평천하의 사업에 참여시킨다. 『중용』의 "군자지도君子之道, 조단호부부造端乎夫婦"라는 말을 이 '제가齊家'장에 덧붙이면 내용이 더욱 충실해질 것이다.

6) 전문 제10장: '치국평천하'에 대한 해석

原文

所謂平天下在治其國者, 上老老而民興孝, 上長長而民興弟, 上恤孤而民不倍. 是以君子有絜矩之道也.
所惡於上, 毋以使下, 所惡於下, 毋以事上, 所惡於前, 毋以先後, 所惡於後, 毋以從前, 所惡於右, 毋以交於左, 所惡於左, 毋以交於右, 此之謂絜矩之道也.

詩云, 樂只君子, 民之父母. 民之所好 好之, 民之所惡 惡之, 此
之謂民之父母.

詩云, 節彼南山, 維石巖巖, 赫赫師尹, 民具爾瞻. 有國者不可以
不愼, 辟則爲天下僇矣!

詩云, 殷之未喪師, 克配上帝. 儀監于殷, 峻命不易. 道得衆則得
國, 失衆則失國.

是故君子先愼乎德. 有德此有人, 有人此有土, 有土此有財, 有
財此有用.

德者本也, 財者末也.

外本內末, 爭民施奪.

是故財聚則民散, 財散則民聚.

是故言悖而出者, 亦悖而入, 貨悖而入者, 亦悖而出.

康誥曰, 惟命不于常, 道善則得之, 不善則失之矣!

楚書曰, 楚國無以爲寶, 惟善以爲寶. 舅犯曰, 亡人無以爲寶, 仁
親以爲寶.

秦誓曰, 若有一个臣, 斷斷兮, 無他技, 其心 休休焉. 其如有容
焉. 人之有技, 若己有之. 人之彦聖, 其心好之. 不啻若自其口
出, 寔能容之, 以能保我子孫黎民, 尙亦有利哉. 人之有技, 娼
疾以惡之, 人之彦聖, 而違之俾不通, 寔不能容, 以不能保我
子孫黎民. 亦曰殆哉.

唯仁人放流之迸諸四夷, 不與同中國. 此謂唯仁人, 爲能愛人,
能惡人.

見賢而不能擧, 擧而不能先, 命也. 見不善而不能退, 退而不能
遠, 過也.

好人之所惡, 惡人之所好, 是謂拂人之性, 菑必逮夫身.

是故君子有大道, 必忠信以得之, 驕泰以失之.

生財有大道, 生之者衆, 食之者寡, 爲之者疾, 用之者舒, 則財恒
　足矣!

仁者以財發身, 不仁者以身發財.

未有上好仁, 而下不好義者也. 未有好義, 其事不終者也. 未有
　府庫財, 非其財者也.

孟獻子曰, 畜馬乘, 不察於鷄豚. 伐氷之家, 不畜牛羊. 百乘之
　家, 不畜聚斂之臣. 與其有聚斂之臣, 寧有盜臣. 此謂國不以
　利爲利, 以義爲利也.

長國家而務財用者, 必自小人矣. 彼爲善之, 小而之使爲國家,
　菑害竝至. 雖有善者, 亦無如之何矣. 此謂國不以利爲利, 以
　義爲利也!

◎ 주자주

○ 노노老老는 내 어버이를 어버이로 모신다는 뜻이고, 흥興은 감격한
바가 있어서 일어나 행동하는 것이며, 고孤는 어려서 부모를 잃은 아이를
가리킨다. 혈絜은 재는 것, 헤아리는 것이며, 구矩는 네모꼴을 뜻한다. 이
세 가지(上老老而民興孝, 上長長而民興弟, 上恤孤而民不倍)는 윗사람이 행하면 아랫
사람이 본받는 것으로, 신속하게 영향을 주는 것이다. 이른바 가家가 가지
런해지면 나라가 다스려지는 것이 이것이다. 이로써 사람의 마음은 본래
같은 것이므로 한 사람이라도 얻지 못함이 있게 해서는 안 된다는 것을 알
수 있다. 그러므로 군자는 반드시 그 같은 것을 미루어서 사물을 헤아리고
피아彼我로 하여금 각각 그 원하는 바를 얻게 한즉, 상하사방이 가지런하
고 방정方正하게 되어 천하가 평화로울 것이다.

○ 이는 앞 문장의 '혈구絜矩' 두 글자의 뜻을 풀이한 것이다. 예컨대,

윗사람이 나에게 무례한 것을 원치 않거든 이로써 아랫사람의 마음을 헤아려 역시 아랫사람에게 무례를 범하지 않는 것이다. 또한 아랫사람이 나에게 불충不忠하는 것을 원치 않거든 이로써 윗사람의 마음을 헤아려 역시 윗사람에게 불충을 행하지 않는 것이다. 전후좌우의 관계에서 모두 이와 같지 않음이 없으니, 내 몸이 처한 상하사방上下四方, 장단광협長短廣狹, 피차彼此 등의 상황에서 하나같이 적용되지 않음이 없을 것이다. 다른 사람도 나와 같이 이 마음이 있어서 흥기할 것이니, 어찌 한 사람이라도 이러한 도리를 얻지 못하는 이가 있겠는가? 내가 잡은 것은 집약되어 작지만 그 퍼져 가는 영역은 넓을 것이니, 이것이 평천하의 요도要道인 것이다.

○『시경』「소아·남산유대南山有臺」에 나온다. 능히 혈구지도絜矩之道로써 민民의 마음을 내 마음과 같이 여긴다면, 왕이 백성을 사랑함이 마치 자기 자식을 사랑하듯 할 것이고 백성이 임금을 사랑함이 역시 자기 부모를 사랑하듯 할 것이다.

○『시경』「소아·절남산節南山」에 나온다. 절節은 깎아지른 듯 높고 우람한 모양이며, 사윤師尹은 주周나라의 태사太師 윤씨尹氏를 가리킨다. 구具는 '함께'(俱)의 뜻이요, 벽辟은 '편벽됨'(僻)이다. 이 시는, 위에 있는 사람은 많은 사람이 우러러보기 때문에 삼가지 않을 수 없다는 것을 말하고 있다. 만일 혈구지도를 실천하지 못하고 자기의 호오好惡만을 따른다면 공평을 잃고 편벽과 고집에 빠져서 자기의 목숨을 잃을 뿐만 아니라 나라까지도 망치게 될 것이다. 이는 천하의 큰 잘못이다.

○『시경』「대아·문왕」에 나온다. 사師는 무리(군중)를 말한다. 배配는 '짝'을 뜻하니, 배상제配上帝란 천하의 군주가 된 사람은 상제에 짝한다는 뜻이다. 감監은 내려다봄, 준峻은 크다, 불이不易는 지키기 어려움을 뜻한다. 이 시는 처음 두 구절의 뜻을 마무리한 것으로, 천하를 다스리는 자가 능히 이 마음을 간직해서 잃지 않는다면 혈구지도를 통해 백성들과 호오

好惡를 같이해서 궁진함이 없을 것임을 말하고 있다.

○ 선신호덕先愼乎德은 위 글의 '불가불신不可不愼(不可以不愼)'을 이어받은 것이다. 덕德은 이른바 명덕明德이요, 유인有人이란 '무리를 얻게 됨'(得衆)을 말하며, 유토有土는 '나라를 얻게 됨'(得國)을 말한다. 나라가 있은즉 재용財用이 부족할까 걱정할 필요가 없다.

○ 남의 임금된 자가 덕德을 외外로 하고 재물을 내內로 한즉, 백성들과 쟁탈이 벌어져 국력으로 백성을 겁주고 재물을 뺏는 난장판이 벌어진다. 대개 재물이란 사람이면 누구나 다 같이 욕심을 갖는 것으로, 혈구지도를 적용하지 않고 쟁탈을 일삼으면 백성들도 일어나 서로 쟁탈을 일삼게 될 것이다.

○ 외外를 본本으로 하고 내內를 말末로 하면, 즉 덕을 말로 삼고 재물을 본으로 삼으면 재물은 모이지만 백성들의 쟁탈이 더욱 심해져서 마침내 뿔뿔이 흩어지고 만다. 이와 반대로 재물을 말로 삼고 덕을 본으로 삼으면 덕이 쌓이게 되어 백성들도 모여들 것이다.

○ 패悖는 거스른다는 뜻이다. 이는 가는 말이 고와야 오는 말이 곱다는 말을 빌려 재물 역시도 거슬러서 온 것은 거슬러서 나가게 됨을 경고한 것이다. 능히 혈구지도를 실천했느냐 안했느냐에 따라서 득실의 차이가 그렇게도 큰 것임을 일깨워 주고 있다.

○ 도道는 '말하다'는 뜻이다. 이 「강고」의 말은 위 「문왕」 시의 뜻을 더욱 펼친 것이다. 그 정녕丁寧하고 반복하는 뜻이 더욱 심절하다.

○ 초서楚書는 『국어國語』의 「초어楚語」를 말한다. 금옥金玉을 보배로 삼지 않고 선인善人을 보배로 삼는 것에 대해 말하였다. 구범舅犯은 진晉나라 문공文公의 외숙(舅) 호언狐偃으로, 그의 자가 자범子犯이다. 망인亡人이란 문공이 공자일 때 외국으로 망명했던 사실을 가리킨다. 인仁은 사랑함이니, 『예기』「단궁檀弓」에 보인다. 이 두 구절은 외外가 본本이 되고 내內가 말末

이 되어서는 안 된다는 뜻을 다시 밝힌 것이다.

○ 진서秦誓는 『서경』 「주서周書」의 편명이다. 단단斷斷은 하나의 대상에 전일집중하는 모습이고 언彦은 아름다운 선비, 성聖은 '명明'과 통한다. 상尙은 서기庶幾를 말한다. 창娼은 꺼리다의 뜻이고 위違는 어긋남, 태殆는 위태로움을 말한다.

○ 병迸은 추방(逐)과 같은 말이다. 기탄없는 행동을 하는 사람은 어진 이를 방해하고 나라를 병들게 하므로 인인仁人이 깊이 싫어하고 관계 맺기를 꺼리니, 그 지공무사하여 호오好惡의 바름을 얻는 것이 이와 같다.

○ 태殆를 정현鄭玄은 만慢이라 하고, 정이천은 태怠라고 했다.

이러한 사람은 애愛와 오惡를 구분할 줄 알지만 실제로 애오愛惡하는 길은 미진하니, 이는 군자면서도 인仁이 부족한 사람이다.

○ 선을 좋아하고 악을 미워하는 것은 사람의 천성이니, 그 성性을 거스르게 되는 것은 곧 불인不仁이 심한 것이다. '진서秦誓'에서 여기까지는 호오好惡와 공사公私의 극치를 말함으로써 앞의 「남산유대」와 「절남산」의 뜻을 밝힌 것이다.

○ 군자란 위位로써 말한 것이며, 도道란 그 위位에 있으면서 수기치인修己治人하는 술術을 말한 것이다. 자기를 개발해서 다하지 않음이 없는 것을 충忠이라 하고, 사물의 이치에 따라 어김이 없는 것을 신信이라 한다. 교驕는 자기를 과시하고 뽐내는 것이요, 태泰는 사치와 방사함이다. 이 글은 앞의 「문왕」과 「강고」의 뜻을 근거로 해서 세 가지(道, 衆, 國)의 득과 실에 대한 의미를 강조한 것이니, 이에 이르러 천리天理 존망의 기미가 판결된다.

○ 여씨呂氏가 말하기를 "나라에 놀고먹는 백성이 없으면 생산에 종사하는 자가 많아지고, 조정에 직위도 없이 봉록만 축내는 자가 없으면 놀고먹는 자가 줄어든다. 농사철에 백성을 동원하지 않으면 능률도 높고 일도

빨리 진행되고, 수입을 헤아려서 지출을 조절하면 재용財用이 느긋해진다"라고 하였다. 생각건대 이는 땅을 얻고 재물을 얻는 예를 들어서 부국富國의 길이 근본에 힘쓰고 절용하는 데 있지 재財를 본本으로 하고 덕德을 말末로 하는 데 있는 것이 아님을 말하고 있다. 여기서부터 이 장의 끝까지는 모두 같은 뜻을 밝힌 것이다.

○ 발發은 일으킨다는 뜻이다. 어진 이는 재물을 나누어 주어 민심을 얻고, 어질지 못한 자는 자신을 망치면서까지 재물을 늘리는 데 힘쓴다.

○ 윗사람이 인仁을 좋아하여 아랫사람을 사랑으로 대하면, 아랫사람은 의義를 좋아해서 윗사람에게 충성을 다한다. 그러므로 일마다 반드시 그 결실이 있어, 국고國庫의 재물이 잘못 빠져나가는 근심이 없을 것이다.

○ 맹헌자孟獻子는 노나라의 어진 대부 중손멸仲孫蔑을 가리킨다. 축마승畜馬乘이란 사士로서 막 대부大夫가 된 사람을 가리키는 말이다. 벌빙伐冰은 제사 때 얼음을 쓸 수 있는 경대부卿大夫 이상의 신분을 가리키며, 백승지가百乘之家는 채읍采邑이 있는 사람이다. 군자는 자기의 재물을 잃을지언정 차마 백성들의 힘과 재산을 손상시키지 못한다. 그러므로 차라리 도둑질하는 신하를 둘지언정 백성의 재물을 수탈하는 신하를 기르지 않는다. '차위此謂' 이하는 맹헌자의 말을 풀이한 것이다.

○ '자'는 말미암는다는 뜻이니, 소인으로부터 말미암음으로 인해 빚어지는 바를 말한 것이다. 이 구절은 이利를 추구하는 데 따른 해악을 깊이 밝혀서 거듭 말하여 마무리한 것이니, 그 정녕丁寧한 뜻이 간절하다.

○ 이 장의 요지는 백성들과 함께 호오를 같이하는 데 힘쓸 것이지, 재물과 이익의 추구에만 전념해서는 안 된다는 것을 경계한 것이다. 이는 모두 혈구지도를 미루어 넓힌즉 어진 이를 친애하고 재물의 이익을 백성들과 함께 즐기면 백성들은 모두 맡은 바 생업에 충실하게 되어 천하가 자연스레 평화를 구가할 것임을 말하고 있다.

◎ 의역

천하를 화평하게 하려면 먼저 그 나라를 잘 다스려야 한다는 말은 무슨 뜻인가? 나라를 다스리는 군자의 솔선수범함을 강조한 것이다. 먼저 윗사람이 자기 부모 섬기듯 남의 부모도 섬기면 백성들이 이를 본받아 부모에게 효순하는 기풍이 일어나고, 윗사람이 자기 어른과 형제를 우애하듯 남의 어른과 형제를 우애하면 백성들이 이를 본받아 어른을 공경하고 형제끼리 우애하는 기풍이 일어나며, 윗사람이 홀아비, 과부, 고아, 몸이 불편한 신체장애자 등을 긍휼히 여기면 백성들도 이에 감화해서 불쌍한 사람들을 업신여기거나 못 본 체하지 않는다. 이렇게 군자는 자기 주위의 인간관계를 맺어감에 있어 혈구지도絜矩之道라는 충서忠恕의 원리를 가지고 상하좌우의 사람들을 이해시키며 어울린다.

혈구지도란 어떤 것인가? '나의 윗사람이 내게 저렇게 하면 싫은데' 하는 마음을 미루어 아랫사람을 부리고, '나의 아랫사람이 내게 저렇게 하는 것은 싫은데' 하는 마음을 미루어 윗사람을 섬기는 것이다. 이와 같이 내가 앞사람에게서 당하기 싫어하는 것을 뒷사람에게 하지 말고, 뒷사람에게서 당하기 싫어하는 것을 앞사람에게 하지 말며, 오른쪽 사람에게서 당하기 싫어하는 것을 왼쪽 사람에게 하지 말고, 왼쪽 사람에게서 당하기 싫어하는 것을 오른쪽 사람에게 하지 않는 것, 이것을 일러 혈구지도라 한다.

○ 시에 이르기를 "여민동락與民同樂하는 군자는 백성에게는 부모와 같으시니"라고 하였다. 백성이 좋아하는 일을 좋아해서 힘써 행하고 백성이 싫어하는 일을 싫어해서 일어나지 않도록 막으니, 이런 군자(통치자)를 일러 백성의 어버이라고 한 것이다. 또 시에 이르기를 "깎아지른 듯 우뚝 솟은 저 남산이여, 바윗돌이 울퉁불퉁 위엄스럽게 엉켜 있네. 부리부리한 위세를 뽐내시는 저 사師(太師: 太保와 같이 왕의 스승의 지위에 있는 권신, 또는 병

권을 쥔 장수)와 윤尹(모든 행정권을 장악하고 있는 官長)이시여, 백성은 당신들의 일거수일투족을 주시하고 있소이다" 하였다. 나라의 대권을 잡은 사람은 삼가고 삼가지 않을 수 없으니, 공명정대함을 잃고 사사로이 편벽되게 권력을 남용하면 천하사람들로부터 죽임을 당하게 되는 것이다. 또 시에 이르기를 "은나라도 백성들의 애대愛戴를 받았을 때는 왕의 위엄이 저 하늘의 상제와 나란히 할 수 있었다.(그러나 지금은 백성들의 마음을 잃어, 제위도 잃고 나라도 망해 버렸다) 은나라의 흥망을 거울삼지 않겠는가?(殷鑑) 천명을 받들고 오래 지킨다는 것은 어렵고도 어려운 일임을 명심할지어다" 하였다. 이는 백성을 얻으면 나라를 얻고 백성을 잃으면 나라를 잃는다는 교훈을 말한 것이다.

○ 그러므로 군자는 먼저 덕을 쌓는 데 부지런하여 혹시 그 덕을 잃을까 삼가고 또 삼가야 한다. 왜냐하면 모든 것은 덕이 있느냐 없느냐로부터 시작되는 것이니, 덕이 있으면 백성들이 모여들고, 백성들이 모여들면 자연히 국토가 넓어지고, 국토가 넓어지면 생산(財物)이 많아지고, 생산이 많아지면 국가의 재정이 넉넉해지기 때문이다. 그래서 덕은 근본이요, 재물은 말단이라고 하는 것이다. 이 본말을 뒤집어서 본本을 밖으로 하고 말末을 안으로 하면 물질에 놀아나서 백성들과 쟁탈하게 된다. 그러므로 나라가 백성들의 재물을 착취하면 백성들이 흩어져 나라를 떠날 것이고, 나라가 재물을 골고루 펴 주면 백성들이 모여들게 될 것이다. 말이 예에 어긋나게 거칠게 나가면 돌아오는 말도 무례하고 거친 것처럼, 부정한 방법으로 재물을 강탈해 오면 그 재물은 부정한 방법으로 똑같이 강탈당하듯 빠져나간다.

○ 『서경』 「강고」에 이르기를 "천명은 한 번 받았다고 해서 영원히 주어지는 것이 아니다"라고 하였다. 이는 성선誠善을 다하면 천명을 얻고 죄악을 저지르면 그것을 잃는다는 교훈이다. 또 「초서楚書」에 말하기를 "초

나라는 금은보화를 보배로 삼지 않고, 오직 성선誠善을 다하는 현인 즉 사람을 보배로 삼는다"라고 하였다. 망명 중이던 진晉나라 문공文公 중이重耳를 도와 패업을 이루게 한 대부 구범舅犯이 말하기를, "망명 중에 있는 사람은 보배로 삼을 것이 없으니, 오직 어진 이를 존경하고 사람들을 친애하는 것을(또는 어진 이와 백성을) 보배로 삼아야 한다" 하였다.

○『서경』「주서・진서秦書」에서 이렇게 말하였다. "만일에 어떤 기요機要한 자리에 있는 신하가 충성스럽기는 하나 특별한 재능이 없다고 하자. 그러나 그 마음이 착하고 어질면 오히려 재능 있는 더 많은 사람을 포용해 쓸 수 있을 것이니, 높고 중요한 자리에 있는 신하는 재능 있는 사람이기보다는 다른 많은 사람의 재능을 포용할 수 있는 어진 사람이어야 한다. 남이 재능을 가지고 있으면 그것을 자기의 재능인 양 포용하고 남이 높은 학문과 지혜를 가지고 있으면 마음으로부터 좋아하여 마치 자신의 입에서 나오는 것인 양하니(자신의 학문과 지혜로 만들어 씀), 이런 신하야말로 나의 자손과 백성들을 보호해 줄 것이다. 이보다 더 큰 이익이 또 있겠는가? 이와 반대로, 어떤 중신이 재능은 있으나 마음이 어질지 못하다고 하자. 남이 지닌 재능을 시기하고 멸시하며 남의 학문과 지혜를 외면하여 세상에 쓰일 수 없도록 할 것이니, 이런 신하는 나의 자손과 백성을 보호할 수 없을 것이다. 나라에 이보다 더 큰 재앙이 또 있겠는가?" 오직 어질고 현명한 군주만이 그런(재능만 있고 어질지 못한) 신하를 사방의 오랑캐 나라로 쫓아내어 중국에 발붙이지 못하게 할 수 있다. 이를 일러 "오직 어진 군자만이 능히 좋은 사람을 좋아하고 나쁜 사람을 미워할 줄 안다"라고 말한다.

어진 이를 보고도 발탁해 쓰지 않고, 썼다고 해도 중용하지 않는 것은 군자의 태만이요, 불선한 줄 알면서도 물리치지 못하고, 물리쳤다 해도 아주 멀리 물리쳐서 다시는 가까이 오지 않도록 조치하지 못했다면 이는 군자의 과오다. 남의 악한 것을 좋아하고 남의 착한 것을 미워하는 것은 사람의 천성을 거스르는 것이니, 이런 사람에게는 반드시 재앙이 그 몸에 미치게 된다. 그러므로 군자에게는 두 개의 분명한 길이 있으니, 충신忠信하면 백성과 나라를 얻을 것이요 교만하고 사치하면 잃을 것이다.

○ 생산은 열심히 빨리 하고 쓰는 것은 아끼며 천천히 하면 국가의 재정이 항상 풍족할 것이다. 어진 이는 재물로써 몸(명예)을 일으키지만, 어질지 못한 이는 몸으로써 재물을 일으킨다. 다시 말하면, 어진 자는 재물을 잘 써서 명예를 얻지만, 어질지 못한 자는 몸을 팔아서, 즉 불명예를 무릅쓰고 재물을 늘린다. 일찍이 윗사람이 인仁을 좋아하는데 아랫사람이 의義를 좋아하지 않는 일은 없었다. 또한 아랫사람이 의를 좋아하는데 윗사람의 일이 결실을 맺지 못하는 일은 없었으며, 국고의 재물이 군자의 것이 아닌 일도 있지 않았다. 백성이나 곳간의 재물이 모두 군자가 쓰는 것이 되므로 군자는 가진 것이 없어도 가장 부유한 사람인 것이다.

맹헌자孟獻子가 말했다. "선비는 서민들이 기르는 닭과 돼지를 길러서 서민들과 경쟁하지 아니하고 경대부는 백성들이 기르는 소와 양을 길러서 백성들과 경쟁하지 아니하며 군왕은 차라리 나라의 재물을 훔치는 도신盜臣을 둘지언정 백성들의 재물을 착취하는 염신斂臣은 두지 않는다." 이것은 나라는 이로움(利)으로써 이로움을 삼지 않고 의義로써 이로움을 삼는다는 것을 가리킨 말이다.

나라를 다스리는 군주가 되어서 백성들의 재물을 거두어들여서 재용財用을 늘리는 데만 힘쓰는 것은, 반드시 소인이 국사를 농단하기 때문이다. 그런데도 군주가 소인을 뿌리치지 못하고 되레 정치를 잘한다고 칭찬하여 국사를 내맡기면, 끝내는 재해와 위난이 한꺼번에 닥쳐와 비록 어진 신하가 있어 소인을 몰아내고 군자를 쓴다손 치더라도 이미 나라가 기울어 어찌할 방법이 없다. 그러므로, 나라는 재물의 이로움을 이로움으로 삼을 것이 아니라 도덕의 의義를 이로움으로 삼아야 한다는 교훈은 역사의 진리다.

◎ 강의

이 장은 전문傳文 중 분량이 가장 많고 내용도 다양하다. 내용이 다양한 것은 팔조목의 각 조목의 중심 문제를 종합해서 논하고 있기 때문이고, 문장이 긴 것은 치국평천하를 위한 주요 문제들을 하나로 관통해서 서술하고 있기 때문이다. 그러나 크게 나누어 보면 결국 덕본재말德本財末로 귀결된다. 진기盡己와 친친親親, 존현尊賢, 나아가 유가적 대인對人(接物)의 황금률인 충서忠恕(忠信), 혈구지도絜矩之道 등이 덕본德本에 해당하고, 재말財末은 사람이 살아가는 데 불가결한 물질의 생산과 소비, 분배, 국가의 운영을 위해 부득이하게 백성들로부터 재물을 거두어들여 소비하는 국가 재정 등을 말하는데, 여기서 유가의 도덕정치 즉 덕치주의는 물질(재물)을 필요불가결한 치국평천하의 조건으로 내세우고 있다.

유가는 결코 물질을 경시하지 않는다. 맹자의 설을 빌리면 농경사회에서 물질의 생산은 결국 자연의 이식을 받아내는 것으로, 그것을 귀중히 여겨(愛物) 최대한으로 받아내어 허비함이 없이 유용하게 써야 한다는(節用) 나름대로 중요한 물질관을 가지고 있었다. 그것이 여기 '치국평천하'에서 상당히 구체적으로 제기된 것이다. 그러면서도 유가의 물질관은 결코 도덕관의 제어 범주를 벗어나지 않는다. 물질을 중시하면서도 한편으로는 그것을 억제하고 심지어 천시하기까지 하는 경향이 있다. 물질은 필연적으로 사람의 소유욕을 유발시켜 죄악의 원인이 되기 때문이다. 그래서 물질의 주요 기능은 상대적으로 물욕을 제어하고 될 수 있으면 물질을 사람들이 골고루 나누어 쓰도록 조정하는 것이다. 이것이 국가의 주요 기능인 '정제치평整齊治平'(荀子의 말)이다. 여기서 물질을 정제치평하는 동기와 방법은 도덕심성으로부터 나오므로 유가는 덕본재말이라는 가치관을 세우게 된 것이다.

요언하면, 치국평천하의 조건에는 인人과 물物 즉 민생民生과 물용物用이라는 양대 요소가 있다. 어느 하나가 결핍되면 치국평천하는 불가능하다. 다만 유가는 여기에 가치순위를 매기고 있으니, 공자가 말한 민신民信, 족식足食, 족병足兵이 바로 그것이다. 그리고 국國, 천하天下의 기본 실체는 영토 즉 땅이다. 백성이 발을 딛고 용신하며 활동하는 공간이 모두 천하국토며, 농경사회의 경우 먹고 사는 물질의 내원(생산이 이루어지는 바탕)은 역시 땅이다. 따라서 천하라는 말은 기실 지상地上을 가리키는 것으로, 지상을 구획하여 공간구조의 한 한계를 지운 것이 바로 국가다.

가家가 한 가정의 사람과 가축이 공존하는 구조된 한계 공간이라면, 국國이란 그러한 '가'들과 산하대지山河大地, 초목조수草木鳥獸, 물화物貨가 수장收藏된 비교적 거대한 공간이다. 그리고 한 가정을 다스리는 가장이 있듯이 이 거대한 인간과 물질이 담겨 있는 나라를 다스리는 군장君長과 관리官吏가 있다. 이것이 정부구조요 정치행위인 것이다. 군장은 가장이 '가'를 소유하듯 정부(國家)를 소유하고, 가장이 위엄을 가지고 중심이 되어 가정을 이끌어 가듯 절대권능을 가지고 천하국가를 통치한다. 그러면 군장은 어떻게 탄생하는가? 여기서는 천명설을 내세우는데, 그 천명의 조건은 선덕善德이다. 처음에는 고정된 천명관(은나라)이었다가 주초周初에 오면 천명미상天命靡常 즉 선덕한 자에게 천명이 주어졌다가도 부덕하면 도로 뺏어 간다는 사상이 대두하는데, 그 득실의 판단 기준(또는 所由出)이 민의民意라고 해서 인人이 곧 천天이라는 등식이 형성된다. 신수神授, 천수天授 등의 설이 마침내 덕수관德授觀으로 귀결되어 유가의 덕치주의 철학사상이 형성되기에 이른 것이다.

이렇게 볼 때 천하국가도 흥망이 있고 백성도 왕과 나라를 취사하며, 물질도 풍요와 궁핍, 쟁탈과 어지러움 등이 있어 정치의 성패에 따라 혼란해지기도 하고 안정되기도 한다. 맹자에 의하면, 인간이 국가니 정치니 하는 삶의 테두리(공간)와 생도生道를 마련하여 역사를 만들어 온 과정을 보면 천하는 일치일란一治一亂이었으며, 즉 한때는 평천하平天下였다가 또 한때는 난천하亂天下였는데 난천하는 쉬워도 평천하는 어려웠다고 한다. 그러니까 대학지도에서 평천하를 내세운 것에는 천하가 아직도 난천하라는 전제가 깔려 있는 것이다. 그러면 전문 제10장 치국평천하의 길(방법)은 무엇으로부터 시작해서 무엇으로 끝나는가 살펴보기로 하자.

① 혈구지도

혈구지도는 인간관계를 원만히 하기 위한 유가의 윤리교전으로, 그 사상적 맥락은 공자로부터 시작한다. 즉 『논어』의 "자기가 원치 않는 것은 남에게도 하지 말라"는 충서지도忠恕之道에서 비롯하는 것이다. 『중용』에서는 이를 그대로 받아들여 "충서는 인仁을 실천하는 첩경이니 내가 원치 않는 일이거든 또한 남에게도 하지 말라"고 강조하였다가, 더 나아가 '군자지도사君子之道四'에서 "자식에게 바라는 것으로써 어버이를 섬기고, 신하에게 바라는 것으로써 임금을 섬기고, 아우에게 바라는 것으로써 형을 공경하고, 친구에게 바라는 것으로써 남에게 먼저 베풀라"라고 하여 소극적인 의미에서 적극적인 의미로 전환하게 된다. 따라서 『대학』의 혈구지도는, 『대학』을 자사학파의 작품이라고 본다면, 바로 이 『중용』의 군자사도君子四道를 정치적으로 더욱 발전시킨 것이라고 할 수 있다.

왜 여기에 특별히 정치적이라는 말을 썼는가 하면, 사실 혈구지도는 일반적인 인간관계의 범주와는 다른 차원이 있기 때문이다. 충서지도忠恕之道는 보편적인 도덕심성의 발로고 군자사도君子四道는 가정에서 사회국가로 확대되어 나간 것인 데 비해 혈구지도는 이것을 치국평천하 조목의 첫째 문제로 제시한 것으로 보인다. 적어도 혈구지도는 국가나 천하를 다스리는 중심에 놓인 인물이 취할 인간관계의 교범으로 보인다. 보통사람의 경우라면 상하·좌우·전후 관계의 핵심에 놓여 있을 수 없기 때문이다.

팔조목의 단계는 격물치지格物致知에서 시작하여 성의誠意, 정심正心을 거쳐 수신修身에 이르러서 한 개인의 명명덕明明德 즉 도덕수행이 일단락된다. 일반적으로 도덕수양은 한 사람을 단위로 하는 도덕인격에 국한되고, 이후로는 이 자기 수양으로 이루어진 인격 단위를 중심으로 해서 밖으로 추급해 나간다. 그 첫 번째 확장이 '가정'(齊家)이고, 이 '가家' 단위가 더욱 확충해 나간 것이 사회요 국가요 천하다. 그런데, 비록 실체는 아니라 하더라도 '국가'를 여러 '가' 단위가 모여서 확대된 '가'로 본다면, 맹자가 국지본재가國之本在家라고 했듯이 국가도 하나의 종합통섭된 거대한 가정이라 할 수 있다. 그리고 군왕은 바로 이 거대한 가정의 부모다. 유가의 봉건주의는 바로 이러한 종법질서를 뿌리로 하고 있기 때문에 그를 지탱해 나아가는 힘은 법이 아니라 도덕윤리인 것이다. 그렇다면 군왕은 치국평천하의 중심에 놓여서 평천하를 주도해 가는 도덕인격의 모범이어야 한다. 그러므로 혈구지도를 실천하는 중심에 놓인 군왕은 곧 격물치지, 성의, 정심, 수신, 제가라는 일련의 과정을 한 몸에 수습하는 도덕군자라고 보아야 하며, 또 도덕군자만이 그 자리(중심)에 나아갈 수 있다. 이 군왕의 자리에 나간 사람과 못 나간 사람은 그래서 다르다. 말하자면, 이 천하국가라는 거대조직 속에는 통치자인 군왕이 있고 그 통치를 받는 백성이 있으며, 군왕과 백성 사이에는 정치행정을 하는 공경, 대부, 사가 있다. 단순하던 인간관계는 이에 이르러 복잡해지고, 자연인에서 사회인이 되고 조직 속의 단위(부분)가 되어 전체대용에 참여한다.

그러나 군왕이 아무리 특수한 위치와 권능을 지녔다 하더라도 그 또한 하나의 도덕인격 단위인 것은 마찬가지이므로, 이때의 군왕은 도덕적으로 명덕 즉 인선성신仁善誠信을 갖추고 있어야 혈구지도의 원만한 관계 유지가 가능하다. 앞에서 말한 충서지도는 인간관계가 단순하므로 불인인지심

不忍人之心만 있으면 나를 미루어 남을 배려하는 일이 가능하지만, 혈구지도에 오면 다르다. 중심에 서서 상하 전후 좌우로 교감하며 주고받는 심리행위는 복잡하다. 흔히 극기복례하면 천하가 귀인歸仁한다고 하는데, 문제는 어떻게 남의 마음을 헤아릴 수 있느냐에 있다. 만일 어떤 욕망에 붙잡혀 있고 사사로운 이해관계에 얽매여 있는 극히 개인화된 입장에서 남을 헤아린다면 그것이 정확할 수 있을까?

윗사람에게 바라는 것으로 아랫사람을 부리고 아랫사람에게 바라는 것으로 윗사람을 섬긴다는 말은 쉽지만, 그 바라고 생각하는 남의 심리상태를 어떻게 헤아릴 수 있느냐. 이를 격물치지로 설명하는 사람도 있는데, 주희의 격물은 만사만물의 리를 궁구하는 것이므로 객관적으로 정확할 수 있겠지만, 심心, 정情, 의意를 지닌 사람을 격지格知한다는 것은 지知의 대상이 움직이는 주관적 존재기 때문에 시중時中적 득지得知는 사실상 불가능하다. 그러므로 남의 심정의心情意를 헤아리기 위해서는 결국 나 자신으로 돌아와 나 자신을 인지대상으로 할 수밖에 없다.

내가 싫어하는 것은 남에게 하지 말라는 것은 나의 그러한 마음이야말로 모든 사람이 공통으로 느끼는 절대진리(誠信)라는 전제를 믿기 때문에 발할 수 있으며, 그것의 중절화합中節和合도 가능하다. 나의 마음과 남의 마음이 다를 경우, 추기서인推己恕人은 오히려 일방적인 강제가 되고 만다. 그러므로 이 추기推己의 '기己'는 예禮로 복귀한 공평무사한 대아大我여야 한다. 어떤 이의 말에 "지성至誠을 갖춘 자의 철저한 주관은 바로 절대적 객관이 된다"라고 하였듯이······. 그러므로 혈구지도의 성공적 실현을 위해서는 다시 수신修身으로 되돌아가지 않으면 안 되는 것이다.

『중용』에서는 "정치는 사람을 얻는 데 있고, 사람은 내 몸을 통해 얻어지는 것이다. 몸은 도로써 닦아야 하고, 도는 인仁으로 닦아야 한다. 인은 인간관계의 시발로서, 가정 내의 친친親親이 기본이 된다. 또한 의義가 있으니, 의는 사회 인간관계의 화합으로 존현尊賢이 기점이다. 친친의 친소원근, 존현의 상하위계, 여기서 예禮라는 질서규범이 생겨난다. 아랫사람이 윗사람의 신임을 못 받으면 다스릴 수가 없다. 윗사람의 신임을 받는데는 길이 있으니, 어버이에게 효친孝親하지 않으면 남이 나를 믿어 주지 않는다. 그러므로 어버이를 섬기는 효孝를 모르고서는 인륜도덕관계에 첫발을 들여놓을 수 없다"하였다. 그리고 '구경九經'(治國九法)의 마지막에 가서는 "어버이에게 효순孝順하는 데 길이 있으니, 자신을 돌아봐서 성선誠善하지 않으면 어버이에게 효순할 수 없다. 성신誠身하는 데 도가 있으니, 선善에 밝지 않으면 성신할 수가 없다"라고 하여 그 귀결점을 성성誠(天道)과 성지誠之(人道)로 들었다. 그런데『대학』의 혈구지도는『중용』의 이러한 혈구지도의 실천을 위해 갖추어야 할 도덕심성의 기본을 말하지 않고 있다. 그것은『대학』의 많은 이론은『중용』의 연속이라고 볼 수 있기 때문에 자사의 문인들이 때로 생략한 것으로 보인다.

② 군왕과 백성은 부모자식의 관계와 같다

유가 도덕정치의 특징은 국가의 정치조직을 하나의 종법적 가족윤리의 확장으로 보는 것이다. 가정 안의 인간관계는 '사랑'으로 맺어지고 교류하는 것으로, 사랑은 나를 희생하면서까지 남(부모와 자녀)을 위하는 정서와 행위다. 평화는 사랑(愛와 善)으로 유지되며, 그 시범과 상징은 바로 가정이다. 혼란은 죄와 미움에서 일어나며, 그 극단적 표출이 전쟁이다. 그러므로 군왕은 천하국가를 가정 안의 인간관계와 같이 사랑의 도가니로 만들어야 곧 평천하할 수 있다.

군왕은 어떻게 해야 민지부모民之父母가 될 수 있는가?『시경』에서는 간단하게 "백성이 좋아하는 것을 좋아하고, 백성이 미워하는 것을 미워한다"라고 했다. 그렇다. 여기에 무슨 심오한 논리가 필요하겠는가? 그러한 어버이의 마음으로 백성을 다스리면 자연 그 정치는 위민爲民, 민본民本,

민귀民貴, 안인安人, 애인愛人으로 나타날 것이다. 여기에 인용된 시를 「모시서毛詩序」에서는 어진 신하를 얻은 것을 기뻐해서 읊은 노래라고 하였다. 다음에 인용된 시가 좋은 신하를 얻지 못해서 읊은 우국憂國의 시임을 감안할 때, 그런 의미의 시라는 점이 긍정되기도 한다.

그러면 여기에서 민지부모民之父母를 내세우면서 왜 임금이 직접 나오지 않고 어진 신하(樂只君子)를 매개로 하였는가? 군왕과 백성은 직접 만나기가 어렵고, 그 사이에 관官(좋게 말해서 賢人, 君子)이 끼여 왕과 백성의 사이를 교통한다. 그러므로 왕이 아무리 민의 부모 역할을 하고 싶더라도 관이 불선하면 허사가 되어 왕은 불선한 군주로 부각될 뿐이다. 좋은 예가 바로 그 다음에 인용된 「절남산節南山」 시다. 이 시는 권신 태사太師와 윤백尹伯(官長)이 임금과 백성 사이에서 마치 남산의 험준한 바위처럼 솟아올라 시야나 소통을 차단한 채 위엄을 부리다가 나라를 위태롭게 하고 백성을 도탄에 빠뜨린 것을 풍자하고 규탄하고 있다. 군왕이 친민親民(新民)을 하는 데 있어 인물의 등용이 얼마나 중요한가를 경고하는 시라 하겠다. 『예기』 「예운」의 "선현여능選賢與能, 강신수목講信修睦"이라는 말 또한 치국평천하의 사업에서 빼놓을 수 없는 주요 요건의 하나다.

③ 천명미상과 민내천

천명미상天命靡常의 사상은 중국의 정치사상사에서 정권수수의 획기적인 방법(제도)이다. 그 전의 정권수수설로는 신수설神授說이 우세하여 감히 백성들이 정권에 간여할 수 없었지만, 하걸夏桀의 폭정을 뒤엎고 백성을 도탄에서 구제한 은나라 탕湯에 이르러 천명미상은 이른바 역성혁명의 명분으로 내세워졌다. 즉 탕이 쿠데타에 참가한 궁중에게 말하기를 "이것은 하늘의 명령이다. 이 명령을 수행하지 않으면 나는 거역죄로 죽임을 당한다"라고 하여, 혁명을 일으키는 명분으로 천명을 내세운 것이다.

처음 이 '천명'은 유덕자有德者에게 천하를 맡긴다는 수명受命의 조건만

내걸어졌을 뿐 수명 후 실덕자失德者가 되었을 때의 견제장치가 마련되어 있지 않다는 약점을 가지고 있었다. 은나라 폭군 주紂가 주무왕이 쳐들어온다는 소식을 전하는 신하에게 "나는 천명을 받은 군주다. 그들이 감히 나를 어떻게 하겠는가?"라고 천명영항天命永恒을 말하였다는 기록이 그 단적인 증거다. 그래서 새로 나라를 세운 주나라는 은나라가 천명을 믿고 '솔민사귀率民事鬼'하여 하늘에 지극한 제사를 지냈음에도 결국은 망한 것을 반성해서 '천명미상天命靡常'이라는 무서운 경고를 군왕에게 내린 것이다. 이에 '천명'의 내용이 달라졌으니, 하늘은 그 귀와 눈으로 직접 정치의 잘잘못을 감시하는 것이 아니라 백성들의 눈과 귀를 통해 정치의 성패를 보고 듣는 것으로 되었다. 이제까지는 천天, 제帝, 민民이라는 위계와 같이 백성은 하늘로부터 제일 먼 곳에 위치하고 군왕은 하늘 가까이서 하늘에 제사지내는, 즉 하늘과 교통하는 존재로 인식되었는데, 이러한 '천자민시청설天自民視聽說'이 나와 민의 위상이 일약 천과 직결된 위치로 상승하게 되자 이제는 천명의 수수가 민에서 결정되는 것으로 전환하여 제왕은 민의 눈과 귀를 살펴야 하게 되었다. 이것이 인내천人乃天사상의 출현이다. 종교제사 행위보다 도덕수양이 우선시되면서 정권의 득실을 민심民心의 득실과 연결시켜서 보는 도덕정치의 내용이 구체화되기 시작한 것이다. 유가 도덕정치는 이렇게 서주西周 초에 일어난 '천명미상'과 천애사방민天愛(哀)四方民, 천청자아민청天聽自我民聽, 천시자아민시天視自我民視 같은 천명의 도덕수수설道德授受說에 그 사상적 내원을 두고 있다.

『시경』「문왕文王」의 시에서는 "은나라가 백성의 지지를 받았을 때는 왕의 위엄이 저 하늘의 상제와 짝할 수 있었지만 지금 백성의 마음을 잃자 천명이 끊어지고 나라도 망했다. 이렇게 천명은 얻기도 어렵거니와 지키기도 어렵다. 천명은 영원하고 일정한 것이 아니라 항상성이 없다. 언제나 실덕하면 회수되어 새로운 유덕자에게로 돌아간다"라고 하였다. 백성을 얻으면 나라를 얻고 백성을 잃으면 나라를 잃는다. 그리고 그 득실은 바로 위정자 자신의 유덕과 실덕에 달려 있다. 이는 천명을 오래 유지하려면 먼저 하늘 섬기듯 백성을 섬겨야 한다는, 즉 민귀군경民貴君輕이라는 정치의 소재와 주체의 일대전환이라고 할 수 있다.

④ 덕본재말: 물보관物寶觀에서 인보관人寶觀으로의 전환

유가의 경제사상은 도덕적 교화론에 비해 노골적으로 '천화귀덕賤貨貴德'(『중용』 제20장)을 표방했다. 『논어』에서도 "먹을 것, 국가 방위력, 백성들의 국가에 대한 신뢰" 셋을 들면서 그 중 프라이어리티를 정하라면 민신民信, 거식去食, 거병去兵 순서라고 하여 역시 경제 문제를 뒤에 두고 있다. 그리고 농경사회여서 그랬는지, 아니면 평화시대에는 먹을 것이 그다지 문제가 안 되어서 그랬는지, 춘추시대까지만 해도 물질의 생산을 적극 장려하거나 그 물질경제를 새로운 문명이나 문화의 바탕으로 자리매김한 일은 없었던 것 같다. 공자 이전의 관중管仲도 "의식衣食이 족해야 예의를 안다"고 하여 역시 덕德의 보輔로서의 물질을 말했을 뿐 물질 자체를 문화건설의 주요 조건으로까지 중시하지는 않았다. 오히려 물질에 대한 욕구를 도덕수행에 방해가 되는 것으로 보는 면도 없지 않다. 공자는 "물질이 적은 것이 문제가 아니라 그 물질이 골고루 나누어지지 않는 것이 문제며, 가난한 것이 문제가 아니라 사회가 불안한 것이 문제"라고 하여, 물질생산의 증대에는 관심을 보이지 않고 윤리적 물질관을 소극적으로 제시하고 있을 뿐이다. 일종의 물질경시사상이라고나 할까?

그러나 이와 달리 물질을 쓰는 데 있어서는 상당히 관대하다. 관리들에 대한 '중록重祿'이 그것이고, 생산과 수용에 있어서 사민이시使民以時나 박렴薄斂 등을 들고 있는 것이 그것이다. 물론 묵자 같은 이는 유가가 예악 등 문채의 방면에서 지나치게 사치스럽다고 보아 절용節用, 비악非樂 등으로 신랄하게 비판하기도 하였는데, 이러한 비판이 있은 후 맹자는 항산恒

産과 제산制産 등을 주장하여 의식衣食의 풍족과 건전을 '왕도王道의 시始'라고까지 일컬으면서 그 가치를 끌어올리고 있다.

내가 생각하기로는 유가의 인물 가운데 맹자보다 더 경제를 중시하고 그 생산에서부터 분배에 이르기까지 설득력 있는 논리를 전개한 이는 없었던 것으로 보인다. 『대학』은 『맹자』 이전에 나왔으므로 여전히 덕본재말德本財末이라는 전통적 보수성을 벗어나지 못하고 있다. 『대학』 전문傳文에서는 말한다. "군자는 먼저 덕을 숭상해야 한다. 치자가 덕이 있으면 백성이 모여들고, 백성이 모여들면 자연 국토가 넓어지고, 국토가 넓어지면 재물생산이 증대되고, 재물이 풍족하면 국용國用이 넉넉하다. 그러나 어디까지나 덕德은 본本이요 재財는 말末이다. 이 본말을 거꾸로 해서 말을 본으로 삼고 본을 말로 삼으면 재물을 둘러싼 쟁탈이 생기니, 국가의 취렴聚斂이 심하면 백성이 흩어지고 재물을 백성에게 베풀면 백성이 모여든다." 재물을 중시하다가도 그 결론에 가면 꼭 '천화귀덕賤貨貴德'의 논리로 되돌아가는 것이다. 다만 그런 가운데서도 물질경제와 민생을 치국평천하를 위한 하나의 필수조건으로 특론한 것은 이후 경제의식 유발의 한 실마리가 된 것으로 보인다. 이런 면에서 맹자의 경제사상은, 묵자의 비판에 대응해 나온 것이라고도 하지만, 여전히 『대학』의 경제관을 이어받은 것이라는 생각이 든다.

한편, 물보관物寶觀에서 인보관人寶觀으로의 전환을 촉구한 것이 『대학』 물질관의 또 하나의 특징으로 보이는데, 「초서楚書」의 인용에 나타난 인보관은 중요한 시사를 준다. 다음은 초나라 사신 왕손어王孫圉가 진晉나라 대부 조간자趙簡子가 베푼 연회에 참석했다가 나눈 이야기다. "조간자가 왕손어에게 물었다. '초나라에 백형白珩이라는 보물이 있다던데 아직도 있습니까? 그러한 옥(보물)이 초나라에는 얼마나 있나요?' 왕손어가 대답했다. '백형 같은 것은 그저 선왕의 노리개일 뿐 보배는 아닙니다. 진짜 보배는 외교사장外交辭章에 능한 관석보觀射父와 전적고사典籍古史에 밝은 좌사左史 의상倚相 같은 사람입니다.'" 또, 옛날 제齊나라 경공景公이 산하를 둘러보고 그 아름다움에 감격하여 눈물까지 흘리자, 그를 모시던 신하가 산하가 보배가 아니라 양신良臣이 보배라고 간언하였다는 기록이 있다. 그리고 구범舅犯은 망명 중인 중이重耳(뒷날의 晉文公)에게 "망명지의 사람이 무엇을 보배로 삼겠는가? 오직 인친仁親으로 보배를 삼을 뿐이다"라고 말했다.(중이가 부친상을 당하자 진목공이 사람을 보내 조문하면서 이 기회에 귀국해서 정권을 도모할 것을 권한 일이 있는데, 구범이 이를 말리면서 부친상만 정성껏 치루라고 간할 때의 말이다) 여기서는 정권이 보배가 아니라 인친仁親이 보배임을 강조하고 있다.

⑤ 겸용謙容과 거현擧賢, 위정재인爲政在人, 취인이신取人以身

앞에서도 언급이 있었지만, 군왕이 나라를 다스리는 데는 자기를 도와 같이 일을 할 인재를 구하는 일이 만사에 우선한다. 군자는 불기不器라고 했다. 한 가지 재능을 가진 사람보다는 모든 이의 재능을 모아서 자기 것으로 만들어 쓸 수 있는 겸용할 줄 아는 신하가 중요하다. 이런 사람이 중심에 위치하면 재기 있는 이들이 모여들어 나라가 부강해지고 자손과 백성이 보전되며, 반대로 남의 재능과 기예를 시기하여 용납하지 않는 신하를 두면 인재가 모여들지 않아 나라가 공허해지고 자손과 백성의 보전이 불가능하다. 군자를 가까이하고 소인을 멀리해야 하는 것은 유가의 도덕정치에서는 상식에 속하는 격언이며, 사치와 낭비 등은 명덕을 흐리게 하는 진구塵垢와 같다. 그래서 말했다. "군자에게 득실의 두 갈래 큰 길이 있으니, 충신忠信하면 얻는 길로 들어갈 것이요 사치하면 망하는 길로 접어들 것이다." 충신은 역시 충서요 혈구지도며, 사치와 교만은 독선, 편견, 방만함, 이기심, 전횡이다. 정치는 인재를 얻는 것이 중요한데, 인재는 군왕 자신의 도덕과 지혜, 인격, 경륜의 정도에 따라 찾아지고 발탁되고 부려지는 것이다. 어찌 교만한 안목으로 어질고 능력 있고 지혜로운 인재를 얻을 수 있겠는가?

⑥『대학』의 물질관: '의'로써 이로움을 삼는다

덕본재말德本財末은 유가 물질관의 변할 수 없는 철칙이다. 그러나 본이 있으면 말이 있고 내가 있으면 외가 있듯이, 재財는 분명 덕德의 불가결한 상대방이다. 유가는 주로 물질의 생산방법보다는 생산된 물질을 어떻게 쓰느냐에 더 큰 비중을 두고 있다. 생산방법은 기술에 속하는 문제지만, 어떻게 쓰느냐는 윤리에 관한 문제다. 그래서 유가는 생산 문제를 접어 두고 사용 문제를 중시하는 것 같다. 특히 군왕은 물질생산자가 아니라 생산자들이 생산한 것을 모아다 쓰는 사람이다.

국가라는 존재는 백성들의 물질을 취렴해서 쓰는 소비자, 이용자다. 국왕이 지닌 권력 중에 큰 것으로 징병徵兵, 징물徵物, 취렴聚斂의 권한이 있다. 취렴된 물질은 국가 전반에 쓰기에는 부족하지만 한 개인이 쓰기에는 너무나도 많이 남아돈다. 만일 군왕이 국가를 생각하지 않고 자기 자신만을 생각한다면 이 물질은 사치와 욕망을 채우는 데 부족함이 없다. 그런데 그 욕망이 자꾸만 커져 가면 군왕 한 사람의 사용私用이 국가의 공용公用과 맞먹게 되고, 심하면 도를 넘을 수도 있다. 여기서 물질 사용에는 도덕적 제어력이 요구되니, 곧 거두어들인 재물을 다시 백성의 삶에 골고루 나누어 주는 것이다. 공동사업과 환과고독의 구휼에 쓰는 것을 성실히 공명정대하게 하면, 그 물질 사용의 윤리가 왕을 돋보이게 한다. 아예 쓰지 않고 쌓아 두는 것이 현명한 것이 아니라 유용하게 쓰는 것이 현명한 것이다. 왕은 재물을 모으는 자이기도 하지만, 동시에 그것을 쓰는 자이기도 하다. 그래서 "어진 이는 재물로써 몸을 일으키고 어질지 못한 이는 몸(욕심)으로써 재물을 일으킨다"라고 한 것이다.

육부삼사六府三事란 무엇인가? 육부六府는 금목수화토곡金木水火土穀이요, 삼사三事는 정덕正德, 이용利用, 후생厚生이다. '정덕'은 용물用物의 윤리요,

'이용'은 "지진기리地盡其利, 물진기용物盡其用"(땅은 그 생산의 이익을 다하고, 생산된 물질은 그 쓰임의 용도를 다함)이다. 어떻게 보면 물질을 가치 있게 하기 위해서는 생산자보다도 소비자나 사용자의 책임 즉 애물愛物·절용節用의 책임이 더 큰 것 같다. 힘들게 물질을 생산해 놓고도 그것을 나쁘게 써서 후생厚生이 아니라 상생傷生, 해생害生, 박생薄生하게 하는 일이 얼마나 많은가? 그러므로 정덕正德은 용물에 우선하는 것으로, 덕이 근본이 되기에 재財가 그 이로움과 쓰임을 다할 수 있는 것이다. 결과적으로 말하면 덕본재 말은 천화귀덕賤貨貴德을 말하는 것이 아니라 가치론적으로 정덕귀화正德貴貨를 가리킨다.

유가 도덕정치의 물질관에서 보면, 군왕을 비롯한 공경·대부·사는 물질을 사용하는 자고, 백성·서민은 물질을 생산하는 자며, 공인·상인은 재용財用을 만들고 유통시키는 자다. 또한 생산자는 동시에 상행商行을 통해 생활을 영위한다. 그런데 유가의 직분론에서 사士 이상의 통치계급에 대해서는 생산도 금하지만 상행위는 더욱 금지한다. 직능을 엄격히 나누어 서로 침범하지 못하게 하는 것이다. 예를 들어 시중에 있는 은행들은 거의 모두 상행위를 목적으로 하지만, 국가의 중앙은행인 한국은행은 일반 은행처럼 장사를 해서는 안 된다. 국가 권력을 업은 기관이 일반 무권력 기관과 경쟁한다면 어떻게 되겠는가? 『대학』에서는 "사士는 닭과 돼지를 기르지 않고 공경대부는 소와 양을 기르지 않으며 군왕은 권력을 업고 장사하는 신하를 두지 않는다"라고 하였고, 심지어 "군왕은 자기의 재산을 도적질하는 신하를 둘지언정 백성들의 재물을 권력으로 강탈하는 취렴지신聚斂之臣은 두지 않는다"라고까지 말했다. 이것이 유가의 경제관에서 귀중하게 여기는 청렴淸廉이다.

『대학』의 물질생산관에는 또 하나 특기할 만한 이론이 있다. 이를 생칙生則의 대도大道라고 거창하게 부르는데, 극히 상식적인 내용이긴 하지만 그것은 그대로 경제의 원리가 되고 진리가 된다. "생산자가 많고 사용자가 적으면 재물이 축적되어 여유롭고, 일하는 자가 열심히 일하고 쓰는 자가 더디게 천천히 쓰면 역시 생산된 물질은 남아돌아 여유가 생긴다. 물질의 여유는 그대로 백성들의 마음을 너그럽게 해 준다."

"광에서 인심난다"는 속담이 있다. 덕본재말德本財末이라고는 하지만, 관중의 말 그대로 의식이 넉넉해야 예의염치도 차려지는 것이 아닌가? 재화가 풍족해야 덕이 근본을 지킬 수 있는 것이다. 유가는 '천화귀덕賤貨貴德'을 표방했는데, 정말로 재화가 천한데도 덕이 귀하게 될 수 있는가? 『대학』 전문傳文의 마지막 부분이 특별히 물질의 문제를 집중해서 논의하고 있음에도, 왜 그동안의 유가는 도덕과 병행하는 경제철학을 발전시키지 못했는지? 여전히 실제의 생활현장을 외면한 채 책 속의 글자들만 음미하면서 그저 '덕본재말', '천화귀덕'을 외치며 고귀한 학자, 도덕군자만을 자처해서는 아닌지?

마지막 결구는 "국가는 이利로써 이로움(利)을 삼지 않고 의義로써 이로움을 삼는다"이다. 이利와 의義는 어떻게 다른가? '이利'는 물질을 그저 한갓 물物로만 보는 유물唯物 개념이고 '의義'는 물질에다 가치와 의의를 부여해서 정신적 차원으로 연결시킨 개념이다. 또 다른 해석은, 물物은 천지자연의 소유로서 사람은 그것을 빌려 썼다 돌려주는 이용자라는 전제 아래, 물을 자기 개인의 것으로 독점하여 독리를 취하는 것이 '이'요 물을 천하의 공물로 개방해서 애물절용愛物節用하며 그 물이 생을 후厚하게 할 수 있도록 정덕正德의 성심誠心으로 이용利用(잘 쓰는 것)하는 것이 '의'라는 것이다. 백성이 생산에 치중하여 이利를 추구한다면, 사용자로서의 국가는 의義의 물질관을 세워서 물物 역시도 천지의 화육을 돕고 천지인天地人 삼재三材의 문화창조에 참여할 수 있도록 해야 한다. 이것이 사람이 물질에 대해 부하해야 할 이른바 '개물성무開物成務'의 의무인 것이다.

4. 『맹자』의 정치사상은 『대학』 사상의 발전이다

　　『대학』의 마지막 문장은 "국가는 이利로써 이로움(利)을 삼지 않고 의義로써 이로움을 삼는다"(國不以利爲利, 以義爲利)인데, 공교롭게도 『맹자』의 첫 시작이 바로 이 이利와 의義의 문제를 놓고 벌이는 양혜왕梁惠王과의 격론이다. 『맹자』의 정치이론은 곧 『대학』 삼강령·팔조목의 주석이라 할 수 있는 것으로, 『대학』의 논리가 더욱 구체화되어 채워져 있다.

　　신유가들은 거의 공통적으로 『중용』, 『대학』의 성서연대를 진한시대로 단정하면서, 특히 『대학』의 경우 풍우란은 그것이 순자荀子의 사상을, 서복관은 맹자孟子의 사상을 배경으로 하고 있다고 역설하였다. 그런데 지금은 초간楚簡 자료의 발굴에 의해 『중용』이 자사子思의 작이요 『대학』이 자사문인의 작이라는 설이 유력하게 제기되고 있어, 이제 정반대로 맹자와 순자의 정치논리(학설)가 오히려 『대학』의 강령과 조목을 발전적으로 전개한 것이라는 이론의 역전이 가능해졌다. 내가 이 『중용』과 『대학』의 강의를 마치면서 생각되는 것이 바로 그러한, 신유가들의 학설에 대한 의문이다.

단적으로 말해서 학문이론이란 질박한 데서 화려한 데로, 단순한 데서 다양한 데로, 문제의 제기에서 문제의 해결로 그 내용이 풍부해져 가는 것이 상례인데, 『대학』은 『맹자』나 『순자』에 비해 오히려 귀납적이고 간략하다. 그 내용면에서도 『대학』은 이론전개가 거의 없이 다만 『시경』·『서경』 등 고전의 명구를 인용하여 그 대의를 통해 『대학』의 주요 명제를 확인(또는 증명)하는 데 그칠 뿐이어서, 전고보다는 역사사실과 실제 문제를 들어 논리를 전개하는 면이 강한 『맹자』와 『순자』에 비해 문장이 고박古樸하다는 느낌을 준다. 그렇다면 『대학』이 『맹자』나 『순자』 사상을 배경으로 해서 그 시대의 요구에 부응하기 위해 쓰였다고 보기에는 너무 내용이 단순하고 강령과 조목의 나열에 그치고 있어 『맹자』, 『순자』의 발전된 논리로 보기는 어렵다. 적어도 진한이라는 새로운 통일시대의 요구에 부응하기 위해 쓰인 정치이념서라면, 『맹자』나 『순자』의 이론을 통섭한 위에다 무엇인가 새로운 이념 또는 문제와 방법의 제시가 있어야 한다. 이런 의문에서 나는 여전히 전통적 주장인 '맹자는 자사의 학문을 이어받았다'는 학설로 되돌아가고자 한다.

『사기』 열전에 의하면 맹자는 추騶(鄒)나라 사람으로 자사의 문인에게서 수업을 받았다. 제선왕齊宣王을 설득했으나 쓰이지 못했고, 역시 양혜왕梁惠王을 설득했으나 현실과 맞지 않는 고답한 방법이라고 해서 외면당했다. 그때 진나라는 상앙의 변법變法(嚴刑主義)을 채택하고 위나라나 초나라는 병가兵家인 오기吳起를 썼으며 제나라는 손빈孫臏과 전기田忌를 써서, 온 천하가 서로 공벌攻伐하는 논리를 최선으로 삼았다. 그런 시절에 맹자는 당우唐虞 삼대의 도덕정치를 역설하다가 시대에 뒤떨어진 학설이요 정책이라 해서 받아들여지지 못했다. 자신의 설이 받아들여지지 않자 맹자는 물러나 제자 만장萬章의 무리들과 함께 시서詩書를 서序하고 공자의 사상을 강설하면서 『맹자』 7편을 저술하였다. 한유韓愈는 말했다. "공자의 도는 크고도 넓다. 그러나 그 제자들은 이 박대博大함을 두루 알지 못하여, 각기 자기 기호나 성격에 맞는 부분만을 받아들였다. 그 후 제자들이 흩어져 여러 제후국에서 각기 자기가 잘 아는 것만을 가르치니, 시대가 멀어지고 그 흐름이 더욱 갈라져서 공자의 미언대의微言大義는 어둠에 싸여 전모를 잃었다. 오직 맹가孟軻만이 자사(또는 자사의 문인)를 사사했으니, 자사의 학은 증자曾子에서 나왔고 증자의 학은 공자에서 나온 것이다. 공자 사후 맹자의 학문만이 홀로 그 종지를 얻은 고로, 성인의 도를 구해 보고자 하는 자는 반드시 맹자로부터 시작해야 한다."

맹자는 공자, 자사의 학설을 많이 발전시켰다. 그 중요한 것으로는 인의仁義를 숭상하고 왕패王霸의 귀천을 나누며 성선性善과 양기養氣를 강조한 것을 들 수 있다. 또 정인심正人心, 수방심收放心, 존심양성存心養性의 방법을 제시했는가 하면, 인의예지仁義禮智의 사단 특히 인仁을 역설하여 인심仁心과 인정仁政으로 대표되는 유가정치의 대체를 통론함으로써 (관념에 머물러 있던) 공자, 자사로 이어져 온 도덕정치를 현실정치에 적용시킬 수 있는 제도와 실천방법을 모색하였다. 어떤 이는 『맹자』를 가리켜 유가의 도덕수양서기보다는 정치를 통해 구현시키려는 이상적이고도 현실적인 유가의 정치서라고 하는데, 맞는 말이다. 그런 면에서 보면 『맹자』는 분명 『중용』보다는 『대학』의 이론을 계승 발전시킨, 유가 최초의 비교적 완정한 정치서라고 볼 수 있다.

이제 맹자가 『대학』의 정치사상을 어떻게 발전 보완하였는가를 살펴보자. 그런데 도덕심성의 수양 문제, 즉 명명덕明明德이나 친민親民(新民)의 문제는 거의 같은 말의 반복이 될 것이므로, 여기서는 『대학』에서 문제제기는 했으나 아직 세밀한 전개에까지는 이르지 못했던 명제들을 열거해 볼 것이다. 그것은 경제 문제와 제도 문제 두 가지에 한정된다.

1) '덕본재말'에서 '인정필자경계시'로의 발전

　『대학』에서는 치국평천하의 조건으로 재물(물질)의 필요성을 제시하면서도 여전히 물질을 도덕의 하위에 놓아서, 심지어는 도덕인격의 손상이 물질적 욕망으로부터 온다 하여 '천재귀덕賤財貴德'의 설까지 내놓았다. 그러나 맹자는 『대학』에서처럼 본말, 내외, 선후로 도덕심성과 물질의 가치서열을 매기지 않고, 도덕과 물질의 관계를 같은 차원에 놓인 상호충족적 대대對待의 관계로 보고 있다. 이는 관중이 말한 '의식족이지예衣食足而知禮義'라는, 물질이 도덕구현의 필수조건이라는 사상과 상통한다. 관중은 말했다. "그대의 임금이 장차 인정仁政을 행하고자 하여 그대를 택해서 기용한다면, 그대는 무릇 인정이란 반드시 경계經界로부터 시작되는 것임을 알고 힘쓸지어다. 경계가 바르지 못하면 정지井地(井田制)와 곡록穀祿이 부정해지니, 그러므로 폭군과 오리汚吏는 그 경계를 무너뜨리고 강점하는 것이다. 정전井田의 경계를 바르고 분명하게 하면 세금의 징수와 봉록의 급여가 고르게 정해진다."

　맹자의 시대(약 BC 400~300)에 오면 농경과 유목이 합해져서 농목문화農牧文化가 형성된다. 즉, 유목에서 얻으려는 짐승을 가축으로 길러서 식생활에 충당하는 것이다. 그러므로 맹자의 생산론에서는 곡식과 더불어 가축이나 상마桑麻 등이 함께 중시된다. 그는 말한다. "5무畝 되는 농가에서 뽕나무를 심어 기르면 오십 된 중늙은이가 비단옷을 입을 수 있고, 닭·돼지·개·양 등을 기르면 칠십 된 늙은이가 고기를 먹을 수 있다. 1백무 되는 정전井田을 두어 농사를 잘 짓도록 그 시간과 노동력을 빼앗지 않으면 여덟 가구의 사람들이 굶주리지 않게 된다. 이에 상서庠序(교육시설)를 열어 어린이들에게 어버이에 효순하고 어른에게 공경하는 도의道義와 예의범절을 가르치면, 물건을 이고 진 늙은이들이 길을 가는 것을 볼 수 없을 것이다.(그런 것을 보면 젊은이가 이내 그 이고 진 것을 받아 줄 것이기 때문이다. 이는 복지정치의 상징적 표현이다) 늙은이가 비단옷을 입고 고기를 먹으며 백성들이 헐벗고 굶주리지 않는데도 왕 노릇을 못하는 자는 있지 않을 것이다." 이는 『서경』「대우모」의 "정치는 백성을 먹여 살리는 데 있다"라는 기본 목적에 부합하는 말이다. 즉, 물질이 풍족하고 나서야 인류질서가 지켜지고 사회치안이나 미풍양속도 유지될 수 있다는 것이다. 특히 여기서는 생산된 물질을 분배하는 데 있어 노약자를 우대하는 유가적 경제사상의 특징을 잘 보여 주고 있다.

그런데, 사상사적으로 더욱 중요한 것은 정전제가 은대殷代 말기(BC 12세기 경)에 이미 그 원형이 보이기 시작하고, 문왕文王 때 이미 맹자가 말하는 농목문화의 생산규모가 궤도에 오르고 있었다는 점이다. 『맹자』「진심상盡心上」에서는 이렇게 말한다. "서백西伯(文王)은 늙은이를 잘 보양했다. 백성들의 경작지를 구획(井田)하였으며, 뽕나무와 유실수를 심게 하고 가축 기르는 법을 가르쳐서 처자식과 부모를 봉양하는 데 힘쓰게 했다. 쉰이 넘은 중늙은이는 비단옷이 아니면 따뜻하질 않고, 일흔이 넘은 상늙은이는 고기가 아니면 영양이 부실하다. 늙은이들이 춥고 배고픈 것을 동뇌凍餒라고 하니, 문왕의 백성에는 동뇌한 늙은이가 없었다는 말은 이를 가리킨 것이다." 이러한 정전법이나 생산·분배의 원리는 여러 번 거듭해서 나오지만, 문왕이 양노養老·양민養民의 모범이었다는 것은 이 대목이 처음이다. 문왕은 흔히 "덕지순德之純"이라 해서, 천지생민天地生民 이래 최초로 천이 부여한 인성人性을 개인의 수기修己와 정치 및 교화에 구현하여 그 공덕으로 천명을 얻은, 도덕성취의 모범(또는 모든 사람이 그렇게 될 수 있다는 확인)으로 내세워지는 성인이다. 그런데 천하백성을 위해 생산(恒産)을 독려하고 물자를 이용利用하여 후생厚生을 도모하도록 가르친 인물도 역시 문왕이었다는 것이 맹자의 주장이다. 유교에서 도덕의 모범으로 내세워지던 문왕은, 이제 그와 더불어 경제생활의 교시자敎始者로도 자리매김하게 된 것이다.

요컨대, 본래 원시유교는 도덕과 물질을 동등하게 중시하였다. 비록 재말財末을 말하지만 그것은 물욕物欲이 도덕의 발목을 잡을 수도 있다는 우려 때문이고, 힘써 물질을 생산하고 선용善用해서 부민富民·부국富國해야만 치국평천하에 도달할 수 있다는 것이 원시유가의 물질관이다. 맹자는 말했다. "나누어 준 경작지(井田)를 열심히 가꾸어 생산을 최대로 늘리게 하고 세금을 가볍게 매기면 백성들이 부유해질 것이요, 자연의 생장수장生長收藏에 맞추어 이식利息을 최대로 받아내고 생산된 물화를 애물愛物·절용節用하면(正德으로 利用하면) 나라 또한 부유해질 것이다. 이렇게 되면 흉년과 불의의 재난에도 대비할 수 있다." 이것은 통치자의 제산制産 또한 생산 못지않게 중요하다는 것이다. 어찌 도덕의 교화만 중요하고 물질생산의 교화는 중요하지 않겠는가? 『대학』의 재말천화財末賤貨 사상은 분명 심心과 물物의 균형을 잃은 잘못된 사상임에 틀림없고, 원초유가의 사상은 그렇지 않았음이 맹자를 통해 다시 확인됨 셈이다. 덕재병중德財並重, 정덕正德·이용利用·후생厚生의 삼사三事와 금목수화토곡金木水火土穀의 육부六府, 생산과 제산制産의 경제사상이 맹자에 의해 다시 강조·발전된 것이다.

2) 도덕원리 못지않게 정치제도 또한 중요하다

맹자는 "성인은 도덕윤리의 모범이며 전장제도의 창시자"라고 하였다. 사람이 살아가는 데는 인륜질서가 중요하지만 일상생활과 경제교역에 있어서는 공공제도나 사물의 규격화도 그에 못지않다고 본 것이다. 그래서 맹자는 말한다. "성인이 인류의 지극한 모범이라면 규구規矩는 방원方圓의 기준이요 모범이다", "저울질을 해 본 뒤에야 가볍고 무거움을 알며, 자로 재어 본 뒤에야 길고 짧음을 안다." 이것이 객관적인 정확성을 기하려면 '권도權度'가 있어야 하는 이유다. 그는 또 규구의 중요성에 대해 이렇게 말한다. "이루離婁같이 눈 밝은 사람이나 공수자公輸子같이 손재주가 좋은 사람도 규구가 아니면 네모나 동그라미를 만들 수 없고, 사광師曠처럼 귀 밝은 사람도 육률六律이 아니면 오음五音을 조화시킬 수 없다. 요순의 도라 해도 인정仁政이 아니고서는 천하를 평치할 수 없다." 그래서 「이루 상」에서는 도덕만으로 부족하고 법제도만으로도 부족하다(徒善不足以爲政, 徒法不能以自行)고 한 것이다. 이처럼 맹자는 치국평천하의 성취를 위해서는 명명덕明明德이 근본이요 선결조건임에 틀림없지만, 거기에는 반드시 기본적인 경제생활의 바탕이 있어야 함을 강조하였다.

경제생활도 도덕생활과 마찬가지로 그 나름의 도가 있다. 그것은 항산恒産과 제산制産이다. 맹자는 말한다. "항산이 없으면 항심恒心이 없다. 항산이 없어도 항심을 갖는 자는 선비뿐이다. 어리석은 백성들은 항산이 없으면 항심이 없다. 항심이 없으면 곧 방탕하고 편벽되며 사치하여 자기 자신을 제어하지 못한 채 날뛰다가 형벌을 받게 되니, 이를 망민罔民(罔은 網으로, 백성을 그물로 고기 잡듯 죄의 소굴로 몰아서 잡아들이는 것이다)이라 한다. 어진 이가 통치자의 위치에 있으면서 어찌 백성을 그물몰이를 하듯 할 수 있겠는가?" 결국 백성에게는 항산(요샛말로 직업)이 있게 하여 항심을 기르는(産業에 전념하되 본래의 선한 마음을 잃지 않음) 교화가 필요하다. 이 또한 도덕교화 못지않게 중요한 통치자의 의무인 것이다. 그래서 맹자는 말했다. "현명한 임금은 백성들의 생산을 지도하고 독려하며, 생산된 물질을 마구 쓰지 않고 선용善用할 수 있도록 제도를 만들어서 가치 있고 의미 있게 쓰도록 해야 한다. 그래야 백성들은 위로는 부모를 섬기고 아래로는 처자식을 길러, 풍년이 들면 배부르고 등 따습게 살고 흉년이 들어도 굶어죽지 않는다. 그런 연후에 백성들을 선의 경지로 이끌면 백성들도 쉽게 따를 것이다. 제산制産이 없이 마구 낭비해서 물질을 정작 중요한 부모 섬기고 처자식 기르는 데 쓰지 못한다면, 풍년이 들었다 해도 고생이고 흉년이 들면 죽음을 면치 못한다. 이렇게 되면 당장 먹고 사는 것도 어려운데 어느 겨를에 예의를 지킬 것인가?"

맹자의 경제이론 중 자신이 만든 것은 거의 없다. 그는 "인간의 삶에 필수적인 심성의 안정과 수양, 인간관계의 갈피지움, 물질의 생산과 이용, 사회질서와 공동의 이상을 달성하기 위한 정치 등은 선민先民들이 이미 자연스럽게, 또는 시행착오를 통해 생활화·의식화·습관화시켜 놓았기 때문에 그러한 문화유산을 되찾아 배우고 실천하고 더욱 발전시키면 그것이 바로 정도正道가 된다고 믿었다. 이런 면에서 유가 도덕정치에서 말하는 '법선왕法先王'이 중요하다.

맹자가 주장한 세정稅政에 관한 이론 역시 삼대의 제도를 상기시킨다. "하는 일부一夫(하나의 생산 단위, 즉 하나의 가정)에게 50무畝를 경작하게 하여 그 중 5무의 생산을 나라에 바치도록 하였고, 은은 630무를 '정井'자로 구획해서 분배한 뒤 가운데의 70무를 공동경작하게 하여 그 생산을 나라에 바치게 했으며, 주는 일부에게 1백 무씩을 준 뒤 가운데 1백 무를 공동경작해서 그 생산을 나라에 바치게 하였다. 이 제도의 명칭을 하는 '공貢', 은은 '조助', 주는 '징徹'이라 했다." 이에 따르면 삼대의 토지정책은 토지의 국유화·공유화였던 것 같고, 그것을 경작자에게 일정하게 분배한 뒤 대체로 소출의 10분의 1(정확히 말하면 은과 주의 井田制는 9분의 1이지만)을 세공으로 내게 한 것을 알 수 있다. 10분의 1을 세공으로 낸다는 것은 동서가 거의 같은 생각이었던 것 같은데, 그것이 어떤 근거로 산출된 것인지는 몰라도 세공부가의 기본 원칙이 된 것은 사실이다. 그만큼 세정의 공평성은 백성과 국가 간의 알력을 해소하는(백성을 설득시키는) 데에도 중요하게 작용하기 때문이었던 것 같다.

세공으로 거두어들인 재정은 국가 살림의 기본이 되는데, 세공을 거두는 데 공평성이 필요했던 것처럼 관리들에게 봉록을 나누어 주는 데도 객관적인 기준이 있어야 했다. 백성들은 생산자요, 국왕을 비롯한 공경·대부·사 등의 통치계급은 소비자다. 말하자면 피통치자인 백성들이 통치자인 관리들을 먹여 살리는 것이다. 맹자는 말한다. "군자가 아니면 미개한 백성들을 다스릴 수 없고, 야野에 있는 백성들이 아니면 군자를 먹여 살릴 수 없다. 그래서 생산자인 백성들이 자기 생산의 9분의 1을 '조助'로 내놓아 국용國用과 관리들 봉록에 충당한다. 경卿에게는 규전圭田(이는 녹봉 외에 따로 내리는 토지다)을 주는데 그 크기가 50무나 된다." 그때는 귀족계급(통치계급)이 나라의 주인이요 백성은 그들의 소농小農 정도로 인식되어서인지 귀족들이 차지하는 경제력이 컸다. 군자계급은 생산자가 아니면서도 물질을 풍요하게 점유했고, 생산자는 되레 가난했던 것이다. 특히 국가 간의 전쟁이라도 벌어지면 그 피해는 고스란히 백성들의 몫으로 돌아온다. 단적으로 "마구간에는 살찐 말들이 즐비한데, 들판에는 굶어죽은 시체가 널려 있다"라고까지 말하게 되는 것은 그와 같은 생산된 물질의 집산集散 과정의 잘못 때문이다. 그래서 맹자도 묵자를 비판하되 그의 경제사상과 반전사상만큼은 중요하게 받아들이고 있다.

한편, 맹자는 생산자와 소비자 사이의 유통자인 상인과 시장의 경제질서, 즉 상인의 윤리에 대해서도 그 중요성을 역설한다. 그는 말한다. "옛날부터 시장은 열렸다. 시장은 자기가 가지고 있는 물건을 주고 자기가 가지고 있지 않으면서 생활에 필요한 물건을 얻는 곳이다. 여기에서 그 교역의 질서를 잡아 주는 사람이 '유사有司'다. 그런데 이 시장에는 자연 천장부賤丈夫(악덕상인)가 있게 마련이니, 그는 물건을 매점매석하고 유통경로를 농단하며 시장의 물권, 금권을 장악하여 이익을 혼자서 긁어모은다. 사람들은 이런 악덕상인을 천하게 여겨서 그와 이익을 다투며, 국가는 그가 취한 이익을 세금으로 징수한다.” 그런데 이것은 곧 생산자, 유통자, 소비자가 또다시 나라에 세금을 내는 셈이다. 즉 국가가 시장경제에 끼어들어 폭리를 취하는 것이다. 『대학』 말미에서 “국가는 이利로써 이利를 삼지 말고 의義로써 이利를 삼으라” 한 것이나 맹자가 이利를 반대하고 의義를 주장한 것도 결국은 국가가 이렇게 시장경제를 농단하고 폭리를 취하는 것을 막기 위한 경고기도 하다.

맹자 당시는 전국시대라 저마다 부국강병을 목표로 해서 모든 경제를 국가가 통제하고 있었다. 말하자면 통제경제시대였던 것이다. 그래서 일정한 세공 외에 시세市稅, 물세物稅, 관세關稅, 포세布稅, 요역徭役 등이 온 나라를 휩쓸며 기름 짜듯 백성들을 착취하고 있었다. 맹자는 이러한 부국강병책에 반대하면서 다음과 같이 말한다. “어진 이를 존경하고 능력 있는 자를 기용해서 준걸한 사람이 높은 위치에서 국정을 도모하면 천하의 선비들이 모두 그 조정에 서는 것을 기뻐할 것이요, 시세市稅와 전세廛稅를 과다하게 거두어들이지 아니하면 천하의 상인들이 모두 그 나라에 물건을 저장하고 상업하기를 원할 것이며, 국경의 관문에서는 사람의 출입만 관리하고 관세關稅를 부가하지 않으면 천하의 여행객이 모두 그 나라의 도로와 항만을 이용하기를 원할 것이다.”

국가가 시장경제에 관여해서 징세를 무겁게 한다면 국부國富는 되겠지만 민빈民貧이 되어 상부구조는 비대해지고 하부기조가 허약해져서, 심한 경우에는 하부기조가 상부의 하중을 지탱하지 못하고 무너져 버린다. 맹자는 이러한 『주역』 손損·익益괘의 논리를 가지고 제후들을 설득했지만 실효를 거두지 못했다. 그것은 이후로도 마찬가지여서, 역대 정권을 잡은 자들은 모두 맹자가 주장한 국가 경제체제의 손익논리를 외면한 채 통제경제논리로 시장경제를 농단해 왔다. 이것은 지금에 이르러서도 그대로인 것 같다.

이 외에 맹자는 옛날부터 내려오는 경제논리와 물질관을 모두 들추어 내어 물질생활의 중요성과 지혜를 새롭게 자각시키고 있다. (농경도 결국은 자연의 이식을 받아먹는 것이지만) 맹자는 산에서 목재와 땔나무, 산짐 승이나 새 따위를 구하는 것, 강이나 개울에서 물고기를 잡아먹는 것 등을 모두 자연의 이식으로 생각하여 그 이식을 최대한으로 받아낼 수 있도록 일깨워 준다. 그것은 "봄에는 낫과 도끼를 산에 들이지 말고 나무가 다 자란 겨울에 들이면 충분히 자란 나무를 얻어 뗄 수 있어 이식이 크고, 촘촘한 그물을 강물에 들이지 말고 성근 그물을 들이면 잔고기들이 클 만큼 큰 다음에 잡게 되어 그 이식이 크며, 봄에 암컷이나 어린 것을 잡지 않고 겨울에 사냥을 하면 다 자라고 번식된 짐승을 잡을 수 있으니 그 수확이 몇 배가 된다"라는 아주 평범한 이야기다. 그러나 이것은 인간이 오랫동 안 삶의 경험을 통해 얻은 지혜다. 전국시대에서는 이러한 자연에 순응하 는 전통적 생존방식이 급진하고 급박한 비정상적 수요에 의해 무너지고 전 쟁이라는 파괴와 낭비에 의해 허비되었던 것이다.

어떻게 보면 전국시대는 전통적인 역사문화의 전수가 일시 중단된 상 황에서 급조된 응급처치의 논리를 어떤 시행착오나 실험검증이 없이 그대 로 적용했던 시대라 할 수 있다. 말하자면 비상한 병에 걸린 환자에게 극 약처방을 하는 무모한 시대였던 것이다. 이에 비하면 맹자의 치국평천하 사상은 적어도 전통적인 생존방법과 지혜를, 사람들의 잊혀지고 매몰된 기 억들을 다시 상기시킴으로써 역사문화의 귀중한 유산을 되찾아 낸 것이다. 이런 점에서 맹자는 중국 문화를 집대성한 공자에 버금가는, 역사문화의 수호보존자라고도 할 수 있다.

3) 현대에 적용 가능한 유가의 정치철학사상서가 나오기를 기대한다

기원전 3~4세기, 전국시대 초기의 맹자사상은 자못 혁신적이면서도 역사문화와 인간의 심성에 뿌리를 둔 위대한 사상이었다. 특히 그의 사회사상과 경제사상, 민주적 정치사상은 유가철학사상에 있어 새로운 지평을 연 가히 독보적인 것이었다고 생각된다. 맹자는 "하늘이 정말 평천하·치천하를 원치 않는 것일까? 만일에 원한다면, 지금 이 시대에서 내가 아니고서 그 누가 담당하랴, 내가 어찌 그것을 준비하지 않을 수 있겠는가?"라고 자부하였다. 맹자가 천하를 구제할 자신의 방책이 받아들여지지 않자 그것을 책으로 엮어 후세에 전한 것은, 이러한 간절한 소망과 인간세를 저버릴 수 없다는 일종의 사명감에서였을 것이다. 안타깝게도 당시에 쓰이지 못했던 맹자의 사상은 일반 유학자들이 말하는 것처럼 그 후 이내 끊어지고 말았다.

지금 자사자의 철학에 대한 강의를 끝마치면서 깨닫게 된 것은, 맹자에 와서 도통이 끊어졌다고 하는 것은 곧 원시유가에서 축적해 온 인간 생존의 도인 '심물병중心物竝重', '인정필자경계시仁政必自經界始'라는 경제중시사상이 끊어졌다는 것을 말하며, 맹자를 끝으로 아무도 그것을 유가철학의 중심에 위치시키지 않고 있다는 것이다. 말하자면, 원시유가에는 본래 맹자가 집대성한 것과 같은 당시로서는 놀랄 만큼 정돈된 경제사상이론이 있었음에도 불구하고, 전국시대의 부국강병이라는 당무當務적 극약처방에 밀려난 뒤로부터 다시는 이론으로조차도 발전되지 못했다는 것이다. 이것이 바로 맹자 이후 유가철학사상의 종지 즉 도통이 단절되었다고 하는 말의 실제 내용이다.

내가 왜 이렇게 극단적이고 편파적 판단이라는 오해를 받을 만한 말을 하는가? 중국 선진철학은 전국시대 장장 3백 년이라는 긴 변혁기를 거치면서 현실대처의 논리로 일관한 법가사상을 제외하고는 모두 현실에 맞지 않는 우활한 학설이라 해서 수면 밑으로 가라앉았고, 설상가상으로 진시황의 분서갱유로 말미암아 기본 자료마저 풍비박산되고 말았다. 그 후 유학은 한대에 들어 중앙집권주의를 지탱·옹호하는 철학으로 이용되어 인간관계질서를 상명하복의 윤리(사실상 법가의 윤리)로 변질시켜 버렸고, 이후로는 규격화된 도덕심성 논리를 전개하는 쪽으로 흘러들어 점차 물질세계, 경제이론과는 담을 쌓게 되면서 다시 '천화귀덕賤貨貴德'의 사상으로 되돌아가 버렸다. 삼대 이후 원시유가에서 중시되던 물질관, 즉 '육부삼사六府三事'나 '의식족이지예의衣食足而知禮義', '인정필자경계시仁政必自經界始' 등의 철학사상을 유가철학과 겉도는 저 멀리의 것으로 파기해 버리는 중대한 오류를 범하고 만 것이다. 그러나 생각해 보자. 유가철학은 현세간주의요 인본주의며, 그 이상은 정치를 통해서 이루어지는 천하국가주의다. 다른 종교처럼 현세간을 버리고 천국, 극락으로 간다고 믿는다면 정신세계만 있으면 그만이고 물질세계는 불필요한, 오히려 정신승화를 방해하는 것이 되겠지만, 현세간주의를 표방하는 유가가 어떻게 현세간의 물질세계를 버릴 수 있겠는가? 그러므로 도덕심성의 수양논리에만 치중하는 것을 유가의 본령으로 안다면 이는 유교의 종교화지 평천하의 도가 아니다. '신성한 인간존재의 성취'라는 데만 목적을 국한시키고 '천하국가'라는 정치사회의 문제는 법가에 맡겨 버린다면 몰라도.

결국 물질세계나 경제의 문제를 소외시키는 것은 현세간주의 특히 평천하·치천하의 이상을 접어 버린 반쪽짜리 유가철학이 될 수밖에 없다. 「맹자서설孟子序說」에서 정이는 이렇게 말했다. "학자가 전체대용의 기요機要를 잡으려면 그가 처한 시대의 문제를 파악할 줄 알아야 한다. 자기가 처한 시대상황을 모르는 자와는 학문을 논할 수 없다." 유가가 현세간의 철학이라고 한다면 불변의 상도常道와 함께 늘 변하는 시간의 역의易義를 파악해야 하는 것은 불가피한 일이다. 현세간은 바로 변화의 세계기 때문이다. 그래서 나는 "변화하는 시대에 부합하지 못하는 학문은 죽은 학문이고, 현시대의 변화추세를 이상적인 문화창조의 목표 쪽으로 유도해 가지 못하는 문화는 망한 문화"라고 말한다. 변하는 시대의 현실상황에 부합하기 위해서는 유가의 학설도 시대에 따라 바뀌어야 한다. 이론의 보완이나 개발은 당연한 일로, 그래야만 생명이 유지될 수 있다. 도덕심성의 문제에도 물론 '불변의 상常'과 '변의 역易'(改革)이 있을 수 있겠지만, 특히 천하국가라는 '현실'에 대처하는 물질문명의 생활이나 사회정치의 제도에 있어서는 그 궤도를 이탈하지 않는 한도 내에서 민감하게 반응하여 적변適變의 길을 찾아야 한다.

이 강의를 끝내면서 마지막으로 하고 싶은 말이 있다. 유가가 삼대 이후의 정통적인 철학사상의 전모를 되찾으려면, 무엇보다도 먼저 원시유가가 생존 경험 속에서 터득해 낸 경제이론(지혜)을 되찾아서 도덕심성의 문제와 동등한 가치 차원으로 끌어올리고 그것을 현대의 정치사회 현실에 부합되도록 적변시켜야 한다. 대체로『맹자』의 경제이론은 원시 농경사회에서 우러나온 사상이다. 그러므로 그것을 그대로 가져다 쓸 수는 없는 노릇이다. '도덕주의'라는 유가정치철학의 특수성에 비추어 현대 산업사회의 경제이론을 충분히 수용하는 가운데, 그 약점의 치유 방안 또한 도덕정치의 경제이론이라는 특수성(이것을 부인하면 유가철학이 설 길은 없다) 속에 있음을 고수하면서 유가사상의 새로운 지평을 열어 가야 할 것이다. 그것은 여러분 후학들의 몫이다.

부록

정자분장		내용맥락에 따른 재분류	제기된 주요개념어	주요논점과 사상
放之則彌六合, 卷之則退藏於密. 其味無窮, 皆實學也.	始言一理 1~11	• 子思述所傳之意以立言. 首明道之大原出於天而不可易. 其實體備於己而不可離. 次言存養省察之要. 終言聖神功化之極. 以下10章蓋子思引夫子之言, 以終此章之義.(제1장)	• 天, 性, 道, 教, 不可離之道, 隱微, 顯見, 戒愼恐懼, 愼獨, 中和.(제1장)	• 直覺天命之性. 천도와 인도의 通貫. 率性修道를 통한 "及求諸身而自得之, 以去夫外誘之私, 而充其本然之善." 大本의 確立과 萬物과 並立 並行해서 天地를 大成시키는 人道와 天道의 相參을 꾀한다. "中也者天下之大本也. 和也者天下之達道也. 致中和, 天地位焉萬物育焉."(제1장)
		• 皆論中庸, 以釋首章之義. 游氏曰 中和-性情, 中庸-德行. 中庸之中, 實兼中和之義.(제2장)	• 君子之中庸 - 時中. 小人之中庸 - 無所忌憚.(제2장)	
		• 子曰 中庸其至矣乎! 民鮮能久矣.(제3장)	• 中庸之德之至. 過猶不及. 執兩端用中.(제3장)	
		• 子曰 道其不行矣夫! 知者過之, 愚者不及. 鮮能知味, 智擾陷阱之中而莫之知避. 白刃可蹈, 中庸不可能.(제4·5·7·9장)	• 擇善固執, 南北之强의 偏執性과 君子의 和而不流, 中立不倚, 至死不變의 强-中庸의 强.(제4·5·7·9장)	• 中庸之道를 行하기의 어려움. 중용을 行한 자의 본보기.(제4·5·7·9장)
		• 舜 大知執其兩端, 用其中於民.(제6장)	• 知, 仁, 勇, 三達德 舜-知, 回-仁, 子路-勇, 三達德 中 廢其一이면 無以造道成德.(제6·8·10·11장)	• 舜과 顏回. 중용의 强의 특징.(제6·8·10·11장)
		• 顏回 擇乎中庸, 得一善, 服膺弗失.(제8장)		
		• 子路問强 和而不流, 中立不倚. 不變塞, 至死不變.(제10장)		
		• 子思之言, 蓋以申明道不可離之意也. 以下八章, 雜引孔子之言以明之.(제11장)		
		• 君子之道, 費而隱.(제12장)	• 費와 隱. 君子之道四, 君子之道, 造端乎夫婦.(제12장)	• 道不遠人者, 夫婦所能 丘未能一者, 聖人所不能. 皆費也, 而其所以然者. 則至隱存焉. 正己及身, 人間關係의 大本確立. 夫婦로부터 시작된 가정윤리의 확
		• 忠恕 施諸己而不願, 亦勿施於人.(제13장)	• 道不遠人, 人之爲道而遠人. 忠恕.(제13장)	

中散爲萬事 12～19	• 君子無入而不自得.(제14장)	• 君子素其位而行, 正己而不求於人, 及求諸其身.(제14장)	립.(제12~15장)
	• 君子之道, 行遠自邇, 登高自卑.(제15장)	• 妻子好合, 兄弟旣翕, 宜爾室家, 父母其順(제15장)	
	• 鬼神之德盛, 體物如在, 前三章言費之小者, 後三章費之大者. 此章兼言(제16장)	• 神之格思, 夫微之顯, 誠之不可揜如此夫.(제16장)	• 祭禮를 통한 神과의 교감과 微의 세계의 流動充滿함에 감격함.(제16장)
	• 舜之大孝, 大德者必受命.(제17장)	• 位, 祿, 名, 壽, 天之生物必因其材而篤焉.(제17장)	• 한 인간의 성취 모델로 舜을 擧論함.(제17장)
	• 文王之德之純. 王季爲父, 武王爲子.(제18장)	• 纘緒有天下, 不失天下顯名.(제18장)	• 한 가문(氏族)의 성취 모델로 文王家를 예시함.(제18장)
末復合爲一理 20～33	• 武王, 周公의 達孝. (得天下와其命維新)(제19장)	• 善繼人之志, 善述人之事. 春秋에 修廟鷹食.(제19장)	• 祭禮文化의 人間敎化功能, 事死如事生, 事亡如事存.(제19장)
	• 爲政, 布在方策, 存亡在人, 取人以身. 修身, 修身以道, 修道以仁. 生知, 學知, 困知. 誠者天之道, 誠之者人之道(제20장)	• 爲天下國家有九經. 天下之達道五, 達德三, 博學, 審問, 愼思, 明辨, 篤行.(제20장)	• 천자가 나라를 다스림에 사람을 써야 하고, 사람은 자기에 따라 얻어진다. 修身을 本으로 한 治國平天下의 도덕법칙을 논함.(제20장)
	• 子思承上章天道人道之意而立言. 自此以下12章(제33장까지) 皆子思之言.(제21장)	• 自誠明之性과 自明誠之敎. 誠明은 聖과 賢의 관계.(제21장)	• 聖人之德과 賢人之學을 논함.(제21장)
	• 言天道-聖人의 誠의 實現.(제22장)	• 唯天下至誠-可與天地參.(제22장)	• 至誠을 갖춘 인간 성취의 과정과 贊天化育의 功果.(제22장)
	• 言人道-賢人의 誠之 과정.(제23장)	• 曲能有誠(제23장)	• 현인의 성취가 성인과 다르게 없다.(제23장)
	• 誠之至極, 乃能有以察其幾焉.(제24장)	• 至誠之道可以前知, 至誠如神.(제24장)	• 천하의 病態도 自覺症勢로 나타난다.(제24장)
	• 誠自成, 道自道, 成己成物, 合內外之道, 時措之宜(제25장)	• 誠者物之終始, 不誠無物.(제25장)	• 誠의 持續性과 擴充力을 말함. 合內外中, 通人物天(제25장)
	• 天地之道, 爲物不貳, 生物不測. 廣厚無窮. 天道인 誠의 實體와 大用.(제26장)	• 博厚, 高明, 悠久, 無疆. 天命不已, 純亦不已.(제26장)	• 天覆地載, 興寶殖貨. 天命의 永遠性과 文王德의 永遠性.(제26장)
	• 聖人之道, 發育萬物, 峻極于天.(제27장)	• 尊德性과 道問學. 致廣大而盡精微, 極高明而道中庸.(제27장)	• 興言客默, 明哲保身.(제27장)
	• 承上章, 爲下不倍而言. 學周	• 有位無德, 不敢作禮	• 천자만이 예악을 지을 수 있

末復合爲一理	用禮. 孔子는 有德이나 無位이므로 不敢制禮樂 (제28장) • 王天下有三重(儀禮, 制度, 考文)(제29장)	樂. 有德無位, 亦不敢作禮樂 (제28장) • 上焉者, 雖善無微不信, 民不從, 下焉者, 雖善不尊不信, 民不從. (제29장)	으나, 無德이면 지을 수 없다.(제28장) • 군자의 誠信의 普通價値를 말함.(제29장)
	• 祖述堯舜, 憲章文武, 上律天時, 下襲水土.(제30장)	• 萬物並育而不相害, 道並行而不相悖. 此天地之所以爲大.(제30장)	• 공자의 道와 德이 天地日月과 같이 爲大함을 말함.(제30장)
	• 唯天下至誠, 有臨, 容, 執, 敬, 別. 民莫不敬, 信, 悅. 配天.(제31장)	• 聲名, 洋溢中國, 施四方, 大宇長宙間. 凡有血氣者莫不尊親(제31장)	• 至誠, 至聖의 功德이 온 누리에 퍼진 도덕 세계를 찬미함.(제31장)
	• 唯天下至聖, 能經綸天下之大經, 立大本, 知化育. 言大德敦化, 聖人天道之極致(제32장)	• 敬不固聰明聖知, 達天德者, 其孰能知之.(제32장)	• 至誠之道, 非聖人不能知, 至聖之德, 非至誠不能爲!(제32장)
	• 子思因前章極致之言, 及求其本, 至無聲無臭而後已焉.(제33장)	• 衣錦尚絅, 惡其文之著. 不顯惟德, 百辟刑之.(제33장)	• 不愧屋漏. 聲色之於以化民末也, 上天之載 無聲無臭, 至矣!(제33장)

2. 인간성취의 전범典範—순舜의 대효大孝

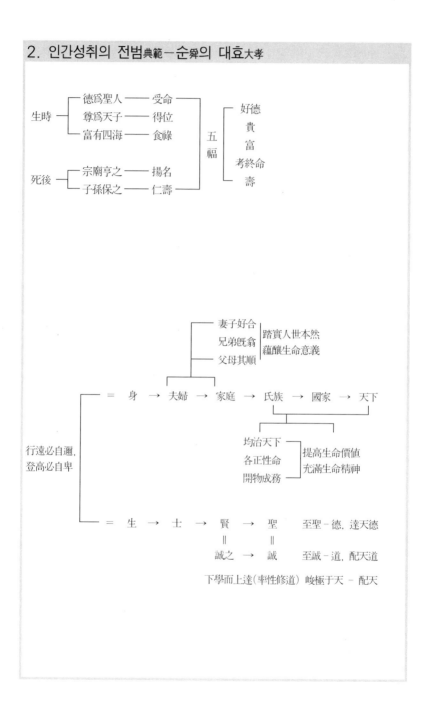

3. 가문성취의 전범 – 문왕의 순덕純德

○ 시간생명의 항구적恒久的 지속과 공간생기의 계술적繼述的 확충

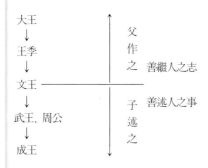

4. 정재기인政在其人

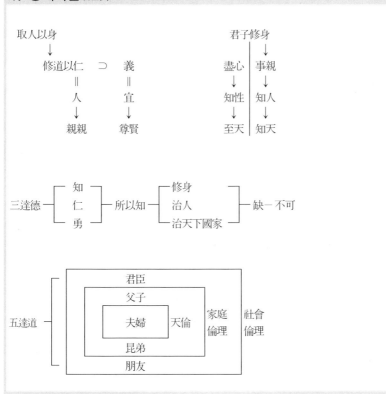

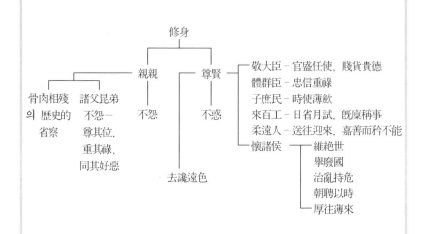

```
                                    修身
                            ┌────────┴────────┐
                          親親              尊賢 ┌─ 敬大臣 - 官盛任使, 賤貨貴德
                ┌───────────┴──┐               ├─ 體群臣 - 忠信重祿
         骨肉相殘    諸父昆弟                     ├─ 子庶民 - 時使薄斂
         의 歷史的   不怨 －       不怨   不惑    ├─ 來百工 - 日省月試, 旣廩稱事
         省察       尊其位,                     ├─ 柔遠人 - 送往迎來, 嘉善而矜不能
                   重其祿,                      └─ 懷諸侯 ┌─ 維絶世
                   同其好惡                              ├─ 擧廢國
                              去讒遠色                   ├─ 治亂持危
                                                        ├─ 朝聘以時
                                                        └─ 厚往薄來
```

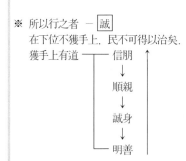

※ 所以行之者 － 誠

在下位不獲手上, 民不可得以治矣.

獲手上有道 ─┬─ 信朋
            │   ↓
            │   順親
            │   ↓
            │   誠身
            │   ↓
            └─ 明善

欽定四庫全書

禮記注疏卷六十

漢鄭氏注　唐陸德明音義　孔穎達疏

大學

大學之道在明明德在親民在止於至善知止而后有
定定而后能靜靜而后能安安而后能慮慮而后能得
物有本末事有終始知所先後則近道矣明明德謂
顯明其至德也止猶自處也得謂得事之宜也音義舊大

欽定四庫全書　禮記注疏　卷六十　一

音泰劉真帶反　古之欲明明德於天下者先治其國欲
近附近之近
治其國者先齊其家欲齊其家者先脩其身欲脩其身
者先正其心欲正其心者先誠其意欲誠其意者先致
其知致知注知謂知善惡吉凶之所終始也音義徐音智下
同
知致知在格物注格來也物猶事也其知於善深則
來善物其知於惡好古呼報反古百反物格而后知至
格深則來惡物言事緣人所好來也此
致或為至音格百反物格而后知至知至而后意
誠意誠而后心正心正而后身脩身脩而后家齊家齊

而后國治國治而后天下平自天子以至於庶人壹是
皆以脩身為本其本亂而末治者否矣其所厚者薄而
其所薄者厚未之有也此謂知本此謂知之至也注壹
是專行是也音義國治治並音治下同
所謂誠其意者毋自欺也如惡惡臭如好好色此之謂自謙故君子必慎其獨
也小人閒居為不善無所不至見君子而后厭然揜其
不善而著其善人之視己如見其肺肝然則何益矣此
謂誠於中形於外故君子必慎其獨也注謙讀為慊慊

欽定四庫全書　禮記注疏　卷六十　二

之言厭也厭讀為黶黶閉藏貌也音義毋音無惡惡上
烏路反下如字
臭昌救反好上呼報反下如字謙依注讀為慊苦
簟反閒音閑厭讀為黶於斬反又烏簟反揜於
檢反肺芳廢反肝音干見賢遍反涉於入反
張虑反注同師芳癈反肝音干目於涉反一音於劫反曾子曰十目所視十手所
指其嚴乎富潤屋德潤身心廣體胖故君子必誠其意
注嚴乎言可畏敬也胖猶大也三者言有實於內顯見
於外音義胖步丹反詩云瞻彼淇澳菉竹猗猗有
斐君子如切如磋如琢如磨瑟兮僩兮赫兮喧兮有斐
君子終不可諠兮如切如磋者道學也如琢如磨者自

脩也瑟分僴分者恂慄也赫分喧分者威儀也有斐君
子終不可諼分者道盛德至善民之不能忘也注此心
廣體胖之詩也澳隈崖也菉竹猗猗喻美盛有文章
貌也諠忘也道猶言也恂字或作峻讀如嚴峻之峻言
其容貌嚴栗也民不能忘以其意誠而德著也音義
其澳本亦作奥於六反本又作墺或作隩於报反菉音綠
猗狶宜反竹如字匪芳尾反斐方文章一音斐何彼本亦作
作摩何彼註云磋七何反瑳音磋丁角反珌音必切音七
反磨本亦作磨許百反赫許百反喧依註音喧火玩反況
俊反喧字或作諠諠字同恂音荀一音峻依註音峻思
晚反諠許袁反諼或作喧音諠諠音況諼況遠反隩烏报反

云於戲前王不忘君子賢其賢而親其親小人樂其樂
而利其利此以沒世不忘也注聖人既有親賢之德其
政又有樂利於民君子小人各有以思之音義下於
戲同戲好胡反徐范音羗又音洛注同樂並音岳又音洛注同

康誥曰克明德注克能也明自明明
也注天之明命帝典曰克明峻德皆自明明
誤正也帝典堯典亦尚書篇名
德也克能也顧念也誤猶正也故本又作誤正以帝典堯典之
題音俊又私俊反誤或為題音義故本作題徐俊亦反
也峻大也誤或為題音義故作誤古報反大音泰顧誤上
音俊又私俊反誤湯之盤銘曰苟日新日日新又日新康
誥曰作新民詩曰周雖舊邦其命惟新是故君子無所
不用其極注盤銘刻戒於盤也極猶盡也君子日新其
德常盡心力不有餘也音義盤步干反銘徐亡丁反詩云邦畿

千里惟民所止詩云緡蠻黃鳥止于丘隅子曰於止知
其所止可以人而不如鳥乎注於止言鳥之所止也就
而觀之知其所止詩云緡蠻黃鳥貌也論語曰里仁為美擇不
處仁焉得知注詩人言安閒而止處而止處之耳言人
亦當擇禮義樂土而自止處也論語曰里仁為美擇不
而觀之知其所止鳥擇安閒而止處之耳言人
德常盡心力不有餘也音義畿音其注盤步干反銘徐亡丁反詩云邦畿

詰曰作新民詩曰周雖舊邦其命惟新是故君子無所

處仁焉得知注詩云穆穆文
王於緝熙敬止詩云穆穆文
王之德光明敬其所止以止處音義緝七入
止於孝為人父止於慈與國人交止於信注緝熙光明
谷仕金反蔚音鬱文
齒渚反樂土音洛鳥故慶反知音智
王於緝熙敬止詩云穆穆文
其所止可以人而不如鳥乎注於止言鳥之所止也就
止此美文王之德光明敬其所以止處音義緝七入

大學正義曰此經大學之道在明明德在親民者言
民是其二也在止於至善者言大學之道在止處於至
善之事矣知止而后能定者既知止處於至善而后
心能有定不惑故能靜心定無欲故能安
張顯之此其一也在明明德者言大學之道在於顯明
也此三者言物各有本末事有終始知所先後則近道矣
疏正義曰此一經廣明大學之道在於明德親民
心能有定者身得止於至善而后
民是其二也在止於至善者言大學之道在止處於至
心能有定不惑故能靜心定無欲故能安

子曰聽訟吾猶人也必也使無訟乎無情者不得盡其
辭大畏民志【注】情猶實也無實者多虛誕之辭聖人之
聽訟與人同耳必使民無實者不敢盡其辭大畏其心
志使其意不敢訟【音義】訟似用反毋此謂知本【注】本
誠其意也所謂脩身在正其心者身有所忿懥則不
得其正有所恐懼則不得其正有所好樂則不得其正
有所憂患則不得其正【注】懥怒貌也或作懥或作疐視
而不見聽而不聞食而不知其味此謂脩身在正其心
食而不知其味此謂脩身在正其心【音義】忿弗粉反懥
敕值反范音維徐丁四反又音勅恐呼報反下故而

【左欄音義】懥敕值反范音維徐丁四反又音勅恐呼報反下故而

莫知其子之惡猶愛而不察碩大也【音義】碩音石辟音
譬下同謂壁喻惡烏路反下惡同敖五報反惰徒臥反
俗語反語別反
可教而能教人者無之故君子不出家而成教於國孝
者所以事君也弟者所以事長也慈者所以使眾也康
誥曰如保赤子心誠求之雖不中不遠矣未有學養子
而後嫁者也【注】養子者推心為之而中於赤子之者欲
也【音義】同中丁仲反注同書欲時志反　一家仁一國興

所謂治國必先齊其家者其家不可教而能教人者無之
而辟焉之其所敖惰而辟焉故好而知其惡惡而知其
美者天下鮮矣故諺有之曰人莫知其子之惡莫知其
苗之碩此謂身不脩不可以齊其家
知其子之惡莫知其苗之碩此謂身不脩不可以齊其
而辟焉之其所賤惡而辟焉之其所畏敬而辟焉故好
而辟焉之其所親愛而辟焉之其所賤惡而辟焉之其所畏敬
之其所親愛而辟焉之其所賤惡而辟焉之其所畏敬
家之通也辟猶喻也言適彼此以心度之曰吾何以敎
親愛此人非以其有德美與吾何以敎惰此人非以其
志行薄與反以喻己則身脩與否可自知也鮮罕也人

仁一家讓一國興讓一人貪戾一國作亂其機如此此
謂一言僨事一人定國注一家一人謂人君也戾之言
利也機發動所由也僨猶覆敗也春秋傳曰登牀之
曰鄭伯之車僨於濟戾或為㥄僨或為㥄音義反㥄力計
音僨本又僨注同覆芳福反㥄子禮反彝音奔
福反濟子禮反彝音奔

堯舜率天下以仁而民從之
桀紂率天下以暴而民從之其所令反其所好而民不
從注言民化君行也君若好貨而禁民淫於財利不能
正也音義下益反或如字

是故君子有諸己而后求
諸人無諸己而后非諸人所藏乎身不恕而能喻諸人
者未之有也故治國在齊其家注有於己謂有仁讓也
無於己謂無貪戾也詩云其儀不忒

國其家為父子兄弟足法而后民法之也此謂治國在齊
弟宜兄宜弟而后可以教國人詩云其儀不忒正是四
歸宜其家人而后可以教國人詩云桃之夭夭其葉蓁蓁之子于
其家注夫夫婦婦兄兄弟弟父父子子者是子也音義反天於蓁音
臻戾他所謂平天下在治其國者上老老而民興孝上
得反

長長而民興弟上恤孤而民不倍是以君子有絜矩之
道也注老老長長謂尊老敬長也民不倍不相
偹棄也絜猶結也絜矩法也君子有挈法之道謂當
執而行之動作不失之倍或作偹矩之音義弟音悌音
偹佩注同絜音結拒之音矩本亦作榘偹音佩本
亦作倍下同挈苦結反巨拒本亦作榘其呂反

惡於上毋以使下所惡於下毋以事上所惡於前毋以
先後所惡於後毋以從前所惡於右毋以交於左所惡
於左毋以交於右此之謂絜矩之道注絜矩之道善持
於左毋以交於右此之謂

其所有以恕於人耳治國之要盡於此音義惡烏路反
惡惡之此之謂民之父母注言治民之所好好之民之所
而已音義皆音好呼報反好

詩云樂只君子民之父母
師尹民具爾瞻有國者不可以不慎辟則為天下僇矣
注嚴嚴喻師尹之高嚴也師尹天子之大臣為政者在
下之民俱視所行而則之可不慎其德乎邪辟失道則
天下共誅之矣音義即前初反又音如字嚴五銜反又必益反興辟同僇力竹
亦反又必益反興辟同僇力竹

詩云殷之未喪師克配上帝儀監于殷峻命不易〔同注同　反與戰〕道得衆則得國失衆則失國是故君子先慎乎德有德此有人有人此有土有土此有財有財此有用德者本也財者末也外本内末爭民施奪是故財聚則民散財散則民聚是故言悖而出者亦悖而入貨悖而入者亦悖而出

〔注師衆也克能也峻大也言王以上未失其民之時德亦有能配天享其祭祀也及紂為惡而民怨神怒以失天下監視殷時之大事為惡而民怨神怒以失天下〕

〔心悖浪反　喪息浪反　音義峻恤俊反〕

命持之誠不易也道猶言也用謂國用也施奪其劫奪之情也悖猶逆也言君有逆命則民有逆辭也上貪於利則下人侵畔老子曰多藏必厚亡

〔易以豉反注同　爭争鬭之争施如字　悖布内反悖布内又　音義康誥曰惟命不于〕

常道善則得之不善則失之矣注于於也天命不于常

〔言不專祐一家也音義祐音又〕

善以為寶注書楚昭王時書也言以善人為寶時謂

〔楚書曰楚國無以為寶惟〕

觀射父昭美恤也音義射食亦反又食父音甫舅犯曰亡人無

以為寶仁親以為寶注舅犯晉文公之舅狐偃也亡人

謂文公也時辟驪姬之讒亡在翟而獻公薨秦穆公使

子顯弔因勸之復國舅犯為之對此辭也仁親猶言親

愛仁道也明不因喪利也音義又作麗亦作孋同罪

〔音秋顯許過反　為之于偽反〕

心休休焉其如有容焉人之有技若己有之人之彦聖

其心好之不啻若自其口出寔能容之以能保我子孫

黎民尚亦有利哉

〔注泰誓周書尚書篇名也秦穆公伐鄭為晉所敗於殽還誓其群臣故作此篇也斷斷誠一之貌也他技異端之技也若已有之不啻若自其口出詧人之技也美士曰彦黎衆也庶幾也媢〕

人之有技媢疾以惡之人之彦聖而違之俾不通寔不

能容以不能保我子孫黎民亦曰殆哉

〔妒也違猶戾也俾使也拂戾賢人所為使功不通於君妒也殆危也彦或作盤音義个古賀反尚書作介音界此與尚書文小異斷丁亂反注同休許虯反及注休休許虯反尚書傳及尚書作介公羊云美大之貌好呼報反技其綺反下及注同休休云寬容貌何休注公羊云美大之貌好呼報反〕

欽定四庫全書　　禮記注疏　卷六十　十五

反雪音武詩敗反娟莫報反尚書作冒音同謂覆藏也也
惡烏路反又音洛丁作卑必掏反敗必遁反
路戸交反乘食證反力計反拂展上扶弗反上力計反
服音義之送此孟反又逋靜反諍音爭鬭

夷不與同中國此謂唯仁人為能愛人能惡人注唯仁人放流之迸諸四
惡人媚疾之類者獨仁人能之如舜放四罪而天下咸
服音義之爭皇云逆弒也去卯呂反
見賢而不能舉舉而不能先命也見不善而不能退退而不能遠過也
舉命讀為慢聲之誤也舉賢而不能使君以先己是輕
慢於舉人也音義諫命遠子萬反
注好是謂拂人之性菑必逮夫身注拂猶倪也逮及也
音義好呼報反下窘惡烏路反下同拂扶弗反注同菑音災倪九委反
所好是謂拂人之性菑必逮夫身注拂猶倪也逮及也
之者舒則財恒足矣注是不務祿不肖而勉民以農也
行所由生財有大道生之者衆食之者寡為之者疾用
反是故君子有大道必忠信以得之驕泰以失之注道
音義笑胥音笑
言仁人有財則務於施予以起財務成其名不仁之人
仁者以財發身不仁者以身發財注發起也
有身貪於聚歛以起財務成富音義斂始殺反未有上

欽定四庫全書　　禮記注疏　卷六十　十六

好仁而下不好義者也未有好義其事不終者也未有
府庫財非其財者也注言君行仁道則其臣必義以
舉事無不成者其為誠然如己府庫之財為己有也孟
獻子曰畜馬乘不察於雞豚伐冰之家不畜牛羊百乘
之家不畜聚斂之臣與其有聚斂之臣寧有盜臣此謂
國不以利為利以義為利也注孟獻子魯大夫仲孫蔑
也畜馬乘謂以士初試為大夫也伐冰之家卿大夫以
上喪祭用冰百乘之家有采地者也雞豚牛羊民之所
畜養以財利者也國家利義不利財盜臣損財耳聚
斂之臣乃損義論語曰季氏富於周公而求也為之聚
斂非吾徒也小子鳴鼓而攻之可也音義畜許六反下
反下及注同蔑莫結反以上時掌反采七亦反本亦作菜為之于僞反
所為也音義長丁丈反彼為善之于僞反長國家而務財用
者必自小人矣注言務聚財為已用者必志義是小人
之所為也音義夫音扶彼為善之小人之使為國家菑害並
至雖有善者亦無如之何矣注彼君也君將欲以仁義
善其政而使小人治其國家之事患難狠至雖云有善

442　김충열 교수의 중용대학강의

*「대학」에서 경문만을 실었음

1. 고본 『대학』의 앞부분 205자 "대학지도大學之道"에서 "미지유야未之有也"까지는 공자의 말을 증자曾子가 술述한 것으로 보고, 경經 1장으로 특별히 안배하였다.

   여기까지는 착간錯簡이 없는데 다음부터는 착간이 심하여 삼강령三綱領과 팔조목八條目을 기본으로 삼고 여기에 맞추어 장을 나누었다.

2. 경 1장 다음에 오는 "소위성기의자所謂誠其意者"부터 "고군자필성기의故君子必誠其意"까지 118자는 성의誠意를 해석한 것으로 보고 전전傳 제5장의 뒤로 빼서 전 제6장에 안배하였다.

3. 다음 "시운첨피기욱詩云瞻彼淇澳"에서 "불능망야不能忘也"까지는 "시운방기천리詩云邦畿千里", "시운민만황조詩云緡蠻黃鳥", "시운목목문왕詩云穆穆

文王" 다음에 안배하고 그 뒤에 "시운오호전왕불망詩云於戲前王不忘"을 포함하여 전 제3장에 안배하였다. 이는 지어지선止於至善의 해석으로 보았다. 총 203자이다.

4. 전 3장 중간에 끼어 있던 "강고왈극명덕康誥曰克明德, 태갑왈고시천지명명大甲曰顧諟天之明命. 제전왈극명준덕帝典曰克明峻德"26자는 삼강령의 첫째 강령인 명명덕明明德을 해석한 것으로 보고 전 제10장 차서次序의 첫머리인 전 제1장에 안배하였다.

5. 그리고 다음에 이어지는 전 제6장 "탕지반명湯之盤銘"의 "일일신우일신日日新又日新", 강고康誥의 "작신민作新民", "시왈주수구방기명유신詩曰周雖舊邦其命惟新"40자는 신민新民의 해석으로 보고 전 제2장에 안배하였다.

6. 전 제4장에 있는 "자왈청송오유인야子曰聽訟吾猶人也"에 "대외민지大畏民志"까지는 본말本末에 대한 해석으로 보고 전 제4장에 안배하였다.

7. 경 1장 말미의 "차위지본此謂知本"은 전 제4장 말미의 "대외민지大畏民志" 다음에도 "차위지본此謂知本"이라고 있는데 정이는 이를 연문衍文이라 했고, 경 1장 말미에 나오는 "차위지지지야此謂知之至也"를 그 앞에 격물치지格物致知의 뜻을 해석하는 글이 결장缺章되고 결론 부분만 남은 것으로 보아 주희가 보망장補亡章을 지어 전 제5장이라 하였다. 총 146자이다.

8. 전 4장의 "자왈청송오유인야子曰聽訟吾猶人也" 문맥 다음에 이어지는 "소위수신재정기심所謂修身在正其心"에서 "차위수신재기심此謂修身在其心"은 전 제7장에 안배하여 정심수신正心修身을 해석한 것으로 보았다. 총 72자이다.

9. 전 제7장을 이은 "소위제기가所謂齊其家, 재수기신在修其身"에서 "차위신 불수此謂身不修, 불가이제가不可以齊家"까지는 전 제8장에 안배하여 수신 제가修身齊家를 해석한 것으로 보았다. 총 76자이다.

10. 그리고 이어지는 "소위치국필선제기가所謂治國必先齊其家"에서 "차위치 국재제기가此謂治國在齊其家"까지는 제가치국齊家治國의 해석으로 보고 전 제9장에 안배하였다. 총 142자이다.

11. 전 제9장에 이어서 나오는 "소위평천하재치기국所謂平天下在治其國"에서 『대학大學』의 마지막 글인 "차위국불이제위리이의위리此謂國不以制爲利以 義爲利"까지 장장 700자에 가까운 글을 치국평천하治國平天下를 해석한 것으로 보고 전 제10장에 안배하였다.

※ 고본古本에 착간이 많다고 하였으나 그 착간은 경 1장 다음에서 전 제 7장 사이에 모여 있고, 그 다음부터 전 제10장 마지막까지는 착간이 없는 것으로 되어 있다.

◀ 예문서원의 책들 ▶

원전총서

박세당의 노자(新註道德經) 박세당 지음, 김학목 옮김, 312쪽, 13,000원
율곡 이이의 노자(醇言) 이이 지음, 김학목 옮김, 152쪽, 8,000원
홍석주의 노자(訂老) 홍석주 지음, 김학목 옮김, 320쪽, 14,000원
북계자의(北溪字義) 陳淳 지음, 김충열 감수, 김영민 옮김, 295쪽, 12,000원
주자가례(朱子家禮) 朱熹 지음, 임민혁 옮김, 496쪽, 20,000원
한시외전(韓詩外傳) 韓嬰 지음, 임동석 역주, 868쪽, 33,000원
서경잡기(西京雜記) 劉歆 지음, 葛洪 엮음, 김장환 옮김, 416쪽, 18,000원
고사전(高士傳) 皇甫謐 지음, 김장환 옮김, 368쪽, 16,000원
열선전(列仙傳) 劉向 지음, 김장환 옮김, 392쪽, 15,000원
열녀전(列女傳) 劉向 지음, 이숙인 옮김, 447쪽, 16,000원
선가귀감(禪家龜鑑) 청허휴정 지음, 박재양・배규범 옮김, 584쪽, 23,000원
공자성적도(孔子聖蹟圖) 김기주・황지원・이기훈 역주, 254쪽, 10,000원
공자세가・중니제자열전(孔子世家・仲尼弟子列傳) 司馬遷 지음, 김기주・황지원・이기훈 역주, 224쪽, 12,000원

성리총서

범주로 보는 주자학(朱子の哲學) 오하마 아키라 지음, 이형성 옮김, 546쪽, 17,000원
송명성리학(宋明理學) 陳來 지음, 안재호 옮김, 590쪽, 17,000원
주희의 철학(朱熹哲學研究) 陳來 지음, 이종란 외 옮김, 544쪽, 22,000원
양명 철학(有無之境—王陽明哲學的精神) 陳來 지음, 전병욱 옮김, 752쪽, 30,000원
주자와 기 그리고 몸(朱子と氣と身體) 미우라 구니오 지음, 이승연 옮김, 416쪽, 20,000원
정명도의 철학(程明道思想研究) 張德麟 지음, 박상리・이경남・정성희 옮김, 272쪽, 15,000원
주희의 자연철학 김영식 지음, 576쪽, 29,000원
송명유학사상사(宋明時代儒學思想の研究) 구스모토 마사쓰구(楠本正繼) 지음, 김병화・이혜경 옮김, 602쪽, 30,000원
북송도학사(道學の形成) 쓰치다 겐지로(土田健次郎) 지음, 성현창 옮김, 640쪽, 3,2000원

불교(카르마)총서

불교와 인도 사상 V. P. Varma 지음, 김형준 옮김, 361쪽 10,000원
파란눈 스님의 한국 선 수행기 Robert E. Buswell・Jr. 지음, 김종명 옮김, 376쪽, 10,000원
학파로 보는 인도 사상 S. C. Chatterjee・D. M. Datta 지음, 김형준 옮김, 424쪽, 13,000원
불교와 유교 — 성리학, 유교의 옷을 입은 불교 아라키 겐고 지음, 심경호 옮김, 526쪽, 18,000원
유식무경, 유식 불교에서의 인식과 존재 한자경 지음, 208쪽, 7,000원
박성배 교수의 불교철학강의: 깨침과 깨달음 박성배 지음, 윤원철 옮김, 313쪽, 9,800원
불교 철학의 전개, 인도에서 한국까지 한자경 지음, 252쪽, 9,000원
인물로 보는 한국의 불교사상 한국불교원전연구회 지음, 388쪽, 20,000원
한국 비구니의 수행과 삶 전국비구니회 엮음, 400쪽, 18,000원

노장총서

도가를 찾아가는 과학자들 — 현대신도가의 사상과 세계(當代新道家) 董光璧 지음, 이석명 옮김, 184쪽, 5,800원
유학자들이 보는 노장 철학 조민환 지음, 407쪽, 12,000원
노자에서 데리다까지 — 도가 철학과 서양 철학의 만남 한국도가철학회 엮음, 440쪽, 15,000원
위진 현학 정세근 엮음, 278쪽, 10,000원
이강수 교수의 노장철학이해 이강수 지음, 462쪽, 23,000원
이강수 읽기를 통해 본 노장철학연구의 현주소 이강세 외 지음, 348쪽, 18,000원
不二 사상으로 읽는 노자 — 서양철학자의 노자 읽기 이찬훈 지음, 304쪽, 12,000원
김항배 교수의 노자철학 이해 김항배 지음, 280쪽, 15,000원

강의총서

김충열교수의 유가윤리강의 김충열 지음, 182쪽, 5,000원
김충열교수의 노장철학강의 김충열 지음, 336쪽, 7,800원
김충열교수의 노자강의 김충열 지음, 434쪽, 20,000원

한국철학총서

조선 유학의 학파들 한국사상사연구회 편저, 688쪽, 24,000원
실학의 철학 한국사상사연구회 편저, 576쪽, 17,000원
윤사순 교수의 한국유학사상론 윤사순 지음, 528쪽, 15,000원
한국유학사 1 김충열 지음, 372쪽, 15,000원
퇴계의 생애와 학문 이상은 지음, 248쪽, 7,800원
율곡학의 선구와 후예 황의동 지음, 480쪽, 16,000원
圖說로 보는 한국 유학 한국사상사연구회 지음, 400쪽, 14,000원·
다카하시 도루의 조선유학사 — 일제 황국사관의 빛과 그림자 다카하시 도루 지음, 이형성 편역, 416쪽, 15,000원
퇴계 이황, 예 잇고 뒤를 열어 고금을 꿰뚫으셨소 — 어느 서양철학자의 퇴계연구 30년 신귀현 지음, 328쪽, 12,000원
조선유학의 개념들 한국사상사연구회 지음, 648쪽, 26,000원
성리학자 기대승, 프로이트를 만나다 김용신 지음, 188쪽, 7,000원
유교개혁사상과 이병헌 금장태 지음, 336쪽, 17,000원
남명학파와 영남우도의 사림 박병련 외 지음, 464쪽, 23,000원
쉽게 읽는 퇴계의 성학십도 최제목 지음, 152쪽, 7,000원
홍대용의 실학과 18세기 북학사상 김문용 지음, 288쪽, 12,000원
남명 조식의 학문과 선비정신 김충열 지음, 512쪽, 26,000원
명재 윤증의 학문연원과 가학 충남대학교 유학연구소 편, 320쪽, 17,000원
조선시대 심경부주 주석서 해제 홍원식·김기주·황지원·이기훈·손미정·이상호 지음, 560쪽, 28,000원

연구총서

논쟁으로 보는 중국철학 중국철학연구회 지음, 352쪽, 8,000원
김충열 교수의 중국철학사 1 — 중국철학의 원류 김충열 지음, 360쪽, 9,000원
논쟁으로 보는 한국철학 한국철학사상연구회 지음, 326쪽, 10,000원
반논어(論語新探) 趙紀彬 지음, 조남호·신정근 옮김, 768쪽, 25,000원
논쟁으로 보는 불교철학 이효걸·김형준 외 지음, 320쪽, 10,000원
중국철학과 인식의 문제(中國古代哲學問題發展史) 方立天 지음, 이기훈 옮김, 208쪽, 6,000원
문제로 보는 중국철학 — 우주, 본체의 문제(中國古代哲學問題發展史) 方立天 지음, 이기훈·황지원 옮김, 232쪽, 6,800원
중국철학과 인성의 문제(中國古代哲學問題發展史) 方立天 지음, 박경환 옮김, 191쪽, 6,800원
중국철학과 지행의 문제(中國古代哲學問題發展史) 方立天 지음, 김학재 옮김, 208쪽, 7,200원
현대의 위기 동양 철학의 모색 중국철학회 지음, 340쪽, 10,000원
역사 속의 중국철학 중국철학회 지음, 448쪽, 15,000원
일곱 주제로 만나는 동서비교철학(中西哲學比較面面觀) 陳衛平 편저, 고재욱·김철운·유성선 옮김, 320쪽, 11,000원
중국철학의 이단자들 중국철학회 지음, 240쪽, 8,200원
공자의 철학(孔孟荀哲學) 蔡仁厚 지음, 천병돈 옮김, 240쪽, 8,500원
맹자의 철학(孔孟荀哲學) 蔡仁厚 지음, 천병돈 옮김, 224쪽, 8,000원
순자의 철학(孔孟荀哲學) 蔡仁厚 지음, 천병돈 옮김, 272쪽, 10,000원
서양문학에 비친 동양의 사상 한림대학교 인문학연구소 엮음, 360쪽, 12,000원
유학은 어떻게 현실과 만났는가 — 선진 유학과 한대 경학 박원재 지음, 218쪽, 7,500원
유교와 현대의 대화 황의동 지음, 236쪽, 7,500원
동아시아의 사상 오이환 지음, 200쪽, 7,000원
역사 속에 살아있는 중국 사상(中國歷史に生きる思想) 시게자와 도시로 지음, 이혜경 옮김, 272쪽, 10,000원
덕치, 인치, 법치 — 노자, 공자, 한비자의 정치 사상 신동준 지음, 488쪽, 20,000원
육경과 공자 인학 남상호 지음, 312쪽, 15,000원
리의 철학(中國哲學範疇精髓叢書 — 理) 張立文 주편, 안유경 옮김, 524쪽, 25,000원
기의 철학(中國哲學範疇精髓叢書 — 氣) 張立文 주편, 김교빈 외 옮김, 572쪽, 27,000원

역학총서

주역철학사(周易硏究史) 廖名春·康學偉·梁韋弦 지음, 심경호 옮김, 944쪽, 30,000원
주역, 유가의 사상인가 도가의 사상인가(易傳與道家思想) 陳鼓應 지음, 최진석·김갑수·이석명 옮김, 366쪽, 10,000원
송재국 교수의 주역 풀이 송재국 지음, 380쪽, 10,000원

퇴계원전총서

고경중마방古鏡重磨方 — 퇴계 선생의 마음공부 이황 편저, 박상주 역해, 204쪽, 12,000원
활인심방活人心方 — 퇴계 선생의 마음으로 하는 몸공부 이황 편저, 이윤희 역해, 308쪽, 16,000원

일본사상총서

일본 신도사(神道史) 무라오카 츠네츠구 지음, 박규태 옮김, 312쪽, 10,000원
도쿠가와 시대의 철학사상(德川思想小史) 미나모토 료엔 지음, 박규태 · 이용수 옮김, 260쪽, 8,500원
일본인은 왜 종교가 없다고 말하는가(日本人はなぜ 無宗教なのか) 아마 도시마로 지음, 정형 옮김, 208쪽, 6,500원
일본사상이야기 40(日本がわかる思想入門) 나가오 다케시 지음, 박규태 옮김, 312쪽, 9,500원
사상으로 보는 일본문화사(日本文化の歴史) 비토 마사히데 지음, 엄석인 옮김, 252쪽, 10,000원
일본도덕사상사(日本道德思想史) 이에나가 사부로 지음, 세키네 히데유키 · 윤종갑 옮김, 328쪽, 13,000원
천황의 나라 일본(天皇制と民衆) ― 일본의 역사와 천황제 고토 야스시 지음, 이남희 옮김, 312쪽, 13,000원
주자학과 근세일본사회(近世日本社會と宋學) 와타나베 히로시 지음, 박홍규 옮김, 308쪽, 16,000원

예술철학총서

중국철학과 예술정신 조민환 지음, 464쪽, 17,000원
풍류정신으로 보는 중국문학사 최병규 지음, 400쪽, 15,000원
율려와 동양사상 김병훈 지음, 272쪽, 15,000원

동양문화산책

공자와 노자, 그들은 물에서 무엇을 보았는가 사라 알란 지음, 오만종 옮김, 248쪽, 8,000원
주역산책(易學漫步) 朱伯崑 외 지음, 김학권 옮김, 260쪽, 7,800원
공자의 이름으로 죽은 여인들 田汝康 지음, 이재정 옮김, 248쪽, 7,500원
동양을 위하여, 동양을 넘어서 홍원식 외 지음, 264쪽, 8,000원
서원, 한국사상의 숨결을 찾아서 안동대학교 안동문화연구소 지음, 344쪽, 10,000원
녹차문화 홍차문화 츠노야마 사가에 지음, 서은미 옮김, 232쪽, 7,000원
거북의 비밀, 중국인의 우주와 신화 사라 알란 지음, 오만종 옮김, 296쪽, 9,000원
문학과 철학으로 떠나는 중국 문화 기행 양회석 지음, 256쪽, 8,000원
류째이푸의 얼굴 찌푸리게 하는 25가지 인간유형 류째이푸(劉再復) 지음, 이기면 · 문성자 옮김, 320쪽, 10,000원
안동 금계마을 ― 천년불패의 땅 안동대학교 안동문화연구소 지음, 272쪽, 8,500원
안동 풍수 기행, 와혈의 땅과 인물 이완규 지음, 256쪽, 7,500원
안동 풍수 기행, 돌혈의 땅과 인물 이완규 지음, 328쪽, 9,500원
영양 주실마을 안동대학교 안동문화연구소 지음, 332쪽, 9,800원
예천 금당실 · 맛질 마을 ― 정감록이 꼽은 길지 안동대학교 안동문화연구소 지음, 284쪽, 10,000원
터를 안고 仁을 펴다 ― 퇴계가 굽어보는 하계마을 안동대학교 안동문화연구소 지음, 360쪽, 13,000원
안동 가일 마을 ― 풍산들가에 의연히 서다 안동대학교 안동문화연구소 지음, 344쪽, 13,000원
중국 속에 일떠서는 한민족 ― 한겨레신문 차한필 기자의 중국 동포사회 리포트 차한필 지음, 336쪽, 15,000원
고려시대의 안동 안동시 · 안동대학교 안동문화연구소 편, 448쪽, 17,000원

민연총서 ― 한국사상

자료와 해설, 한국의 철학사상 고려대 민족문화연구원 한국사상연구소 편, 880쪽, 34,000원
여헌 장현광의 학문 세계, 우주와 인간 고려대 민족문화연구원 한국사상연구소 편, 424쪽, 20,000원
퇴옹 성철의 깨달음과 수행 ― 성철의 선사상과 불교적 위치 조성택 편, 432쪽, 23,000원
여헌 장현광의 학문 세계 2, 자연과 인간 고려대 민족문화연구원 한국사상연구소 편, 432쪽, 25,000원

예문동양사상연구원총서

한국의 사상가 10人 ― 원효 예문동양사상연구원/고영섭 편저, 572쪽, 23,000원
한국의 사상가 10人 ― 의천 예문동양사상연구원/이병욱 편저, 464쪽, 20,000원
한국의 사상가 10人 ― 지눌 예문동양사상연구원/이덕진 편저, 644쪽, 26,000원
한국의 사상가 10人 ― 퇴계 이황 예문동양사상연구원/윤사순 편저, 464쪽, 20,000원
한국의 사상가 10人 ― 남명 조식 예문동양사상연구원/오이환 편저, 576쪽, 23,000원
한국의 사상가 10人 ― 율곡 이이 예문동양사상연구원/황의동 편저, 600쪽, 25,000원
한국의 사상가 10人 ― 하곡 정제두 예문동양사상연구원/김교빈 편저, 432쪽, 22,000원
한국의 사상가 10人 ― 다산 정약용 예문동양사상연구원/박홍식 편저, 572쪽, 29,000원
한국의 사상가 10人 ― 혜강 최한기 예문동양사상연구원/김용헌 편저, 520쪽, 26,000원
한국의 사상가 10人 ― 수운 최제우 예문동양사상연구원/오문환 편저, 464쪽, 23,000원